ENCYCLOPÉDIE OÙ? QUAND? COMMENT?

UNE ENCYCLOPÉDIE ILLUSTRÉE TOUT EN COULEURS, POUR LES JEUNES

TORMONT

Comment utiliser l'encyclopédie

Cette encyclopédie est simple à consulter. Cherche le sujet qui t'intéresse dans l'**index** à la fin du volume, puis va à la page indiquée.

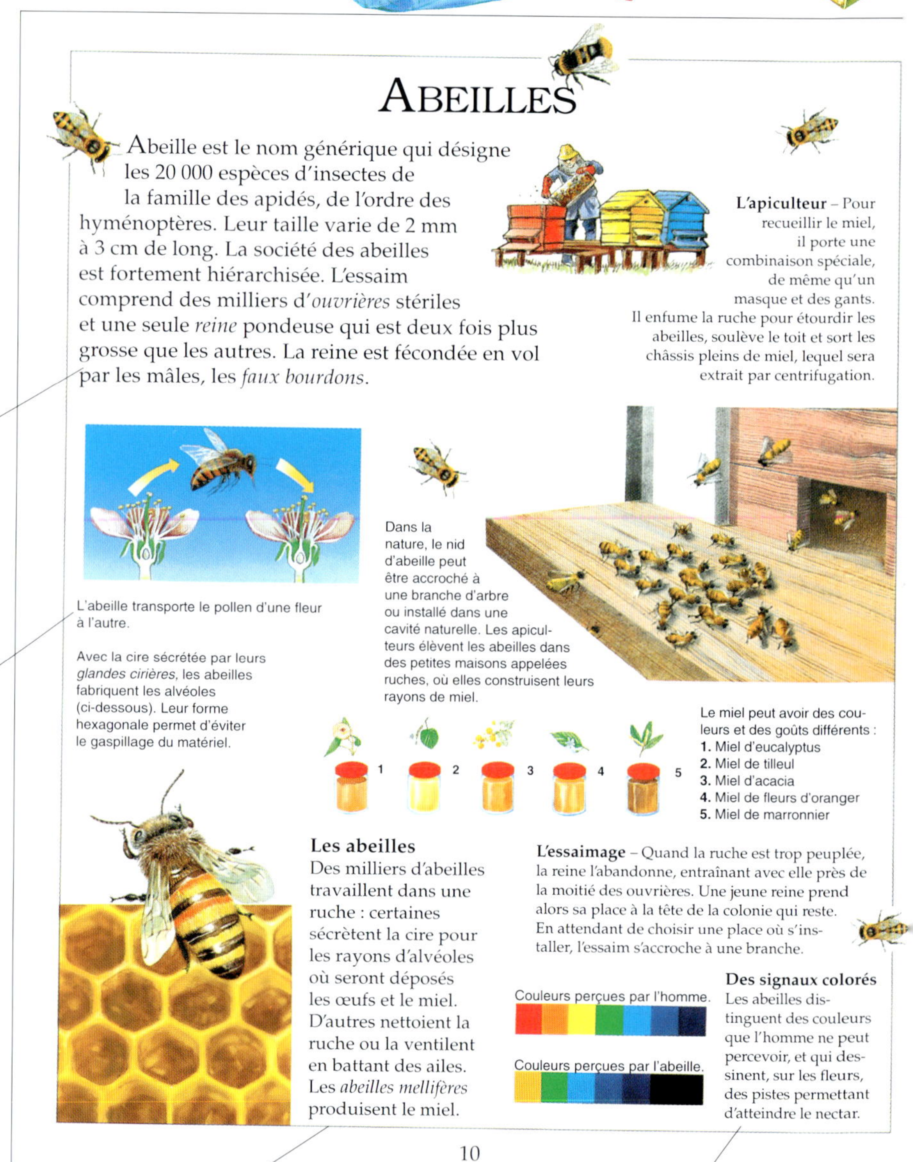

Abeilles

Abeille est le nom générique qui désigne les 20 000 espèces d'insectes de la famille des apidés, de l'ordre des hyménoptères. Leur taille varie de 2 mm à 3 cm de long. La société des abeilles est fortement hiérarchisée. L'essaim comprend des milliers d'*ouvrières* stériles et une seule *reine* pondeuse qui est deux fois plus grosse que les autres. La reine est fécondée en vol par les mâles, les *faux bourdons*.

L'apiculteur – Pour recueillir le miel, il porte une combinaison spéciale, de même qu'un masque et des gants. Il enfume la ruche pour étourdir les abeilles, soulève le toit et sort les châssis pleins de miel, lequel sera extrait par centrifugation.

L'abeille transporte le pollen d'une fleur à l'autre.

Avec la cire sécrétée par leurs *glandes cirières*, les abeilles fabriquent les alvéoles (ci-dessous). Leur forme hexagonale permet d'éviter le gaspillage du matériel.

Dans la nature, le nid d'abeille peut être accroché à une branche d'arbre ou installé dans une cavité naturelle. Les apiculteurs élèvent les abeilles dans des petites maisons appelées ruches, où elles construisent leurs rayons de miel.

Le miel peut avoir des couleurs et des goûts différents :
1. Miel d'eucalyptus
2. Miel de tilleul
3. Miel d'acacia
4. Miel de fleurs d'oranger
5. Miel de marronnier

Les abeilles
Des milliers d'abeilles travaillent dans une ruche : certaines sécrètent la cire pour les rayons d'alvéoles où seront déposés les œufs et le miel. D'autres nettoient la ruche ou la ventilent en battant des ailes. Les *abeilles mellifères* produisent le miel.

L'essaimage – Quand la ruche est trop peuplée, la reine l'abandonne, entraînant avec elle près de la moitié des ouvrières. Une jeune reine prend alors sa place à la tête de la colonie qui reste. En attendant de choisir une place où s'installer, l'essaim s'accroche à une branche.

Couleurs perçues par l'homme.

Couleurs perçues par l'abeille.

Des signaux colorés
Les abeilles distinguent des couleurs que l'homme ne peut percevoir, et qui dessinent, sur les fleurs, des pistes permettant d'atteindre le nectar.

10

Le premier paragraphe est une introduction générale sur le sujet.

La légende explique l'illustration.

Le deuxième paragraphe approfondit le sujet.

Le troisième paragraphe complète l'explication.

Abréviations :

g = gramme	**km²** = kilomètre carré
kg = kilogramme	**km/h** = kilomètre par heure
mm = millimètre	**°C** = degré Celsius
cm = centimètre	**ap. J.-C.** = après Jésus-Christ
m = mètre	**av. J.-C.** = avant Jésus-Christ
km = kilomètre	

1. Rayons remplis de miel
2. La reine sort de l'alvéole royale.
3. L'abeille butine le nectar des fleurs.
4. Les abeilles nourricières nourrissent les larves.

Les noces – Âgée d'une semaine, la reine accomplit son vol nuptial. Des centaines de mâles, les *faux bourdons*, essaient de la féconder; seuls quelques-uns y parviennent. Après l'accouplement, ils sont chassés. La reine fécondée pond jusqu'à 2 000 œufs par jour. Au cours de sa vie (4 ou 5 ans), elle en pondra plus de deux millions.

Les abeilles ne piquent que lorsqu'elles se sentent provoquées. Leur dard est relié à des glandes à venin.

La vie de la ruche – Les ouvrières vivent à peu près un mois. Les premiers jours, elles nettoient les alvéoles et nourrissent les larves. Vers le dixième jour elles sécrètent la cire pour construire les alvéoles et effectuent des vols de repérage. Plus tard, elles montent la garde et éloignent les ennemis. Enfin, elles butinent et recueillent le pollen.

Des danses codées

En dansant à la surface d'un rayon, les ouvrières indiquent aux autres où se trouve le nectar. Le type de danse, la vitesse et le nombre de zigzags désignent la distance; l'angle par rapport au soleil, donne des indications sur la direction à suivre.

Danse circulaire : le nectar est à moins de 100 m.

Danse de l'abdomen, en huit : le nectar est à plus de 100 m.

Les larves – Les larves éclosent au bout de 3 jours. Approvisionnées en nourriture par les nourrices pendant 6 jours, elles entrent en phase de repos et se transforment en nymphes, puis en abeilles adultes. Les larves reines sont élevées à la base du rayon.

La tête de l'abeille ressemble à celle d'un extraterrestre : elle est munie d'yeux à facettes permettant de voir dans toutes les directions, de longues antennes et d'une bouche en forme de trompe.

ANIMAUX DE LA FERME; FLEURS; INSECTES; VIE SOUTERRAINE

11

L'illustration principale présente le sujet.

Les autres illustrations soulignent certains détails intéressants.

L'encyclopédie est divisée en trois parties :

DE A À Z
de ABEILLES à ZÈBRES,
196 thèmes par ordre alphabétique

PAGES VISUELLES
de CHAÎNE DE MONTAGE
à LA TERRE EN CHIFFRES,
21 thèmes illustrés et très détaillés

LEXIQUES
Dinosaures et préhistoire;
Littérature merveilleuse;
Médecine; Mythologie

L'encadré souligne une particularité propre au sujet analysé.

Le renvoi logique indique les autres articles à consulter pour mieux comprendre le sujet. Les pages visuelles sont mises en évidence par le signe ✓.

TABLE DES MATIÈRES

De A à Z

Abeilles

Abeille est le nom générique qui désigne les 20 000 espèces d'insectes de la famille des apidés, de l'ordre des hyménoptères. Leur taille varie de 2 mm à 3 cm de long. La société des abeilles est fortement hiérarchisée. L'essaim comprend des milliers d'*ouvrières* stériles et une seule *reine* pondeuse qui est deux fois plus grosse que les autres. La reine est fécondée en vol par les mâles, les *faux bourdons*.

L'apiculteur – Pour recueillir le miel, il porte une combinaison spéciale, de même qu'un masque et des gants. Il enfume la ruche pour étourdir les abeilles, soulève le toit et sort les châssis pleins de miel, lequel sera extrait par centrifugation.

L'abeille transporte le pollen d'une fleur à l'autre.

Dans la nature, le nid d'abeille peut être accroché à une branche d'arbre ou installé dans une cavité naturelle. Les apiculteurs élèvent les abeilles dans des petites maisons appelées ruches, où elles construisent leurs rayons de miel.

Avec la cire sécrétée par leurs *glandes cirières*, les abeilles fabriquent les alvéoles (ci-dessous). Leur forme hexagonale permet d'éviter le gaspillage du matériel.

Le miel peut avoir des couleurs et des goûts différents :

1. Miel d'eucalyptus
2. Miel de tilleul
3. Miel d'acacia
4. Miel de fleurs d'oranger
5. Miel de marronnier

Les abeilles

Des milliers d'abeilles travaillent dans une ruche : certaines sécrètent la cire pour les rayons d'alvéoles où seront déposés les œufs et le miel. D'autres nettoient la ruche ou la ventilent en battant des ailes. Les *abeilles mellifères* produisent le miel.

L'essaimage – Quand la ruche est trop peuplée, la reine l'abandonne, entraînant avec elle près de la moitié des ouvrières. Une jeune reine prend alors sa place à la tête de la colonie qui reste. En attendant de choisir une place où s'installer, l'essaim s'accroche à une branche.

Couleurs perçues par l'homme.

Couleurs perçues par l'abeille.

Des signaux colorés

Les abeilles distinguent des couleurs que l'homme ne peut percevoir, et qui dessinent, sur les fleurs, des pistes permettant d'atteindre le nectar.

1. Rayons remplis de miel
2. La reine sort de l'alvéole royale.
3. L'abeille butine le nectar des fleurs.
4. Les abeilles nourricières nourrissent les larves.

Les noces – Âgée d'une semaine, la reine accomplit son vol nuptial. Des centaines de mâles, les *faux bourdons*, essaient de la féconder; seuls quelques-uns y parviennent. Après l'accouplement, ils sont chassés. La reine fécondée pond jusqu'à 2 000 œufs par jour. Au cours de sa vie (4 ou 5 ans), elle en pondra plus de deux millions.

Les abeilles ne piquent que lorsqu'elles se sentent provoquées. Leur dard est relié à des glandes à venin.

La vie de la ruche – Les ouvrières vivent à peu près un mois. Les premiers jours, elles nettoient les alvéoles et nourrissent les larves. Vers le dixième jour elles sécrètent la cire pour construire les alvéoles et effectuent des vols de repérage. Plus tard, elles montent la garde et éloignent les ennemis. Enfin, elles butinent et recueillent le pollen.

Danse circulaire : le nectar est à moins de 100 m.

Danse de l'abdomen, en huit : le nectar est à plus de 100 m.

Des danses codées
En dansant à la surface d'un rayon, les ouvrières indiquent aux autres où se trouve le nectar. Le type de danse, la vitesse et le nombre de zigzags désignent la distance; l'angle par rapport au soleil, donne des indications sur la direction à suivre.

Les larves – Les larves éclosent au bout de 3 jours. Approvisionnées en nourriture par les nourrices pendant 6 jours, elles entrent en phase de repos et se transforment en nymphes, puis en abeilles adultes. Les larves reines sont élevées à la base du rayon.

La tête de l'abeille ressemble à celle d'un extraterrestre : elle est munie d'yeux à facettes permettant de voir dans toutes les directions, de longues antennes et d'une bouche en forme de trompe.

ANIMAUX DE LA FERME;
FLEURS;
INSECTES;
VIE SOUTERRAINE

Abysses

La lumière du soleil ne pénètre pas dans les grandes profondeurs océaniques. Aucune plante n'y pousse et les formes de vie animale ont dû s'adapter à des conditions particulières. En effet, dans les abysses, la pression de l'eau peut être mille fois supérieure à celle de la surface. Plusieurs espèces de poissons produisent leur propre lumière grâce à des bactéries ou à des organes appelés *photophores*. Ces organes lumineux attirent les proies. Les poissons des abysses, de couleur sombre, sont souvent pourvus de dents recourbées ou d'étranges yeux tubulaires.

Le latimeria – Ce poisson (ci-dessus) tient son nom de Mme M. Courtenay-Latimer, directrice du musée d'histoire naturelle de East London (Afrique du Sud). Elle le découvrit en 1938 et le fit identifier par l'ichtyologiste J.L.B. Smith, qui comprit aussitôt l'importance de cette découverte : le latimeria, «fossile vivant» pouvant atteindre un mètre et demi de long, est l'unique représentant des poissons préhistoriques, les cœlacanthes.

L'*Argyropelecus affinis*, ou poisson-hache, autre poisson des abysses.

1

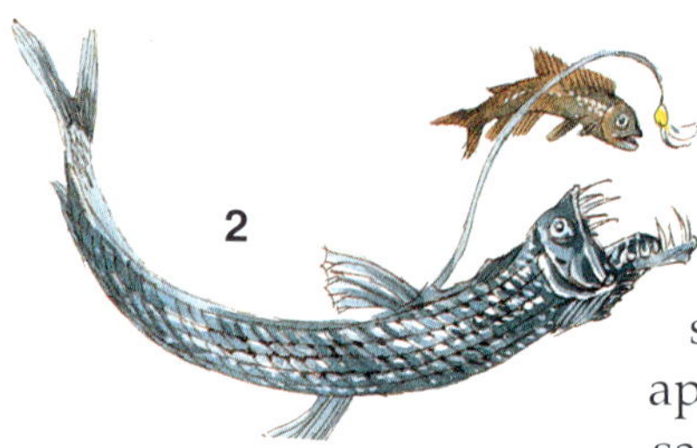

2

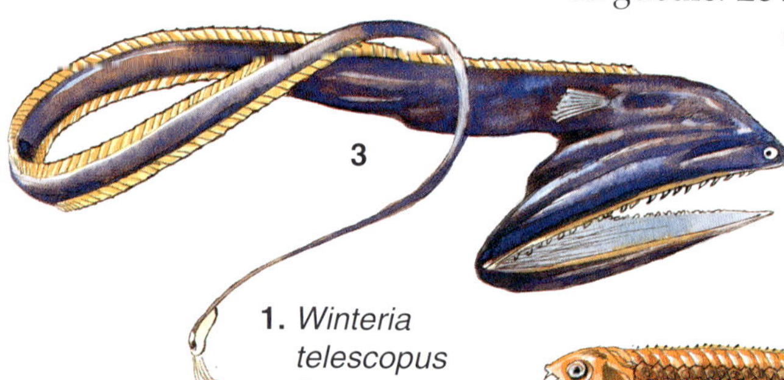

3

4

Les poissons abyssaux – Le *Winteria telescopus* possède des yeux tubulaires et vit dans l'Atlantique tropical oriental. Le chauliode fait partie de la famille des poissons-vipères; il se rencontre très souvent dans les eaux tropicales et subtropicales. Sa nageoire dorsale possède un long appendice mobile qui attire les proies jusque dans sa gueule. Le saccopharynx dépasse souvent les deux mètres. Des dents minuscules ornent sa bouche énorme, qu'il garde ouverte pour engloutir sa nourriture. Le *Stomias boa* peut s'illuminer brusquement et désorienter ainsi l'adversaire.

1. *Winteria telescopus*
2. Chauliode
3. Saccopharynx
4. *Stomias boa*

Le cératias attire ses proies grâce à un leurre lumineux fixé sur le sommet de sa tête.

Le plancton – C'est un ensemble de petits organismes vivants, animaux et végétaux, en suspension dans les eaux douces et salées. Le *phytoplancton*, composé essentiellement d'algues unicellulaires, vit à la surface des eaux et opère la photosynthèse. La composition du *zooplancton*, des organismes larvaires aux minuscules crustacés, varie selon la profondeur où il se trouve.

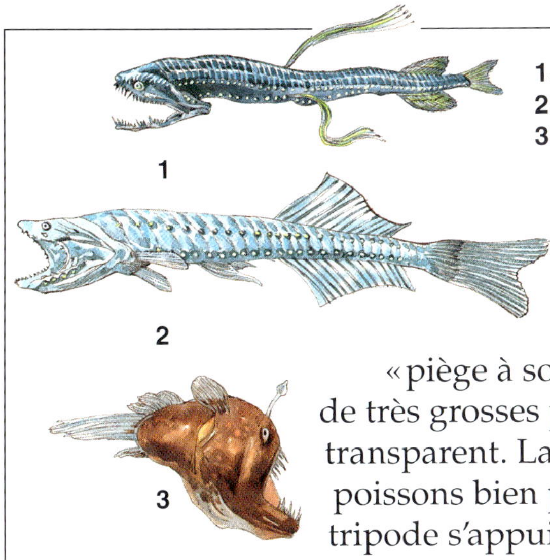

1. *Photostomias guernei*
2. Cyclothone
3. Baudroie abyssale

Poissons étranges

Le *Photostomias guernei* appartient au genre appelé « piège à souris » : sa gueule peut contenir de très grosses proies. Le cyclothone est presque transparent. La baudroie abyssale dévore des poissons bien plus longs qu'elle. Le poisson-tripode s'appuie au fond de l'eau sur deux nageoires pelviennes rigides et une longue nageoire caudale. Il maintient ses nageoires pectorales vers le haut.

Explorer les abysses

Les plongeurs portent un scaphandre, vêtement spécial dans lequel la pression est maintenue à un niveau normal. Ainsi, ils peuvent descendre jusqu'à 200 mètres de profondeur. Jules Verne, dans son livre *Vingt Mille Lieues sous les mers*, explorait en imagination les abysses à bord du Nautilus, le sous-marin du capitaine Nemo.

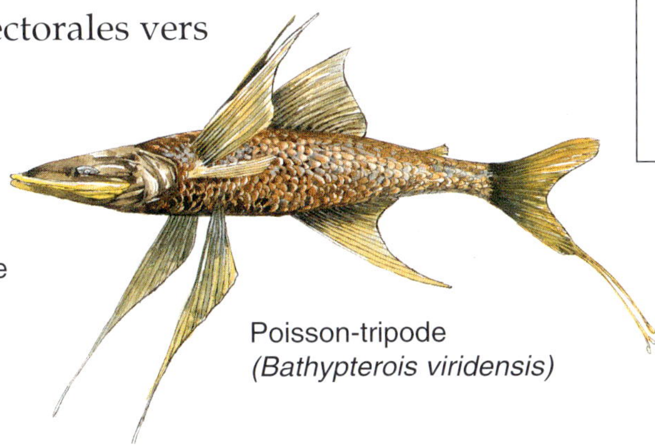

Poisson-tripode
(Bathypterois viridensis)

MER;
POISSONS

1. Crustacés des grandes profondeurs
2. Opistoprotto de Grimaldi
3. Poisson-perle de Muller
4. *Gnathopausia*
5. Gigantactide
6. Baudroie abyssale
7. Cyclotone pallida
8. Idiacanthus fasciola
9. Plancton

AFRIQUE

De par sa superficie, l'Afrique est le troisième continent en importance. La population, irrégulièrement répartie, est plus nombreuse dans les grandes villes des zones orientales que dans les territoires couverts de déserts, de forêts et de steppes. Le nomadisme, mode de vie traditionnel, y est encore largement pratiqué, entre autres par les Touaregs.

Nobles touaregs vêtus de la gandoura caractéristique de couleur indigo.

Les tentes des Touaregs sont faites de peaux ou de tapis.

Les Touaregs – Cette population du désert du Sahara pratique le commerce, l'artisanat, l'élevage des dromadaires et des chevaux. Ils vivent en clans dont la hiérarchie sociale, de type féodal, comprend cinq classes.

EXPLORATEURS; FAUNE AFRICAINE; FORÊT AFRICAINE; HABITATIONS

Les Touaregs offrent le thé en signe d'hospitalité.

B : BURUNDI
CV : CAP-VERT
GA : GAMBIE
GB : GUINÉE-BISSAU
GE : GUINÉE ÉQUATORIALE
L : LESOTHO
LI : LIBERIA
M : ÎLE MAURICE
R : RWANDA
S : SWAZILAND
SL : SIERRA LEONE
STP : SÃO TOMÉ ET PRINCIPE

Pays de l'Afrique

	PAYS	CAPITALE	SUPERFICIE	POPULATION[1]	LANGUE(S)	MONNAIE
	**Soudan**	Khartoum	2 502 818 km^2	30 120 500	arabe	dinar soudanais
	**Algérie**	Alger	2 380 721 km^2	28 539 400	arabe, français	dinar algérien
	**Zaïre**	Kinshasa	2 344 091 km^2	44 060 700	français, langues bantoues	nouveau zaïre
	**Libye**	Tripoli	1 758 779 km^2	5 248 500	arabe	dinar libyen
	**Tchad**	N'Djamena	1 283 450 km^2	5 586 600	arabe, français	franc CFA
	**Angola**	Luanda	1 246 168 km^2	10 069 500	portugais	nouveau kwanza
	**Mali**	Bamako	1 248 040 km^2	9 375 200	français	franc CFA
	**Niger**	Niamey	1 286 673 km^2	9 280 300	français	franc CFA
	**Éthiopie**	Addis-Abeba	1 133 396 km^2	55 970 000	amharique	birr
	**Afrique du Sud**	Le Cap et Pretoria	1 225 291 km^2	45 095 500	afrikaans, anglais	rand
	**Mauritanie**	Nouakchott	1 030 374 km^2	2 263 300	arabe	ouguiya
	**Égypte**	Le Caire	997 312 km^2	62 359 700	arabe	livre égyptienne
	**Tanzanie**	Dar es-Salaam	942 396 km^2	28 701 100	swahili, anglais	shilling tanzanien
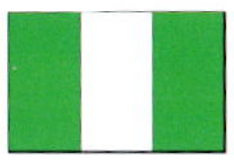	**Nigeria**	Abuja	923 373 km^2	101 232 300	anglais, langues soudanaises	naira
	**Namibie**	Windhoek	823 642 km^2	1 650 600	anglais, afrikaans	dollar namibien
	**Mozambique**	Maputo	812 031 km^2	18 115 300	portugais, langues bantoues	metical
	**Zambie**	Lusaka	752 292 km^2	9 445 800	anglais, langues bantoues	kwacha zambien

	PAYS	CAPITALE	SUPERFICIE	POPULATION[1]	LANGUE(S)	MONNAIE
	**Somalie**	Muqdisho	637 641 km^2	7 347 600	somali, arabe, italien, anglais	shilling de Somalie
	**République Centrafricaine**	Bangui	622 170 km^2	3 209 800	français, sango	franc CFA
	**Botswana**	Gaborone	581 481 km^2	1 392 500	anglais, tswana	pula
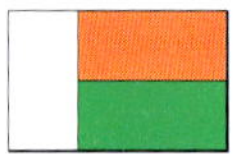	**Madagascar**	Antananarivo	586 790 km^2	13 862 400	malgache, français	franc malgache
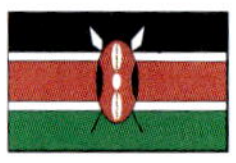	**Kenya**	Nairobi	582 397 km^2	28 817 300	swahili, anglais	shilling du Kenya
	**Cameroun**	Yaoundé	475 238 km^2	13 521 000	français, anglais	franc CFA
	**Maroc**	Rabat	303 202 km^2	29 168 900	arabe, berbère, français	dirham
	**Zimbabwe**	Harare	390 590 km^2	11 140 000	anglais, langues bantoues	dollar du Zimbabwe
	**Congo**	Brazzaville	341 854 km^2	2 505 000	français	franc CFA
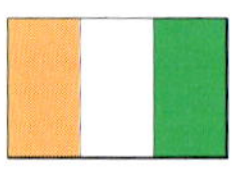	**Côte d'Ivoire**	Yamoussoukro	322 326 km^2	14 296 000	français, langues soudanaises	franc CFA
	**Burkina-Faso**	Ouagadougou	274 281 km^2	10 422 900	français	franc CFA
	**Gabon**	Libreville	267 553 km^2	1 155 800	français	franc CFA
	**Guinée**	Conakry	245 752 km^2	6 549 400	français, langues soudanaises	franc guinéen
	**Ouganda**	Kampala	240 947 km^2	19 573 300	anglais, swahili	shilling ougandais
	**Ghana**	Accra	238 431 km^2	17 763 200	anglais, langues soudanaises	nouveau cedi
	**Sénégal**	Dakar	196 628 km^2	9 007 100	français, langues soudanaises	franc CFA
	**Tunisie**	Tunis	164 078 km^2	8 879 900	arabe, français	dinar tunisien
	**Érythrée**	Asmara	117 276 km^2	3 578 800	tigrino, arabe	birr éthiopien

	PAYS	CAPITALE	SUPERFICIE	POPULATION[1]	LANGUE(S)	MONNAIE
	**Malawi**	Lilongwe	118 433 km²	9 808 400	anglais, chichewa	kwacha du Malawi
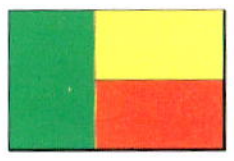	**Bénin**	Porto-Novo	112 616 km²	5 522 700	français	franc CFA
	**Liberia**	Monrovia	99 025 km²	3 073 300	anglais, langues soudanaises	dollar libérien
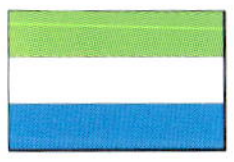	**Sierra Leone**	Freetown	71 710 km²	4 753 200	anglais, krio	leone
	**Togo**	Lomé	56 761 km²	4 410 400	français	franc CFA
	**Guinée-Bissau**	Bissau	36 110 km²	1 124 600	portugais	peso de Guinée-Bissau
	**Lesotho**	Maseru	30 331 km²	1 993 000	anglais, sesotho	loti
	**Guinée équatoriale**	Malabo	28 040 km²	420 300	espagnol	franc CFA
	**Burundi**	Bujumbura	27 805 km²	6 262 500	français, kirundi	franc du Burundi
	**Rwanda**	Kigali	26 326 km²	8 605 400	français, kinyarwanda	franc rwandais
	**Djibouti**	Djibouti	23 170 km²	421 400	arabe, français	franc de Djibouti
	**Swaziland**	Mbabane	17 356 km²	967 000	swazi, anglais	lilangeni
	**Gambie**	Banjul	10 684 km²	989 300	anglais	dalasi
	**Cap-Vert**	Praia	4 031 km²	436 000	portugais	escudo du Cap-Vert
	**Île Maurice**	Port-Louis	2 040 km²	1 127 100	anglais, créole-français	roupie mauricienne
	**Comores**	Moroni	1 861 km²	549 400	français, arabe	franc CFA
	**São Tomé et Príncipe**	São Tomé	999 km²	140 500	portugais, créole-portugais	dobra
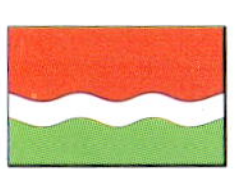	**Seychelles**	Victoria	456 km²	72 800	créole-français, anglais, français	roupie des Seychelles

Estimation de la population : juillet 1995

Alcott, Louisa May

Les Quatre Filles du Dr March

Louisa May Alcott (1832-1888), romancière américaine, eut beaucoup de succès avec son roman *Les Quatre Filles du Dr March*. Par la suite, elle publia plusieurs romans dont : *La Deuxième Fille du Dr March* et *Le Dr March marie sa fille*.

« Meg, l'aînée des quatre sœurs, avait seize ans. Elle était fort jolie : des joues rondes et roses comme des pêches, de beaux cheveux bruns et des mains blanches et fines(...) D'un an plus jeune, Jo était très grande, très maigre et très brune(...) Elle avait des yeux gris tour à tour pensifs, moqueurs ou brillants de colère. Sa seule beauté était sa chevelure épaisse, mais Jo l'entassait dans une résille pour ne pas en être embarrassée(...) Beth avait treize ans, le teint clair, de beaux cheveux lisses, une voix et des manières timides, avec une expression de douceur qui la quittait rarement. Amy, bien que la plus jeune, était un personnage d'importance. Du moins à son avis. On aurait dit une vraie poupée de porcelaine(...) Elle se conduisait toujours avec l'élégance et la distinction requises d'une demoiselle bien élevée(...) »

« Le manuscrit de Jo faisait son bonheur. C'était pour elle un travail utile et une récréation, une tentative faite pour se prouver à elle-même que son goût pour la lecture pouvait la rendre capable d'écrire à son tour(...) »

« Les jours d'octobre commençaient à devenir froids, et les après-midi étaient courts. Jo, assise sur le vieux sofa du grenier, écrivait fiévreusement dans un cahier étalé devant elle(...) Enfin, ce fut avec une satisfaction très grande qu'elle traça au bas de la dernière page le mot « Fin » (...) Arrivée au rez-de-chaussée, elle mit son chapeau et son manteau en faisant le moins de bruit possible(...) »

Littérature pour jeunes; Romanciers et poètes

Alexandre le Grand

Alexandre, fils de Philippe II, roi de Macédoine, conquit la plupart des terres connues avant d'avoir trente ans; pour cette raison, il fut surnommé le Grand. Lorsqu'il devint roi, en 336 av. J.-C., la Macédoine n'était qu'un petit royaume. Il entreprit alors la conquête de l'empire Perse de Darius III. En Égypte, il fonda Alexandrie et fut intronisé pharaon. Se dirigeant vers l'orient, il conquit la Mésopotamie, occupa Suse, Persépolis, Echatane, Babylone, et parvint jusqu'au fleuve Indus.

Buste d'Alexandre

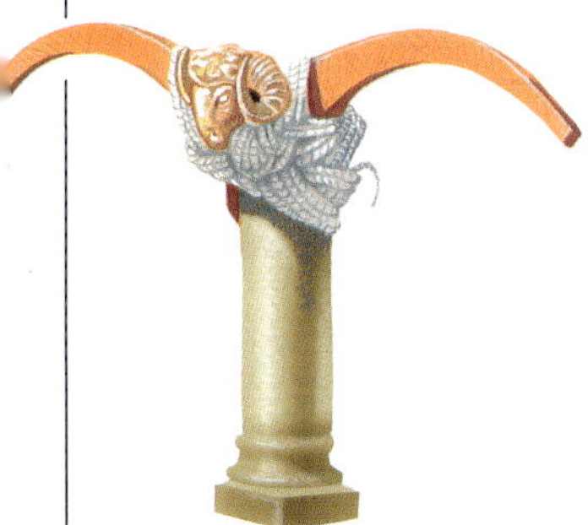

Selon l'oracle, la personne capable de défaire le nœud gordien prendrait possession de toute l'Asie : Alexandre le trancha d'un coup d'épée.

356 av. J.-C. : naît de Philippe II et d'Olympias.
338 av. J.-C. : se distingue à la bataille de Chéronée.
336 av. J.-C. : monte sur le trône à la mort de son père.
335 av. J.-C. : réprime les révoltes grecques; détruit Thèbes.
334 av. J.-C. : vainc Darius III.
333 av. J.-C. : vainc les Perses à Issos.
331 av. J.-C. : défait Darius; occupe Babylone et Suse.
327 av. J.-C. : franchit l'Indus.
326 av. J.-C. : vainc l'armée du roi Poros.
323 av. J.-C. : meurt des fièvres, à 33 ans.

La phalange – Les fantassins macédoniens se battaient en formation de *phalange* : les soldats du premier rang pointaient leur lance contre l'ennemi; ceux qui suivaient tenaient la leur en oblique.

Civilisations méditerranéennes; Égyptiens; Grecs; Indiens; Perses

L'hellénisme – Les armées d'Alexandre parcoururent près de 20 000 km. La langue et la civilisation grecques se propagèrent donc à l'étranger, tout en s'ouvrant à la culture orientale. Ainsi naquit l'*hellénisme*.

Alimentation

Notre organisme a besoin d'une alimentation variée et équilibrée. Les aliments contiennent des *protides*, des *lipides* et des *glucides* (entre autres l'*amidon* et le *sucre*). Les *vitamines* et les *minéraux* sont aussi très importants.

Les liquides
On devrait boire un à deux litres d'eau par jour, de préférence entre les repas.

Les aliments surgelés ou en conserve perdent une partie de leurs éléments nutritifs; il est donc préférable de consommer des produits frais.

TABLEAU DES VITAMINES

Vitamine A : fruits, légumes, œufs, foie et beurre. Contre les troubles de la vue; favorise la croissance.
Vitamine B_1 : céréales entières, foie. Contre les troubles circulatoires.
Vitamine B_2 : céréales entières, œufs et lait. Contre les dermatites et les troubles de croissance.
Vitamine PP/B_3 : viande et levure. Contre les dermatites et les troubles gastriques.
Vitamine B_5 : presque tous les aliments. Contre les troubles gastriques et du système nerveux.
Vitamine B_6 : viande, poisson, fruits et légumes. Contre les troubles nerveux et les dermatites.
Vitamine B_9 : légumes crus, œufs et lait. Contre l'anémie.
Vitamine B_{12} : viande, œufs et lait. Contre l'anémie et les troubles nerveux.
Vitamine C : fruits (agrumes) et légumes. Contre le scorbut.
Vitamine D : huile de foie de morue, lait et légumes. Contre les problèmes d'ossature.
Vitamine E : huiles végétales et animales. Contre les troubles nerveux; intervient aussi dans la reproduction.
Vitamine H : œufs et foie. Contre l'affaiblissement physique et les dermatites.
Vitamine K : légumes frais. Contre les problèmes de coagulation sanguine.
Vitamine PP : fruits et légumes. Contre la pellagre.

Céréales; Champignons; Corps humain; Fruits; Fruits exotiques; Légumes; Recettes de cuisine; Squelette

AMÉRINDIENS

Quand Colomb arriva en Amérique, il appela les habitants de cette terre *indios*, car il était persuadé d'avoir atteint les Indes. Le terme *Indiens d'Amérique* a longtemps fait partie de notre vocabulaire. Aujourd'hui, on parle d'*Amérindiens*. Auparavant, l'appellation *Peaux-rouges* était aussi utilisée, certaines tribus ayant l'habitude de s'enduire le corps d'ocre rouge. Les Amérindiens vivaient surtout d'agriculture et de chasse. Toutes les parties de l'animal capturé étaient utilisées : la chair était mangée, la peau servait à fabriquer des habits, des boucliers et des tentes, les tendons étaient transformés en ficelles et en cordes pour les arcs.

Les Iroquois (ci-contre) vivaient au nord des lacs Ontario, Érié et Huron, et dans la vallée du Saint-Laurent.

Les croyances – Toutes les tribus croient en un dieu créateur, le Grand Esprit; elles sont convaincues que la nature est imprégnée d'une force vitale, appelée *mana*.

Ci-contre : *poteau totémique*, portant l'emblème du totem, animal (ou parfois végétal) sculpté considéré comme l'ancêtre, et par la suite comme le protecteur d'un clan. Ci-dessous : ancien chef Cheyenne.

Les habitations – Les Amérindiens vivaient sous des tentes *(tipi)* ou dans des huttes. L'armature de pieux était recouverte d'écorce de bouleau, de nattes de roseaux ou de peaux de bête. Les habitations étaient le plus souvent rectangulaires dans l'est, et coniques, plus à l'ouest. La fumée s'échappait par un trou ménagé dans la toiture. Des fourrures étendues par terre servaient de lits.

Les tribus – Les Amérindiens se divisaient en tribus ayant chacune leurs coutumes, leurs rites, leurs traditions et aussi leur langue. Chaque tribu était constituée de familles, ou clans, dont la descendance appartenait soit à la lignée maternelle, soit à la lignée paternelle. Une profonde solidarité liait les membres d'un même clan. Les guerriers avaient un statut important et faisaient partie du conseil de la tribu.

De haut en bas :
Sioux
Cheyenne
Apache
Sauk
Chickasaw
Iroquois

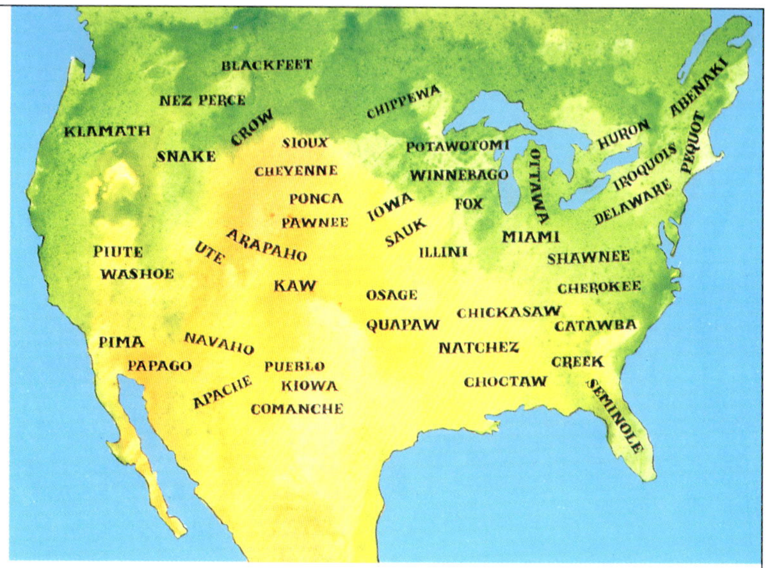

La carte géographique indique les tribus les plus importantes, dispersées sur tout le continent nord-américain.

AMÉRIQUE;
COLOMB;
FAR WEST

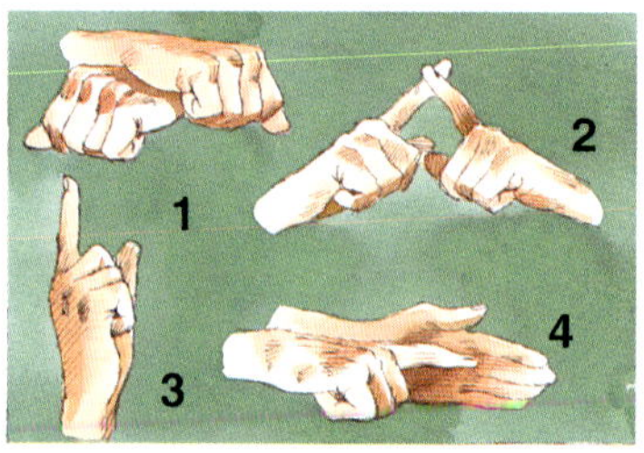

Les tribus utilisaient le langage des signes pour communiquer entre elles.

1. Prisonnier
2. Campement
3. Attends-moi
4. Suis-moi

Les guerres indiennes – Dès le XVIIe siècle, lorsque les colons commencèrent à s'établir dans les territoires qui composent aujourd'hui les États-Unis, certaines tribus, se sentant menacées, déterrèrent la hache de guerre pour défendre leurs territoires. Au XIXe siècle, des chefs indiens comme *Red Cloud*, *Crazy Horse* ou *Sitting Bull* gagnèrent quelques batailles (Fort Kearny en 1868; Little Big Horn en 1876). L'armée américaine, commandée par des généraux tels Sherman et Sheridan, finit par briser la résistance de ses adversaires. Après de terribles combats, comme ceux de Washita (1868) contre les Cheyennes, et de Wounded Knee (1890) contre les Sioux, les Blancs confinèrent les Amérindiens dans des réserves et leur patrimoine culturel fut dispersé.

Amérique

Le continent américain se compose de deux blocs continentaux distincts, l'Amérique du Nord et l'Amérique du Sud, reliés par une bande de terre qui forme, avec les Antilles, l'Amérique centrale.

L'Amérique centrale
Cette région englobe les pays qui vont du Mexique au Panamá, ainsi que l'archipel des Antilles. Le canal de Panamá relie l'Atlantique au Pacifique. Font également partie de l'Amérique centrale : *Dominique, Sainte-Lucie, Antigua-et-Barbuda, Barbade, Saint-Vincent-et-les Grenadines, Grenade, Saint Kitts and Nevis.*

Au cours de leurs cérémonies religieuses, les Navajos décorent le sable à l'aide de terre diversement colorée et de pierre pulvérisée.

L'Amérique du Sud – Avec l'Amérique centrale, cette région s'appelle *Amérique latine* en raison des colonisateurs qui étaient espagnols ou portugais. Aujourd'hui, la population est formée de nombreux peuples autochtones, de *Créoles* (descendants des premiers colons), de *Blancs* (provenant d'Europe), de *Mulâtres* et de *Noirs* (descendants d'esclaves africains). La population se concentre surtout dans les grandes villes le long des côtes. Les régions au climat plus difficile, l'Amazonie, la Patagonie et la Terre de Feu, sont moins peuplées.

Travaux de tissage des populations habitant autour du lac Titicaca.

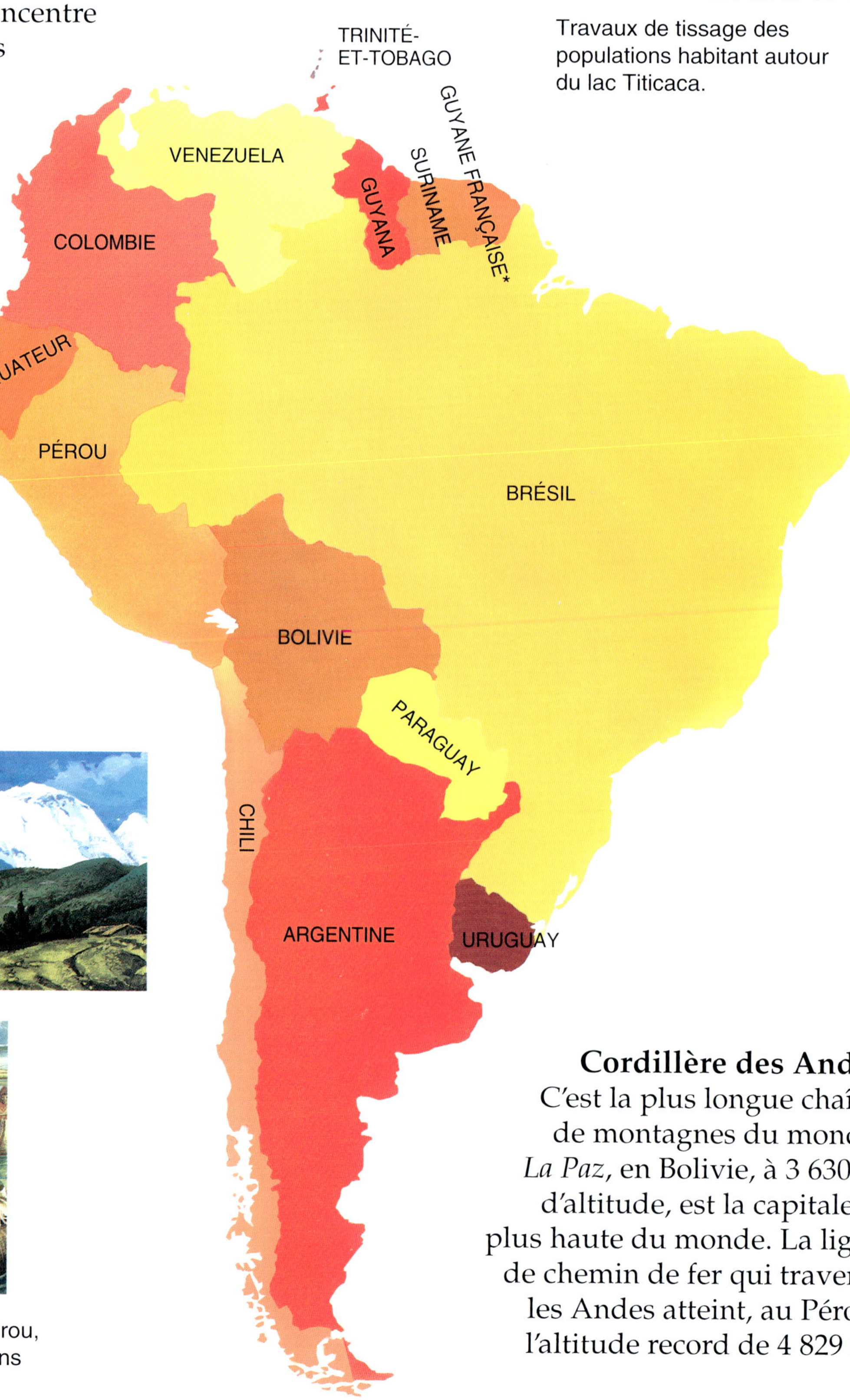

AMÉRINDIENS; EXPLORATEURS; FAR WEST; FAUNE DE L'AMÉRIQUE DU NORD; FAUNE DE L'AMÉRIQUE DU SUD; WASHINGTON

La cordillère des Andes, la plus longue chaîne de montagnes du monde, s'étend sur 7 600 km.

Le lac Titicaca, entre la Bolivie et le Pérou, se situe à 3 810 m d'altitude. Les Indiens le parcourent sur des *totoras*, barques faites de roseaux tressés.

Cordillère des Andes

C'est la plus longue chaîne de montagnes du monde. *La Paz*, en Bolivie, à 3 630 m d'altitude, est la capitale la plus haute du monde. La ligne de chemin de fer qui traverse les Andes atteint, au Pérou, l'altitude record de 4 829 m.

Pays de l'Amérique du Nord et de l'Amérique centrale

	PAYS	CAPITALE	SUPERFICIE	POPULATION[1]	LANGUE(S)	MONNAIE
	**Canada**	Ottawa	9 966 344 km²	29 955 000	anglais, français	dollar canadien
	**États-Unis**	Washington D.C.	9 804 912 km²	263 814 100	anglais	dollar américain
	**Mexique**	Mexico	1 957 364 km²	93 985 900	espagnol	nouveau peso mexicain
	**Nicaragua**	Managua	131 722 km²	4 206 400	espagnol	córdoba
	**Honduras**	Tegucigalpa	112 039 km²	5 459 800	espagnol	lempira
	**Cuba**	La Havane	110 814 km²	10 937 700	espagnol	peso cubain
	**Guatemala**	Guatemala	108 842 km²	10 998 700	espagnol	quetzal
	**Panamá**	Panamá	75 484 km²	2 681 000	espagnol	balboa
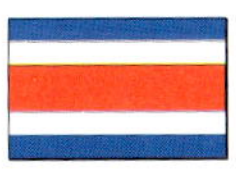	**Costa Rica**	San José	51 079 km²	3 419 200	espagnol	colón du Costa Rica
	**République dominicaine**	Saint-Domingue	48 422 km²	7 511 300	espagnol	peso dominicain
	**Haïti**	Port-au-Prince	27 688 km²	6 540 000	français, créole	gourde
	**Belize**	Belmopan	22 956 km²	214 100	anglais	dollar de Belize
	**Salvador**	San Salvador	21 032 km²	5 870 500	espagnol	colón du Salvador
	**Bahamas**	Nassau	13 933 km²	256 700	anglais	dollar des Bahamas
	**Jamaïque**	Kingston	10 987 km²	2 574 300	anglais	dollar de la Jamaïque
	**Dominique**	Roseau	751 km²	82 700	anglais	dollar des Caraïbes orientales
	**Sainte-Lucie**	Castries	616 km²	156 100	anglais	dollar des Caraïbes orientales

	PAYS	CAPITALE	SUPERFICIE	POPULATION[1]	LANGUE(S)	MONNAIE
	**Antigua-et-Barbuda**	Saint John's	443 km^2	65 200	anglais	dollar des Caraïbes orientales
	**Barbade**	Bridgetown	430 km^2	256 400	anglais	dollar de la Barbade
	**Saint-Vincent-et-les Grenadines**	Kingstown	388 km^2	117 400	anglais	dollar des Caraïbes orientales
	**Grenade**	Saint-Georges	344 km^2	94 500	anglais	dollar des Caraïbes orientales
	**Saint Kitts and Nevis**	Basseterre	269 km^2	41 000	anglais	dollar des Caraïbes orientales

[1] Estimation de la population : juillet 1995

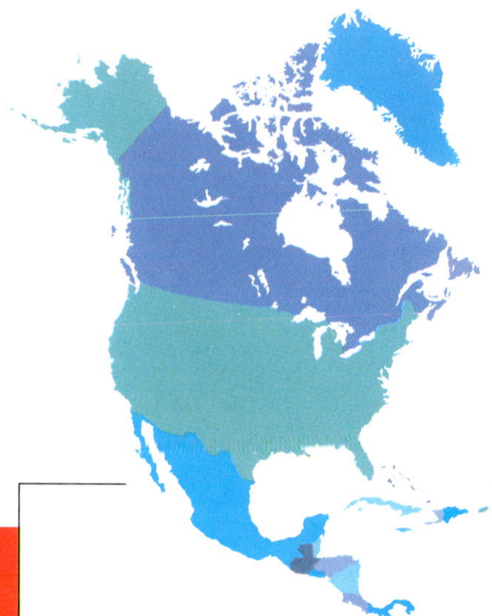

RECORDS DES AMÉRIQUES

● **La baie la plus vaste :** la Baie d'Hudson, qui couvre 1 233 000 km^2 et qui est bordée par 12 268 km de côtes.

● **Le golfe le plus vaste :** le golfe du Mexique, avec 1 544 000 km^2.

● **Le fleuve le plus long :** l'Amazone, courant sur 6 570 km. Son estuaire étant très ramifié, sa longueur exacte est difficile à déterminer.

● **Le lac le plus haut :** le lac Titicaca, dans la cordillère des Andes, à 3 810 m au-dessus du niveau de la mer.

● **Les chutes les plus hautes :** le Salto del Angel, au Venezuela, avec 979 m de dénivellation.

PAYS DE L'AMÉRIQUE DU SUD

PAYS	CAPITALE	SUPERFICIE	POPULATION[1]	LANGUE(S)	MONNAIE
Brésil	Brasilia	8 508 276 km^2	160 737 500	portugais	cruzeiro
Argentine	Buenos Aires	2 779 209 km^2	34 292 800	espagnol	peso argentin
Pérou	Lima	1 284 667 km^2	24 087 400	espagnol, quechua, aymara	nouveau sol
Colombie	Santa Fe de Bogotá	1 141 259 km^2	36 200 300	espagnol	peso colombien
Bolivie	La Paz et Sucre	1 098 110 km^2	7 896 300	espagnol, aymara, quechua	boliviano
Venezuela	Caracas	911 659 km^2	21 004 800	espagnol	bolívar
Chili	Santiago	756 302 km^2	14 161 300	espagnol	nouveau peso chilien
Paraguay	Asunción	406 578 km^2	5 358 200	espagnol	guarani
Équateur	Quito	271 928 km^2	10 891 000	espagnol	sucre
Guyana	Georgetown	214 991 km^2	723 800	anglais	dollar de Guyana
Uruguay	Montevideo	176 140 km^2	3 222 800	espagnol	nouveau peso uruguayen
Suriname	Paramaribo	163 749 km^2	429 600	néerlandais	florin du Suriname
Trinité-et-Tobago	Port of Spain	5 126 km^2	1 271 160	anglais	dollar de Trinité-et-Tobago

*La Guyane française est un département français d'outre-mer.
[1] Estimation de la population : juillet 1995

Amphibiens

Les zoologistes classent parmi les amphibiens tous les animaux qui vivent dans l'eau au stade larvaire, puis sur terre lorsqu'ils sont adultes. Pendant la croissance, le système respiratoire des amphibiens se transforme : les petits ont des branchies comme les poissons, alors que les adultes ont développé des poumons pour respirer hors de l'eau. Les amphibiens pondent presque tous en milieu aquatique; les larves se développent dans l'eau.

Les ordres – Les amphibiens sont divisés en trois ordres : anoures (grenouilles et crapauds), urodèles (salamandres et tritons) et apodes (amphibiens sans pieds, ni pattes, ni nageoires). Ils ne vivent pas dans les milieux marins, désertiques et polaires.

Le grand triton à crête
Il vit dans l'eau stagnante, parmi les roseaux du rivage. À la saison des amours, les couleurs des mâles sont plus éclatantes.

Les œufs de grenouille (environ 4 000 par pondaison) sont enrobés de gélatine. À la naissance, les têtards possèdent une queue et des branchies, mais pas de pattes. Les pattes postérieures apparaissent avant les pattes antérieures.

Les couleurs
Plusieurs amphibiens sont de couleurs vives. Leur peau possède souvent des glandes qui sécrètent des substances toxiques.

Animaux étranges;
Évolution de la vie;
Hibernation;
Mimétisme

Le crapaud
(ci-contre)
Trapu, verruqueux, lourdaud et rébarbatif, il est très utile à l'agriculture parce qu'il se nourrit d'insectes nuisibles. Pour les attraper, il projette rapidement sur eux sa langue à l'extrémité gluante. Contrairement à la grenouille, le crapaud est un animal terrestre. Il ne retourne dans l'eau que pour y déposer ses œufs.

La grenouille
(ci-contre)
Batricien anoure (qui n'a pas de queue), elle possède des pattes postérieures longues et palmées et une peau lisse. Plusieurs ont de drôles de noms : grenouille-taureau, grenouille poilue, grenouille-mouton, grenouille-léopard, grenouille goliath. Leurs doigts sont collants pour leur permettre une meilleure prise. Leurs grands yeux protubérants exercent une pression à l'intérieur de la bouche, facilitant ainsi la mastication.

Certaines salamandres ont des mœurs terrestres et grimpent aux arbres. Mais elles préfèrent les endroits humides. Le bout de leurs doigts est muni de capillaires ayant un rôle respiratoire.

ANIMAUX DE LA FERME

À la ferme, chaque animal possède son abri : les moutons sont à la bergerie, les bovins à l'étable, les poules au poulailler, etc. Selon le pays, la ferme porte un nom différent. Par exemple, *ranch* aux États-Unis et *fazenda* au Brésil. Certaines se spécialisent dans un élevage particulier : le bétail en Argentine, les autruches en Afrique du Sud, les moutons en Nouvelle-Zélande... Pas étonnant, puisque dans ce dernier pays, il y a vingt fois plus de moutons que d'habitants.

Le mouton – En hiver, sa toison devient plus fournie; on le tond au printemps. Les tondeurs les plus habiles peuvent le faire en 60 secondes ! La toison est ensuite lavée et dégraissée, puis cardée, filée, teinte et, finalement, tissée.

La chèvre (ci-dessus) mange de tout, même des arbustes épineux.

Les ruminants
Les bovins sont des ruminants. Ils avalent l'herbe sans la mâcher. Elle descend dans la panse qui est la 1re des quatre poches de leur estomac et passe dans la 2e poche où elle est roulée en petites boules. Ensuite, ces petites boules sont régurgitées, puis ruminées avant de passer dans les 3e et 4e poches où elles sont digérées.

Autrefois, les bovins étaient utilisés comme bêtes de trait. Aujourd'hui, on en fait l'élevage pour leur lait, leur viande et leur cuir.

Mâle et femelle – Le mâle de la vache s'appelle taureau s'il sert à la reproduction ou bœuf s'il a été châtré. Ce dernier ne peut pas s'accoupler. On l'élève surtout pour sa viande.

Le lait – Une vache produit plus de 4 000 litres de lait par année; son veau en boit 10 à 12 litres par jour. Le lait fraîchement tiré est pasteurisé, c'est-à-dire chauffé à très haute température en quelques secondes, puis refroidi brusquement pour tuer les germes pathogènes. En écrémant le lait, on obtient la crème; en barattant celle-ci, on obtient le beurre. Le lait additionné de ferment donne le yaourt. On fabrique le fromage en faisant cailler le lait avec de la présure. Les produits à base de lait se nomment *laitages*.

Taureau

L'œuf – Coquille ou enveloppe calcaire contenant un vitellus (le jaune) qui flotte dans l'albumen (le blanc). Une poule en pond environ 250 pendant son premier cycle de pondaison, puis de moins en moins. Pour avoir des poussins, elle doit s'accoupler avec un coq afin d'être fécondée. Elle pond ensuite des œufs qu'elle devra couver pendant 20 jours. Les œufs que nous consommons ne sont pas fécondés.

Le dindon est élevé pour sa chair.

Poule et poussins

L'oie (ci-contre) – Ce palmipède a pour ancêtre l'oie sauvage grise, élevée autrefois par les Égyptiens, les Grecs, les Romains et les Chinois. L'oie se nourrit d'herbe ou d'une pâtée de graines, et elle avale des cailloux pour broyer les aliments dans son estomac. On utilise ses plumes comme rembourrage parce qu'elles constituent un bon isolant contre le froid.

Les poules – Elles s'endorment au coucher du soleil dans le poulailler, serrées les unes contre les autres pour se réchauffer. Réveillées à l'aube au chant du coq, elles se mettent aussitôt à la recherche de graines et de vers. Pour se nettoyer, elles se roulent dans la poussière ou dans le sable.

Âne

L'âne et le mulet
L'âne, plus petit que le cheval, possède de longues oreilles et une grosse tête. Le grand mulet naît du croisement d'un âne avec une jument; le petit mulet (bardot), de celui du cheval et de l'ânesse. Le mulet est toujours infécond.

1. Selle anglaise
2. Selle western, large et confortable, adaptée aux longs parcours.

Le cheval – Il existe environ 70 millions de chevaux de par le monde, mais le nombre de races diminue. Longtemps utilisés en agriculture, ils sont de plus en plus remplacés par les machines agricoles.

1

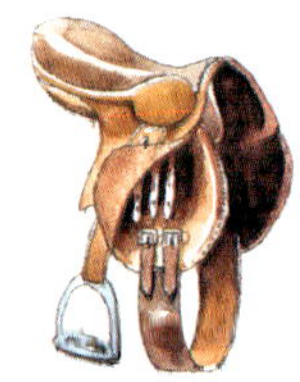

2

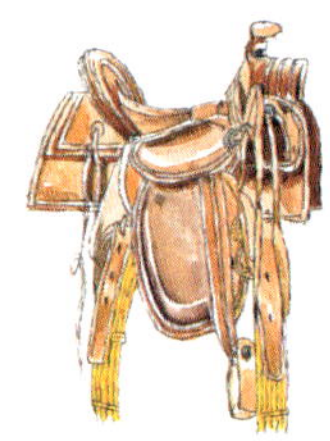

Cheval de trait

De nos jours, on dénombre environ deux cents races de chevaux, dont l'élégant cheval arabe, le rapide pur-sang et le robuste cheval de trait hollandais.

Les lapins – Ce sont des herbivores pouvant peser jusqu'à 10 kg et atteindre environ 40 cm de long. Leur ouïe, leur vue et leur odorat sont moins développés que chez les lièvres. Par contre, leur capacité de reproduction est supérieure. La femelle est très prolifique; elle peut avoir plusieurs portées par année et, chaque fois, donner naissance à environ six petits.

ABEILLES;
BOVINS;
ÉQUIDÉS;
MAMMIFÈRES

La lapine met bas dans un coin du clapier qu'elle tapisse avec ses poils.

Les yeux du lapin lui permettent de voir devant et de côté. Ses pattes arrière sont plus longues que celles de devant.

Le porc – Il fait partie de la famille des porcins (suidés). Il possède un corps trapu couvert de poils résistants (soies), des pattes courtes, des sabots robustes et une petite queue en forme de tire-bouchon. Le porc est omnivore, c'est-à-dire qu'il mange de tout : farine, betteraves, pommes de terre, mais aussi racines, glands, escargots et restes de repas. Il boit jusqu'à 10 litres d'eau par jour. Le mâle s'appelle *verrat* et la femelle, *truie*.

Les religions juive et musulmane interdisent de consommer la viande de porc, considérée impure.

Les petits cochons se nomment porcelets; il y en a parfois douze par portée.

Un animal très utile – Le porc est le seul animal dont toutes les parties sont utilisées par l'être humain. En plus des coupes de boucherie, il existe une grande variété de charcuteries préparées avec différentes parties de l'animal. L'intestin se transforme en boyau à saucisses, les soies servent à fabriquer des pinceaux et des brosses et une fois tanée, la peau devient du cuir.

Animaux domestiques

Tous les enfants rêvent d'avoir un petit animal avec lequel s'amuser. Mais les animaux ne sont pas des jouets : ils ont besoin d'amour et de soins. Ils doivent évoluer dans un environnement propre et être nourris régulièrement. Plusieurs d'entre eux, comme les gros chiens, souffrent s'ils sont contraints de vivre dans des espaces trop exigus ou s'ils sont laissés trop souvent seuls.

Dans les lieux publics, les chiens sont habituellement tenus en laisse. Certains portent aussi une muselière.

Le chat – Il s'attache à son maître, mais il est moins démonstratif que le chien. Il a une forte personnalité et aime la liberté; son sens de l'indépendance est souvent pris pour de l'indifférence.

En cage – Les canaris vivent à l'état sauvage dans les îles Canaries occidentales, mais on en élève partout dans le monde. La femelle pond jusqu'à six œufs par couvée. Les perruches ondulées mesurent environ 20 cm.

Les petites tortues aquatiques – On les élève dans un bac d'eau douce. Leurs mâchoires sont recouvertes d'une couche cornée aux contours acérés. Elles mesurent de 6 à 8 cm de long.

Les poissons rouges
Ils atteignent 6 à 7 cm de long. Il faut changer l'eau de l'aquarium régulièrement.

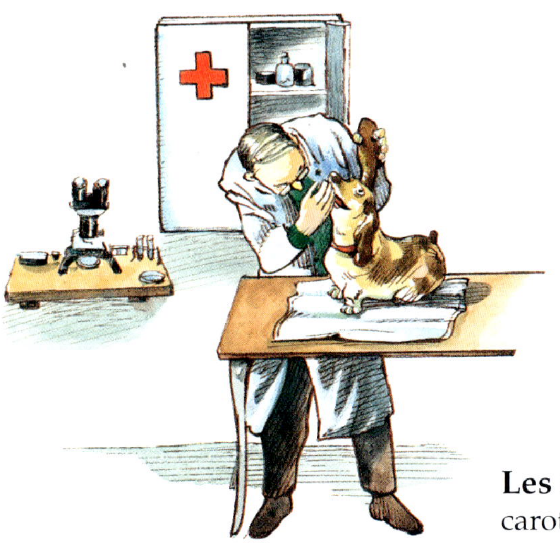

Le vétérinaire – Ce médecin soigne les animaux de la ferme et les petits animaux domestiques : il administre les vaccins, pratique des interventions chirurgicales et explique aux propriétaires les normes d'hygiène à respecter.

Les rongeurs – Ils mangent de la laitue, des carottes, des graines, des pommes, des croûtons de pain. On les élève dans une cage. Ils aiment courir dans une roue accrochée à un barreau de la cage, pour la faire tourner. Parmi les rongeurs, notons les *cobayes* ou cochons d'Inde (15 à 20 cm), à poil ras, long ou bouclé, les *hamsters* (8 cm) (ci-contre) et les *souris blanches* (5 cm).

Chats; Chiens; Mammifères; Oiseaux; Poissons; Rongeurs

Animaux étranges

La nature nous réserve bien des surprises. En effet, certains animaux ont des caractéristiques étranges : quelques-uns ressemblent à leurs ancêtres préhistoriques tandis que d'autres ont appris à se défendre en changeant de couleur.

L'ornithorynque – Cet animal d'Australie au bec semblable à celui d'un canard est à la fois ovipare (il pond des œufs) et mammifère (il allaite ses petits). L'ornithorynque est maladroit sur terre, mais ses pattes palmées et sa queue spatulée en font un excellent nageur.

La queue du coq japonais s'allonge de 90 cm par année et peut atteindre 7 m de long.

Le dragon volant – Ce reptile au corps bleu tacheté de noir, muni de membranes orangées, plane d'un arbre à l'autre et se camoufle très bien. Il vit aux Philippines et en Indonésie.

Le tatou à neuf bandes – Son corps est pourvu d'une carapace faite de plaques osseuses, dont la partie articulée est formée par neuf anneaux. Il se nourrit d'insectes et creuse des galeries avec ses pattes courtes et robustes. On le retrouve au sud des États-Unis, en Amérique centrale et en Amérique du Sud.

Le loris grêle

Ce mammifère vit dans les forêts de l'Inde méridionale et du Sri Lanka. Il reste suspendu aux arbres toute la journée, la tête cachée entre les pattes. Il possède de très grands yeux luminescents qui lui permettent de s'activer la nuit. La femelle, après une gestation de six mois, donne naissance à deux petits.

Loris grêle

Le calao-rhinocéros – Cet hôte des forêts tropicales d'Asie, d'Afrique et d'Océanie porte une large excroissance rouge vif sur son bec. La femelle couve ses œufs dans le creux d'un arbre dont le mâle a scellé l'ouverture avec de la boue.

AMPHIBIENS;
FAUNE AUSTRALIENNE;
FAUNE DE L'AMÉRIQUE DU SUD;
FORÊT AFRICAINE;
MIMÉTISME;
POISSONS

Le dendrobate – Cette grenouille arboricole venimeuse vit dans les forêts d'Amérique centrale et d'Amérique du Sud. Le venin qu'elle sécrète lui permet de se défendre contre ses ennemis. Les aborigènes en enduisent le bout de leurs flèches pour paralyser leurs proies instantanément.

Le *dendrobate*, grenouille arboricole à bandes noires et orange.

L'échidné de Bruijn – Cet animal de Nouvelle-Guinée appartient à l'ordre des monotrèmes. Il tient à la fois du fourmilier et du porc-épic. Son museau est long et recourbé, ses pattes sont munies de 3 ou 4 griffes et son manteau de poils bruns est garni de petits aiguillons blanchâtres.

L'anableps, ou poisson à quatre yeux – Il vit le long des côtes des régions tropicales de l'Amérique, à l'embouchure des fleuves, dans l'eau douce et peu profonde. Ce poisson possède d'étranges yeux spheriques à fleur de tête, qu'il garde à moitié hors de l'eau. À cause de la réfraction, la moitié immergée semble détachée de celle qui est en surface. L'anableps donne ainsi l'impression d'avoir quatre yeux.

Animaux polaires

L'Arctique n'est pas un continent. C'est une vaste région englobant la mer et les territoires qui entourent le pôle Nord, à l'intérieur du cercle polaire arctique. Par contre l'Antarctique, qui s'étale autour du pôle Sud, est le continent le plus froid. Il a une superficie plus étendue que celle de l'Europe, mais il est inhabité, mis à part les stations scientifiques. Malgré les températures très basses, certaines formes de vie ont su s'adapter à cet univers inhospitalier.

L'ours polaire, l'un des plus grands carnivores existants, vit en Arctique. Il peut peser plus d'une demi-tonne et porte une épaisse fourrure blanche.

En Antarctique, on ne trouve que des stations scientifiques.

Les populations arctiques – Les Inuit (ci-dessus) vivent au Groenland, au Canada et en Alaska; les Esquimaux habitent la Sibérie orientale. Ils pratiquent la chasse et la pêche, et s'abritent dans des igloos lors de leurs excursions. Les Lapons vivent en Europe septentrionale.

Le morse a une épaisse couche de graisse sous la peau. Ses défenses lui permettent de s'accrocher à la banquise.

Au pôle Nord :	**6.** Narval
1. Pétrel glacial	**7.** Lemming
2. et **3.** Macareux	**8.** Phoque
4. Harfang des neiges	**9.** Sterne
5. Renne	**10.** Ours blanc
	11. Morse

Le renne – Le renne, un mammifère ruminant qui vit dans la toundra et la taïga des régions nordiques de l'Eurasie, mesure 1 mètre de haut, 2 de long, et pèse 150 kg. Il possède une fourrure gris clair et de larges bois ramifiés, et il se nourrit de mousse, de lichen et d'herbe. On l'élève pour sa peau, sa viande et son lait.

Les animaux du pôle Sud

Les baleines bleues vivent dans les eaux froides de l'Antarctique. Ces cétacés, qui peuvent atteindre 30 m de long et peser jusqu'à 100 tonnes, se nourrissent de plancton et de petits poissons. Plusieurs pays en interdisent aujourd'hui la chasse. Les albatros survolent cette région où l'on dénombre une vingtaine d'espèces de manchots, dont le manchot papou, le gorfou, le manchot royal et le manchot empereur ainsi que des phoques et des éléphants de mer. Les mâles de cette dernière espèce possèdent un nez curieux en forme de trompe.

Les manchots sont des animaux enjoués qui adorent s'amuser sur la glace.

Les manchots – Ces oiseaux ne peuvent pas voler : leurs ailes se sont transformées en nageoires. Avec leurs pattes palmées et leur queue qui fait office de gouvernail, ces remarquables nageurs plongent jusqu'à 20 m de profondeur pour chercher leur nourriture. L'épaisse couche de graisse sous leur peau et leur plumage très fourni les protègent du froid.

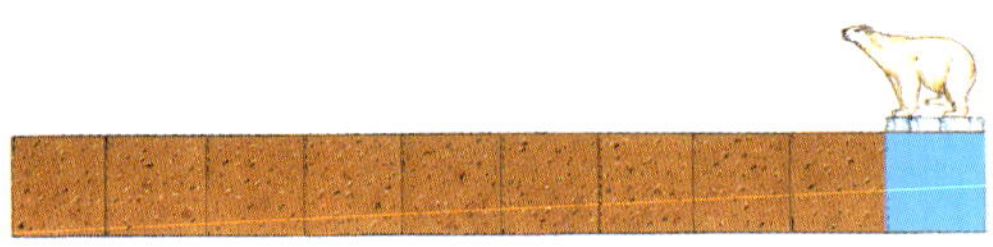

Environ 10 % des terres émergées se situent dans les régions polaires ou couvertes de glace.

Le manchot empereur mâle couve l'unique œuf pondu par la femelle sur ses pieds et dans le repli de la peau de son ventre.

ANTARCTIQUE;
OURS;
TOUNDRA

Au pôle Sud :
1. Albatros
2. Léopard de mer
3. Baleine bleue
4. Éléphant de mer
5. Manchot papou
6. Manchot royal
7. Gorfou huppé
8. Phoque

ANTARCTIQUE

L'Antarctique, ou sixième continent, s'étend autour du pôle Sud, sur 14 107 637 km^2. Constitué de terres émergées et d'*icebergs*, masses de glace flottantes, c'est le continent le plus froid de la Terre. Le soleil y brille nuit et jour pendant six mois de l'année, alors qu'il fait sombre les six autres mois. Le Norvégien Roald Amundsen fut le premier explorateur à atteindre le pôle Sud, en 1911.

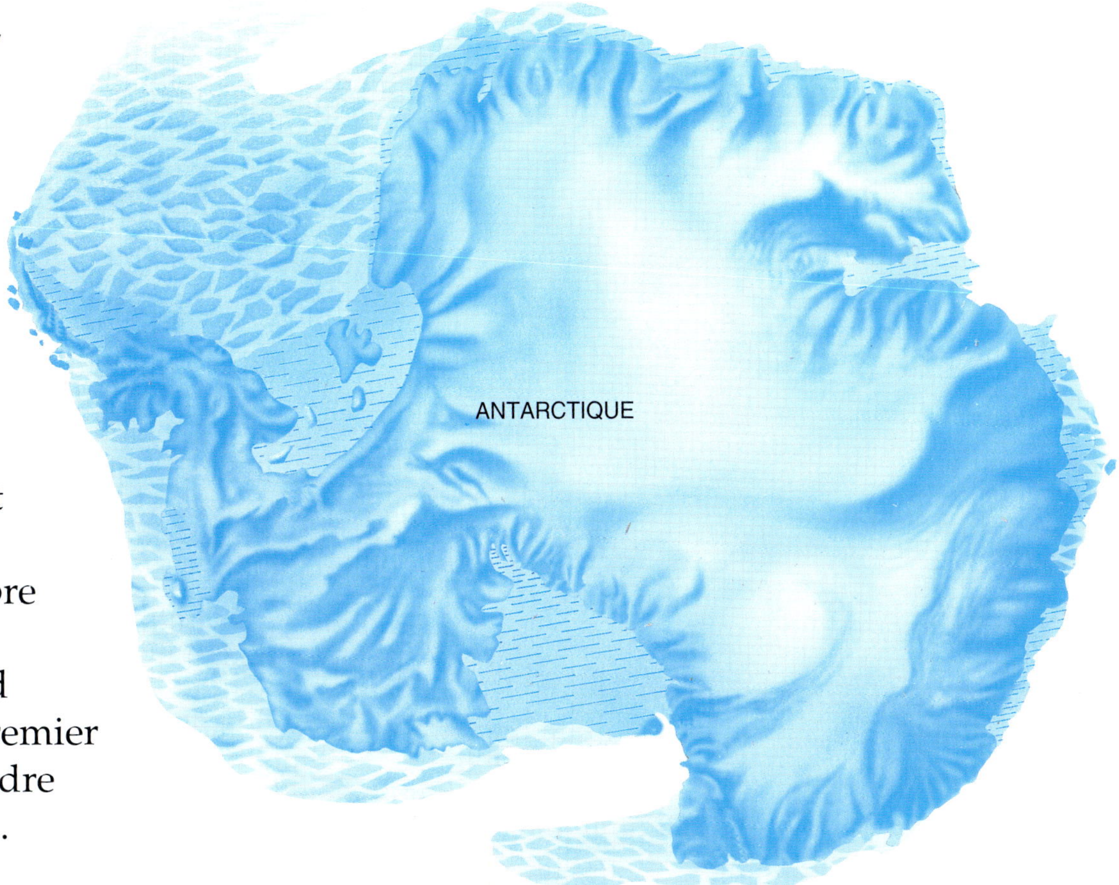

Un continent inhabité – On n'a trouvé, en Antarctique, aucune trace de populations indigènes. Aujourd'hui encore, ce continent reste inhabité, mis à part les stations de recherche affiliées à différents pays. Ce territoire inhospitalier abrite une faune particulière : les rives sont peuplées de loups de mer, de manchots, de goélands et d'albatros, tandis que dans la mer vivent les baleines et les épaulards. Tous ces animaux se procurent leur nourriture dans l'eau.

Les manchots vivent en colonies et peuplent exclusivement l'Antarctique. Excellents nageurs, ils plongent jusqu'à 20 m de profondeur.

ANIMAUX POLAIRES; EXPLORATEURS

Comme les autres oiseaux qui peuplent ces terres glaciales, l'albatros pond un seul œuf et le protège du froid en l'abritant sous ses ailes.

ARABES

Des tribus arabes nomades et semi-nomades peuplent la péninsule arabique depuis le premier millénaire av. J.-C. Souvent en guerre les unes contre les autres, ces tribus s'unirent finalement sous Mahomet (570-632). Berger de troupeaux et guide de caravanes, ce dernier prêcha la foi en un seul dieu, *Allah*, dont il était le prophète. En 622, Mahomet émigra de La Mecque à Médine : cette date marque l'*an un* de l'ère musulmane ou *hégire*. Quand Mahomet mourut, ses successeurs, les *califes*, gardèrent, au nom d'Allah, un pouvoir spirituel et temporel sur les tribus du désert. L'enseignement de Mahomet fut recueilli dans un livre sacré, le *Coran*.

La mosquée – Édifice consacré au culte musulman. Ci-dessous : les ruines de la mosquée de *Bibi-Khanym* (1399-1404) située à Samarkand, en Ouzbékistan. Cet édifice fut commandé par l'épouse chinoise favorite de Tamerlan. À cette époque, certaine mosquées abritaient les *madrasas* (écoles).

La guerre sainte – Guidés par les califes, les Arabes entreprirent une longue guerre pour convertir tous les infidèles à la religion musulmane, selon laquelle celui qui mourait en combattant pour la foi méritait le paradis. Ils conquirent un vaste empire, de l'Indus à la côte méditerranéenne de l'Afrique, et atteignirent l'Espagne. En 733, ils furent vaincus à Poitiers par Charles Martel, grand-père de Charlemagne.

Cartographie; Islamisme

Arbres et feuilles

L'arbre de vie est un symbole oriental : les racines représentent les origines de l'homme, les fruits sont ses générations d'enfants.

Les arbres jouent un rôle important dans le cycle de la vie. Les feuilles absorbent le gaz carbonique et produisent l'oxygène dont les hommes et les animaux ont besoin pour vivre. Sans la végétation, il n'y aurait pas de vie sur Terre : les forêts doivent donc être protégées.

La sève – Cette substance liquide est le nutriment de la plante. Produite grâce au processus de la photosynthèse, elle part des feuilles et va nourrir toutes les parties de l'arbre.

Ci-dessous, encerclé, gros plan de l'extrémité d'une racine : la région pilifère absorbe l'eau.

Certaines feuilles, comme celles de l'érable japonais (ci-dessous), sont rouges toute l'année parce qu'elles contiennent des pigments de couleur.

La forme des feuilles – Les feuilles, qui peuvent être simples ou composées, ont des formes variées : longues et étroites comme celles du saule, ovales comme celles du cerisier, en aiguille comme celles du sapin, dentelées, en forme de scie, de cœur, de main ouverte, etc.

La chlorophylle – La photosynthèse est le processus par lequel les plantes vertes transforment l'énergie solaire en énergie chimique. Les feuilles absorbent le gaz carbonique de l'air, et les racines, l'eau du sol. La lumière du soleil captée par les pigments de chlorophylle (contenus dans les cellules végétales) permet de transformer le gaz carbonique et l'eau en sève. Pendant cette réaction chimique, l'oxygène est libéré dans l'air. La chlorophylle donne aux feuilles leur couleur verte. En automne, elle se dégrade à cause du manque de lumière. C'est alors que les feuilles changent de couleur, puis tombent.

Saule blanc

Cerisier

Houx

Érable japonais

Les feuilles persistantes – Dans les régions froides, les feuilles de certains arbres (comme le sapin, le pin, le laurier-cerise, le chêne vert) sont remplacées au fur et à mesure qu'elles tombent. Une pellicule résineuse les protège du froid. Ces arbres sont dits *sempervirents*, ce qui signifie « qui conserve un feuillage vert toute l'année ».

Sorbier des oiseleurs

Cytise

Robinier

Sapinette

Pin de Monterey

If

Écologie; Fleurs; Graines

Architecture

L'architecture est l'art et la science de dessiner et de bâtir des édifices ou autres structures. Les architectes s'inspirent de *canons esthétiques*, recherchant l'harmonie des proportions. Cependant, ils doivent aussi appliquer des techniques fonctionnelles et des techniques de structure.

Le *Sphinx* de Gizeh, en Égypte, mesure 57 m de long et 20 m de haut. Son corps est celui d'un lion et sa tête représente le pharaon Khéphren.

Le *Parthénon*, temple dédié à Athéna, déesse qui protégeait la ville.

L'architecture classique
Bâti entre 447 et 438 av. J.-C. sur l'acropole d'Athènes, le *Parthénon* est un temple en marbre. De style dorique, il comporte 8 colonnes en façade et 17 sur les côtés.

L'architecture romaine
Les Romains allièrent l'inspiration artistique et l'esprit fonctionnel pour construire des palais, des amphithéâtres, des aqueducs et des ponts.

Forum romain :
1. Temple dédié à une divinité
2. Mur d'enceinte
3. Statue équestre
4. Char en pleine course
5. Sénateur
6. Gladiateur
7. Litière portée par des esclaves

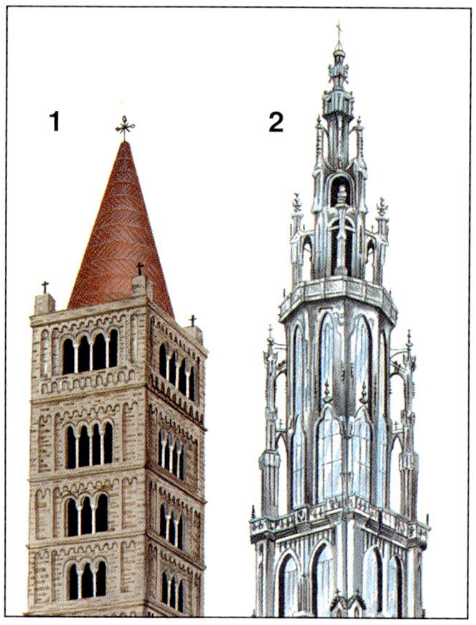

1. Clocher roman
2. Clocher gothique

Le roman et le gothique – Le style *roman* se développa entre les XIe et XIIe siècles. Les éléments typiques de ce style architectural sont la simplicité et la pureté des lignes. À partir de la fin du XIIe siècle, le roman évolue en *gothique*, style caractérisé par des flèches et des arcs-boutants défiant les lois de la pesanteur, qui se répandra dans toute l'Europe jusqu'au XVIe siècle.

Pour exploiter au maximum l'espace disponible, on construit maintenant des gratte-ciel très hauts au centre des grandes villes. Ci-dessus, l'*Empire State Building* de New York, 382 m, construit en 1931 par les architectes Shreve, Lamb et Harmon.

L'architecture contemporaine
Au début de notre siècle, la technologie a aussi influencé l'architecture. De nouveaux matériaux, comme le fer, l'acier, le verre et le béton armé, ont été utilisés dans la construction des édifices. L'architecture a recherché des formes pures et fonctionnelles, prenant particulièrement soin d'exploiter l'espace disponible.

L'architecte français G.A. Eiffel bâtit la tour Eiffel à Paris, entre 1887 et 1889, en vue de l'exposition universelle de 1889. Entièrement en fer, elle atteint 300 m de haut.

BOUDDHISME;
CATHÉDRALE GOTHIQUE ✓;
ÉGLISE ROMANE ✓; ÉGYPTIENS;
GRATTE-CIEL ✓; GRECS;
HINDOUISME; ISLAMISME;
NEW YORK ✓; RENAISSANCE ✓;
ROMAINS; VERRE.

1. *Minaret* de la mosquée Jamma Masjid à Delhi
2. *Pagode chinoise* de Tianning
3. *Monastère des Catacombes* à Kiev

La religion et l'architecture
Cathédrales chrétiennes, pagodes bouddhistes, mosquées musulmanes, monastères tibétains : chaque religion s'inspire d'une architecture particulière pour ériger les lieux sacrés du culte où vont prier les fidèles et où vivent les moines et les prêtres.

Armes à feu

La poudre noire a été découverte par les Chinois qui l'utilisaient pour faire des feux d'artifice. Elle fut introduite en Europe vers 1300. Au début des années 1500, sous Henri VIII, Henri II et Charles V, l'artillerie (*canons, bombardes, pistolets, mousquetons* et *carabines*) fit son apparition dans les armées d'Angleterre, de France et d'Espagne. Ces nouvelles armes permirent de vaincre des peuples qui n'en étaient encore qu'aux armes de jet. En 1571, les *couleuvrines* (anciens canons au tube long et effilé) des galères vénitiennes permirent de vaincre les Turcs à Lépante.

Ci-dessus : fusiliers à cheval. Pendant la *guerre de Trente Ans*, de 1618 à 1648, on utilisa massivement les armes à feu.

Chinois;
Frédéric le Grand;
Guerres mondiales

Les soldats appelés *servants* (ci-dessus) étaient chargés des opérations lourdes, et les *maîtres bombardiers*, des tirs de précision.

L'aviation militaire – Les premiers combats et bombardements aériens eurent lieu lors de la Première Guerre mondiale. Les avions, munis de mitrailleuses avec système de tir synchronisé, tiraient entre les pales de l'hélice. Les manœuvres de guerre étaient coordonnées par des liaisons radio. Plusieurs pilotes se firent connaître pour leur courage : le plus célèbre fut *Manfred von Richthofen*, surnommé le *Baron Rouge*. À la Deuxième Guerre mondiale, l'issue de plusieurs batailles découla de l'intervention des forces aériennes, équipées d'armes de plus en plus précises et performantes.

Pendant la *bataille d'Angleterre*, de juillet à novembre 1940, les *Spitfire* de la Royal Air Force (RAF) affrontèrent les *Messerschmitt* de la Luftwaffe (aviation allemande).

Asie

L'Asie est le continent le plus vaste et le plus peuplé de la Terre. Avec l'Europe, dont il est séparé physiquement par la chaîne de l'Oural, il compose un seul territoire appelé *Eurasie*. À cause de ses dimensions, il présente une grande variété d'aspects physiques.

Ci-dessus : fête en costume traditionnel. La situation géographique du Tibet influe sur ses traditions. En effet, la culture tibétaine est empreinte de deux grandes cultures : chinoise et indienne.

La diversité des populations – Diverses populations habitent l'immense territoire asiatique. On peut y distinguer trois groupes principaux. Les *mongoloïdes* sont les plus nombreux et habitent surtout la Chine et la zone centro-orientale. Les *caucasoïdes*, présents en Asie occidentale et sud-occidentale, comprennent les Arabes, les Arméniens, les Caucasiens, les Perses et les Cingalais. Les *australoïdes* sont le groupe le plus mixte, composé de différentes minorités. Au cours des siècles, ces groupes se sont métissés.

Les villages isolés sont reliés par des sentiers; des petits ponts (ci-contre) enjambent les vallées profondes.

Pour les Tibétains, l'hospitalité est sacrée.

Le Tibet – Cette région autonome de la Chine est presque entièrement constituée d'un haut plateau, le plus vaste du monde, portant le même nom. De hautes chaînes de montagnes entrecoupées de vallées profondes et étroites traversent le pays. Au cœur de ces montagnes se trouvent les cités-monastères des moines bouddhistes qui, autrefois, gouvernaient ce territoire sous la direction du *Dalaï-Lama*. La population, concentrée dans les vallées plus au sud, vit surtout de l'élevage des yacks et des moutons.

Le *yack* est un animal typique de cette région. Ce robuste bovin à poil long et laineux est souvent utilisé comme moyen de transport le long des sentiers escarpés qui traversent les montagnes.

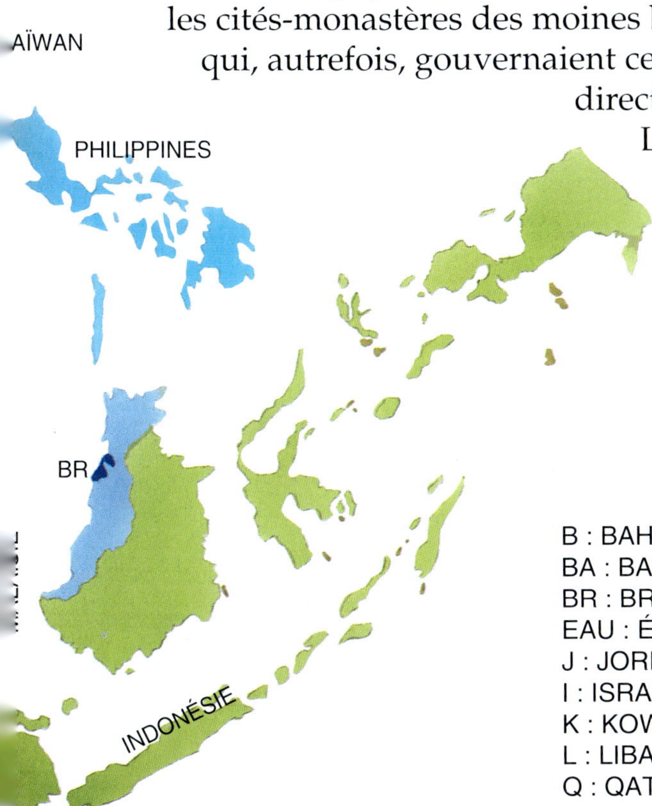

B : BAHREÏN
BA : BANGLADESH
BR : BRUNEI
EAU : ÉMIRATS ARABES UNIS
J : JORDANIE
I : ISRAËL
K : KOWEÏT
L : LIBAN
Q : QATAR
S : SINGAPOUR

Explorateurs; Jungle asiatique; Steppe

PAYS DE L'ASIE

PAYS	CAPITALE	SUPERFICIE	POPULATION[1]	LANGUE(S)	MONNAIE
Chine	Pékin	9 568 759 km^2	1 203 097 300	chinois, mandarin	rénminbi yuan
Inde	New Delhi	3 165 059 km^2	936 545 900	hindi, anglais	roupie indienne
Arabie Saoudite	Riyād	2 239 381 km^2	18 729 600	arabe	riyal d'Arabie Saoudite
Indonésie	Jakarta	1 918 495 km^2	203 583 900	bahasa, indonésien	rupiah
Iran	Téhéran	1 637 355 km^2	64 625 500	persan	rial
Mongolie	Oulan-Bator	1 565 755 km^2	2 493 700	mongol khalkha	tugrik
Pakistan	Islāmābād	879 435 km^2	131 542 000	ourdou, anglais	roupie pakistanaise
Turquie	Ankara	779 452 km^2	63 405 600	turc	livre turque
Myanmar	Rangoon	678 033 km^2	45 103 900	birman	kyat
Afghanistan	Kaboul	651 945 km^2	21 251 900	dari, pachtou	afghani
Yémen	Sanaa	531 642 km^2	14 728 500	arabe	rial du Yémen
Thaïlande	Bangkok	512 896 km^2	60 271 300	thaï	baht
Irak	Bagdad	434 867 km^2	20 643 800	arabe	dinar irakien
Japon	Tokyo	377 588 km^2	125 506 500	japonais	yen
Malaisie	Kuala Lumpur	330 300 km^2	19 723 600	bahasa, malais	ringgit
Vietnam	Hanoi	329 425 km^2	74 393 400	vietnamien	dông
Philippines	Manille	299 948 km^2	73 265 600	pilipino, anglais	peso philippin

	PAYS	CAPITALE	SUPERFICIE	POPULATION[1]	LANGUE(S)	MONNAIE
	**Lao**	Vientiane	236 699 km^2	4 837 300	lao, français	nouveau kip
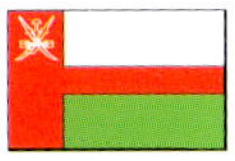	**Oman**	Mascate	305 876 km^2	2 125 100	arabe, anglais	riyal d'Oman
	**Syrie**	Damas	185 100 km^2	15 452 000	arabe	livre syrienne
	**Cambodge**	Phnom Penh	181 838 km^2	10 561 400	khmer, français	riel
	**Népal**	Katmandou	147 118 km^2	21 560 900	népalais, bihari	roupie népalaise
	**Bangladesh**	Dhaka	148 330 km^2	128 095 000	bengali, anglais	taka
	**Corée du Nord**	Pyongyang	122 710 km^2	23 486 600	coréen	won nord-coréen
	**Corée du Sud**	Séoul	99 232 km^2	45 553 900	coréen	won sud-coréen
	**Jordanie**	'Ammān	88 907 km^2	4 100 800	arabe	dinar jordanien
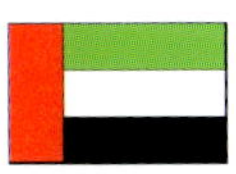	**Émirats arabes unis**	Abu Dhabi	77 666 km^2	2 924 600	arabe	dirham des Émirats arabes unis
	**Sri Lanka**	Colombo	65 582 km^2	18 342 700	cinghalais, tamoul	roupie de Sri Lanka
	**Bhoutan**	Thimbu	46 980 km^2	1 780 700	dzongkha	ngultrum, roupie indienne
	**Taïwan**	T'ai-pei	36 164 km^2	21 500 600	mandarin	nouveau dollar de Taïwan
	**Israël**	Jérusalem	20 690 km^2	5 433 200	hébreu, arabe	nouveau sheqel
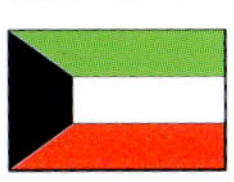	**Koweït**	Koweït	17 811 km^2	1 817 400	arabe	dinar koweïtien
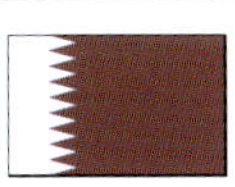	**Qatar**	Al Dawha	11 422 km^2	534 000	arabe	riyal du Qatar
	**Liban**	Beyrouth	10 226 km^2	3 696 000	arabe	livre libanaise
	**Chypre**	Nicosie	9 251 km^2	736 700	grec, turc, anglais	livre cypriote

	PAYS	CAPITALE	SUPERFICIE	POPULATION[1]	LANGUE(S)	MONNAIE
	**Brunei**	Bandar Seri Begawan	5 763 km²	292 300	malais, anglais, chinois	dollar de Brunei
	**Bahreïn**	Manāma	694 km²	576 000	arabe	dinar de Bahreïn
	**Singapour**	Singapour	639 km²	2 890 500	anglais, chinois, malais, tamoul	dollar de Singapour
	**Maldives**	Male	298 km²	261 400	divehi	roupie maldive

[1] Estimation de la population : juillet 1995

RECORDS D'ASIE

● **Le continent le plus vaste :** l'Asie, environ 44 500 000 km²

● **La fosse océanique la plus profonde :** la fosse des Mariannes, dans l'océan Pacifique, 10 924 m.

● **L'archipel le plus grand :** l'Indonésie, avec 13 000 îles.

● **Le lac le plus profond :** le lac Baïkal, en Sibérie orientale, 1 620 m.

● **La mer fermée la plus vaste :** la mer Caspienne, 371 800 km².

● **Le delta le plus vaste :** celui du Gange, 75 000 km².

● **La montagne la plus élevée :** le mont Everest, dans l'Himalaya, 8 848 m.

● **Le haut plateau le plus vaste :** le plateau du Tibet, 200 000 km².

● **La vallée la plus profonde :** Kali Gandaki, dans l'Himalaya népalais, 4 400 m.

● **Le col le plus élevé :** le Karakoram, dans l'Himalaya, 5 575 m.

● **La capitale la plus haute :** Lhasa au Tibet, 3 630 m.

Bolivar, Simon

Après avoir terminé ses études en Europe, Simon Bolivar, le fils d'un aristocrate vénézuélien, décida de vouer son existence à l'indépendance des colonies espagnoles d'Amérique du Sud. De retour au Venezuela, il participa, en 1810, à une insurrection contre les Espagnols, à Caracas. En 1813, il dirigea le corps expéditionnaire qui libéra le Venezuela. Il reçut alors le titre de « libertador » et instaura une dictature. L'année suivante, en 1814, lorsque Caracas fut capturée par les Espagnols, il dut s'exiler. Il revint au Venezuela en 1817 pour créer une confédération d'états sud-américains. En 1819, il libéra la Nouvelle-Grenade et fut nommé président de la république de Grande-Colombie.

À Rome, sur l'*Aventin*, Bolivar fait le serment de vouer sa vie à la libération de sa patrie.

Simon Bolivar (1783-1830), appelé le *Libertador*.

Les colons – Au temps de Bolivar, l'Espagne et le Portugal se partageaient l'Amérique latine. Les colons qui l'habitaient voulaient l'indépendance afin d'administrer seuls les ressources de leur pays, sans avoir à rendre de comptes à la mère patrie.

La fin d'un rêve – En 1822, le Pérou et l'Équateur se joignirent à la république de Grande-Colombie. En 1825, le Haut-Pérou devint la république Bolivar, puis la Bolivie, en l'honneur de Simon Bolivar. Cependant, malgré le congrès panaméricain de Panamá (1826), les différents États de la confédération luttèrent pour obtenir chacun leur indépendance. Bolivar comprit alors que son rêve d'une grande confédération avait échoué et se retira de la politique.

Bolivar dirige l'insurrection de ses compatriotes contre l'Espagne.

Civilisations précolombiennes; Colomb

BONAPARTE, NAPOLÉON

Armoiries de Napoléon

Après s'être distingué comme général pendant la Révolution française, Bonaparte fut élu Premier consul et, en 1804, proclamé empereur. Il réorganisa la France et les états occupés par ses armées, établissant ainsi les bases d'un état moderne. Son génie se manifesta non seulement sur le champ de bataille, mais aussi lorsqu'il réforma le code civil et pénal, l'enseignement et le système administratif. En 1802, Napoléon signa le Concordat afin de se concilier l'Église catholique.

Napoléon à cheval (peint par J. Chabord)

Empereur – En 1804, il fut sacré empereur à Notre-Dame de Paris. Pendant la cérémonie, il prit la couronne des mains du pape Pie VII et se la posa lui-même sur la tête.

1769 : naît à Ajaccio, en Corse.
1793 : contribue à la prise de Toulon.
1794 : général de brigade dans l'armée d'Italie, il est emprisonné, puis relâché.
1796 : première campagne d'Italie.
1800 : devient Premier consul.
1804 : devient empereur.
1805 : défaite de Trafalgar.
1812 : défaite de la campagne de Russie.
1813 : défaite de Leipzig.
1814 : abdique et est envoyé en exil à l'île d'Elbe.
1815 : reprend le pouvoir (les Cent Jours); dernière défaite à Waterloo.
1821 : meurt à Sainte-Hélène.

1. Uniforme de l'armée napoléonienne, avec pompons, tresses et cordons
2. Tambour-major
3. Les soldats portaient une charge d'environ 30 kg.
4. Soldat à cheval
5. Jeune tambour

Les batailles importantes – Napoléon gagna à Marengo (1800), Austerlitz (1805), Iéna (1806), Wagram (1809). Il essuya des défaites à Abukir (1798) et à Trafalgar (1805) contre l'amiral Nelson, puis en Russie (1812), à Leipzig (1813) et à Waterloo (1815).

Après la défaite de Waterloo, les Anglais déportèrent Napoléon à Sainte-Hélène, une petite île de l'Atlantique, où il mourut en 1821.

BATAILLE DE WATERLOO ✓;
LA FRANCE EN CHIFFRES ✓;
RÉVOLUTION FRANÇAISE

BOUDDHISME

Il y a environ 600 millions d'adeptes du bouddhisme dans le monde. Cette doctrine philosophico-religieuse qui prêche la sérénité, la tolérance et l'amour universel, fut fondée par le prince *Siddharta Gautama* (565 av. J.-C.-486 av. J.-C.) qui, à trente ans, renonça aux richesses et consacra sa vie à la recherche de la *Vérité sacrée*. Ayant reçu l'illumination, il comprit que, pour être heureux, il fallait renoncer aux désirs terrestres et vivre en paix avec les hommes et les choses. Pour cette raison, ses disciples l'appelèrent *Bouddha*, l'Illuminé.

Ci-dessous : la *roue de la vie*, qui représente le cycle éternel de la naissance et de la renaissance.

Ci-dessous et ci-dessus : statues de Bouddha en méditation.

Le bouddhisme tibétain – Isolés dans les très hautes montagnes du Tibet, certains disciples de Bouddha fondèrent des communautés où l'on vivait selon les enseignements du Maître. Avant l'occupation du Tibet par la Chine (1959), le chef des moines tibétains, le *Dalaï-Lama*, était considéré comme le guide du pays.

Les lieux de culte
Les temples les plus anciens du bouddhisme sont les *stûpas* funéraires. Une grande coupole centrale contenant la chambre des reliques est coiffée d'une construction à base carrée, surmontée elle-même d'une tige qui se termine en volute.

☞ ARCHITECTURE; CHRISTIANISME; HINDOUISME; INDIENS; ISLAMISME; JUDAÏSME

Quand Siddharta se retira dans la forêt, un arbre inclina ses branches pour le protéger, afin que personne ne dérange sa méditation.

Le Nirvana – Pour parvenir à la sérénité suprême (*nirvana*), il faut se détacher du monde matériel en suivant les huit points qui composent le *noble octuple sentier*.

BOVINS

Les bovins appartiennent à l'espèce *Bos* qui comprend les buffles asiatiques et africains, les bovins proprement dits et les bisons. Les races domestiques (*Bos taurus*) sont toutes issues de l'aurochs, apparu en Inde au tertiaire, dont le dernier spécimen s'éteignit en Pologne en 1627. Les hommes primitifs commencèrent à domestiquer les bovins il y a environ 5 000 ans. De nos jours, à travers le monde entier, on en dénombre environ 12 milliards.

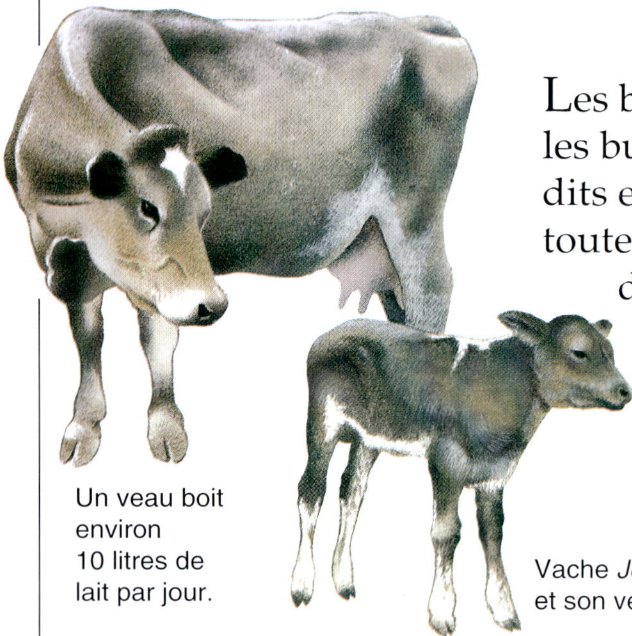

Un veau boit environ 10 litres de lait par jour.

Vache *Jersey* et son veau

William F. Cody, surnommé Buffalo Bill.

Le bison – Autrefois, cet animal était la principale ressource de nombreuses bandes autochtones. Leurs coutumes, leur philosophie de vie et leur art témoignaient d'un lien profond avec cet animal. D'ailleurs, le sorcier adressait ces paroles aux mourants : *« Que ton âme soit légère quand tu retourneras à tes ancêtres, aux quatre esprits, aux bisons qui t'ont donné naissance ! »* En 1700, l'Amérique du Nord comptait 60 millions de bisons. Ils furent pratiquement exterminés pendant la construction de la première ligne de chemin de fer transcontinentale américaine, qui commença en 1865. En 1889, il ne restait que 835 bisons ! Par la suite, protégés dans des réserves naturelles, ils recommencèrent à se reproduire. On en compte aujourd'hui approximativement 50 000.

Bison américain

Taureau Chartley

Bison d'Europe

Yack

Le yack ***(Poephagus grunniensis)*** – Ce bovin du Tibet a un poil noir très fourni et des cornes de 90 cm de long. Il pèse de 600 à 700 kg et peut mesurer 1,90 m au garrot.

Les diverses espèces – On élève les bovins pour les travaux agricoles et aussi pour leur lait et leur viande. Les meilleures races laitières sont la brune des Alpes, la Frisonne, la Guernesey et la Jersey. Les races de boucherie sont le Piémontais, le Simmenthal, le Chianina, le Shorthorn, l'Aberdeen-Angus, le Hereford, le Charolais et le Limousin.

Les bœufs ont des cornes massives.

Leur queue sert de chasse-mouches.

Les bêtes de trait, autrefois utilisées pour tirer les chariots de ferme, sont aujourd'hui remplacées par des machines agricoles.

Buffle indien *(Bubalus arnee)*
Originaire de l'Inde et de Bornéo, il s'est répandu en Afrique, en Europe, en Australie et en Amérique du Sud. Il a de longues cornes recourbées et des pattes robustes. Il préfère vivre près de l'eau; il est souvent utilisé comme bête de trait dans les rizières.

Buffle indien

Les ruminants – L'estomac des bovins se subdivise en quatre poches. L'herbe mâchée descend d'abord dans la panse, ou rumen. Elle passe ensuite dans le bonnet où elle se trouve roulée en boulettes. Ces boulettes sont régurgitées, puis remâchées. Elles descendent ensuite dans le feuillet et enfin dans la caillette où elles sont digérées.

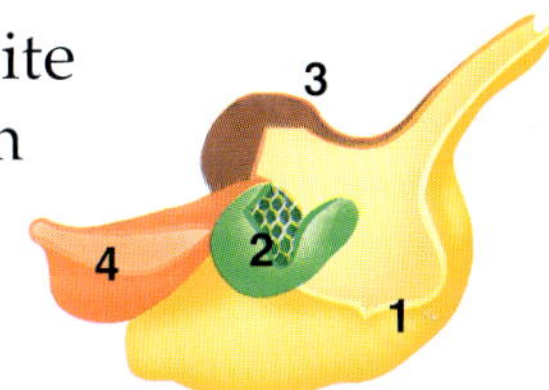

L'estomac des bovins se subdivise en quatre poches :
1. Rumen **2.** Bonnet **3.** Feuillet **4.** Caillette

Brune des Alpes

Frisonne

Le langage – Les bovins communiquent entre eux par des mouvements de tête. S'ils ont des intentions agressives, ils grattent le sol avec leurs sabots, puis attaquent, cornes baissées.

Anoa

Zébu

Selon la religion hindoue, les vaches sont des animaux sacrés.

Bœuf watussi de la Rift Valley

ANIMAUX DE LA FERME; FAUNE DE L'AMÉRIQUE DU NORD; MAMMIFÈRES

CARTOGRAPHIE

Les cartes géographiques donnent une vue d'ensemble d'une grande étendue et nous aident à nous orienter en terrain inconnu. La cartographie est la science qui permet de dresser et de dessiner les cartes géographiques. Toutes les cartes sont conçues selon des normes bien précises pour en faciliter la consultation. Par exemple, le territoire est représenté comme un plan vu d'un avion, chaque détail semblant être à une même distance de l'objectif. Sur la carte doit apparaître l'*échelle*, c'est-à-dire le rapport de grandeur entre la réalité et sa représentation.

Détail d'une carte physique.

Selon les conventions, sur une carte politique, chaque pays affiche une couleur différente.

Ci-dessus : ancienne carte des Amériques tirée de la *Cosmographie universelle* (1541).

Depuis l'Antiquité – Les Égyptiens se servaient déjà de cartes pour établir les limites des territoires, effacées périodiquement par les crues du Nil. Les anciennes cartes n'étaient guère précises, les cartographes croyant alors que la terre était plate. On ne représenta le monde d'une façon plus exacte qu'au début du XVIe siècle, à la suite des grandes explorations.

ARABES;
EXPLORATEURS;
FUSEAUX HORAIRES;
TERRE

En 1498, l'explorateur portugais *Vasco de Gama* (ci-dessous) aborda au port indien de Calicut.

Les symboles – Pour représenter les détails physiques et politiques d'un territoire, on utilise des symboles conventionnels. En marge de la carte, la *légende* explique les symboles.

Carte routière

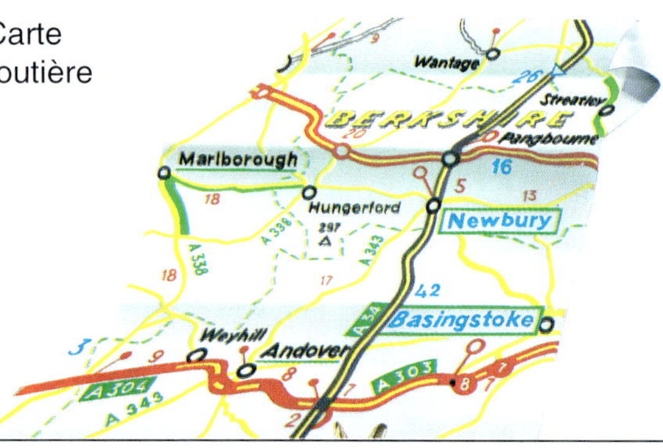

Catherine II la Grande

Sophie Augusta Frédérique était une princesse allemande qui épousa, en 1745, le grand-duc Pierre, héritier du trône de Russie. Cultivée et intelligente, Sophie apprit le russe, se convertit à la religion orthodoxe et fut rebaptisée Catherine. Six mois après que son mari fut devenu empereur sous le nom de Pierre III, elle s'empara du trône à la faveur d'un coup d'État militaire. Catherine poursuivit la politique d'expansion de Pierre le Grand. Elle attaqua la Pologne et annexa la Russie blanche, la Volhynie, la Podolie, la Lituanie et la Courlande. En 1774, elle conclut avec la Turquie le traité de Kutchuk-Kaïnardji. Elle s'assurait ainsi la possession des steppes de la Crimée et du littoral de la mer Noire jusqu'à l'embouchure du Dniestr.

1729 : naît à Stettin.
1745 : épouse Pierre III.
1762 : devient impératrice.
1773-1774 : révolte des paysans.
1774 : traité de Kutchuk-Kaïnardji avec la Turquie.
1787-1792 : son empire s'étend jusqu'au Dniestr.
1796 : meurt à Saint-Pétersbourg.

Catherine institua de nombreuses réformes et fonda des écoles afin que même les jeunes filles puissent s'instruire (pourtant, seules les nobles y avaient accès).

Femmes célèbres

Sous Catherine II, le territoire russe s'étendait de la Pologne au Pacifique et, au sud, atteignait la Chine.

La politique – Catherine, souveraine autoritaire, entreprit des réformes politiques afin de concentrer le pouvoir entre ses mains. Le mécontentement de la paysannerie et des classes pauvres, écrasées sous des taxes de plus en plus lourdes, suscita de nombreuses révoltes, vite réprimées dans le sang. La plus connue, la révolte des paysans sous la conduite de Pougatchev en 1773-1774 (ci-dessus), dura un an et demi.

Soldat de l'armée russe.

CÉRÉALES

Pain de mie

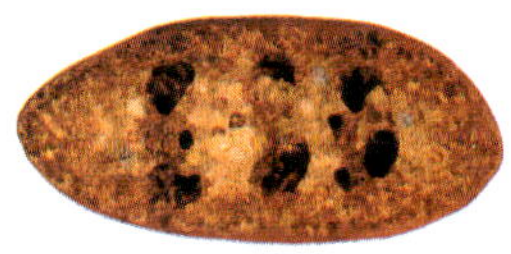
Pain aux épices

Pain complet

Pain de seigle

Baguette

Miche

Pain arabe

Pain au lait

Les céréales, riches en amidon et en protides, sont à la base de l'alimentation de l'homme et des animaux. Elles comprennent le blé, le riz, le maïs, l'orge, l'avoine, le seigle, le sorgho, le millet. Certaines graines de céréales moulues donnent la farine à partir de laquelle on fabrique le pain. Celui-ci tient une place importante dans l'alimentation occidentale tandis que le riz est l'aliment de base dans plusieurs pays d'Orient.

Blé

Riz

La fabrication du pain – Le boulanger ajoute à la farine de l'eau, du sel et de la levure, puis il pétrit la pâte. Il la laisse lever à l'abri des courants d'air pendant 12 heures, avant de la diviser en pâtons qu'il façonne, puis enfourne. La cuisson dure à peu près une demi-heure, jusqu'à ce que les pains soient cuits et bien colorés.

Autrefois, on moulait le blé dans les moulins.

ALIMENTATION;
PLANTES UTILES

Maïs

Avoine

Orge

Cerveau et organes sensoriels

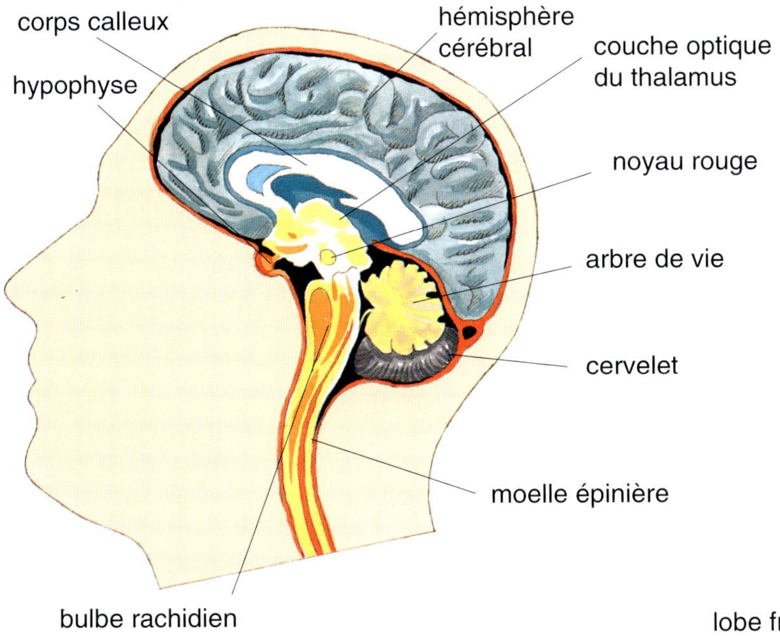

Le cerveau coordonne toutes les activités volontaires et involontaires du corps grâce à un réseau de nerfs. Le système nerveux central se compose de l'*encéphale* (cerveau, cervelet, bulbe rachidien) et de la *moelle épinière*; le système nerveux périphérique, des nerfs qui partent de la moelle épinière pour transmettre des instructions à toutes les parties du corps et qui envoient des messages au cerveau à partir des organes sensoriels (la vue, l'ouïe, l'odorat, le goût et le toucher).

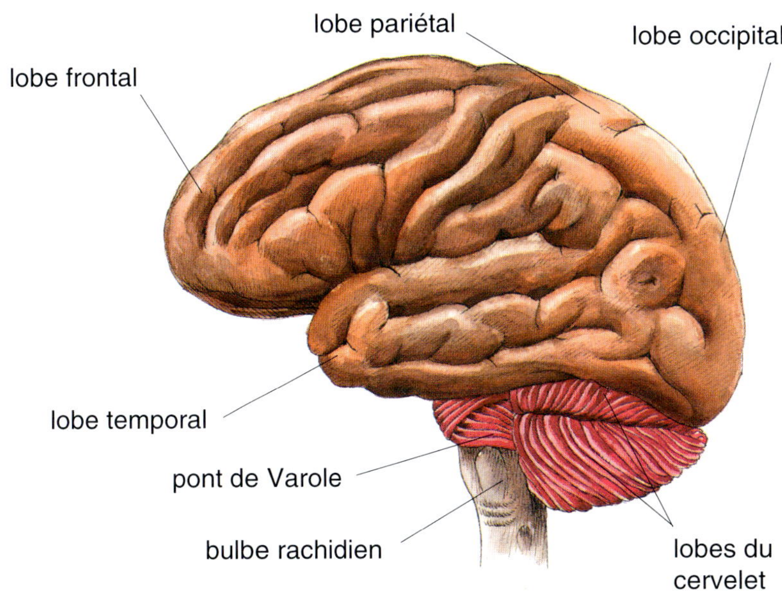

La vue – L'œil permet de percevoir la réalité qui nous entoure. Les stimuli lumineux entrent par la *pupille*, traversent la *cornée* et le *cristallin*, puis touchent la *rétine* où ils frappent les *photorécepteurs* reliés au cerveau par le *nerf optique*. L'œil peut se comparer à un appareil photo : les images, réduites, sont projetées à l'envers sur la rétine.

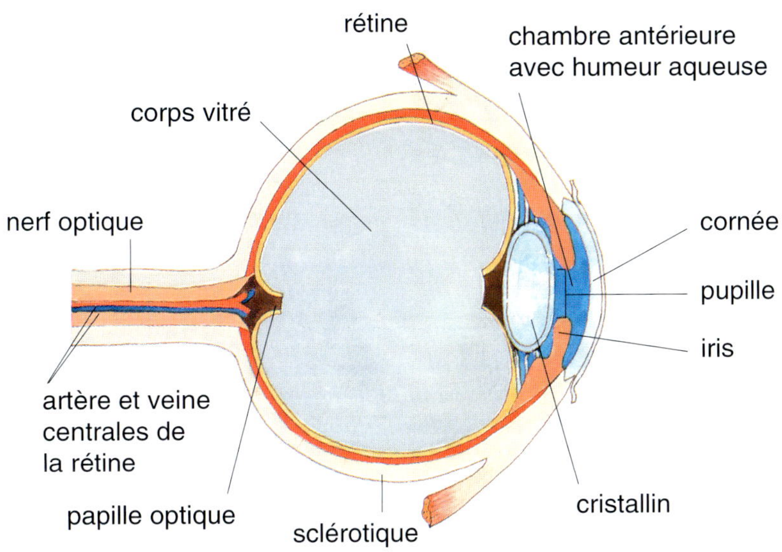

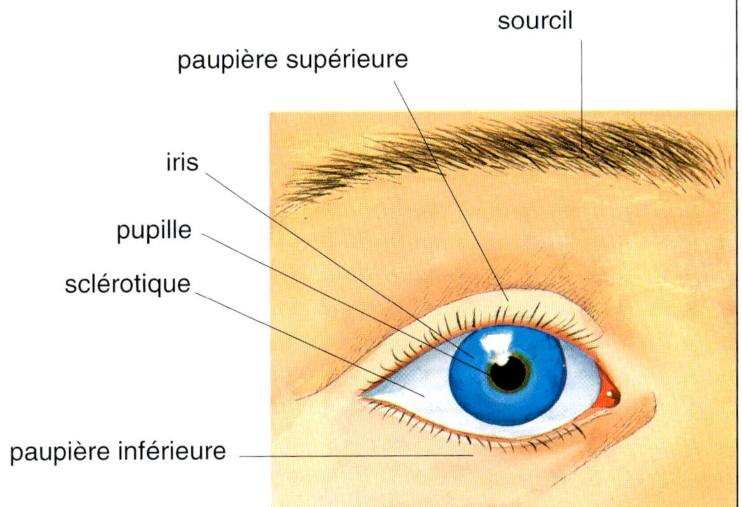

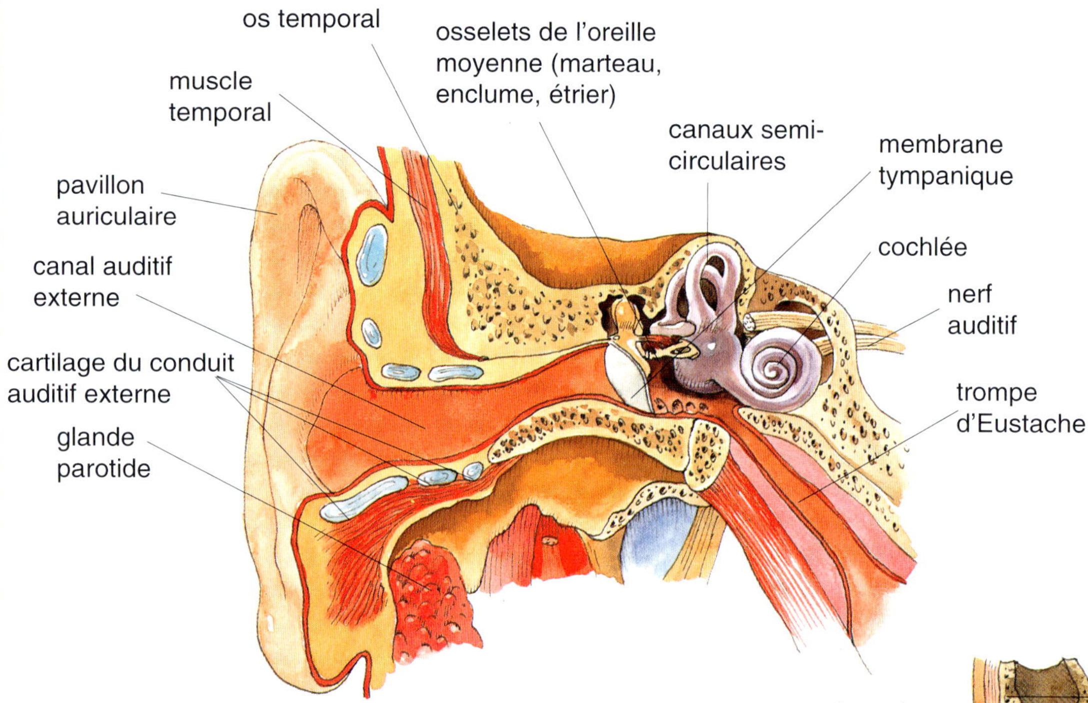

L'ouïe – L'ouïe est le sens par lequel sont perçus les sons. Les ondes sonores entrent dans le *pavillon* de l'oreille, frappent la membrane du *tympan* et la font vibrer. Les vibrations sont alors transmises à la *cochlée* par l'intermédiaire des trois osselets, l'*enclume*, l'*étrier* et le *marteau*. Ces vibrations sont ensuites transformées en impulsions nerveuses, les *sensations sonores*, qui sont analysées par le cerveau.

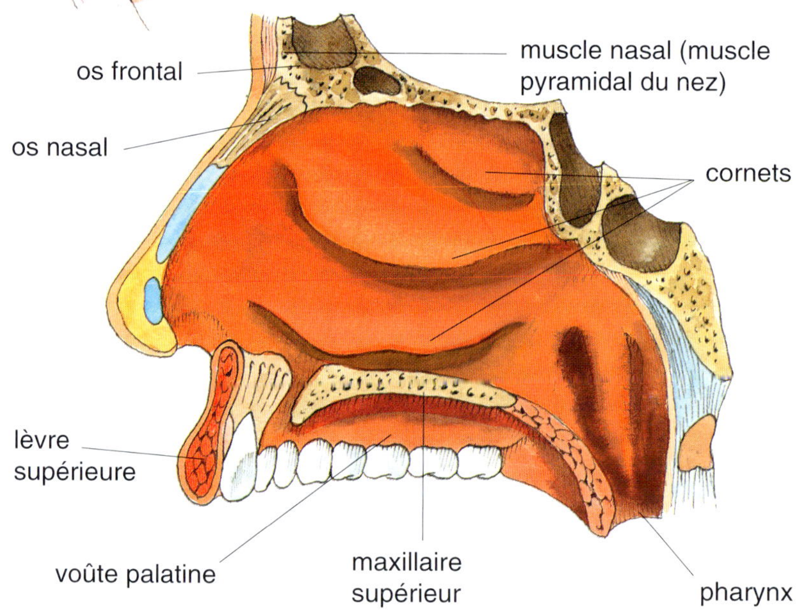

L'odorat – L'odorat permet de percevoir et de reconnaître les odeurs grâce aux *récepteurs* qui se trouvent à l'intérieur du nez. Par l'intermédiaire du *nerf olfactif*, les odeurs parviennent au cerveau qui les identifie. Le sens du goût et celui de l'odorat sont reliés, c'est pourquoi un rhume nous empêche souvent de goûter.

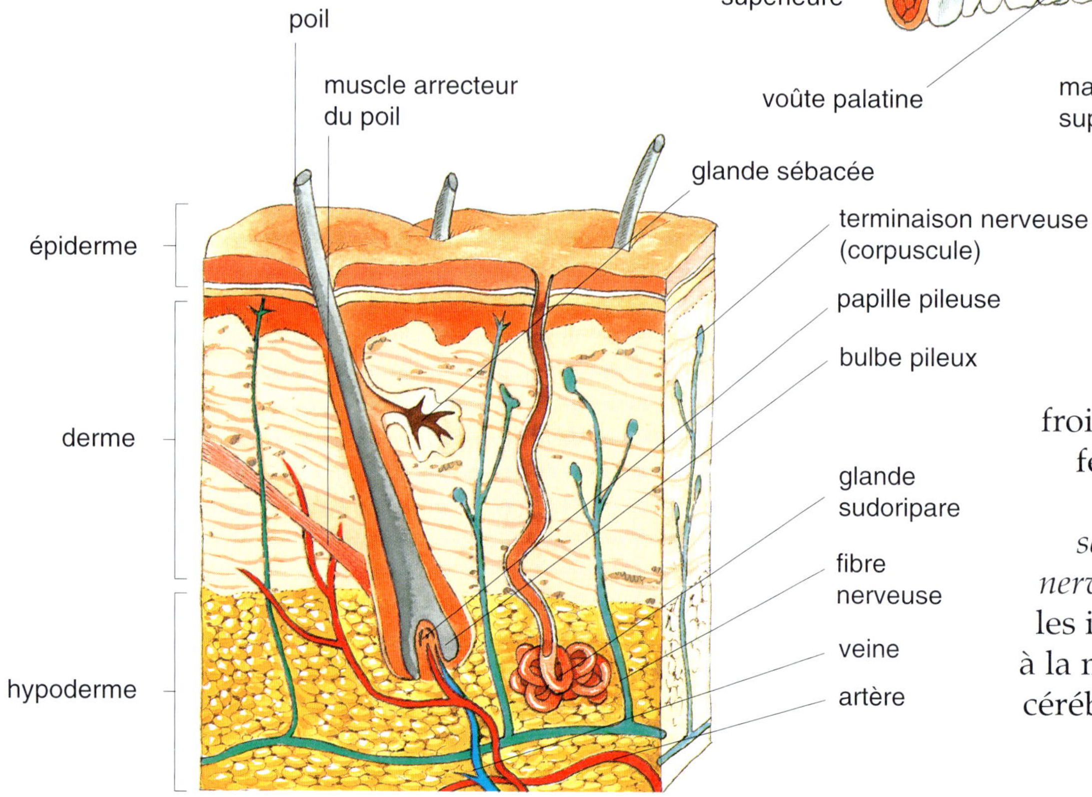

Le toucher – Le toucher permet de reconnaître les objets et de percevoir les sensations tactiles (contact, pression, chaleur, froid, douleur) même les yeux fermés. Grâce aux *récepteurs dermiques*, aux *corpuscules sensoriels* et aux *terminaisons nerveuses* que contient la peau, les impulsions sont transmises à la moelle épinière et au cortex cérébral par l'intermédiaire des *fibres sensorielles* des nerfs périphériques.

Le goût – Le goût permet de distinguer les saveurs. Les *papilles gustatives*, sur la langue, envoient au cerveau les impulsions nerveuses. Certaines régions de la langue reconnaissent mieux certaines saveurs : la pointe de la langue perçoit mieux le sucré et le salé, l'arrière, la saveur amère, les côtés, l'acide.

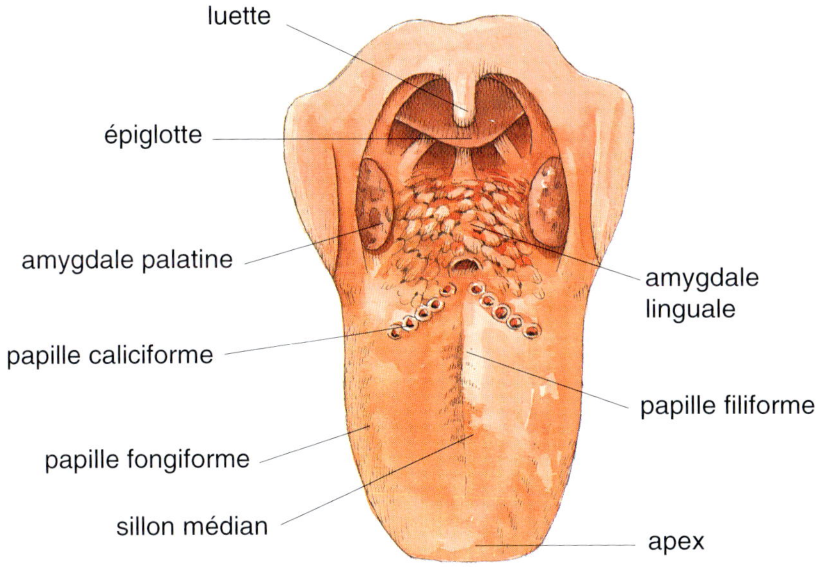

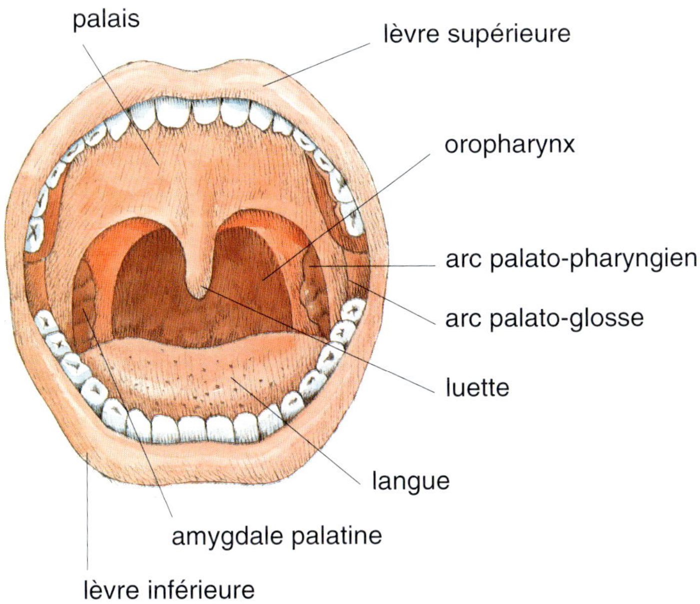

La langue – Elle est tapissée d'une muqueuse. Les 17 muscles qui la composent la rendent particulièrement mobile. Un millier de papilles gustatives, situées à la surface de la muqueuse, permettent de reconnaître les saveurs.

CIRCULATION SANGUINE;
CORPS HUMAIN;
MUSCLES;
REPRODUCTION HUMAINE;
SQUELETTE

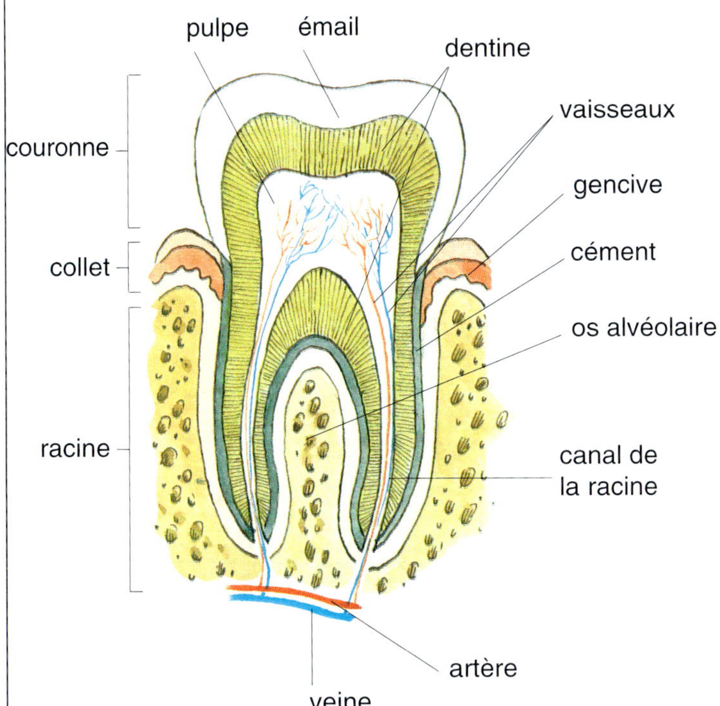

Les dents – Elles sont formées d'un tissu osseux, la *dentine*, recouvert d'*émail* blanc, la substance la plus dure de l'organisme. La partie visible des dents, qu'on utilise pour mâcher, s'appelle la *couronne*; à l'intérieur se trouve la *pulpe* qui contient les vaisseaux et les nerfs. La dent est reliée à l'os par la *racine*. Les 20 premières dents (dents de lait) sont remplacées progressivement, dès l'âge de six ans, par 32 dents permanentes (*8 incisives, 4 canines, 8 prémolaires, 12 molaires*). Les canines sont acérées, les molaires et prémolaires sont larges et aplaties, les incisives sont fines et coupantes. Il est important de bien se brosser les dents pour éviter la plaque dentaire et la carie provoquées par les dépôts de nourriture.

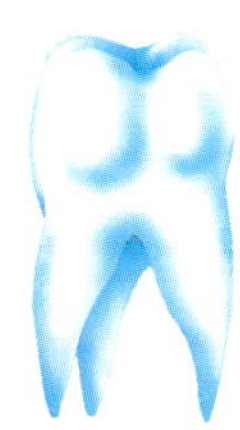

César, Jules

Général et homme d'État romain, Jules César (environ 100 av. J.-C.-44 av. J.-C.) conquit la Gaule, une partie de la Bretagne et avança jusqu'en Égypte. En l'an 59 av. J.-C., il forma le *premier triumvirat* avec Pompée et Crassus. À la mort de Crassus, Pompée se fit nommer consul par le Sénat et voulut évincer César. Ce dernier, après une guerre civile de 4 ans contre Pompée et le Sénat, fut nommé *dictateur*. Le 15 mars de l'an 44 av. J.-C., lors de la séance où le Sénat devait lui donner le titre de roi, il fut poignardé à mort par Marcus Junius Brutus, son fils adoptif.

À Rome, César entreprit des réformes démesurées; il s'occupa de l'administration et réforma le calendrier. Il fut aussi homme de lettres et nous laissa les *Commentaires de la guerre des Gaules* (relatant les événements entre 58 et 52 av. J.-C.) et *De la Guerre civile* (relatant ceux de 49 et 48 av. J.-C.).

Après la mort de César, Cléopâtre rencontra et épousa Antoine, politicien romain ayant fait partie du *deuxième triumvirat*, avec Octave (43 av. J.-C.); ensemble, ils menacèrent l'hégémonie de Rome. Après la défaite navale d'Actium (31 av. J.-C.) et le suicide d'Antoine, Cléopâtre se donna la mort en se faisant mordre par un aspic.

Victoires militaires – Après avoir formé le premier triumvirat, César partit à la conquête de la Gaule. En 55 et 54 av. J.-C., il mena deux expéditions en Bretagne; puis en 52 av. J.-C., il réprima une insurrection dirigée par le chef gaulois Vercingétorix (ci-contre). En 49 av. J.-C., il rentra victorieux à Rome après avoir franchi le Rubicon avec ses troupes, contre la volonté du Sénat. En 48 av. J.-C., il vainquit Pompée à Pharsale. En Égypte, en 46, il rétablit la reine Cléopâtre sur son trône. Celle-ci devint sa maîtresse et ils eurent un fils, Césarion ou Ptolémée XV.

Égyptiens; Femmes célèbres; Romains

Champignons

Les champignons sont des végétaux sans chlorophylle; ils forment un règne à part. Ils poussent rapidement dans les lieux humides, sous les arbres, dans les bois et dans les prés. Ils sont composés de longs filaments minces, les *hyphes*, qui s'entremêlent sous terre et composent le *mycélium*. Ce que nous voyons hors du sol n'est que le corps fructifère. Dans la paroi cellulaire de certains champignons, on retrouve de la *chitine*, une substance organique qui constitue aussi la partie dure du corps des arthropodes (crustacés, insectes, arachnides...).

La partie du champignon qui sort de la terre peut pousser en une seule nuit.

Les champignons toxiques
Plusieurs champignons sont bons à manger, d'autres, comme l'amanite phalloïde, sont vénéneux. Il est donc très important de ne consommer que les champignons identifiés comme étant comestibles.

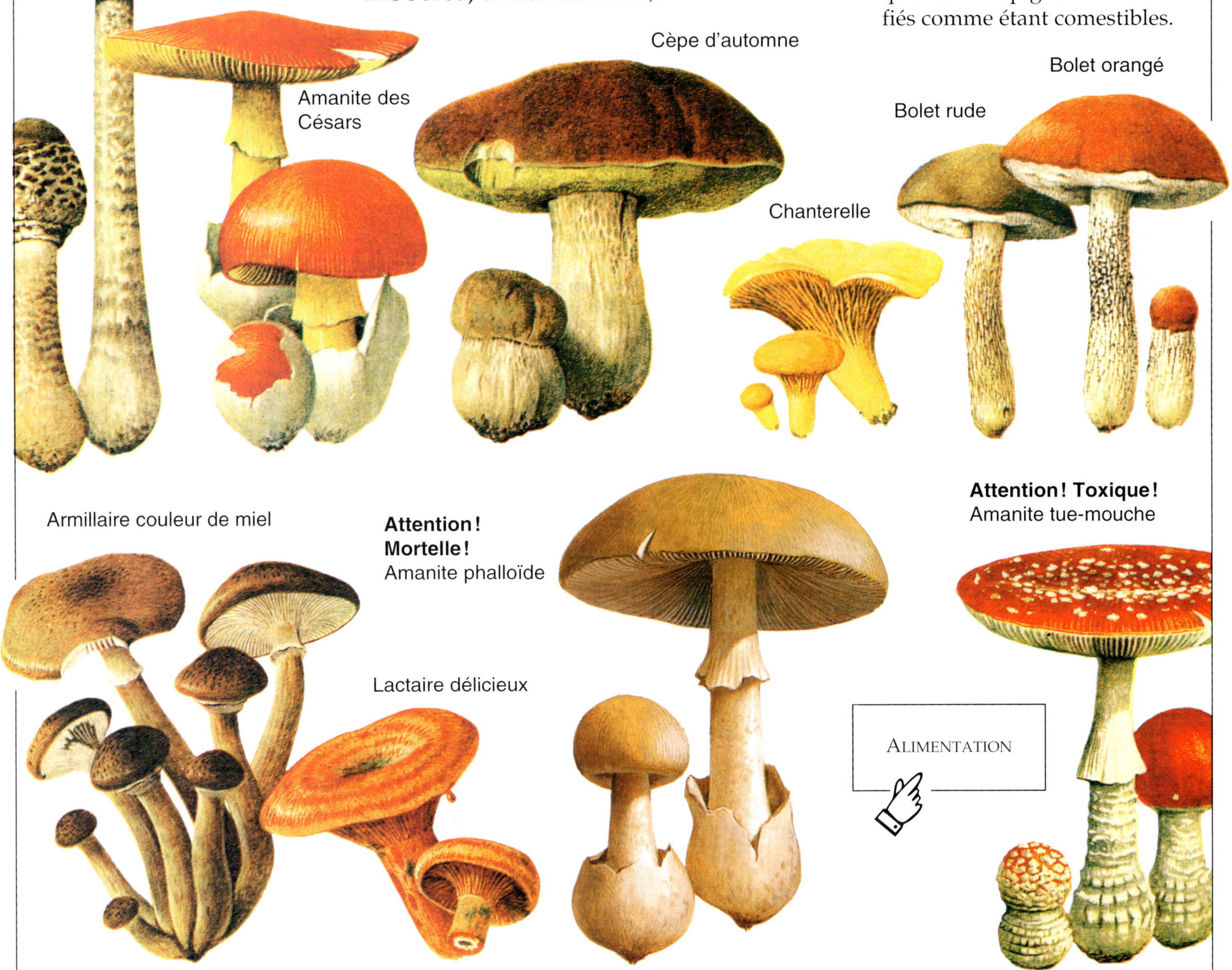

Alimentation

CHARLEMAGNE

Charlemagne, représenté sur une tapisserie du Moyen Âge.

Charlemagne (742-814) fut ainsi surnommé en raison de sa conduite valeureuse. En latin, son nom, *Carolus Magnus*, signifie Charles le Grand. Fils de Pépin le Bref, roi des Francs, il reconstitua l'unité politique de l'Occident, sous le signe du christianisme. Remarquable organisateur militaire, il vainquit les Lombards, les Avars, les Danois, les Slaves, les Saxons et les Bavarois. La nuit de Noël de l'an 800, il fut couronné empereur du *Saint Empire romain* par le pape Léon III.

Charles voulut que son trône (ci-dessus) soit simple, sans ornements, comme l'avait été, selon un récit mythique de la Bible, celui du roi Salomon.

Le Saint Empire romain – Il s'étendait des Pyrénées au Danube et de la mer du Nord à l'Italie centrale. Charles le divisa en *comtés* et en *marquisats*, administrés par des *comtes* et des *marquis* qui lui étaient fidèles. Des fonctionnaires appelés *missi dominici* entretenaient les contacts entre les diverses régions de l'Empire. Bien qu'il sût à peine lire et écrire, Charles chercha à promouvoir les connaissances et fit construire beaucoup d'écoles. L'*école Palatine*, à la cour d'Aquitaine, était la plus célèbre.

MOYEN ÂGE

La nuit de Noël de l'an 800, le pape Léon III couronna Charles empereur.

Ci-dessous : *Charlemagne et l'armée des Francs à Paris.* Fresque de J. Schnorr von Carolsfeld (1826).

Charles V

Charles Quint (1500-1558) régna sur un immense territoire, de l'Europe à l'Amérique. Il disputa âprement l'hégémonie de l'Europe à François Ier de France. En 1530, il fut couronné empereur du Saint Empire romain par le pape Clément VII. Les nombreuses guerres qu'il mena ne purent freiner la progression du protestantisme. Il abdiqua en 1556, partageant ses possessions entre son frère Ferdinand et son fils Philipe II.

« Sur mon empire, le soleil ne se couche jamais ! » se vantait Charles V. En effet, quand le soleil se couchait sur l'Europe, il se levait sur les colonies espagnoles d'Amérique.

Les territoires et les conquêtes – De sa mère Jeanne la Folle, reine de Castille, et de son père, Philippe le Beau, souverain des Pays-Bas, Charles V hérita des Pays-Bas, de la Castille, de l'Aragon, de Naples, de la Sicile et de l'Amérique latine. Avec lui, la grandeur du Saint Empire romain renaissait.

Cathédrale gothique ✓; Explorateurs

Les armées de Charles V conquirent de vastes terres en Amérique du sud, et ramenèrent d'immenses trésors à la mère patrie.

Châteaux

Au Moyen Âge, le château était un village fortifié gouverné par un seigneur qui y vivait avec sa famille. Après les Croisades, les systèmes défensifs s'améliorèrent. Les châteaux, de plus en plus fortifiés, s'entourèrent de murs d'enceinte doubles ou triples, garnis d'étroites meurtrières qui permettaient d'attaquer l'ennemi tout en restant à l'abri. À partir du XIIIe siècle, le château devint un centre administratif. Il se composait de trois parties : l'*enceinte* (avec tours et fossé), le *donjon* (bâtiment fortifié avec salle d'armes et trésor), et la *résidence seigneuriale* proprement dite. Aux XVe et XVIe siècles, le château se transforma en villa seigneuriale. Les châteaux de la Loire, en France, en sont un bel exemple.

Les contes – Dans les contes, l'action se déroule souvent dans un château ou à proximité. Parmi les plus populaires, citons : *La Belle au bois dormant, Blanche Neige et les Sept Nains, Cendrillon, Le Chat botté, Barbe-Bleue* et *La Princesse et les Petit Pois*.

Chevaliers; Contes et fables; Habitations; Moyen Âge

Souvent, au château, des joutes et des tournois étaient organisés pour divertir les invités.

CHATS

Comme le lion et le tigre, le chat domestique fait partie de la famille des félidés : agile et rapide, il a les 5 sens extrêmement développés. De plus, il a conservé ses instincts de chasseur, et ce, bien qu'il soit devenu un animal de compagnie. Il descend probablement du chat sauvage africain, apparu il y a un million d'années et domestiqué par les Égyptiens autour de l'an 2000 av. J.-C. dans le but d'exterminer les rongeurs qui s'attaquaient aux réserves de grain. Depuis, des croisements ont été effectués et diverses races ont été sélectionnées. Il y a près d'un demi-milliard de chats dans le monde.

Rex

Siamois

Persan bicolore

Chat tigré

Le chat a des griffes rétractiles qu'il sort pour attaquer ou retenir sa proie.

Persan bleu

Le chat domestique – C'est un animal indépendant qui sait aussi se montrer affectueux. Pour exprimer son contentement, il ronronne en émettant un ronflement sourd qui monte du thorax. Très propre, le chat fait sa toilette plusieurs fois par jour en léchant ses poils avec sa langue râpeuse.

Chat écaille

Sphynx

Les races de chats – Il existe plus de 100 races de chats. Certaines d'entre elles sont pures, d'autres sont obtenues par croisements. On parle alors de « métissage ».

Les yeux du chat dans l'obscurité et à la lumière.

Des yeux magiques – Suivant la race, les yeux des chats peuvent être obliques, ronds ou en amande, et leur couleur varie selon les individus. Les pupilles, qui ne sont que d'étroites fentes quand il y a beaucoup de lumière, se dilatent dans l'obscurité, ce qui permet au chat de voir la nuit.

Les anciens Égyptiens considéraient les chats comme des animaux sacrés. Après leur mort, ils les momifiaient et les conservaient dans des sarcophages en forme de chat (ci-dessous).

Les chats-héros – Du malin *Chat botté* à la mignonne famille des *Aristochats*, de *Sylvestre* à *Tom et Jerry*, le chat est un personnage très populaire dans les contes et les bandes dessinées.

Dans la Rome antique, le chat remplaça la fouine pour chasser les souris, comme en témoigne cette mosaïque de l'époque.

Sur cet ancien dessin égyptien, à gauche, le chat porte une laisse. Le croquis ci-dessus est de Léonard de Vinci qui était fasciné par l'agilité des chats. Le chat stylisé, à droite, est de Picasso.

Les chatons – Après 9 semaines de gestation, la chatte met bas 2 à 5 chatons. À la naissance, le chaton ne peut ni voir ni entendre. Toutefois, son odorat bien développé lui permet de s'orienter pour trouver les tétines de sa mère. Au bout de deux mois, il sera sevré et commencera à manger des aliments solides.

Le chat dort en moyenne 16 heures par jour, divisées en nombreuses siestes brèves.

S'il tombe de haut, le chat se sert de sa queue comme d'un gouvernail, retrouve son équilibre, puis se retourne pour atterrir sur ses quatre pattes.

Pour marquer leur territoire, les chats se frottent contre les objets.

Birman

Le jeu – Les chatons aiment jouer et se bagarrer entre eux. Ils s'amusent avec tout ce qui bouge ou roule : petites balles en plastique, ficelles, pelotes de laine ou autres. Grâce au jeu, ils apprennent à chasser et à se défendre, et développent la force, l'astuce, le courage et l'agilité qui leur seront indispensables une fois adultes.

ANIMAUX DOMESTIQUES; FÉLINS; MAMMIFÈRES

CHEVALIERS

Au Moyen Âge, chevaliers et vassaux vivaient au château avec le seigneur. Lors de l'*adoubement*, le jeune écuyer était nommé chevalier et promettait fidélité, loyauté et secours à son suzerain. Les premiers chevaliers étaient revêtus d'un haubert ou cotte de mailles. Au XIIIe siècle, cette cotte de mailles fut recouverte d'éléments de protection en métal façonnés, joints ou articulés, tels les brassards, le plastron, les jambières, le heaume et les cuissards. En-dessous, le chevalier portait des sous-vêtements matelassés. Il existait des armures de *tournoi*, de *parade* et de *combat*.

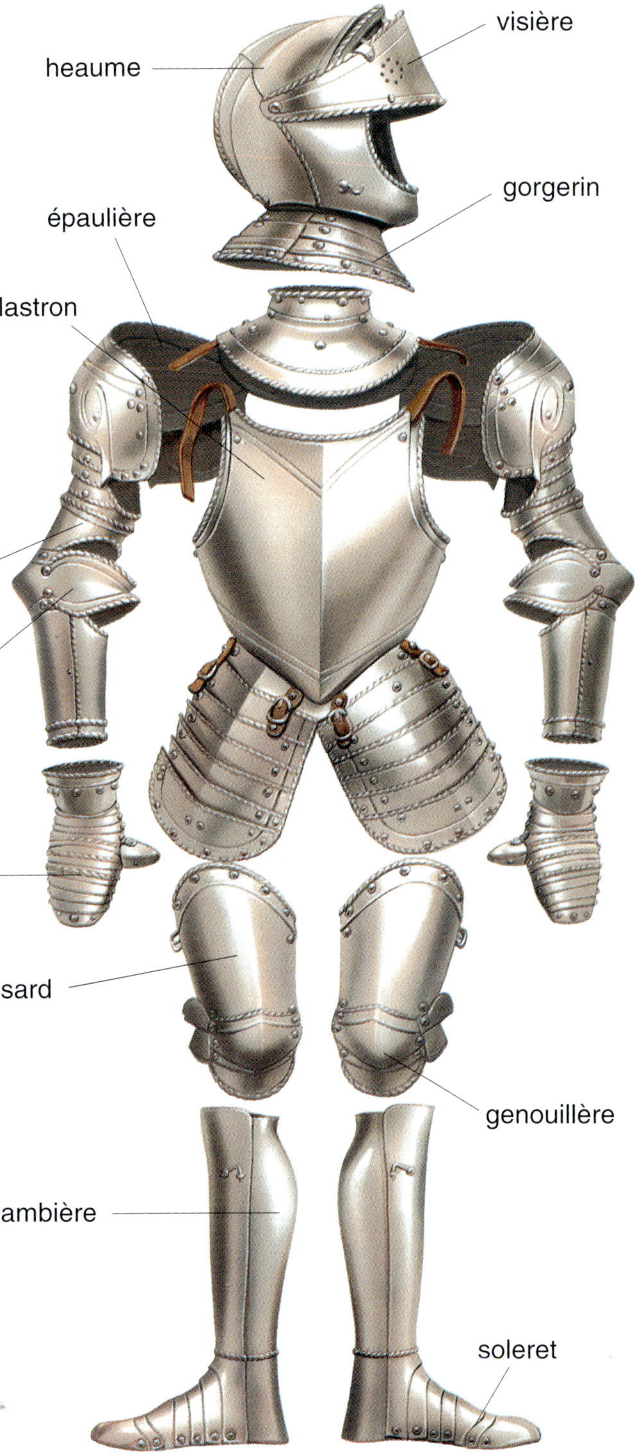

Les tournois étaient des combats courtois entre chevaliers. À l'origine, ces derniers les organisaient pour s'entraîner. Par la suite, ils devinrent un véritable spectacle qui se déroulait en présence du roi et de la cour.

Les armuriers – Plusieurs artisans spécialisés participaient à la fabrication des armures : marteleurs, forgerons, fabricants de cottes de mailles, polisseurs et graveurs. Les armures furent utilisées jusqu'à la moitié du XVIIe siècle.

CHÂTEAUX; MOYEN ÂGE; MYTHES ET LÉGENDES

Chiens

Le chien descend du loup commun. Ses sens les plus développés sont l'ouïe et l'odorat. Il vit de 8 à 15 ans (un an de sa vie équivalant à environ 7 ans de vie pour l'homme). En général, les chiens de petite taille vivent plus longtemps que les gros. Très sensible aux reproches et aux louanges, c'est un excellent compagnon qui s'avère souvent un bon gardien. Sa fidélité l'amène parfois à sacrifier sa vie pour son maître.

Le berger allemand Très intelligent, il a un excellent odorat. Son poil, noir et brun, est très fourni. Utilisé autrefois comme chien de berger, il est aujourd'hui gardien, guide pour aveugles, chien secouriste ou chien policier.

Berger allemand

Apparenté au loup, le husky sibérien est un compagnon irremplaçable dans les régions arctiques où on l'utilise pour tirer les traîneaux.

Husky sibérien

Lorsqu'il fait chaud, il faut toujours laisser un bol rempli d'eau fraîche à la portée du chien.

Les chiens de garde et de protection – Toutes les races de chiens répondent très bien au dressage, lequel demande du temps, de la patience et une bonne connaissance de la psychologie canine. Les chiens de grande taille ne font pas tous de bons gardiens : quelques-uns seulement ont l'instinct de protection, comme le *berger allemand*, le *doberman*, le *boxer*, le *schnauzer* et le *rottweiler*.

Si le chien vit à l'extérieur, il lui faut une niche étanche et bien isolée pour le protéger des intempéries. S'il vit à l'intérieur, il n'a besoin que d'un panier rembourré.

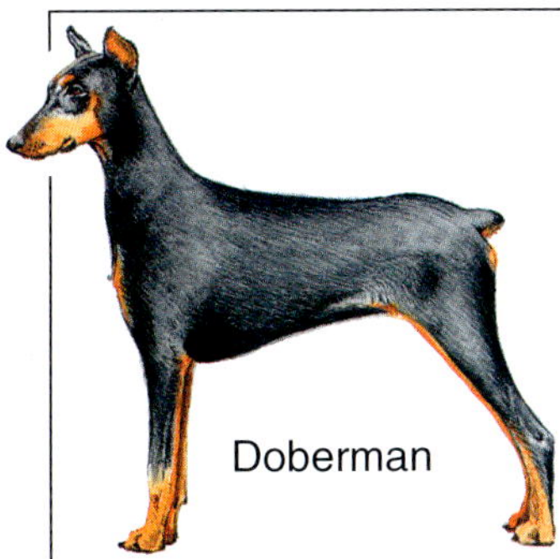

Doberman

La race – On parle de race lorsque certains caractères communs héréditaires se transmettent de génération en génération. Les chiens de race pure reçoivent un *pedigree* (arbre généalogique) qui prouve leurs origines. Les chiens qui naissent d'un croisement de races s'appellent *bâtards* ou chiens *mâtinés*.

Le saint-bernard
On l'utilise pour secourir les personnes ensevelies sous la neige.

Le bouledogue
Ce chien au museau aplati, aux pattes courtes et au poil ras, était élevé en Angleterre pour combattre les taureaux.

Danois

Le danois – Le mâle mesure 80 cm de haut et pèse 60 kg. C'est un chien de garde impressionnant, fier, sans être trop agressif.

Les records – Les plus gros chiens sont le *mastiff* et le *saint-bernard*. Les plus petits, le *chihuahua* et le *yorkshire-terrier*.

Chihuahua

Saint-bernard

Teckel

Yorkshire-terrier

Une petite taille
Malgré sa petite taille, le *yorkshire-terrier* est agressif. Le *teckel* est courageux et habile à la chasse.

À la maison – Les chiens de compagnie, *teckel*, *caniche*, *pékinois*, *chihuahua*, *cocker* ou *yorkshire*, sont affectueux. Autrefois, certaines de ces races remplissaient d'autres fonctions : le caniche était un chien d'arrêt tandis que le cocker-spaniel était très apprécié pour la chasse à la bécasse.

Bobtail

Les chiens de chasse – Ces chiens, dont le *pointer*, le *setter anglais*, le *setter irlandais* et le *gordon setter* ont un excellent flair et l'instinct de chasse. Chiens d'arrêt, ils s'arrêtent quand ils sentent le gibier. Certains, comme l'*épagneul allemand* ou le *golden retriever*, rapportent leur proie. Les chiens courants, tel le *fox-hound* utilisé pour la chasse à courre, accompagnent les rabatteurs lors des battues.

Lévriers

Le lévrier – Le lévrier, le chien le plus rapide, peut atteindre 64 km à l'heure. Il a l'abdomen très étroit et le dos cambré. On l'utilise pour la chasse à cause de sa vue perçante.

ANIMAUX DOMESTIQUES; MAMMIFÈRES

Setter irlandais

Chinois

La vallée du fleuve Jaune fut le berceau de la civilisation chinoise, vers l'an 2000 av. J.-C. Le roi Shi Huangdi, fondateur de la dynastie des Qin, unifia la Chine pour la première fois en l'an 221 av. J.-C. La *Grande Muraille* fut alors érigée pour défendre les frontières au nord. En 1215, après un long siège, Gengis Khān, chef des Mongols, s'empara de Pékin. En 1368, la dynastie mongole fut renversée par Zhu Yuanzhang, fondateur de la dynastie Ming. La dernière dynastie, celle des Qing, tomba en 1911 lorsque fut proclamée la république. En 1949, après une guerre contre le Japon et une longue guerre civile, le communiste Mao Zedong prenait le pouvoir.

Ci-dessus : potiers chinois. Les porcelaines de la dynastie Ming (XIVe siècle), décorées de motifs blancs et bleus, étaient renommées.

Paysans chinois au travail dans les champs.

Le philosophe chinois *Confucius* vécut au Ve siècle av. J.-C. Sa doctrine s'appuyait sur l'éthique, l'harmonie et la modération.

Marco Polo (1254-1324) Marchand vénitien, il suivit à 17 ans son père Niccolo et son oncle Matteo jusqu'à Pékin, afin de transmettre un message du pape Grégoire X au grand Kubilāy Khān (ci-dessous). *Le Livre des merveilles du monde*, écrit par Marco Polo, relate le récit de ses voyages.

Les inventions – Les Chinois inventèrent la boussole. Ils furent les premiers à fabriquer du papier à partir de l'écorce des arbres, et élaborèrent un procédé d'imprimerie. Ils découvrirent également la poudre noire qu'ils utilisaient pour les feux d'artifice.

Armes à feu;
Gengis Khān;
Grande muraille ✓;
Gutenberg;
Japonais

CHOCOLAT

Le cacaoyer est originaire d'Amérique du Sud. Les Aztèques, qui vivaient au Mexique il y a plus de 500 ans, furent les premiers à utiliser ses fruits pour préparer une boisson chaude, le *chocolat*. Quand Cortés conquit le Mexique (1521), il envoya une cargaison de fèves de cacao en Europe. La consommation du chocolat, boisson fort appréciée, s'y répandit au XVIIIe siècle. Au début du XIXe siècle, le Suisse François-Louis Cailler fabriqua les premières tablettes de chocolat et le Hollandais Van Houten inventa un procédé pour faire de la poudre de cacao.

C'est au XVIIIe siècle, en Europe, qu'apparurent les premiers endroits publics où l'on pouvait déguster le chocolat et le café.

L'empereur des Aztèques, Moctezuma, buvait du chocolat chaud dans une coupe en or massif (ci-dessus).

Le cacaoyer – Chaque cabosse (à gauche) renferme environ 40 fèves. Pour que l'arôme typique du cacao se dégage des fèves, on les laisse fermenter pendant une semaine dans des caisses couvertes de feuilles de bananier.

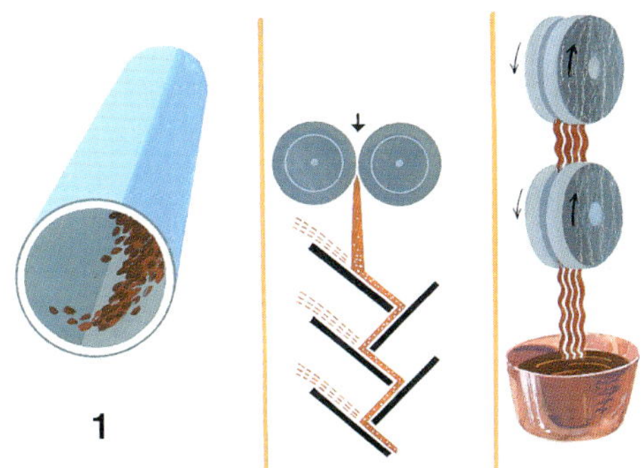

1 2 3

Pour obtenir la pâte de cacao, on remue longuement les fèves pulvérisées avec du sucre et du lait. La pâte est ensuite versée dans des moules de la forme désirée.

En 1700, le chocolat était une boisson à la mode en Italie, à la cour de France, ainsi que chez les princes allemands et hollandais.

La fabrication du chocolat – Après avoir fermenté et séché au soleil, les fèves de cacao sont nettoyées et torréfiées (1). Elles sont ensuite débarrassées de leur tégument (2), puis broyées (3) pour permettre la préparation de la pâte.

CIVILISATIONS PRÉCOLOMBIENNES;
PLANTES UTILES;
RECETTES DE CUISINE

CHRISTIANISME

La Bible est un recueil de textes sacrés pour les religions juive et chrétienne, constitué par l'*Ancien* et le *Nouveau Testament*. Ce dernier, propre aux chrétiens, inclut les quatre *Évangiles* qui racontent la vie de Jésus-Christ. Né à Bethléem en Palestine, Jésus enseigna la parole de Dieu et mourut sur la croix. Après sa mort, ses douze apôtres, guidés par *Pierre*, prêchèrent sa parole. Au fil des siècles, le christianisme se répandit dans le monde entier.

Les premiers chrétiens
Plusieurs empereurs romains, comme Néron et Dioclétien, persécutèrent les chrétiens sans répit. Pour célébrer leurs rites, ces derniers étaient obligés de se cacher sous terre, dans les *catacombes*. Ce n'est qu'en 313, avec l'*édit de Constantin*, qu'ils purent enfin pratiquer librement leur culte.

Chrétiens dans les catacombes.

L'agneau (ci-dessus) est un ancien symbole chrétien : il représente la victime innocente sacrifiée.

L'évangile – Ce mot signifie *bonne nouvelle*. Les quatre Évangiles furent écrits au cours de la dernière moitié du Ier siècle par *Matthieu* (1), *Marc* (2), *Luc* (3) et *Jean* (4). Selon la tradition, Jésus naquit le 25 décembre, jour de Noël. Notre calendrier compte les années à partir de celle de sa naissance.

BOUDDHISME; CATHÉDRALE GOTHIQUE ✓; ÉGLISE ROMANE ✓; HINDOUISME; ISLAMISME; JUDAÏSME; MONASTÈRES; ROMAINS

À Noël, on prépare une *crèche* pour commémorer la naissance de Jésus. La première fut conçue en 1223 par saint François. Décorer le *sapin* est une tradition, probablement allemande, qui remonte à plus de mille ans.

Churchill, Winston

Homme d'état britannique, il participa à la vie politique de son pays pendant une trentaine d'années. Il fut tour à tour député, ministre, chancelier de l'Échiquier, premier Lord de l'Amirauté. En 1940, il devint Premier ministre dans un gouvernement de coalition (formé de conservateurs, de libéraux et de travaillistes). Pendant la Deuxième Guerre mondiale contre l'Allemagne, il incarna la volonté britannique de résister à tout prix, sans jamais douter de la victoire.

Winston Churchill (1874-1965) arborant le fameux signe de la *victoire*.

Un prix Nobel – Churchill fut l'auteur de nombreux ouvrages historiques, dont *Mémoires sur la Seconde Guerre mondiale*, livre qui lui valut le Prix Nobel de littérature en 1953.

La guerre froide – Après la guerre, Churchill devint chef de l'opposition. Dans un discours à Fulton, aux États-Unis, il exposa ses théories sur la nécessité de freiner l'expansion soviétique. Ceci contribua à déclencher la *guerre froide*, une longue période de tensions et d'hostilités entre l'Union soviétique et les États-Unis. Churchill fut de nouveau Premier ministre de 1951 à 1955.

Ci-contre : Combat aérien pendant la bataille d'Angleterre (1940), mettant aux prises l'aviation britannique (RAF) et la Luftwaffe allemande.

ARMES À FEU;
GUERRES MONDIALES;
ROMANCIERS ET POÈTES

Ciel

Les étoiles sont classifiées selon leur couleur.

La voûte céleste a toujours fasciné l'homme et, dans bien des civilisations, le Soleil et la Lune étaient considérés comme des divinités. L'astronomie, qui est la science des astres, était déjà étudiée par les Babyloniens et les Égyptiens. Les astres étaient alors observés à l'œil nu. Le premier télescope fut inventé par Galilée, au XVIIe siècle.

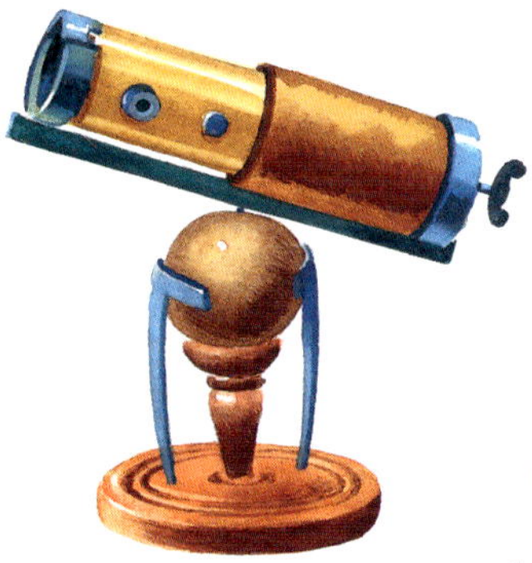

De 1600 à aujourd'hui : le télescope construit par Newton (ci-dessus) et le télescope moderne de l'observatoire de Yerkes, au Wisconsin, aux États-Unis (ci-contre).

Les étoiles et les galaxies – Les étoiles diffèrent par leur taille, leur température et leur luminosité. Leur couleur varie du blanc au bleu clair, au rouge foncé. Dans l'espace, elles sont regroupées en *galaxies* qui comptent chacune des milliards d'étoiles.

De haut en bas : galaxies en forme de spirale barrée, d'ellipse et de spirale simple.

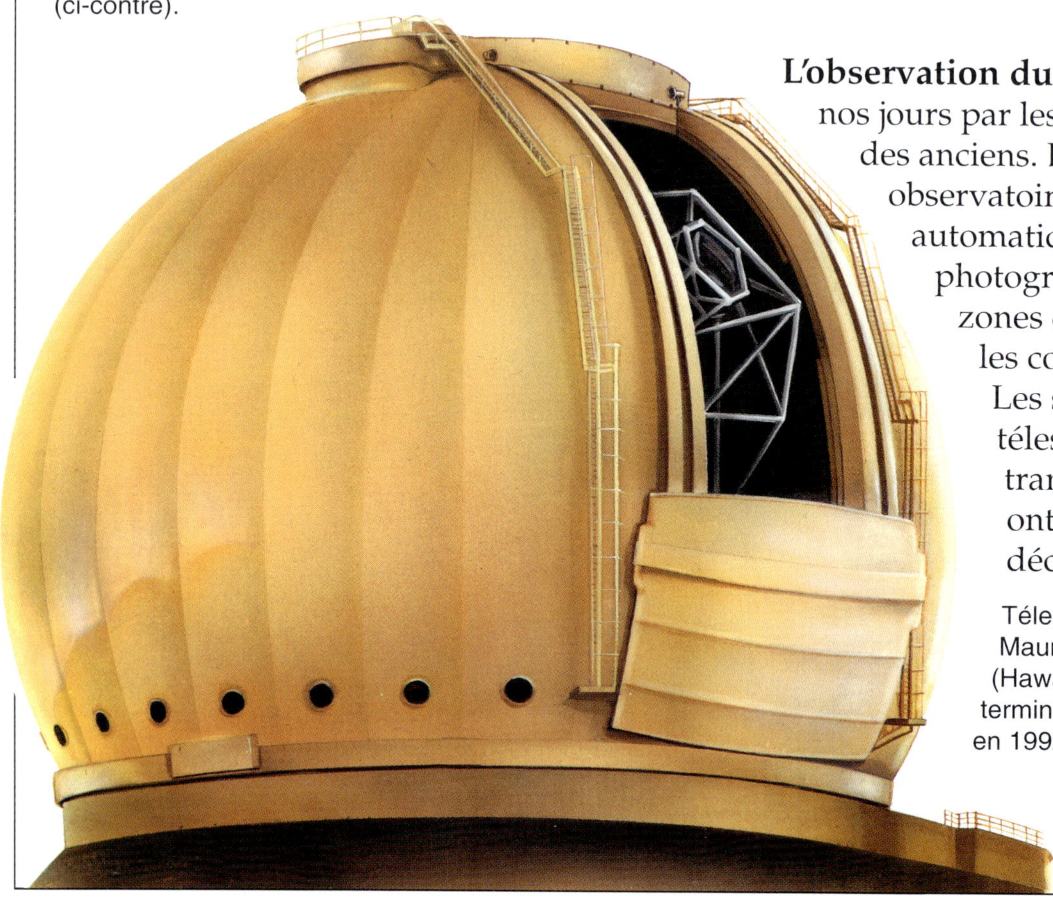

L'observation du ciel – Les appareils utilisés de nos jours par les astronomes sont très différents des anciens. Les télescopes installés dans les observatoires modernes peuvent suivre automatiquement l'étoile observée et photographier en séquence de vastes zones du ciel, tout en agrandissant les corps célestes qui s'y trouvent. Les satellites artificiels équipés de télescopes sophistiqués qui nous transmettent des photos d'étoiles ont contribué à de nouvelles découvertes sur l'Univers.

Télescope de Mauna Kea (Hawaii), terminé en 1992.

Constellations ✓; Lune; Optique; Soleil; Terre; Vol dans l'espace

CINÉMA

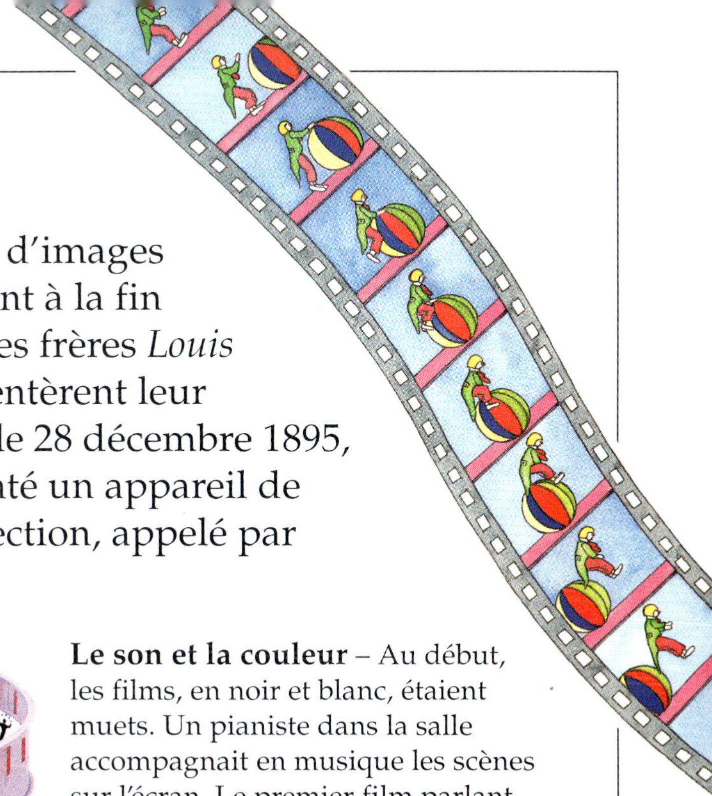

Les Français Louis et Auguste Lumière sont considérés comme les inventeurs du cinéma.

Les premiers spectacles d'images en mouvement remontent à la fin du XIXe siècle, lorsque les frères *Louis* et *Auguste Lumière* présentèrent leur premier film au public, le 28 décembre 1895, à Paris. Ils avaient inventé un appareil de prises de vue et de projection, appelé par la suite *cinématographe*.

1

2

3

1. *Lanterne magique* (vers 1600)
2. *Kinétoscope* de Edison (1889)
3. *Zootrope* de Horner (vers 1850)

Ces appareils furent inventés pour reproduire des images en mouvement.

Le son et la couleur – Au début, les films, en noir et blanc, étaient muets. Un pianiste dans la salle accompagnait en musique les scènes sur l'écran. Le premier film parlant, *Le Chanteur de jazz*, remonte à 1927. Le premier film en couleurs de bonne qualité fut *La Forêt enchantée*, dessin animé de Walt Disney, réalisé en 1932.

INFORMATIQUE; ORDINATEUR; PHOTOGRAPHIE; SCIENTIFIQUES ET INVENTEURS

Caméra à manivelle

Les effets spéciaux
Aujourd'hui, l'ordinateur permet de réaliser des effets spéciaux pour le cinéma. Ainsi, il est possible, par superposition, de mettre en mouvement simultanément des personnages (image réelle) et des dinosaures (image fictive). L'ordinateur permet aussi de créer des images en trois dimensions.

CIRCULATION SANGUINE

Le sang, pompé par le cœur, circule à travers un réseau serré d'*artères*, de *veines* et de *capillaires* (petits vaisseaux) pour irriguer chaque partie du corps. Il se compose essentiellement d'un liquide jaunâtre, le *plasma*, qui transporte les *globules blancs*, les *globules rouges* et les *plaquettes*.

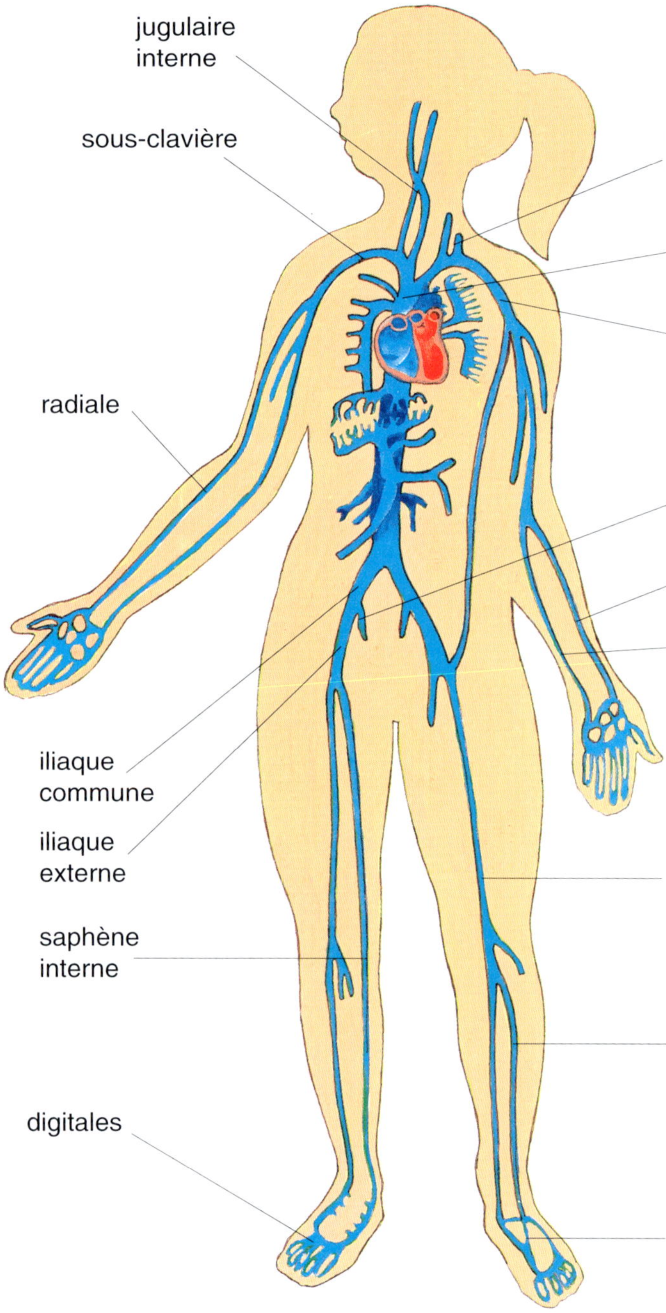

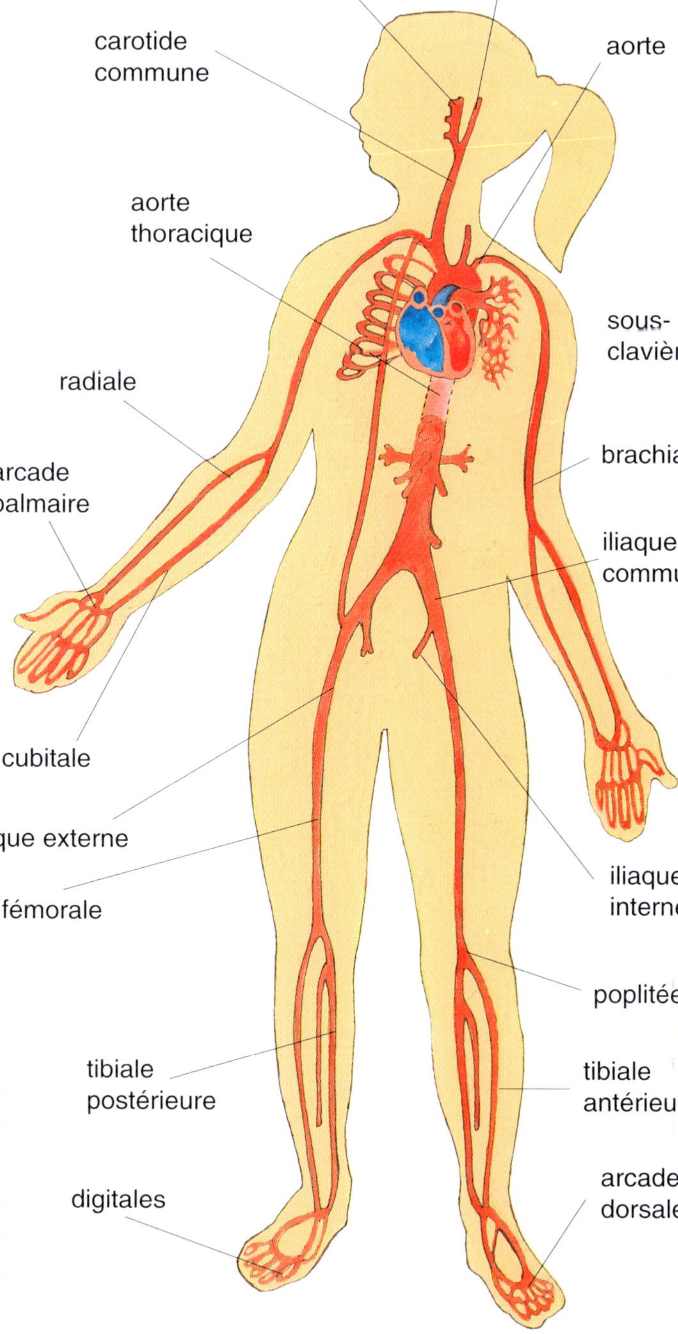

Les artères et les veines – Les *artères* (en rouge) partent de l'*aorte* (artère principale) et distribuent, à partir du cœur, le sang riche en oxygène et en nutriments à toutes les cellules du corps. Puis, les *veines* (en bleu) ramènent le sang au cœur, en le faisant d'abord passer par les poumons pour qu'il se purifie et se réoxygène.

☞ CERVEAU ET ORGANES SENSORIELS; CORPS HUMAIN; MUSCLES; REPRODUCTION HUMAINE; SQUELETTE

Civilisations méditerranéennes

Sur les côtes de la Méditerranée orientale, les Phéniciens fondèrent Tyr, Sidon et Byblos. Navigateurs et marchands, ils atteignirent les îles Canaries et établirent des colonies en Espagne et en Afrique. Ils découvrirent la pourpre, une matière colorante tirée d'un coquillage, le *murex*.

L'alphabet – Notre alphabet dérive de celui des Phéniciens. Ceux-ci, à la fin du IIe millénaire av. J.-C., remplacèrent les *idéogrammes* par des *signes phonétiques* qui représentaient les sons de la langue parlée. Leur alphabet était composé de 22 consonnes. Les Grecs le perfectionnèrent en y introduisant les voyelles.

Ci-dessus : hache bipenne, symbole sacré de la civilisation crétoise. En 1450 av. J.-C., les Crétois furent conquis par les Mycéniens.

Alexandre le Grand;
Égyptiens;
Mythes et légendes

Selon la mythologie grecque, le Crétois Thésée se mesura au Minotaure et parvint à le tuer.

Civilisations mésopotamiennes

Le mot Mésopotamie signifie *pays entre les fleuves*. Cette région fertile de l'Asie occidentale, comprise entre le Tigre et l'Euphrate, fut le berceau d'anciennes civilisations. Vers le IVe millénaire av. J.-C., la civilisation *sumérienne* s'y implanta; au IIe millénaire av. J.-C., l'*empire assyrien* vit le jour dans la vallée du Tigre (où s'élevait la ville d'Assour) et l'*empire babylonien*, dans la vallée de l'Euphrate (où se trouvait Babylone). Le roi babylonien Hammourabi (1792-1750 av. J.-C.) fit graver le premier code de lois sur une stèle de basalte (ci-contre). Sous son règne, le pouvoir de Babylone s'étendit. Au VIIIe siècle av. J.-C., la ville tomba sous la domination des Assyriens; le perse Cyrus le Grand la soumit à son tour en l'an 539 av. J.-C.

Les Sumériens – Vers le IVe millénaire av. J.-C., les Sumériens s'installèrent en basse Mésopotamie, en bordure du golfe Persique. Ils furent probablement les premiers à utiliser la roue; d'ailleurs, leurs chars de guerre très maniables semaient la panique dans les rangs ennemis. L'*étendard d'Our*, une mosaïque nacrée (ci-dessous) représente des soldats portant le casque de cuir caractéristique.

Selon la légende, les hommes, voulant se rapprocher des cieux, entreprirent de bâtir la tour de Babel. Pour les punir de leur orgueil, Dieu fit en sorte que les hommes ne se comprennent plus en leur attribuant diverses langues, et la construction de la tour fut abandonnée.

L'écriture – Les Sumériens inventèrent l'écriture cunéiforme, composée de caractères en forme de coin qu'ils gravaient sur des plaquettes d'argile fraîche. Les Akkadiens (fin du IIIe millénaire av. J.-C.) la perfectionnèrent et les Assyro-Babyloniens contribuèrent à la diffuser. Il ne s'agissait pas encore d'un véritable alphabet, mais d'*idéogrammes*, c'est-à-dire de signes représentant des concepts, tout comme les hiéroglyphes égyptiens.

Roue en bois d'un char sumérien

Hébreux; Inventions préhistoriques; Perses

Civilisations précolombiennes

Bien avant la venue de Christophe Colomb (1492), l'Amérique latine vit naître de grandes civilisations. Les premières populations, probablement d'origine asiatique, s'y établirent il y a 50 000 ans. En Amérique centrale, les civilisations *olmèque* et *maya* se développèrent à partir de l'an 2000 av. J.-C., puis cédèrent la place aux *Toltèques* et aux *Aztèques*. Vers le XVe siècle, les *Incas* dominaient le Pérou.

Cette ancienne gravure représente Cortés traitant avec l'empereur Moctezuma : ses mots sont traduits par Marina, une interprète aztèque.

Les Aztèques – Peuple de guerriers (ci-contre), ils partirent du Mexique à la conquête des territoires voisins. Leur capitale, Tenochtitlán, dont le nom signifie *entre les cactus qui poussent sur les roches*, était la plus riche des villes précolombiennes. Les Aztèques sacrifiaient des victimes humaines pour obtenir la faveur des dieux. Ils pratiquaient plusieurs jeux dont le *tlachtli* aussi appelé le *juego de la pelota*. Cortés captura leur dernier empereur, Moctezuma.

Les Mayas – La société maya était localisée au Guatemala, au Mexique et à l'ouest du Honduras. Cette société était divisée en classes : les *nobles*, les *prêtres* et les *paysans*. Les prêtres, qui avaient de grandes connaissances en astronomie et en mathématiques, mirent au point un calendrier presque parfait. La culture maya a laissé derrière elle de nombreux vestiges, dont plusieurs pyramides au sommet plat.

Les Incas – Les Incas, ou *fils du Soleil*, habitaient la région de Cuzco au Pérou. Leur religion se basait sur le culte du dieu Soleil (*Inti*). En 1533, Pizarro les soumit et les utilisa comme esclaves dans les mines d'argent.

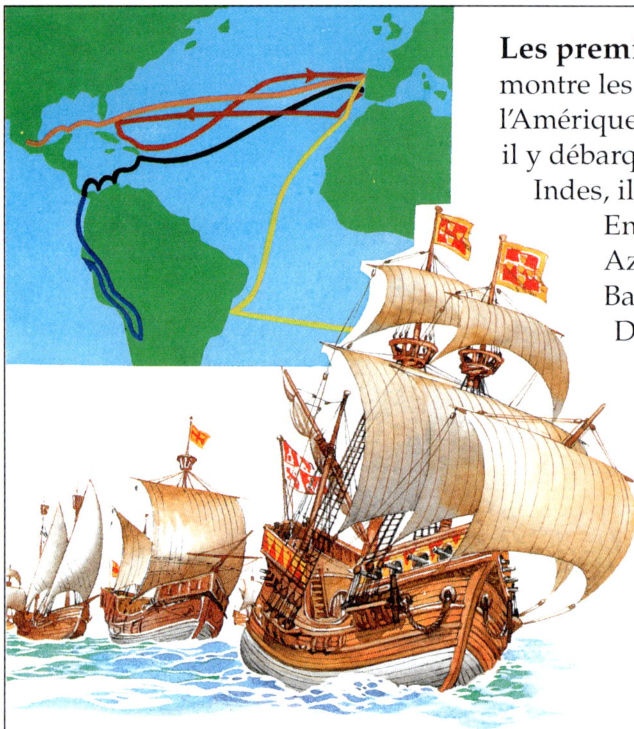

Les premières découvertes – La carte ci-contre montre les divers voyages d'exploration vers l'Amérique : en rouge, la route suivie par Colomb; il y débarqua en 1492. Croyant avoir atteint les Indes, il donna aux autochtones le nom d'*Indiens*. En orange, le trajet de Cortés, qui décima les Aztèques (1521). En noir, celui de Vasco de Balboa, qui franchit le premier le détroit de Darién et découvrit la côte du Pacifique. En jaune, le parcours du navigateur portugais Pedro Cabral qui, en 1500, partit à la conquête du Brésil. En bleu, la route que suivit Pizarro, pour conquérir les Incas (1533).

D'Amérique, on importa le cacao, la pomme de terre, le maïs, le tabac, la tomate et l'ananas.

☞ BOLIVAR; CHOCOLAT; COLOMB; EXPLORATEURS; SPORTS

Les massacres – Les conquistadors (Cortés, Pizarro et autres aventuriers européens) arrivèrent en Amérique, avides de richesses. Grâce aux armes à feu et aux chevaux, jusqu'alors inconnus sur le continent, ils assujettirent les populations autochtones et s'emparèrent de leurs trésors principalement constitués d'or et d'argent.

Cortés détruit la ville de Tenochtitlán.

Fruits du cacaoyer

Baies de café. Celui-ci fut importé en Amérique au XVIIIe siècle.

Colomb, Christophe

Christophe Colomb (1451-1506), avec l'autorisation d'Isabelle de Castille, reine d'Espagne, arma une flottille de trois caravelles pour aller découvrir la route des Indes par l'Ouest. Le 3 août 1492, il leva l'ancre au port de Palos. Il débarqua le 12 octobre sur une île des Bahamas qu'il baptisa San Salvador (qui signifie Saint-Sauveur), puis atteignit Cuba et Haïti, aux Antilles. Il retourna à Palos convaincu d'avoir atteint les Indes. Il fit 3 autres voyages, mais mourut sans avoir trouvé le passage permettant d'accéder au Pacifique.

Colomb partit du port de Palos avec trois caravelles : la Niña, la Pinta et la Santa Maria.

Christophe Colomb serait né à Gênes, en 1451.

Amérindiens; Bolivar; Civilisations précolombiennes; Explorateurs

L'Amérique – Un cartographe allemand attribua la découverte du nouveau continent à l'explorateur italien Amerigo Vespucci qui, à la suite de Christophe Colomb, effectua plusieurs voyages vers l'Amérique du Sud. C'est en son honneur qu'il appela ce continent *Americi Terra* (Terre d'Amérique).

On ramena d'Amérique de nouveaux produits, comme le cacao, la pomme de terre, le maïs, le tabac, la tomate et l'ananas, ainsi que des animaux inconnus, tels les perroquets.

Contes et fables

Le conte est un récit populaire dont les personnages sont des êtres humains ou des êtres fantastiques (fées, sorcières, ogres, lutins ou gnomes). La fable est une histoire courte, souvent moralisatrice, dans laquelle les animaux incarnent les vices et les vertus humaines. Les fables les plus célèbres sont celles du poète grec Ésope (VIe siècle av. J.-C.), celles de Phèdre (environ 20 av. J.-C.–50 ap. J.-C.), composées en latin, et celles du Français Jean de La Fontaine (1621-1695).

Le Renard et les Raisins, fable d'Ésope reprise par Jean de La Fontaine.

Le Chat botté (conte de Charles Perrault)
«Il était une fois un chat plein d'astuces qui réussit à faire passer son jeune maître, un pauvre meunier, pour le marquis de Carabas...»

Cendrillon (conte de Charles Perrault)
«– Cendrillon, lui dit la fée, sa marraine, je vais transformer la citrouille en carrosse et les souris, en chevaux blancs. Ainsi, tu pourras aller au bal donné en l'honneur du prince... mais l'enchantement prendra fin au douzième coup de minuit!
Puis, d'un coup de baguette magique, elle la revêtit d'une robe magnifique...»

Le Petit Chaperon rouge (conte de Charles Perrault)
« La petite fille sursauta lorsqu'une grosse voix lui demanda :
– Où vas-tu, belle enfant, toute seule dans les bois ?
Le petit Chaperon rouge répondit :
– Je vais chez ma grand-mère qui est malade, porter un petit pot de beurre et cette galette que ma mère lui envoie... Sa maison est là-bas, au bout du sentier !
Le loup (parce qu'il s'agissait de lui) se lécha les babines, salua la petite fille et courut à perdre haleine pour arriver avant elle... »

Les Trois Petits Cochons
« Il était une fois un méchant loup qui voulait manger les trois petits cochons... Le plus sage et le plus malin des trois construisit une solide maison de briques, dans laquelle le loup ne pourrait pas entrer... »

Châteaux;
Littérature pour jeunes;
Romanciers et poètes

Blanche Neige (conte des frères Grimm) – « Blanche Neige mordit dans la pomme; dès la première bouchée, elle tomba par terre, comme si elle était morte. La sorcière, satisfaite, s'éloigna.
– Enfin, dit-elle, c'est maintenant moi la plus belle du royaume... »

Les Aventures de Pinocchio (de Carlo Lorenzini, dit Collodi) – « Pinocchio retournait à la maison, chez son père Geppetto, pour lui porter cinq écus d'or. En chemin, il rencontra un renard boiteux et un chat aveugle qui lui dirent :
– Si tu veux multiplier ta fortune par mille, viens au Pays des Nigauds. Tu planteras tes écus dans le Champ des Miracles et, le lendemain, tu y trouveras un arbre chargé de pièces d'or... »

Coquillages

Les mollusques sont des invertébrés, c'est-à-dire qu'ils n'ont pas d'os. Pour se protéger, ils sont pourvus d'une coquille, ou *coquillage*. Certains coquillages sont composés d'une seule coquille en forme de spirale ou de cône, d'autres, de deux valves articulées autour d'une charnière, comme l'huître.

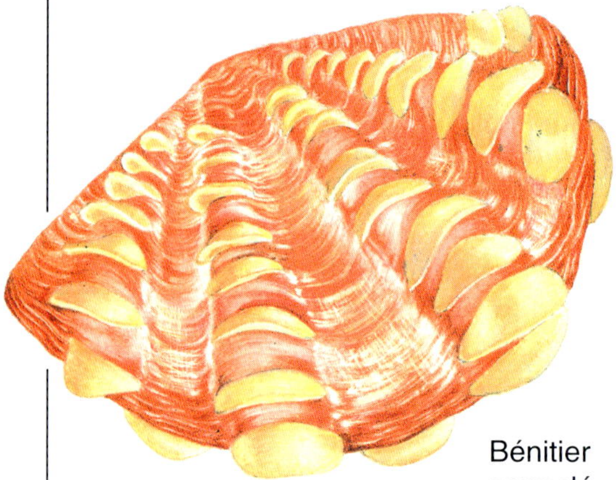
Bénitier cannelé

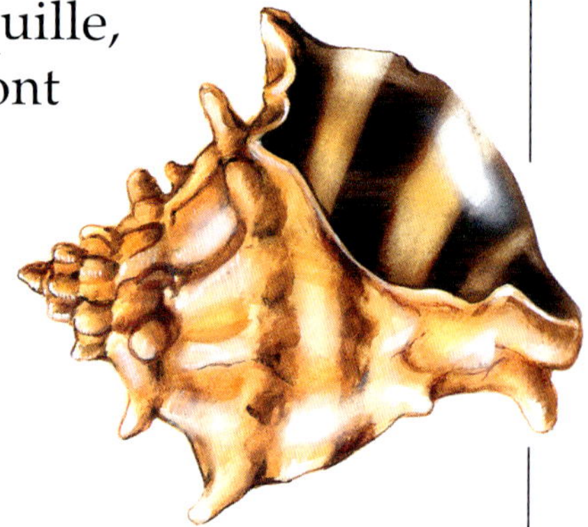
Murex trompe

Latiaxis

Marginelle

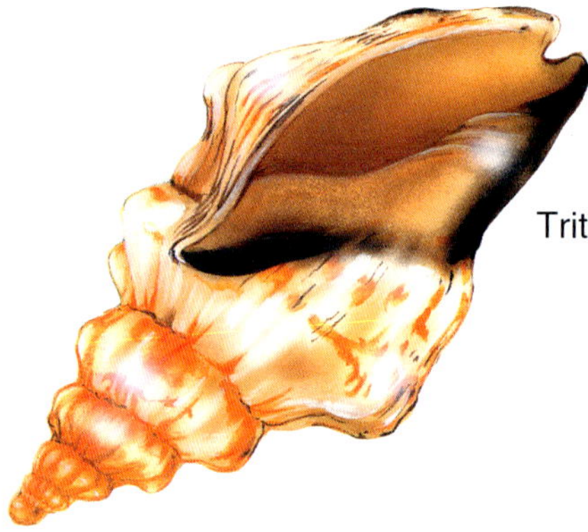
Triton

Turitelle

Solarium clair

Éloïse

Cône marbré

Le mode de vie – Certains mollusques restent accrochés toute leur vie à un rocher ou ensevelis dans le sable. D'autres, comme la *coquille Saint-Jacques*, se déplacent rapidement sous l'eau. Certains sont minuscules, d'autres, énormes, comme les *tellines géantes* qui vivent à de grandes profondeurs.

Nautile

Ormeau rouge

Troque

Spondyle

Le plus grand – Le *tridacne géant*, ou bénitier, mollusque des océans Indien et Pacifique, est le plus grand des coquillages. Il peut atteindre 1 m de diamètre et peser 200 kg.

Une collection – Pour commencer une collection de coquillages, il suffit d'une promenade sur la plage. Il ne faut ramasser que les coquillages vides, sans mollusque; on les rince ensuite à l'eau douce, puis on les laisse sécher. On peut alors les coller sur un carton rigide et les classer d'après leur nom, français ou latin.

On peut fabriquer un collier en enfilant des coquillages sur un fil de nylon.

Murex pourpre

Scalaire précieuse

Casque saburon

Coque

Patèle

Mactre coralline

Moule bleue commune

Mitre épiscopale

Fissurelle de Lister

FOSSILES; MER

CORPS HUMAIN

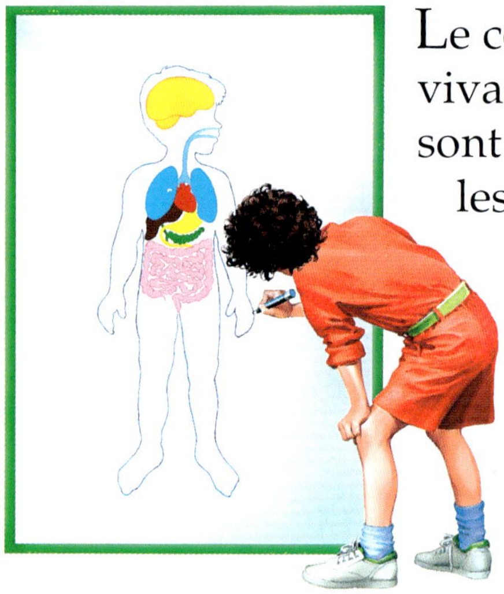

Le corps humain se compose de plus de 50 milliards d'unités vivantes, les *cellules*. Celles qui remplissent une même fonction sont regroupées en *tissus* (par exemple, le tissu nerveux), lesquels sont regroupés en *organes* (tels le cœur, le foie, les poumons). Les organes sont regroupés en *systèmes* ou *appareils* (par exemple, l'appareil digestif), contrôlés par le cerveau. Toutes les parties de notre corps fonctionnent en parfaite harmonie. Chacune effectue une tâche précise, en interaction avec les autres.

Le cœur – Ce muscle, gros comme le poing, est responsable de la circulation sanguine. Il propulse le sang dans tous les vaisseaux sanguins du corps et le ramène ensuite, comme une pompe. Il est divisé en quatre cavités : 2 supérieures, les *oreillettes*, et 2 inférieures, les *ventricules*.

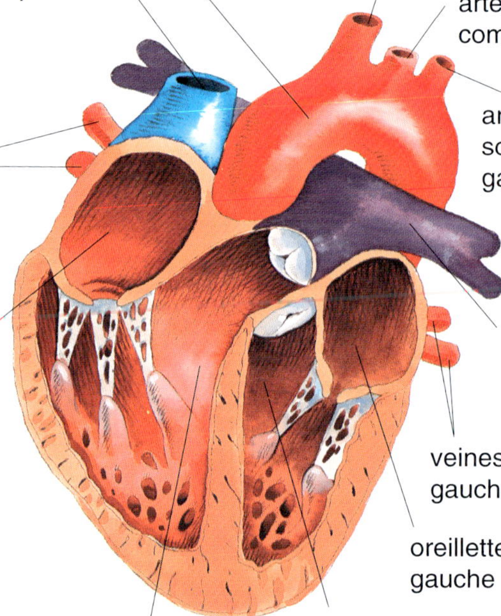

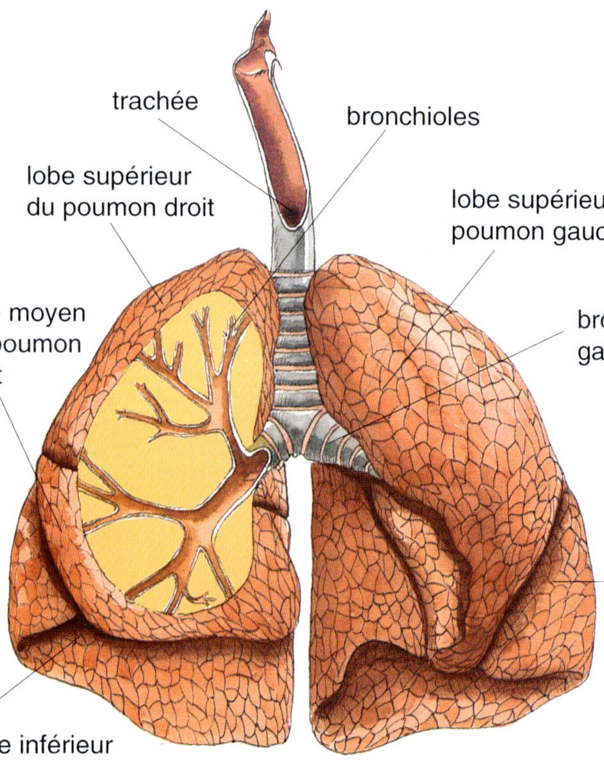

Les poumons – Nous respirons environ sept litres d'air à la minute. L'air est aspiré par le nez ou la bouche, traverse le *pharynx*, puis glisse dans le *larynx*. De là, il descend le long de la *trachée* et des *bronches* jusqu'aux *bronchioles* qui aboutissent aux *alvéoles*. Celles-ci sont de minuscules cavités spongieuses irriguées par un vaste réseau de capillaires où circule le sang. C'est là que les globules rouges du sang se libèrent du gaz carbonique et se chargent d'oxygène.

L'appareil digestif – Il a pour fonction de digérer la nourriture. Il se compose de la *bouche*, des *glandes salivaires*, du *pharynx*, de l'*œsophage*, de l'*estomac*, du *foie*, du *pancréas*, de l'*intestin grêle* et du *gros intestin*. Les aliments mâchés (*bol alimentaire*) descendent dans l'œsophage, jusqu'à l'estomac. Là, ils sont transformés en bouillie grâce aux sucs gastriques. Après deux ou trois heures, la nourriture passe de l'estomac à l'intestin.

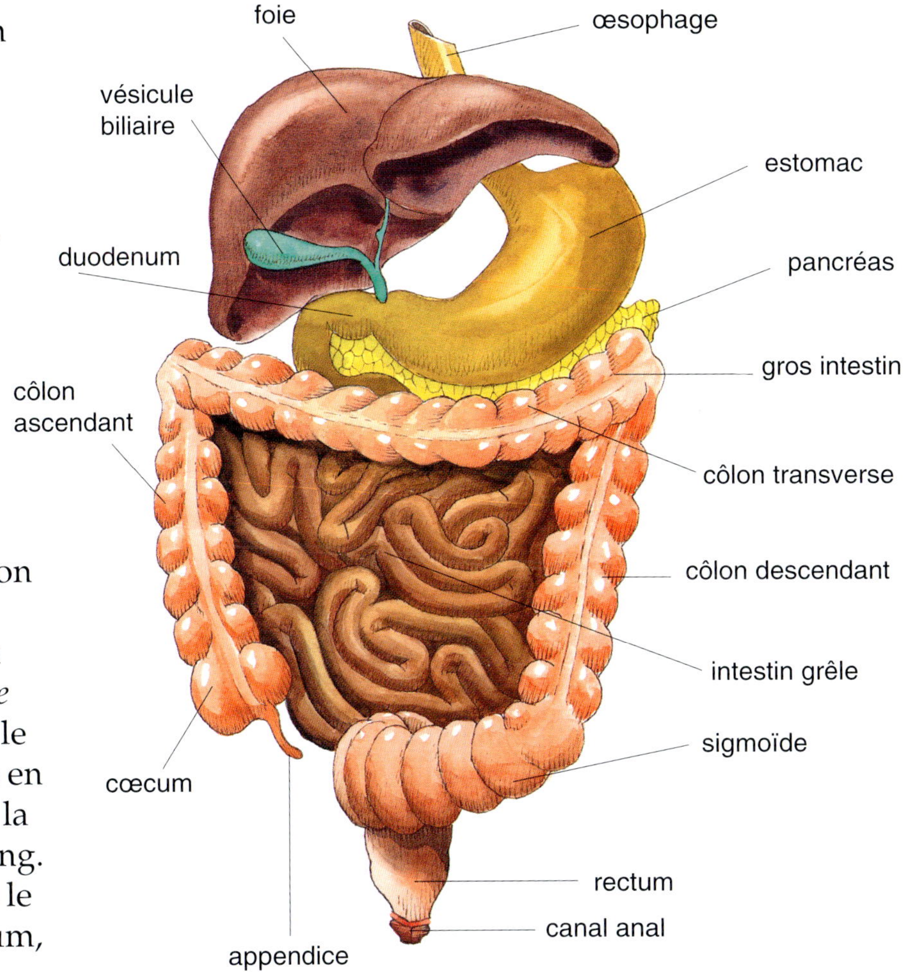

L'intestin – C'est un long tube d'environ dix mètres, replié sur lui-même dans l'abdomen. Dans la première partie, ou *intestin grêle*, la *bile* et le *suc pancréatique* (produits respectivement par le foie et le pancréas) aident à réduire les aliments en infimes particules. Celles-ci traversent la paroi de l'intestin pour aller dans le sang. Les aliments non digérés passent dans le *gros intestin*, s'accumulent dans le rectum, puis sont expulsés par l'anus.

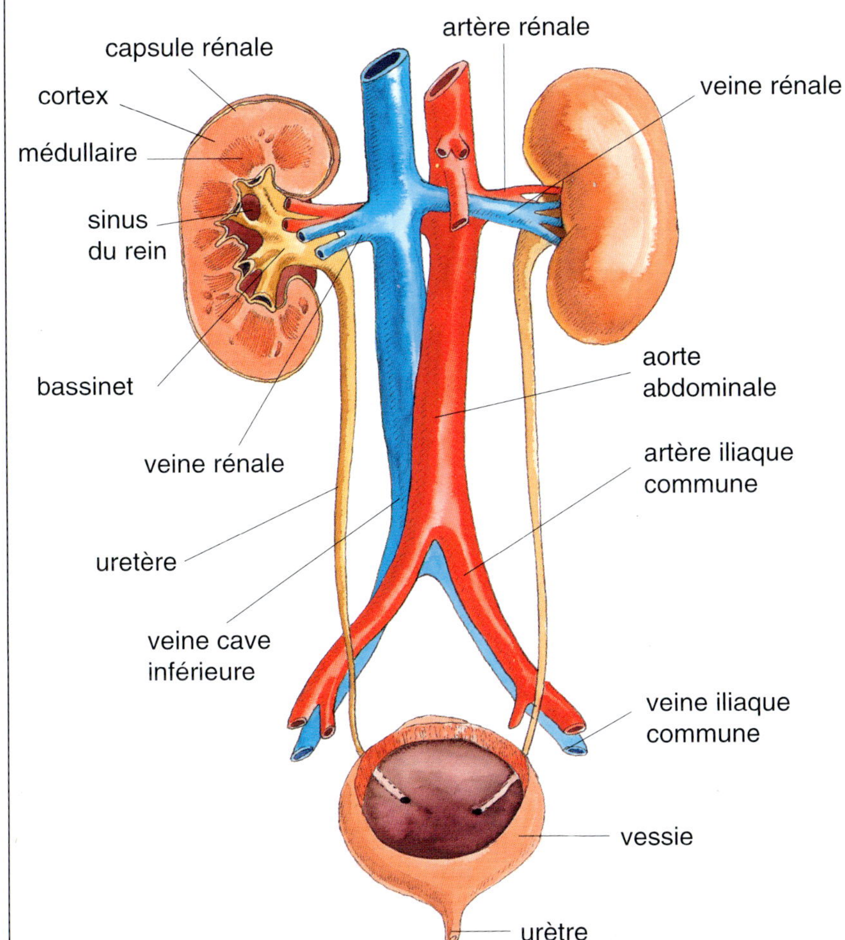

L'appareil urinaire – Il élimine les déchets liquides de l'organisme. Il se compose des *reins*, des *uretères*, de la *vessie* et de l'*urètre*. Les *reins*, en forme de haricot de 15 cm de long, filtrent le sang et évacuent les déchets sous forme d'urine. Celle-ci s'accumule dans un petit sac, la *vessie*, avant d'être expulsée par l'urètre.

☞ ALIMENTATION; CERVEAU ET ORGANES SENSORIELS; CIRCULATION SANGUINE; MUSCLES; REPRODUCTION HUMAINE; SQUELETTE

Costumes

Tout comme la musique, la peinture ou l'architecture, le costume est le reflet d'une époque. À la Renaissance, le vêtement est devenu pour les gens un moyen d'exprimer leur personnalité, leur appartenance à une *classe sociale*. Et il fallait en plus satisfaire leur goût pour la nouveauté. La *mode* était née! L'illustration ci-dessous montre l'évolution du costume au cours des millénaires, les styles se chevauchant souvent les uns les autres. Aujourd'hui, avec les moyens de communication, la mode change de plus en plus rapidement.

1. Homme primitif
2. Égyptiens
3. Grecs
4. Romains
5. Haut Moyen Âge
6. Bas Moyen Âge
7. Moyen Âge allemand
8. Période élisabéthaine
9. XVIIe siècle néerlandais
10. XVIIe siècle français

L'âge d'or – Pendant le règne d'Élisabeth Ire (ci-dessus), l'Angleterre vécut une période de fastes et devint une grande puissance. Les costumes de l'époque, ornés de perles et de bijoux, étaient somptueux.

1. Jupon rigide, ou *crinoline* (XVIe siècle)
2. Collerette empesée en dentelle, ou *fraise* (XVIIe siècle)
3. Éventail en dentelle (XVIIIe siècle)
4. Chapeau de paille avec fleurs et rubans (fin du XIXe siècle)
5. Corset (fin du XIXe siècle)
6. Sacs à main brodés (fin du XIXe siècle)
7. Ombrelle avec dentelles et rubans

7

4

5

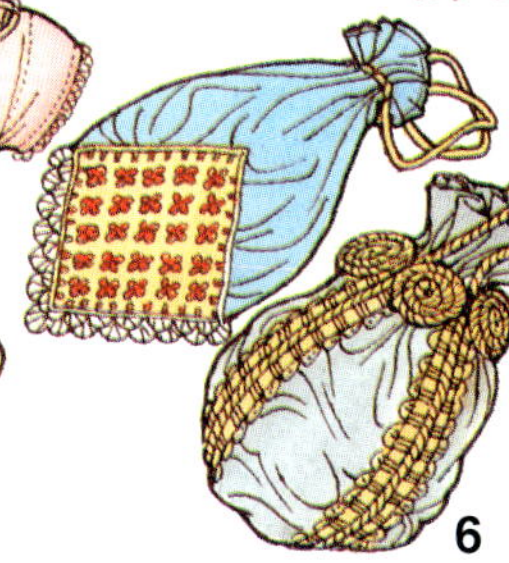
6

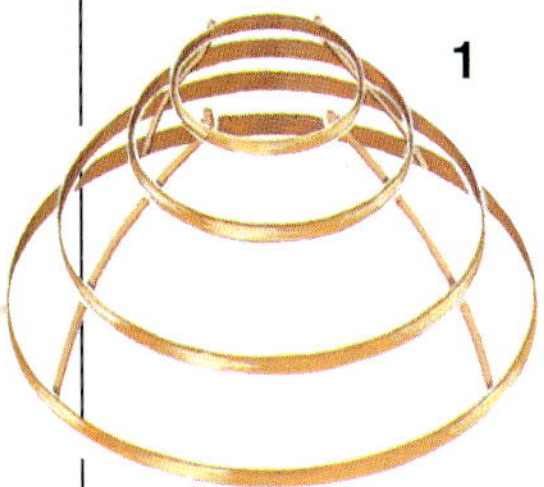
1

2

3

Égyptiens; Élisabeth Ire; Grecs; Homme préhistorique; Japonais; Moyen Âge; Peuples barbares; Romains

11. XVIIIe anglais
12. XVIIIe français
13. XVIIIe allemand
14. Fin du XVIIIe français
15. XIXe français
16. XIXe anglais
17. XIXe anglais et allemand
18. De 1930 à 1950
19. De 1950 à 1990

11

12

17

13

14

18

15

16

19

Crocodiles

Il y a cent millions d'années, les ancêtres du crocodile vivaient dans les marais. Les crocodiles actuels, qui peuvent atteindre 7 m de long et vivre plus de cent ans, se divisent en trois familles : les *crocodilidés*, dont on voit la quatrième dent quand leur gueule est fermée, les *alligatoridés*, qui ne laissent paraître aucune dent, et les *gavialidés*, au museau long et étroit. Très agile dans l'eau, le crocodile se déplace sur terre en rampant sur ses courtes pattes. Pendant la journée, il se prélasse au soleil pour emmagasiner de la chaleur. S'il fait trop chaud, il reste la gueule grande ouverte : c'est sa façon de transpirer. Pour chasser, il se met à l'affût dans les marécages.

Les crocodiles sont capables d'avaler des proies énormes, sans les mâcher.

Le gavial du Gange
Il a un museau long et étroit. Sa mâchoire supérieure est garnie de 54 dents tranchantes et sa mâchoire inférieure, de 48.

Les œufs
La femelle pond ses œufs dans un nid tapissé de terreau. Elle en éloigne les prédateurs jusqu'à ce que les œufs éclosent, au bout de trois mois. Le cri des petits ressemble à celui des grenouilles.

Il y a deux espèces d'alligators : celui du Mississippi et celui de Chine, en voie d'extinction.

Le crocodile – Sa mâchoire supérieure compte 19 dents. C'est un animal à sang froid; la température de son corps est d'environ 25 °C. Il passe la nuit dans l'eau et la journée sur la berge. Les espèces les plus connues sont le *crocodile de l'Orénoque* et le *crocodile du Nil*.

Les oiseaux amis
Le vanneau armé se pose sur le dos du crocodile et picore les parasites qui l'infestent. Le pluvian va chercher sa nourriture jusque dans sa gueule.

DINOSAURES; FORÊT AFRICAINE; JUNGLE ASIATIQUE; MARÉCAGES; REPTILES

DANSE

En Crête (vers l'an 1000 av. J.-C.), de jeunes danseurs mycéniens affrontent un taureau dans l'arène au cours d'une danse rituelle spectaculaire, mais dangereuse.

Moyen d'expression, prière, rituel ou simple loisir, la danse a de tout temps fait partie de la vie de l'homme. Les danses *populaires* et *folkloriques* reflètent les traditions et la culture des peuples. Lorsqu'elle n'a pas de connotation psychologique, rituelle ou religieuse et qu'elle ne sert qu'à divertir, la danse est appelée *ballet*.

Le ballet – Bien que ses origines remontent au IXe siècle, le ballet ne s'est développé en spectacle chorégraphique qu'au XIVe siècle. Au XVIe siècle, le *ballet de cœur* (avec danse et chant) apparut à la cour de France. La *comédie-ballet* et l'*opéra-ballet* datent respectivement des XVIIe et XVIIIe siècles. En 1661, l'Académie royale de danse ouvrit ses portes. Un nouveau style, le *ballet romantique*, naquit en 1832 avec *La Sylphide*, créée par Fillipo Taglioni pour sa fille Marie. Le *ballet moderne* vit le jour en 1909, avec les Ballets russes de Diaghilev. La danseuse et chorégraphe Martha Graham eut une grande influence sur la *danse moderne*.

1

2

Danseuses avec tambourin (1) et castagnettes (2).

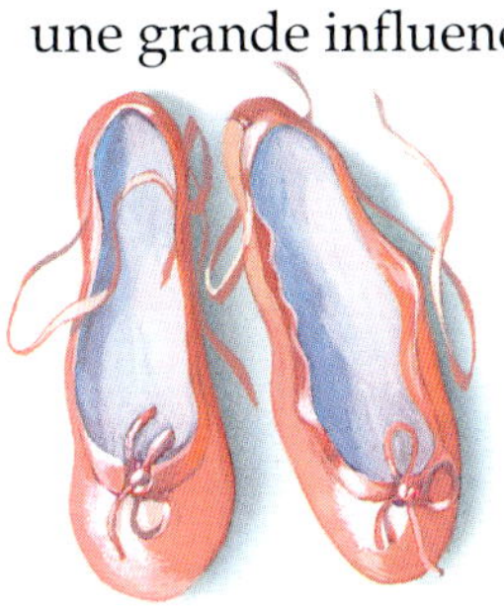

Chaussons de danse avec pointes renforcées.

MUSIQUE ET MUSICIENS

Le *Lac des Cygnes* (ci-dessous) est un ballet très connu de Tchaïkovski.

Les mouvements de danse classique commencent toujours par une des *cinq positions* de base (ci-dessous).

DINOSAURES

Les reptiles se répandirent rapidement sur la Terre et la dominèrent très longtemps. Les dinosaures (dont le nom signifie *lézards terribles*) apparurent il y a 225 millions d'années et s'éteignirent il y a 65 millions d'années. Grâce aux découvertes paléontologiques, il est possible de reconstituer le squelette et la structure de ces animaux. Cependant, on ne connaît pas leur couleur, car leur peau ne s'est pas conservée. On peut donc les imaginer bigarrés, comme le sont plusieurs reptiles actuels (dont le serpent corail qui a des rayures blanches, rouges et noires, et le caméléon qui change de couleur selon son environnement).

Le diplodocus était un des plus longs animaux terrestres : il mesurait presque 30 m.

Il est impossible de déterminer de quelle couleur étaient les dinosaures.

Le varan, ou *dragon de Komodo*, est une espèce préhistorique qui existe encore. Il mesure 3 m et vit surtout en Océanie.

1. Diplodocus
2. Stégosaure
3. Ptéranodon
4. Brachiosaure
5. Ankylosaure
6. Tyrannosaure

Ptéranodon

Les œufs – Leur coquille était dure, poreuse, et laissait passer l'air. Elle était constituée d'éléments semblables à ceux des os, que le petit absorbait au fur et à mesure de son développement; ainsi, elle s'amincissait peu à peu jusqu'à ce que le petit la brise.

Les ères – On divise les temps géologiques de la Terre en 4 ères : le *précambrien*, le *paléozoïque*, le *mésozoïque* et le *cénozoïque*. Chacune comprend plusieurs périodes qui, à leur tour, se subdivisent en époques. Les dinosaures apparurent à la période *jurassique* de l'ère mésozoïque.

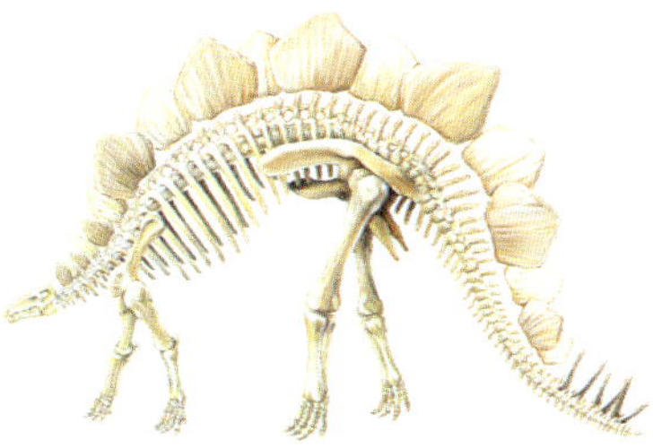

Au musée
La *paléontologie* est la science qui étudie les fossiles, leur origine et leur évolution. Les paléontologues reconstituent un squelette en le comparant à d'autres déjà identifiés. Les os sont assemblés à l'aide de supports métalliques. S'il manque un os, on en moule un en plâtre ou en plastique.

Tyrannosaure signifie *lézard tyran*. Il vécut il y a 70 millions d'années.

Le tyrannosaure – Le plus grand dinosaure carnivore, long de 15 m, était bipède. Il possédait de puissants membres postérieurs, mais ses membres antérieurs, se terminant par deux doigts, étaient tout petits.

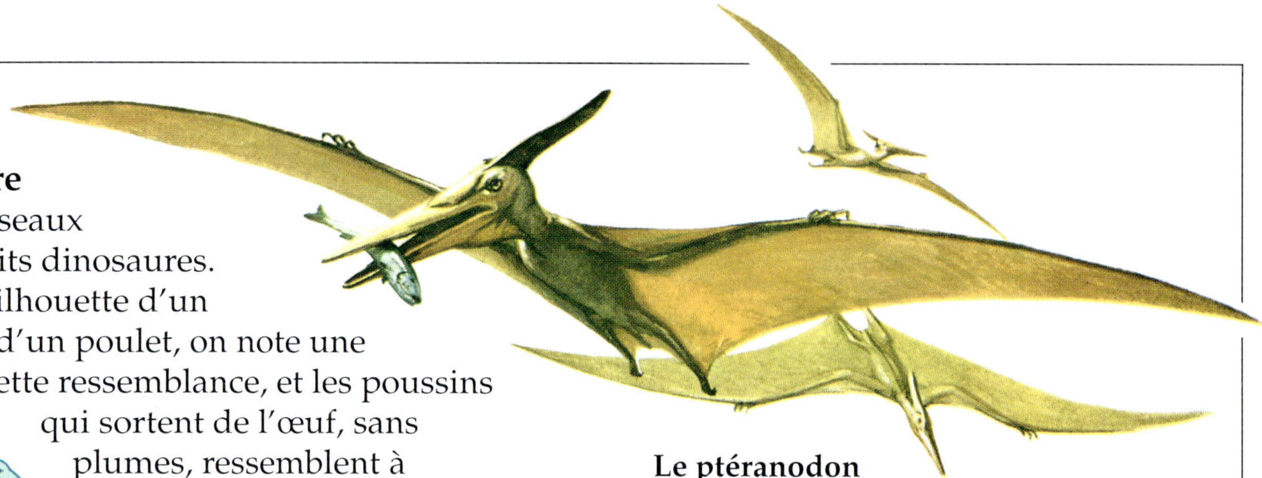

Ils existent encore

On croit que les oiseaux descendent de petits dinosaures. En comparant la silhouette d'un dinosaure et celle d'un poulet, on note une nette ressemblance, et les poussins qui sortent de l'œuf, sans plumes, ressemblent à d'étranges lézards ! De plus, les pattes des oiseaux, comme celles des reptiles, sont recouvertes d'écailles.

Le ptéranodon
Ce reptile volant avait des ailes constituées de grandes membranes retenues de chaque côté du corps, semblables à celles des chauves-souris. Il survolait la mer en planant pour attraper les poissons.

Vivre dans l'eau – Le brachiosaure pesait 50 tonnes et son cou était aussi long que celui d'une girafe. Comme d'autres dinosaures, il était devenu tellement gros et lourd, qu'il devait avoir du mal à se mouvoir. Certains scientifiques supposent donc que pour mieux supporter son propre poids, il avait appris à vivre dans l'eau.

Le brachiosaure pesait autant que dix éléphants.

Le dimétrodon, reptile à grande crête, vivait au carbonifère, époque géologique de la fin de l'ère primaire (cénozoïque), précédant le permien.

Le stégosaure, garni de plaques et de piquants osseux, pouvait atteindre 9 m de long.

Des renseignements précieux – En étudiant les traces de pas des dinosaures, on peut en apprendre sur leurs habitudes de vie. Ainsi, on a retrouvé à côté des empreintes de dinosaures adultes celles de bébés : on peut donc en conclure que les mères s'occupaient des nouveau-nés.

Ci-dessus : combat entre un tracodonte à bec de canard et un tyrannosaure.

Un morganucodon, petit mammifère rongeur qui vécut il y a 150 millions d'années.

Pourquoi ont-ils disparu ? – Aucune des nombreuses théories avancées jusqu'ici n'a pu être démontrée. Les dinosaures, devenus trop grands et trop lourds, sont-ils morts de faim ? Les premiers mammifères ont-ils dévoré leurs œufs ? Ont-ils été victimes de terribles séismes, ou encore d'un brusque changement climatique ? Ou se peut-il que la chute d'une météorite ou une éruption volcanique catastrophique ait soulevé un nuage de poussière assez imposant pour priver la Terre de la lumière du Soleil ?

CROCODILES; ÉVOLUTION DE LA VIE; FOSSILES; OISEAUX; REPTILES

Évolution du cheval : 1. Eohippus; **2.** Orohippus; **3.** Mesohippus; **4.** Meryhippus; **5.** Pliohippus; **6.** Cheval de Przewalski, le seul survivant.

ÉCOLOGIE

Le savant allemand Haeckel inventa le terme écologie en 1868. Les problèmes écologiques de notre époque, comme l'augmentation de la pollution et l'exploitation excessive des ressources naturelles, donnent à cette science une grande actualité.

Agriculture biologique – Culture biologique sans pesticides ni engrais.
Biodégradable – Qui peut être décomposé par des organismes vivants, en particulier par des bactéries. Plusieurs produits synthétiques, comme le plastique, ne sont pas biodégradables et polluent l'environnement.
Biosphère – Zones de la Terre occupées par l'ensemble des êtres vivants (La terre = *lithosphère*; l'air = *atmosphère*; les eaux = *hydrosphère*).
C.F.C. (chlorofluorocarbones) – Composés chimiques présents dans les bombes aérosol et les réfrigérants, qui détruisent la couche d'ozone et favorisent l'effet de serre.
Croissance démographique – Augmentation de la population mondiale qui dépasse, à l'heure actuelle, 5 milliards d'individus. Parce que la Terre possède des ressources limitées, plusieurs savants proposent de limiter les naissances afin d'atteindre une croissance zéro.
Dégradation de l'environnement – Détérioration de l'environnement.
Écologie – Branche de la biologie qui étudie les relations entre les êtres vivants et leur milieu.
Effet de serre – Augmentation de la température de la Terre due à un déséquilibre de l'environnement.
Énergie – Force qui permet d'accomplir un travail. Les sources d'énergie sont variées : certaines polluent, comme le pétrole, d'autres non, comme le soleil ou le vent.

Environnement – Milieu physique et biologique où se développe la vie végétale et animale.

Environnementaliste – Spécialiste de l'étude et de la défense de l'environnement.

Eutrophisation – Déséquilibre causé par un excès de substances nutritives (azote et phosphore) dans l'eau, provoquant la prolifération d'algues et privant la vie animale de l'oxygène nécessaire à sa survie. Ce problème est lié à l'utilisation de détergents et d'engrais agricoles.

Extinction – Disparition d'une espèce vivante (animal ou plante). Les dinosaures, par exemple, se sont éteints il y a 65 millions d'années.

Greenpeace – Organisation environnementaliste créée en 1970.

Nature – Animaux et plantes dans un milieu naturel dont l'homme n'a pas altéré l'équilibre.

Nucléaire – Relatif à l'énergie atomique.

Ozone – Gaz en haute atmosphère qui joue le rôle d'écran protecteur en absorbant une grande partie des rayons ultraviolets. On observe une diminution de la couche d'ozone due à la pollution industrielle et aux C.F.C (chlorofluorocarbones).

Parti Vert – Mouvement politique qui se soucie des problèmes environnementaux et qui s'engage à défendre l'environnement.

Pesticide – Substance chimique utilisée pour détruire les parasites (insectes ou autres) nuisibles à l'agriculture.

Pluies acides – Pluies rendues acides par la présence de substances chimiques polluantes dans l'atmosphère.

Pollution – Altération de l'équilibre du milieu à la suite d'une contamination par des substances chimiques ou synthétiques.

Recyclage – Transformation des déchets en produits réutilisables.

Surconsommation – Consommation de produits telle qu'elle entraîne une utilisation excessive des ressources naturelles.

Tchernobyl – Dans cette localité d'Ukraine, en 1986, l'explosion d'un réacteur de la centrale nucléaire provoqua une fuite de substances radioactives et une importante contamination de l'environnement.

Tri sélectif – Tri des déchets (verre, papier, boîtes de conserve, piles, restes alimentaires) permettant de récupérer ce qui est recyclable.

Végétarien – Qui ne consomme ni viande, ni volaille, ni poisson. Certains végétariens mangent tout de même les produits d'origine animale comme le lait, les œufs, le miel, le fromage.

WWF – *World Wildlife Fund*, ou *Fonds mondial pour la nature*; cette association environnementaliste est née en 1961.

Les toucans vivent dans les forêts tropicales de l'Amérique centrale et de l'Amérique du Sud. Comme d'autres animaux, ils sont menacés par la détérioration de leur milieu naturel.

L'eutrophisation – De nombreuses substances produites par l'activité humaine, tels les détergents et les engrais chimiques, se déversent dans l'eau. Cette pollution provoque l'eutrophisation des eaux : les algues et les plantes prolifèrent, provoquant l'appauvrissement en oxygène de l'eau et entraînant la disparition de nombreuses espèces animales.

Gaïa – Dans la mythologie ancienne, Gaïa était une divinité grecque incarnant la Terre, mère de la vie. Aujourd'hui, des chercheurs étudiant l'interaction entre les organismes vivants et leur milieu ont émis l'*hypothèse de Gaïa* selon laquelle la Terre est un être vivant fonctionnant comme un seul organisme et ayant la capacité de maintenir un environnement propice à la vie. Comme ses ressources naturelles sont limitées, il faut apprendre à les respecter, ainsi que l'équilibre de l'environnement. Ci-dessous, une représentation symbolique de la Terre.

L'écosystème – C'est l'ensemble des relations liant un organisme vivant et son environnement. Dans la nature, il existe un équilibre particulier : tout être vivant, plante ou animal, interagit avec son milieu. Dans chaque écosystème, il se produit un échange continuel d'énergie et de matière, ce qui rend chacun des éléments de cet écosystème indispensable.

La faune marine souffre de la pollution des eaux. Ci-dessus, un goéland essaie de manger un poisson enduit de pétrole.

Arbres et feuilles;
Énergie;
Espèces menacées

ÉCUREUILS

L'écureuil gris vit dans les forêts de feuillus et de conifères d'Amérique du Nord.

Rongeurs de la famille des sciuridés, la plupart des écureuils sont diurnes (seul l'écureuil volant est nocturne). La couleur de leur pelage varie du brun au gris. Leur queue très fournie leur sert parfois de parachute et leur permet aussi de maintenir leur équilibre quand ils sautent de branche en branche. Leurs pattes antérieures ont quatre orteils, les postérieures, cinq. L'écureuil commun *(Sciurus vulgaris)* est très répandu en Europe et en Asie; en Amérique du Nord, on retrouve entre autres l'écureuil gris *(Sciurus carolinensis)* et le tamia *(Tamias striatus)*. L'écureuil pygmée *(Myosciurus)* vit en Afrique.

L'écureuil dresse sa queue pour effrayer l'adversaire.

Attitude de défense

Attitude d'attaque

Les habitudes de vie – L'écureuil se construit un nid moelleux et léger en été. Le nid d'hiver, souvent caché dans le creux d'un tronc d'arbre, est tressé de feuilles et de brindilles, et est imperméable. La saison des amours débute au printemps et se prolonge jusqu'en été. La femelle met bas 3 à 8 petits.

Écureuil volant

L'alimentation – L'écureuil se nourrit de fleurs, de fruits, de pousses et de graines. Il transporte ses provisions dans ses abajoues, et accumule des réserves pour l'hiver.

FAUNE EUROPÉENNE; HIBERNATION; MAMMIFÈRES; RONGEURS

ÉGYPTIENS

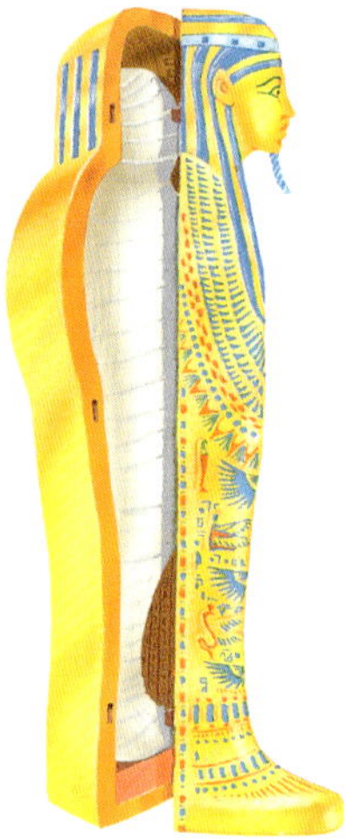

Sarcophage et momie

Les premières civilisations sédentaires se développèrent dans la vallée fertile du Nil. Vers le IVe millénaire av. J.-C., la société égyptienne était très hiérarchisée : le *pharaon*, souverain égyptien, jouissait d'un pouvoir absolu. Il avait à son service des prêtres, des fonctionnaires, des guerriers, des artisans, des paysans et des esclaves. Les Égyptiens possédaient de grandes connaissances en mathématiques, en géométrie, en astronomie, en médecine et en chirurgie. En 332 av. J.-C., Alexandre le Grand envahit l'Égypte. Il fonda la ville d'Alexandrie, qui devint le pôle culturel le plus important de l'hellénisme.

Masque en or du pharaon *Toutânkhamon* (XVIIIe dynastie), dont le tombeau fut retrouvé intact en 1922 par les archéologues H. Carter et G. Carnarvon.

Le pharaon était considéré comme le fils du dieu Soleil. Le sceptre et le fouet, en or et en pierres précieuses (ci-contre), étaient les symboles du pouvoir.

Pour hisser les blocs de pierre de 2 tonnes au sommet de la pyramide, les ouvriers les halaient sur des traîneaux en empruntant des rampes d'accès.

Les pyramides – Construites entre les IIIe et XVIIe dynasties, elles servaient de sépulture aux pharaons. Elles comprenaient une *chambre funéraire* dans laquelle reposait la momie du défunt. La construction d'une pyramide prenait des dizaines d'années et une grande partie de la population y travaillait. Les trois pyramides de Gizeh (Khéops, Képhren et Mikérinos, construites à la IVe dynastie) sont les plus célèbres.

Les Pharaons – Touthmôsis III, Aménophis II et III, Ramsès I et II (XVIIIe-XXe dynasties) défendirent les frontières de l'Égypte contre les envahisseurs hittites. Aménophis IV essaya d'introduire le monothéisme (culte du dieu Aton); Néfertiti, son épouse, était reconnue pour sa beauté. Un buste ancien la représentant est conservé au musée égyptien de Berlin. Le dernier pharaon fut Nectanébo II.

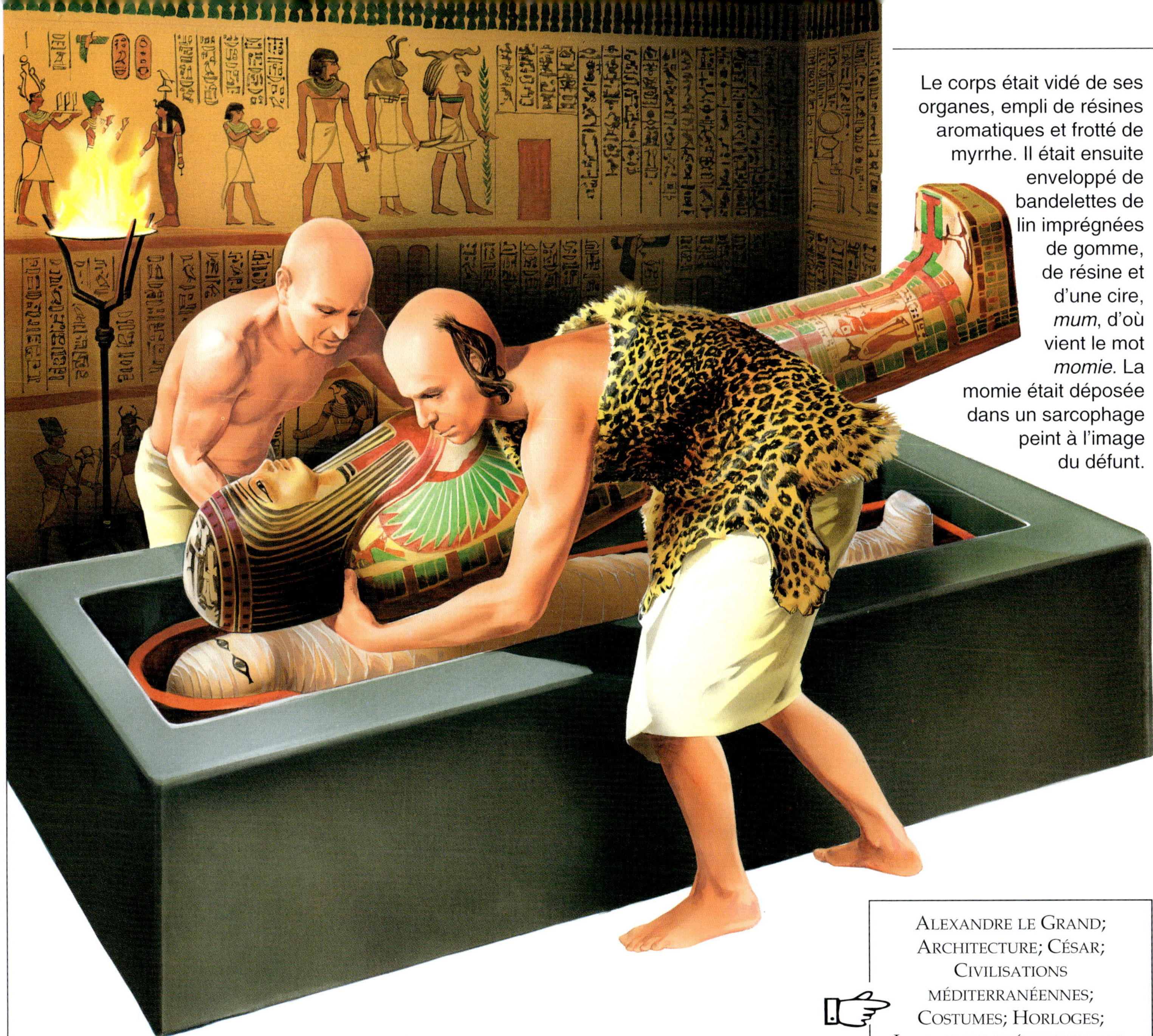

Le corps était vidé de ses organes, empli de résines aromatiques et frotté de myrrhe. Il était ensuite enveloppé de bandelettes de lin imprégnées de gomme, de résine et d'une cire, *mum*, d'où vient le mot *momie*. La momie était déposée dans un sarcophage peint à l'image du défunt.

Alexandre le Grand; Architecture; César; Civilisations méditerranéennes; Costumes; Horloges; Inventions préhistoriques; Perses

Les hiéroglyphes – Il ne s'agissait pas d'un véritable alphabet, mais d'*idéogrammes* (symboles représentant des concepts). En 1822, Champollion perça le mystère des hiéroglyphes en déchiffrant ceux de la *pierre de Rosette*.

Les divinités – *Anubis* était le dieu des nécropoles; *Isis* était l'épouse d'*Osiris*, dieu des morts; *Horus* était le dieu des vivants, *Ré* celui du Soleil; *Hathor* célébrait la joie et l'amour; *Aton* était le dieu créateur.

Électricité

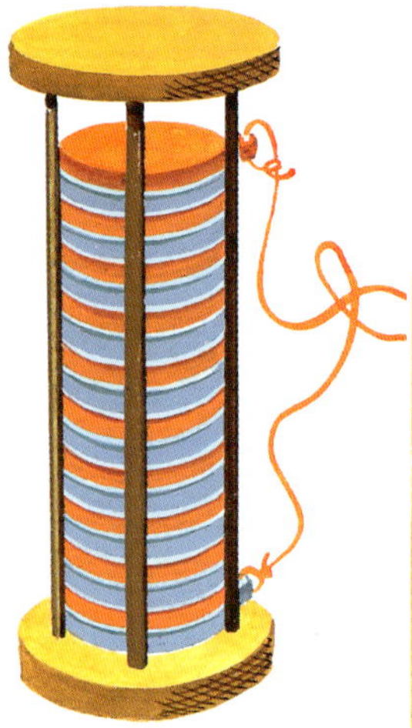

Allessandro Volta (1745-1827) a donné son nom à une unité de mesure, le *volt*.

Dès l'antiquité, l'homme avait découvert que lorsqu'on les frottait, certains corps pouvaient en attirer d'autres plus légers. Cependant, les propriétés de l'électricité ne furent étudiées qu'aux XVIIIe et XIXe siècles. La pile de Volta (à gauche) fut parmi les premiers appareils à produire un flux régulier d'électricité. Elle était composée de disques en cuivre et en zinc superposés en alternance, trempés dans un acide; la réaction chimique qui en résultait produisait de l'électricité. Aujourd'hui, les piles fonctionnent toujours selon les principes de Volta, mais les matériaux utilisés sont différents.

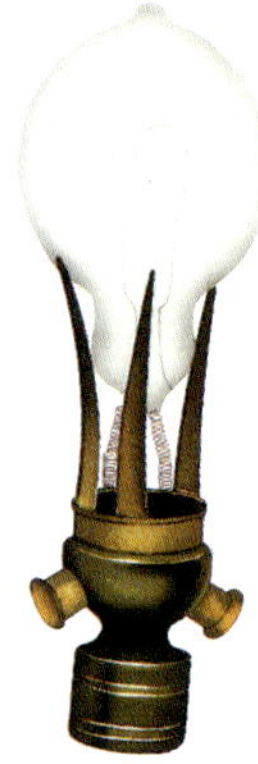

Une des premières ampoules électriques.

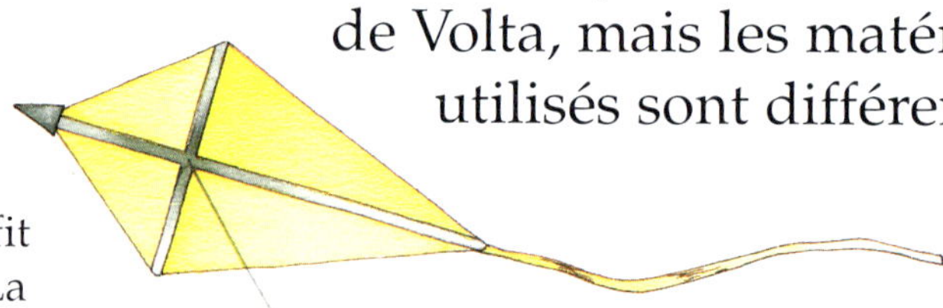

Le paratonnerre – En 1752, Benjamin Franklin attacha une clé à la ficelle d'un cerf-volant et fit voler celui-ci pendant un orage. La clé, qui frôlait le sol, produisit des étincelles. Franklin fut presque foudroyé, mais il venait de comprendre le principe du paratonnerre! Après cette expérience, il tendit des câbles métalliques le long des murs de certains édifices, du toit jusqu'au sol. Lorsque la foudre les frappait, la décharge électrique suivait les câbles et se perdait dans le sol.

Des applications pratiques – En 1821, Faraday démontra que le courant électrique pouvait être utilisé comme source d'énergie. En 1831, il construisit la première génératrice électrique à courant continu. En 1878, Edison et Swan inventèrent l'ampoule électrique : l'électricité traversait un filament interne qui devenait incandescent. Comme l'utilisation de l'ampoule nécessitait de grandes quantités d'énergie, en 1882, à New York, Edison mit sur pied la première centrale électrique.

Énergie;
Progrès;
Scientifiques et inventeurs

Le physicien italien Antonio Pacinotti (1841-1912) inventa la première machine transformant l'énergie mécanique en énergie électrique : la dynamo.

Éléphants

L'éléphant d'Afrique (ci-dessus) – Il est plus massif que l'éléphant d'Asie, et ses oreilles sont plus grandes. Il possède deux appendices en forme de doigt à l'extrémité de sa trompe. Longtemps chassé par les braconniers pour l'ivoire, il est actuellement protégé dans des réserves naturelles.

L'éléphant est le plus gros mammifère terrestre; il peut vivre environ 60 ans. Sa trompe lui permet de respirer, d'attraper sa nourriture, d'aspirer de l'eau et de la souffler. Ses deux défenses d'ivoire, qui ne cessent de pousser, sont en fait des incisives supérieures. Ses molaires, constituées de plateaux, s'usent irrégulièrement. De par cette usure, il est possible de calculer son âge.

Le mammouth Ancêtre de l'éléphant, il disparut à la fin du pléistocène (époque glaçiaire). Plus petit que l'éléphant actuel, il avait le poil long et laineux, de petites oreilles et des défenses d'environ 3 m, recourbées vers le haut.

Les mères aident leurs petits à franchir les obstacles en les poussant et en les tirant avec leur trompe.

Les éléphanteaux À leur naissance, au bout de 22 mois de gestation, ils pèsent environ 100 kg. Après 15 ou 30 minutes, ils peuvent déjà se tenir debout et ils cherchent à téter leur mère. Celle-ci les allaite pendant 4 ans.

L'éléphant d'Asie – Il a de petites oreilles triangulaires et possède un seul appendice en forme de doigt à l'extrémité de sa trompe. Jusqu'à l'âge de 10 à 20 ans, il est facile à domestiquer; on l'utilise pour effectuer de durs travaux.

Ci-contre : éléphant d'Afrique dans son milieu.

De curieuses habitudes – Quand ils sont dérangés ou effrayés, les éléphants poussent des barrissements aigus, et lorsqu'ils deviennent agressifs, ils battent des oreilles. En général, ils dorment debout.

Faune africaine; Mammifères

Élisabeth Ire

Née en 1533, elle avait trois ans quand sa mère, Anne Boleyn, fut condamnée à mort par son mari, Henri VIII. Sa demi-sœur, Marie Tudor, qui était catholique, la fit enfermer dans la Tour de Londres en 1554, après avoir découvert qu'elle avait pris part à une insurrection protestante. Élisabeth fut tout de même couronnée reine en 1558, à la mort de Marie, et gouverna avec sagesse. Sous son règne, appelé l'*ère élisabéthaine*, l'Angleterre devint une grande puissance politique et commerciale.

Ci-contre : *Portrait à l'Hermine* (1585), attribué à W. Segar.

1533 : naît de Henri VIII et de Anne Boleyn.
1536 : sa mère est accusée de trahison.
1554 : est emprisonnée dans la Tour de Londres.
1558 : accède au trône.
1559 : rétablit l'Église anglicane avec l'Acte d'uniformité.
1587 : fait exécuter Marie Stuart.
1588 : attaque l'Invincible Armada.
1603 : meurt.

Tout comme la musique et la littérature, le théâtre prit de l'essor; on jouait les œuvres de William Shakespeare (1564-1616).

Marie Stuart (1542-1587) – Reine d'Écosse, elle abdiqua en faveur de son fils Jacques, en 1567. Les catholiques, appuyés par le roi espagnol Philippe II, l'impliquèrent dans de nombreux complots pour détrôner Élisabeth. Le dernier provoqua sa condamnation à mort par Élisabeth.

Élisabeth Ire chargea Francis Drake (ci-dessus) d'attaquer les colonies espagnoles en Amérique.

Costumes;
Femmes célèbres;
Pirates;
Romanciers et poètes

En 1588, Philippe II d'Espagne envoya contre l'Angleterre la flotte de l'Invincible Armada. Celle-ci, décimée par une tempête, fut ensuite rapidement mise en déroute par les Anglais.

Énergie

Certaines installations produisent de l'électricité en exploitant la différence de température entre le fond de la mer et sa surface.

Les formes d'énergie les plus utilisées par l'homme sont la vapeur, le charbon, l'hydroélectricité, l'énergie thermique, le pétrole et l'énergie nucléaire. De plus en plus, on s'intéresse à l'exploitation de sources d'énergie renouvelables et non polluantes, comme le soleil, le vent ou les marées.

L'énergie éolienne
Dans les endroits où le vent est fort et constant, les *éoliennes* servent à générer de l'électricité. De grandes hélices, actionnées par le vent, sont reliées à un générateur qui convertit l'énergie produite en électricité.

Les centrales électriques
Elles fournissent de l'électricité provenant de sources thermiques (charbon et pétrole), hydrauliques ou nucléaires.

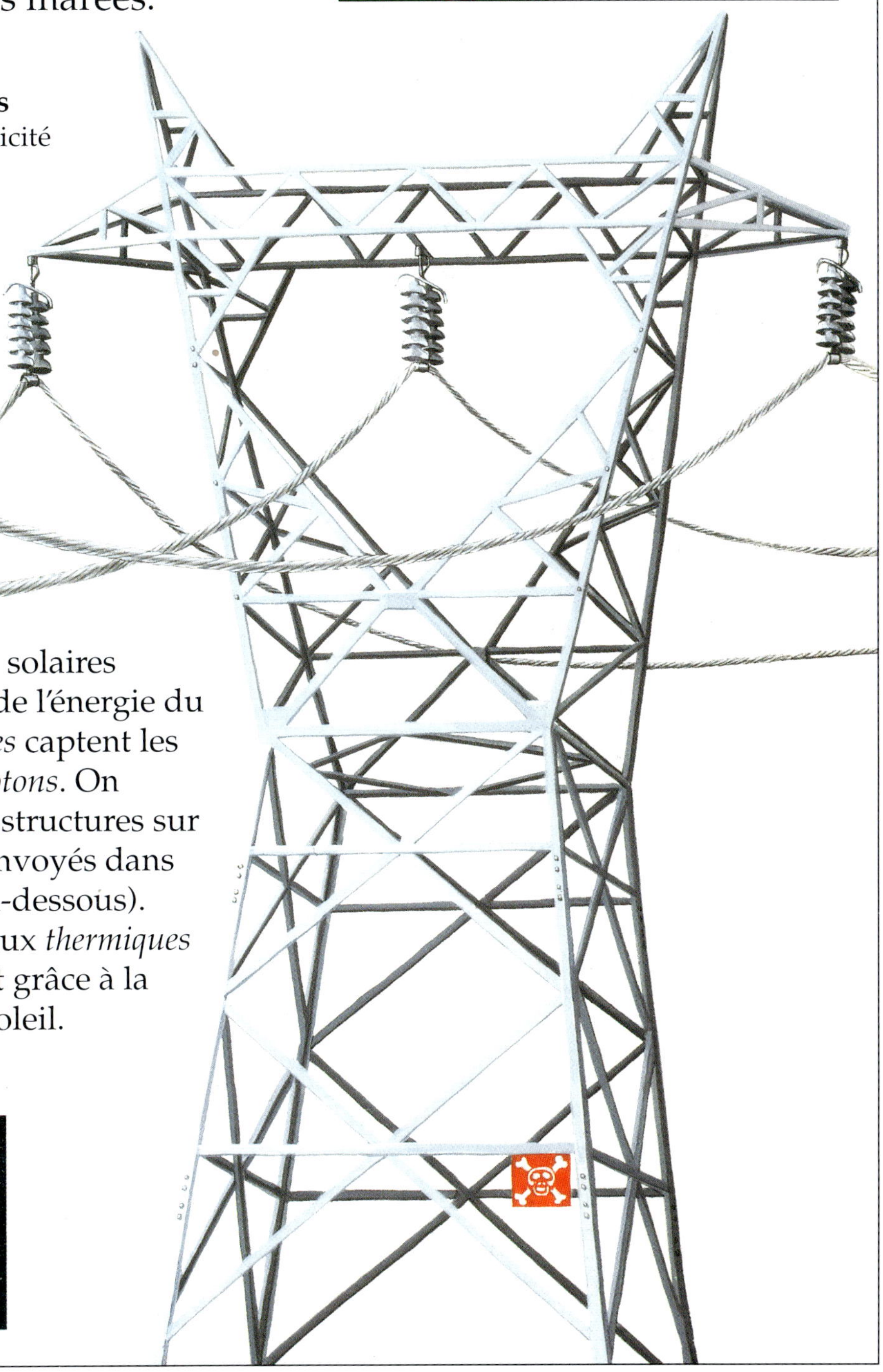

Les lignes à haute tension transportent l'électricité produite par les centrales électriques.

L'énergie solaire – Les panneaux solaires produisent de l'électricité à partir de l'énergie du Soleil. Les panneaux *photovoltaïques* captent les particules de lumière appelées *photons*. On retrouve de telles structures sur les satellites envoyés dans l'espace (ci-dessous).
Les panneaux *thermiques* fonctionnent grâce à la chaleur du Soleil.

Écologie; Électricité; Moyens de transport; Scientifiques et inventeurs; Soleil

ÉQUIDÉS

L'âne nain de Sardaigne exécute patiemment les travaux les plus pénibles; il aide aux labours et peut porter de lourdes charges le long des sentiers escarpés.

La famille des équidés comprend les chevaux, les zèbres, les mulets et les ânes. Tous descendent de l'*Eohippus*, équidé de l'éocène. Ces mammifères ongulés, herbivores, au crâne allongé ont de longues pattes qui en font de remarquables coureurs, une crinière et une longue queue. Les espèces domestiques se retrouvent sur tous les continents.

On calcule l'âge d'un cheval d'après le nombre, la taille et le degré d'usure de ses dents. Un cheval adulte a entre 40 et 42 dents.

Pur-sang anglais

Les allures
Les trois allures du cheval sont le *pas*, le *trot* et le *galop*. Au galop, pendant une fraction de seconde, tous les membres se soulèvent en même temps et le cheval ne touche plus terre.

Cheval argentin

Le cheval argentin
Ce petit cheval robuste est adapté aux durs travaux. Les gauchos argentins l'utilisent comme bête de somme ou pour suivre les troupeaux.

ANIMAUX DE LA FERME; MAMMIFÈRES; STEPPE; ZÈBRES

Zèbre de Burchell

Cheval de trait *Clydesdale*

Les chevaux domestiques – Parmi les races domestiques, l'une des plus grandes est le cheval belge, la plus petite, le poney nain. On peut subdiviser les chevaux en trois groupes : les *chevaux de trait*, les *chevaux légers* ou de *selle* et les *poneys*. Le cheval mâle adulte reproducteur s'appelle *étalon*, le cheval châtré est dit *hongre*; la femelle s'appelle *jument*. On mesure la taille d'un cheval du sol au garrot (point le plus haut de l'épaule).

Le zèbre – Sa robe à rayures blanches et noires lui permet de se camoufler dans la savane africaine. Bien que les zèbres nous paraissent tous identiques, le nombre, la largeur et la disposition des rayures varient d'un individu à l'autre. Ils vivent en troupeaux et peuvent atteindre 65 km/h au galop.

Érik le Rouge

Érik (vers 940-1007), dit le Rouge à cause de sa chevelure rousse, était un navigateur viking. Établi en Islande, il organisa, en 985, une expédition au cours de laquelle il découvrit le Groenland, ou *Terre verte*. L'année suivante, il y retourna avec 25 bateaux et 5 000 colons vikings. Son fils Leiv poursuivit la colonisation. Certains historiens croient que Leiv aurait abordé les côtes d'Amérique du Nord vers 999, et baptisé ce territoire *Vinland*.

Le bateau viking ou drakkar
Moyen de transport rapide, il était aussi un symbole de richesse et de prestige. À leur mort, certains chefs importants étaient souvent placés sur leur bateau auquel un proche mettait le feu. D'autres étaient enterrés avec leur bateau et tout ce dont ils auraient besoin dans l'autre vie.

Dans les villages vikings on se consacrait principalement à la pêche, mais aussi à l'élevage des animaux. Lorsqu'ils s'établirent au Groenland, les colons vikings apportèrent sur cette terre dénudée des animaux et beaucoup de matières premières, comme le bois.

La navigation – Les bateaux vikings étaient très perfectionnés pour l'époque. Toutefois, leurs bords étant très bas, plusieurs faisaient naufrage. À la mémoire des marins qui ne revenaient pas, on érigeait des pierres sculptées et gravées de *runes*, caractères de l'alphabet scandinave auxquels on attribuait des pouvoirs magiques.

Le terme drakkar signifie dragon. Les navires vikings étaient ainsi désignés à cause de la tête d'animal fabuleux qui décorait souvent la proue.

Explorateurs;
Moyens de transport;
Peuples barbares;
Village viking ✓;
Voiles à travers les siècles ✓

ESCLAVAGE

L'exploitation des richesses du Nouveau Monde (mines et plantations de tabac, de coton, de sucre) contribua à l'expansion de l'esclavage, déjà implanté sur la plupart des continents. Entre 1550 et 1800, environ douze millions d'indigènes africains furent capturés, puis déportés sur des négriers jusqu'en Amérique.

La romancière américaine Harriet Beecher Stowe (1811-1896) remporta un vif succès avec un feuilleton paru en 1851, *La Case de l'oncle Tom* (ci-dessus). Abordant le problème de l'esclavage au moment où il déchirait l'Amérique, cet ouvrage eut une influence déterminante sur la guerre civile.

Fleur et fruit du cotonnier

Les négriers

Au XVIe siècle, on assista à un commerce triangulaire : les navires partaient d'Europe chargés de marchandises (1) qui étaient échangées en Afrique occidentale contre des esclaves (2). Les négriers poursuivaient leur route vers le Nouveau Monde (3); les esclaves y étaient échangés contre du coton et d'autres produits des plantations. Enfin, les navires revenaient en Europe.

Abraham Lincoln fut élu président des États-Unis en 1860. En 1865, à la fin de la guerre de Sécession, on ratifia le XIIIe amendement de la Constitution des États-Unis, qui mettait fin à l'esclavage.

LINCOLN;
ROMANCIERS ET POÈTES

Espèces menacées

Chaque jour, sur terre, une espèce végétale disparaît, entraînant avec elle l'extinction d'espèces animales qui en dépendaient. Dans la nature, en effet, *habitats* et *espèces* sont interdépendants, selon un équilibre fragile que l'homme a fini par troubler avec la chasse excessive, le déboisement et la pollution.

Le lynx est un félin à fourrure tachetée. Le lynx commun d'Eurasie et le lynx pardé d'Espagne sont désormais très rares en Europe; on voit encore le lynx de Sibérie, le caracal et le lynx rouge d'Amérique du Nord. Beaucoup de félins, comme le léopard et le guépard, sont menacés d'extinction et sont des espèces protégées.

Le tigre – Félin à la fourrure fauve rayée de noir, le tigre vit dans les forêts asiatiques, de la Sibérie à l'Asie du sud. Pendant des siècles, on l'a chassé de façon systématique pour ses os et d'autres parties de son corps, qui sont utilisés dans la médecine traditionnelle chinoise. Il ne reste plus que 7 000 tigres environ et trois sous-espèces ont complètement disparu : le tigre de Bali, le tigre de Java et le tigre de la mer Caspienne.

Il ne reste plus que quelques milliers d'orangs-outangs (ci-dessous), en Indonésie et en Malaisie. Les gorilles de montagne de la forêt tropicale africaine sont aussi menacés.

Chèvre de Falconer – *Distribution :* région de l'Himalaya. *Population :* décline rapidement. *Cause de la diminution :* chassée pour ses cornes.

Éléphant africain – *Distribution :* Afrique centrale. *Population :* 600 000 à 700 000. *Cause de la diminution :* chassé pour l'ivoire de ses défenses.

Panthère de Floride – *Distribution :* sud de la Floride. *Population :* moins de 50. *Cause de la diminution :* déboisement.

Antilope Saïga – *Distribution :* les steppes, du Kazakhstan à la Mongolie. *Population :* environ 500 000. *Cause de la diminution :* chassée pour ses cornes.

Varan de Komodo – *Distribution :* les îles de l'Indonésie. *Population :* 700 à 1 000. *Cause de la diminution :* détérioration de son habitat.

Grand panda avec son petit. Cet animal est le symbole du Fonds mondial pour la nature (WWF).

Plusieurs rapaces, comme le condor, sont menacés d'extinction. Le pygargue à tête blanche (ci-dessus), emblème des États-Unis d'Amérique, était aussi en voie de disparaître, jusqu'à ce qu'on le déclare espèce protégée.

Les pandas – Ces mammifères comptent parmi les animaux les plus rares du monde. Ils vivent au Tibet et au Népal, jusqu'à 3 000 m d'altitude. Ils comprennent le grand panda, à fourrure blanche et noire, et le petit panda, à fourrure fauve, qu'on appelle aussi *ours chat*. Ils se nourrissent de feuilles et de pousses de bambou.

Les tortues de mer – Ces reptiles sont aussi en voie d'extinction. La tortue luth prend souvent les sacs de plastique jetés à l'eau pour des méduses; elle les avale et meurt étouffée.

Les œufs des tortues de mer éclosent dans le sable. Les jeunes se dirigent sans hésiter vers la mer, mais seules quelques-unes l'atteindront : beaucoup se font dévorer par les oiseaux, les crabes ou les lézards.

Pour défendre la nature – La *CITES* (Convention sur le commerce international des espèces animales et végétales en péril, dite aussi convention de Washington), entrée en vigueur en 1975, était signée par 115 États à la fin de 1992. Elle a pour but de mettre fin au pillage de la faune et de la flore des pays du monde, au profit des pays consommateurs. Elle classe les animaux en trois catégories, selon qu'ils sont plus ou moins menacés d'extinction. Les plantes, comme l'orchidée et le cactus, sont aussi répertoriées.
De nombreuses associations se sont engagées dans la protection de la nature et de l'environnement, entre autres le WWF (Fonds mondial pour la nature – *World Wildlife Fund*), Greenpeace, les Amis de la Terre. Certaines se préoccupent de la survie d'espèces spécifiques, comme les cétacés par exemple.

Les espèces africaines – Plusieurs animaux d'Afrique sont en danger, notamment le *chimpanzé* et l'*éléphant* qui est chassé pour l'ivoire de ses défenses. Le *rhinocéros blanc* (environ 5 900 individus) et le *rhinocéros noir* (environ 16 000 individus) sont eux aussi menacés d'extinction, car leurs cornes sont très recherchées.

En Australie, en Afrique, en Amérique du Nord et du Sud, il existe des parcs naturels et de grandes réserves où les animaux sont protégés. Ci-contre : une girafe, animal africain qui n'est pas menacé d'extinction.

Le dodo ***(ou dronte)*** – Cet oiseau de l'ordre des columbiformes, semblable à une grosse dinde et incapable de voler, avait un bec robuste et des pattes courtes. Il était déjà rare lors de sa découverte dans l'île Maurice, en 1507. L'espèce, chassée par les marins portugais, était disparue en 1860.

Dodo

ÉCOLOGIE;
FAUNE AFRICAINE;
FÉLINS; GIRAFES;
OCÉANIE; PRIMATES;
RAPACES; REPTILES;
TIGRES

Europe

Les Lapons habitent la toundra. Leur tente est constituée d'une armature en branches recouverte de peaux de renne.

Avec l'Asie et l'Afrique, l'Europe fait partie de ce qu'on appelle l'*Ancien Continent*. Elle compte plus de 700 millions d'habitants. À l'origine, elle était peuplée d'individus de race *blanche*, d'une minorité de *mongoloïdes* dans les régions orientales, et de *Lapons* dans les régions plus au nord. Aujourd'hui, avec l'immigration des dernières décennies, des peuples d'origines diverses s'y côtoient.

Les Lapons sont très attachés à leurs traditions. Entre autres, ils harnachent les rennes avec les mêmes tissus de couleur utilisés pour confectionner leurs costumes.

La C.E.E. – La Communauté économique européenne (C.E.E.) fut fondée en 1957 afin de promouvoir le développement équilibré des États; elle créait un marché de libre échange des matières premières, de la main-d'œuvre et des capitaux. Le 1er novembre 1993, la C.E.E. devenait l'*Union européenne* (*U.E.*). Les États qui en font partie sont l'*Allemagne*, l'*Autriche*, la *Belgique*, le *Danemark*, l'*Espagne*, la *Finlande*, la *France*, la *Grèce*, l'*Irlande*, l'*Italie*, le *Luxembourg*, les *Pays-Bas*, le *Portugal*, le *Royaume-Uni* et la *Suède*.

La Laponie – Les Lapons habitent cette région située au nord du cercle polaire partagée entre la Norvège, la Suède, la Finlande et la Russie. Autrefois nomades, ils se déplaçaient à skis ou en traîneau. Aujourd'hui, ils sont sédentaires et pratiquent la pêche et l'élevage des rennes. Le climat de la Laponie est subarctique : les températures y sont très basses toute l'année, les chutes de neige modérées, et le sol gelé en permanence. La végétation se réduit à la toundra, c'est-à-dire qu'elle se compose de conifères, de petits arbustes, de lichens et de mousses.

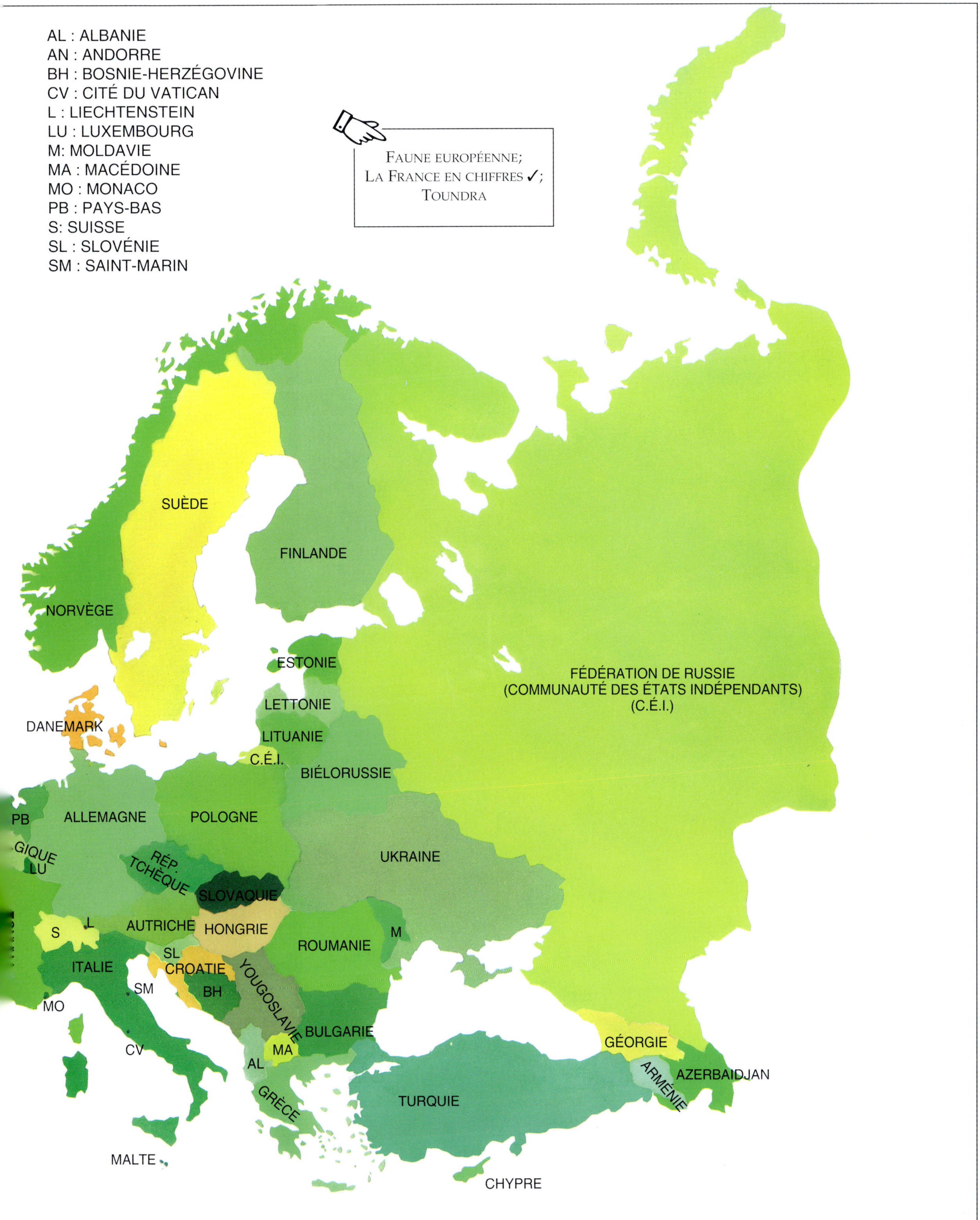

Faune européenne;
La France en chiffres ✓;
Toundra

Pays de l'Europe

PAYS	CAPITALE	SUPERFICIE	POPULATION[1]	LANGUE(S)	MONNAIE
France	Paris	543 732 km²	58 109 200	français	franc français
Espagne	Madrid	504 567 km²	39 404 400	espagnol	peseta
Suède	Stockholm	449 771 km²	8 821 800	suédois	couronne suédoise
Allemagne	Berlin	356 579 km²	81 337 600	allemand	deutsche mark
Finlande	Helsinki	338 002 km²	5 085 300	finnois, suédois	markka
Norvège	Oslo	323 739 km²	4 331 000	norvégien	couronne norvégienne
Pologne	Varsovie	312 548 km²	38 792 500	polonais	zloty
Italie	Rome	301 172 km²	58 262 000	italien	lire
Royaume-Uni (Grande-Bretagne)	Londres	244 005 km²	58 295 200	anglais	livre sterling
Roumanie	Bucarest	237 398 km²	23 198 400	roumain	leu
Grèce	Athènes	131 901 km²	10 647 600	grec	drachme
Bulgarie	Sofia	110 946 km²	8 775 200	bulgare	lev
Islande	Reykjavík	102 828 km²	266 000	islandais	couronne islandaise
République fédérale de Yougoslavie	Belgrade	102 129 km²	11 101 900	serbo-croate	nouveau dinar yougoslave
Hongrie	Budapest	92 990 km²	10 319 000	hongrois	forint
Portugal	Lisbonne	92 351 km²	10 562 400	portugais	escudo
Autriche	Vienne	83 823 km²	7 986 700	allemand	schilling

	PAYS	CAPITALE	SUPERFICIE	POPULATION[1]	LANGUE(S)	MONNAIE
	**République tchèque**	Prague	78 829 km^2	10 432 800	tchèque	couronne tchèque
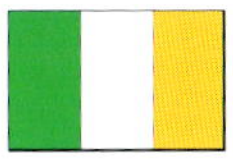	**Irlande**	Dublin	70 254 km^2	3 550 500	irlandais, anglais	livre irlandaise
	**Lituanie**	Vilnius	65 273 km^2	3 876 400	lituanien, russe	litas
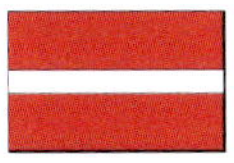	**Lettonie**	Riga	64 463 km^2	2 762 900	letton, russe	lats
	**Croatie**	Zagreb	56 513 km^2	4 665 900	serbo-croate	dinar croate
	**Bosnie-Herzégovine**	Sarajevo	51 107 km^2	3 201 900	serbo-croate	dinar
	**Slovaquie**	Bratislava	49 015 km^2	5 432 400	slovaque	couronne slovaque
	**Estonie**	Tallinn	45 080 km^2	1 625 400	estonien, russe	couronne estonienne
	**Danemark**	Copenhague	43 076 km^2	5 199 500	danois	couronne danoise
	**Pays-Bas**	Amsterdam	41 508 km^2	15 543 000	néerlandais	florin
	**Suisse**	Berne	41 275 km^2	7 085 000	allemand, italien, français	franc suisse
	**Belgique**	Bruxelles	30 515 km^2	10 081 900	français, néerlandais	franc belge
	**Albanie**	Tirana	28 737 km^2	3 414 000	albanais	nouveau lek
	**Macédoine**	Skopje	25 702 km^2	2 159 600	macédonien	dinar
	**Slovénie**	Ljubljana	20 248 km^2	2 051 600	slovène	tolar
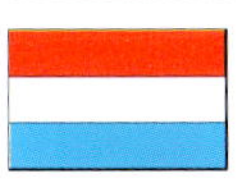	**Luxembourg**	Luxembourg	2 586 km^2	404 700	luxembourgeois, français, allemand	franc luxembourgeois
	**Andorre**	Andorre-la-Vieille	469 km^2	65 800	catalan	franc français, peseta espagnole
	**Malte**	La Valette	316 km^2	369 700	anglais, maltais	livre maltaise

	PAYS	CAPITALE	SUPERFICIE	POPULATION[1]	LANGUE(S)	MONNAIE
	**Liechtenstein**	Vaduz	161 km^2	30 700	allemand	franc suisse
	**Saint-Marin**	Saint-Marin	62 km^2	24 400	italien	lire italienne
	**Principauté de Monaco**	Monaco	1,94 km^2	31 600	français	franc français
	**Cité du Vatican**		0,44 km^2	830	italien	lire italienne

[1] Estimation de la population : juillet 1995

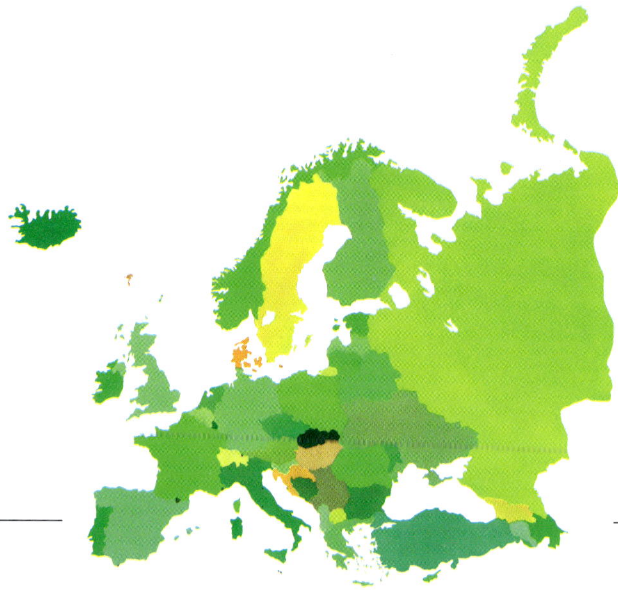

RECORDS D'EUROPE

● **La plus longue chaîne de montagnes :** les Carpates, 1 300 km.

● **Le plus long fleuve :** la Volga, 3 531 km.

● **Le plus grand lac :** le Ladoga, en Russie, 18 400 km^2.

● **La plus grande île :** la Grande-Bretagne, 229 885 km^2.

● **La plus vaste péninsule :** la Scandinavie, 800 000 km^2.

● **Le port le plus important :** le port de Rotterdam, aux Pays-Bas.

● **La plus haute capitale :** Andorre-la-Vieille, 1 070 m.

● **Le plus long tunnel de chemin de fer :** l'Eurotunnel, 50,5 km.

● **La capitale la plus peuplée :** Moscou en Russie, 9 100 000 habitants.

Communauté des États indépendants

	PAYS	CAPITALE	SUPERFICIE	POPULATION[1]	LANGUE(S)	MONNAIE
	**Fédération de Russie**	Moscou	17 067 968 km^2	149 909 100	russe	rouble
	**Kazakhstan**	Alma-Ata	2 716 253 km^2	17 376 700	kazakh, russe	tengue
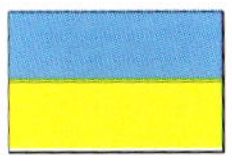	**Ukraine**	Kiev	603 468 km^2	51 867 900	ukrainien	grivna
	**Turkménistan**	Achkhabad	487 789 km^2	4 075 400	turkmen, russe	manat
	**Ouzbékistan**	Tachkent	447 100 km^2	23 089 300	ouzbek, russe	soum
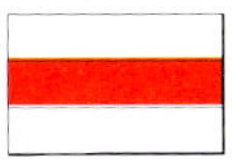	**Biélorussie**	Minsk	207 457 km^2	10 437 500	biélorusse, russe	rubel
	**Kirghizistan**	Bichkek	198 417 km^2	4 769 900	kirghiz, russe	som
	**Tadjikistan**	Douchanbe	143 116 km^2	6 155 500	tadjik, russe	rouble tadjik
	**Azerbaïdjan**	Bakou	86 469 km^2	7 789 900	azeri, russe	manat
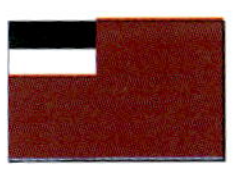	**Géorgie**	Tbilissi	69 641 km^2	5 726 000	géorgien	coupon géorgien
	**Moldavie**	Chisinau	33 687 km^2	4 489 700	moldave, russe	leu moldave
	**Arménie**	Erevan	29 772 km^2	3 557 300	arménien, russe, kurde	dram

[1] Estimation de la population : juillet 1995

La Communauté des États indépendants (C.É.I.) est une organisation de collaboration économico-militaire née en décembre 1991, qui se composait initialement des États indépendants suivants : Arménie, Azerbaïdjan, Biélorussie, Kazakhstan, Khirghizistan, Moldavie, Russie, Tadjikistan, Turkménistan, Ukraine et Ouzbékistan. La Géorgie a adhéré à la C.É.I. en 1993. L'Estonie, la Lettonie et la Lituanie ne font pas partie de cette communauté.

ÉVOLUTION DE LA VIE

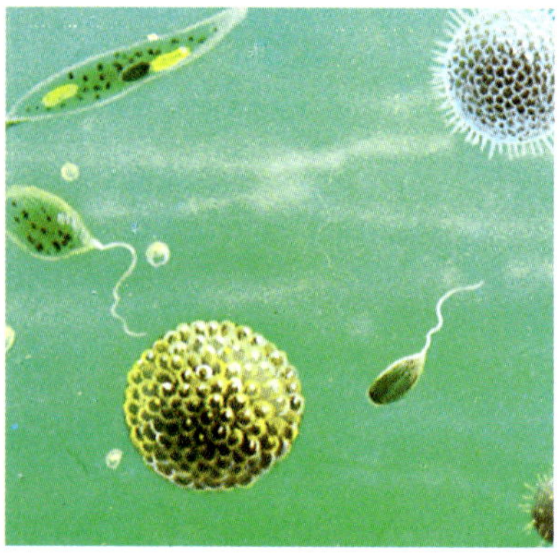

La vie est probablement apparue il y a environ 3 milliards d'années, dans les océans qui couvraient une grande partie de la Terre, en commençant par des organismes unicellulaires. Au bout de millions d'années d'évolution, les poissons apparurent, puis les amphibiens qui donnèrent naissance aux reptiles, il y a environ 325 millions d'années. Vinrent ensuite les dinosaures, il y a environ 225 millions d'années, suivis des premiers mammifères à sang chaud.

Les premiers êtres vivants microscopiques se regroupèrent en colonies (ci-dessus), et pourraient être à l'origine des organismes pluricellulaires (à droite).

Méduse

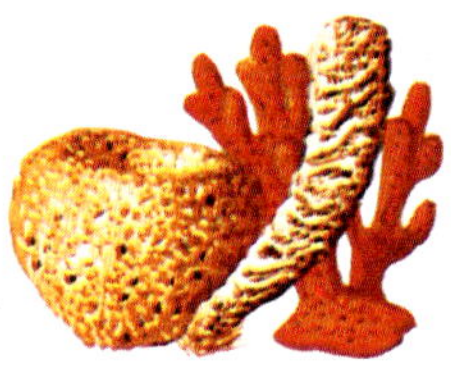

Éponge

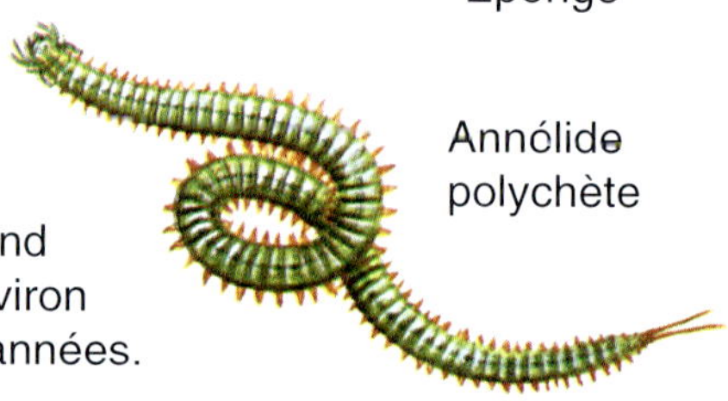

Annélide polychète

Ci-dessous : fond marin, il y a environ 400 millions d'années.

Coraux primitifs

Vers lancéolés

Étoile de mer

Reconstitution d'une forêt primitive.

Le moschops, reptile primitif.

Les marécages s'assèchent

Des poissons ayant appris à respirer hors de l'eau (ci-dessus) pendant de courtes périodes, furent probablement à l'origine des premiers amphibiens. Avec l'apparition d'une coquille dure autour de leurs œufs, certains amphibiens purent pondre sur le sol et rester en permanence hors de l'eau; ils donnèrent peu à peu naissance aux reptiles.

Les ptéranodons n'étaient pas des oiseaux, mais des reptiles.

☞ AMPHIBIENS; DINOSAURES; MER; REPTILES

Explorateurs

Pendant son voyage de retour, de Troie à Ithaque, Ulysse explora des terres inconnues.

Depuis les temps les plus reculés, l'homme a affectué des voyages d'exploration. Poussé par l'esprit d'aventure, il voulait aussi découvrir des terres nouvelles à exploiter. Les Phéniciens explorèrent la Méditerranée, suivis par les Grecs; les Romains colonisèrent la Bretagne. Au Moyen Âge, les Arabes explorèrent le Sahara et les Vikings s'installèrent au Groenland.

Marco Polo (1254-1324), marchand vénitien, explora l'Asie et se rendit jusqu'en Chine. Il raconta ses aventures dans *Le Livre des merveilles du monde.*

Les grands explorateurs

1. Érik le Rouge (vers 940-1007) était un explorateur viking.
2. Christophe Colomb partit à la recherche d'une nouvelle route vers les Indes avec trois caravelles.
3. Vasco de Gama (1469-1524), navigateur portugais, se rendit jusqu'au port de Calicut, aux Indes.
4. James Cook effectua trois voyages dans le Pacifique.
5. Les explorateurs Stanley et Livingstone se rencontrèrent au lac Tanganyika, en Afrique orientale.
6. Le Norvégien Roald Amundsen fut le premier à atteindre le pôle Sud.

Christophe Colomb (1451-1506), navigateur d'origine génoise, toucha les côtes de l'Amérique le 12 octobre 1492, sans se rendre compte qu'il avait découvert un nouveau continent.

Une des trois caravelles avec lesquelles Colomb traversa l'Atlantique pour atteindre le Nouveau Monde.

Une ère nouvelle – Aux XVe et XVIe siècles, les voyages d'exploration se multiplièrent grâce au perfectionnement des voilures et à des innovations telles que la boussole et le gouvernail unique. À cette époque, on rapportait des Indes de précieuses marchandises, mais le voyage par voie de terre était long et périlleux. Les Espagnols et les Portugais cherchaient donc une façon d'accéder à l'Orient par la mer.

Ferdinand Magellan (1480-1521), navigateur portugais.

Magellan – Il fut le premier navigateur à faire le tour du globe. Il partit d'Espagne, longea l'Amérique du Sud jusqu'en Patagonie pour découvrir le détroit qui sépare l'Amérique du Sud de la Terre de Feu et qui porte aujourd'hui son nom. Il traversa ensuite le Pacifique et parvint aux Philippines, où il fut tué. Un des navires de sa flotille revint en Espagne (1522) en contournant l'Afrique.

Le Norvégien Roald Amundsen (1872-1928), ci-contre, parvint au pôle Sud en 1911. En 1926, il survola le pôle Nord à bord du dirigeable *Norge*.

L'explorateur britannique Robert Scott (1868-1912), ci-contre, parvint à atteindre le pôle Sud, mais fut devancé de cinq semaines par Roald Amundsen.

Au cours d'une de ses nombreuses expéditions en Afrique, l'Écossais David Livingstone (1813-1873) fut porté disparu. Cependant, il fut rejoint et secouru par l'explorateur Henry M. Stanley, près du lac Tanganyika.

Le navigateur anglais James Cook (1728-1779) entreprit trois longues expéditions dans l'océan Pacifique Sud. Il explora l'archipel des îles de la Société, Tahiti, puis la Nouvelle-Zélande et les îles Hawaï.

AFRIQUE; AMÉRIQUE; ANTARCTIQUE; ASIE; CARTOGRAPHIE; CHARLES V; CIVILISATIONS PRÉCOLOMBIENNES; COLOMB; ÉRIK LE ROUGE; VOILES À TRAVERS LES SIÈCLES ✓

FAR WEST

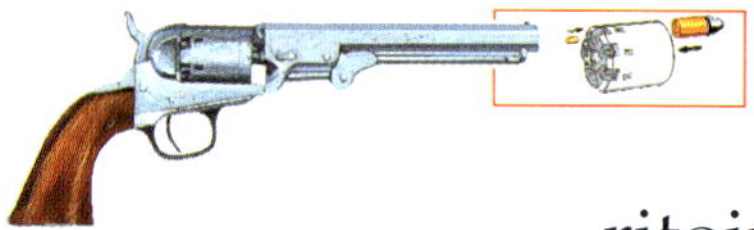

Revolver à barillet, Colt modèle 45 (1873)

Le Far West (*ouest lointain*) était le nom que l'on donnait, aux États-Unis, aux vastes territoires à l'ouest du Mississippi qui, à l'époque, n'étaient pas encore organisés en États. Il fut longtemps une terre promise pour ceux qui cherchaient fortune en Amérique, car avec l'afflux continuel d'immigrants, la vie dans les villes de l'Est était de plus en plus difficile. Les pionniers entreprenaient alors vers l'ouest un long et périlleux voyage. En 1848, la découverte en Californie de la première pépite d'or marqua le début de la *ruée vers l'or* qui allait attirer des milliers de colons.

Le cinéma et la littérature se sont souvent inspirés de l'épopée de l'Ouest. À droite, le *shérif Kendall*, personnage des bandes dessinées de A. del Castillo.

Ci-dessus : *Monument Valley*, situé entre l'Utah et l'Arizona. Deux femmes ont particulièrement marqué l'épopée de l'Ouest : *Calamity Jane Cannary* et *Myra Belle Shirley* (hors-la-loi). Ci-dessous : un shérif affronte des desperados.

AMÉRINDIENS; AMÉRIQUE

Faune africaine

Le dromadaire (ci-dessous) – La graisse emmagasinée dans sa bosse lui permet de soutenir des jeûnes prolongés. Il peut rester huit jours sans boire.

Le paysage africain le plus frappant est la savane, immense prairie dont l'herbe drue, bien verte à la saison des pluies, jaunit à la saison sèche. On y voit ici et là de gigantesques arbres, comme le baobab ou l'acacia albida. C'est le royaume des herbivores (rhinocéros, girafes, gazelles, zèbres, antilopes), de leurs prédateurs (lions, léopards, guépards) et des charognards, (hyènes, chacals, vautours) qui se nourrissent des carcasses d'animaux morts. Les déserts au nord du continent sont aussi l'habitat de nombreux animaux (dromadaires, serpents, scorpions).

Le chimpanzé d'Afrique équatoriale (ci-dessus) vit en communauté.

Pangolin géant

Le pangolin géant – Cet animal nocturne, au corps couvert d'écailles imbriquées, se roule en boule en cas de danger.

Afrique; Éléphants; Espèces menacées; Félins; Forêt africaine; Girafes; Mimétisme; Primates; Rhinocéros; Zèbres

La savane au pied du Kilimandjaro :
1. Petit koudou
2. Gazelle de Grant
3. Impala
4. Damalisque
5. Autruche
6. Pintade vulturine
7. Héron garde-bœufs
8. Zèbre

Faune australienne

La steppe australienne se caractérise par le *bush*, végétation composée de buissons épineux et d'arbres isolés. Au nord, dans la mangrove qui borde la côte, on trouve des fougères, des palmiers et des palétuviers. Isolée depuis des millions d'années, l'Australie abrite des animaux qui n'ont de semblables sur aucun autre continent, comme le kangourou et l'échidné, et dont certains, tels l'ornithorynque et le varan, ont conservé les caractéristiques de leurs ancêtres préhistoriques. On y rencontre des oiseaux-lyres multicolores et de nombreux paradisiers, mieux connus sous le nom d'oiseaux de paradis.

L'ornithorynque (ci-dessus) est un mammifère étonnant qui pond des œufs; il possède aussi un bec aplati, et des pattes palmées qui l'aident à nager.

Le koala – À la naissance, ce marsupial aux habitudes nocturnes mesure à peine 2 cm; une fois adulte, il atteint 60 cm. Il vit dans les forêts d'eucalyptus, et se nourrit des feuilles de l'arbre dans lequel il s'est installé. De nature pacifique, il se contente d'écarquiller les yeux s'il est dérangé.

L'échidné – La mère pond des œufs qu'elle abrite dans les replis de son abdomen formant une poche.

Le kangourou – La femelle met bas un seul petit à la fois. Elle l'abrite dans la poche marsupiale située sur son ventre; cette poche contient 4 tétines dont 2 donnent du lait.

Animaux étranges; Mammifères; Océanie; Oiseaux bigarrés

Faune de la steppe australienne :

- **1** et **2** : Phalangers
- **3.** Émeu
- **4.** Couscous
- **5.** Thylacine ou loup de Tasmanie (espèce aujourd'hui éteinte)
- **6.** Kangourou nain
- **7.** Perroquet
- **8.** Koala
- **9.** Kangourou
- **10.** Varan
- **11.** Échidné
- **12.** Ornithorynque
- **13.** Casoar

Faune de l'Amérique du Nord

Des froides régions polaires aux déserts du sud, l'Amérique du Nord se compose d'une multitude de milieux variés. Dans les vastes étendues herbeuses des prairies sillonnées par les coyotes, les antilocapres et les bisons, les chiens de prairie se cachent dans des terriers souterrains tandis qu'une sentinelle reste à l'affût et avertit de l'arrivée des prédateurs par des sifflements aigus. Dans les forêts, on rencontre des opossums, des mouffettes, des ours, des lynx et des chevreuils. Dans les déserts, on retrouve, entre autres, des serpents à sonnette.

L'opossum de Virginie
Ce marsupial au museau pointu, aux dents acérées et aux oreilles nues a une longue queue écailleuse et cinq doigts à chaque patte. En cas de danger, il fait le mort. La femelle peut avoir jusqu'à 25 petits en 5 minutes! Six environ survivront. Ils passent 4 à 5 semaines dans la poche ventrale de leur mère, puis ils s'accrochent sur son dos.

La mouffette tachetée projette un liquide malodorant sécrété par ses glandes anales.

Le lynx roux (ci-dessus) a une vue perçante.

Prairie d'Amérique du Nord :
1. Bison
2. Antilocapre
3. Coyote
4. Chien de prairie
5. Chouette des terriers
6. Tétras
7. Alouette cornue
8. Spermophile
9. Serpent à sonnette (crotale)

Amérique; Bovins; Faune de l'Amérique du Sud; Ours; Rapaces; Ratons laveurs; Serpents

FAUNE DE L'AMÉRIQUE DU SUD

Pécari à lèvres blanches

De la prairie desséchée aux montagnes enneigées, en passant par la forêt humide, l'Amérique du Sud est riche en contrastes. Les pampas, prairies immenses, sont l'habitat des tatous nains, des nandous, des cerfs et de rongeurs qui creusent des terriers (maras, tuco-tucos, viscaches). Dans les forêts tropicales, on rencontre des tamanoirs, des aras, des paresseux, des tatous géants et des pécaris, ainsi que des pumas et des jaguars.

AMÉRIQUE;
ANIMAUX ÉTRANGES;
FAUNE DE L'AMÉRIQUE DU NORD;
FÉLINS; OISEAUX BIGARRÉS;
RONGEURS

Le guanaco (ci-dessous) – Ce lama sauvage vit en troupeau dans la Cordillère des Andes, à 4 000 m d'altitude. En automne, la femelle descend dans la vallée pour mettre bas.

Prairie de l'Amérique du Sud :

1. Tamanoir géant
2. Mara
3. Nandou
4. Cerf des pampas
5. Tatou géant
6. Chauna à collier
7. Loup à crinière
8. Grand paca
9. Tatou à six bandes
10. Viscache
11. Jaguarondi
12. Lièvre
13. Agouti doré
14. Cabiai

Le puma – Il habite les forêts, les montagnes et les pampas; on le retrouve surtout au Chili, en Patagonie et plus au nord. Il chasse surtout la nuit.

Le nandou – Plus petit que l'autruche africaine, il pèse environ 25 kg et mesure 1,70 m. Il possède un plumage soyeux et n'a pas de queue. Ses pattes, sans ergot à l'arrière, ont trois doigts.

Faune européenne

Le faon (ci-dessous) Le faon est le petit du chevreuil; son pelage, roussâtre en été, devient brun gris l'hiver.

L'Europe offre une grande diversité de milieux et de climats. Les régions polaires sont peuplées d'ours blancs, de lièvres arctiques, de loups, de gloutons et de rennes; la taïga (composée de forêts de conifères) est le refuge des ours bruns et des lynx. Dans les régions méditerranéennes montagneuses, on retrouve des chamois, des bouquetins, des cerfs, des daims et des chevreuils. Des phoques, des otaries et des oiseaux comme les plongeons et les goélands, vivent sur les côtes baltes.

La martre – Cette bonne grimpeuse, que l'on retrouve aussi en Asie et en Amérique, vit dans les bois et les parcs naturels où elle se nourrit de souris, de baies, de fruits et de noix.

Le renard – La nuit, cet habile chasseur n'hésite pas à s'approcher des lieux habités pour y chercher de la nourriture.

La renarde (ci-contre) peut mettre bas 3 à 8 petits par portée.

Dans les bois – La forêt abrite des marmottes qui vivent en colonies, creusent des tunnels à plusieurs issues et communiquent entre elles par des sifflements aigus. On y trouve aussi des loirs aux habitudes nocturnes, ainsi que d'autres petits animaux à fourrure comme les blaireaux et les martres.

Forêt européenne :
1. Chevreuil
2. Ours brun
3. Merle
4. Cerf noble
5. Daim
6. Blaireau
7. Écureuil
8. Lièvre
9. Sanglier
10. Putois

Écureuils; Europe; Hérissons; Ours

FÉLINS

La famille des félins, qui comprend aussi bien les chats domestiques que les grands fauves (tigres, léopards ou guépards) apparut il y a environ 40 à 45 millions d'années. Carnivores aux griffes acérées, les félins ont un corps musclé couvert d'une épaisse fourrure, souvent tachetée pour leur assurer un meilleur camouflage. Ils ont des molaires coupantes et des canines pointues pour déchiqueter la viande.

Des pelages variés – Le jaguar a un pelage roussâtre parsemé de taches circulaires. La panthère noire, une variété de léopard, porte au contraire un pelage très sombre dont les taches sont à peine perceptibles. Perchée sur un arbre, elle guette sa proie, bondit sur elle, puis la hisse sur une branche.

Jaguar (Amérique du Sud et Amérique centrale) et panthère noire (Afrique et Asie)

Le lion – Il vit en bande dans la savane et dans la brousse africaines. Les lionnes chassent et ravitaillent le groupe tandis que les mâles défendent le territoire. À trois ans et demi, les jeunes mâles quittent la harde pour créer leur propre harem.

Ocelot ou chat-tigre américain

Le guépard – Ce félin au corps élancé a un pelage ocre couvert de taches rondes et noires. Très bon sprinteur, il peut courir à 75 km/h, avec des pointes de 100 km/h sur une courte distance (500 m).

CHATS; ESPÈCES MENACÉES; FAUNE AFRICAINE; FAUNE DE L'AMÉRIQUE DU SUD; JUNGLE ASIATIQUE; MAMMIFÈRES; MIMÉTISME; TIGRES

La panthère nébuleuse
Elle chasse la nuit dans les forêts de Java et de Birmanie. Sa queue est longue; son pelage brun et gris est quadrillé de taches sombres irrégulières.

Guépard (Afrique et Asie)

Femmes célèbres

La reine Victoria (1819-1901), symbole de l'empire britannique, monta sur le trône en 1837.

De nombreuses femmes ont marqué l'histoire par leurs réalisations ou leur philosophie. L'Ancien Testament cite le nom de femmes sages et courageuses, comme *Sarah*, *Judith* ou *Esther*. Les livres scolaires nous en font connaître d'autres : *Cléopâtre*, ambitieuse reine d'Égypte (68 av. J.-C.-30 av. J.-C.), ou *Marie-Antoinette*, malheureuse reine de France guillotinée en 1793. Certaines femmes se sont exprimées à travers la littérature, comme la poétesse *Emily Dickinson* (1830-1886), ou *Emily Brontë*, avec son roman *Les Hauts de Hurlevent* (1847). D'autres ont choisi la science, comme *Marie Curie* (1867-1934), prix Nobel pour la découverte du radium, ou encore se sont illustrées dans les arts de la scène telles la tragédienne *Sarah Bernhardt* (1844-1923), la danseuse *Isadora Duncan* (1878-1927), la cantatrice *Maria Callas* (1923-1977).

Moyen Âge – *Hildegarde de Bingen* (1098-1179), religieuse allemande rendue célèbre par ses visions mystiques, composa des pages de poésie sublime. Elle s'intéressa aussi à la musique et aux sciences naturelles. *Sainte Claire* (1193-1253), sous la direction de saint François, fonda l'ordre des Clarisses. *Mathilde de Toscane* (1046-1115) recueillit le pape Grégoire VII dans son château de Canossa au moment où l'empereur Henri IV descendait sur Rome. *Aliénor d'Aquitaine* (1122-1204), ci-dessus, épouse répudiée du roi de France Louis VII, se remaria avec Henri II Plantagenêt qui devint par la suite roi d'Angleterre. Elle fut régente lorsque son fils Richard Cœur de Lion partit pour la troisième croisade.

Sous le règne d'Élisabeth Ire (1533-1603), ci-contre, l'Angleterre devint une remarquable puissance maritime et commerciale.

Florence Nightingale (1820-1910) était une infirmière britannique qui se fit connaître pendant la guerre de Crimée. Elle améliora les conditions sanitaires et la qualité des soins à l'hôpital militaire de Scutari. Les soldats l'avaient surnommé la *Dame à la lampe*, en raison des rondes qu'elle effectuait la nuit, auprès des malades.

CATHERINE II LA GRANDE; ÉLISABETH I^RE^; JEANNE D'ARC; RICHARD CŒUR DE LION

Sally Ride a été la première Américaine à voyager dans l'espace, en 1983, à bord de la navette *Challenger*. Elle était astrophysicienne.

Amy Johnson (ci-contre) fut une pionnière de l'aviation. En 1930, elle vola de Londres jusqu'en Australie (16 000 km en 19 jours). Pendant la Deuxième Guerre mondiale, elle servit dans la Royal Air Force. L'Américaine *Amelia Earhart* fut la première femme à survoler l'Atlantique (1928) et le Pacifique (1934).

Le féminisme – Vers la fin du XIXe siècle, apparurent des mouvements réclamant l'égalité juridique, politique, sociale et culturelle des femmes. Les féministes, appelées *suffragettes*, demandaient de meilleures conditions de travail, mais surtout le droit de vote. Leur premier congrès eut lieu à Seneca Falls en 1848. Dans certains états américains, les femmes obtinrent le droit de vote dès 1869 (en Suisse, elles durent attendre 1971). Au cours des années 1960, plusieurs mouvements s'affirmèrent aux États-Unis, parmi lesquels le *Women's Liberation*.

Mère Teresa, religieuse indienne d'origine yougoslave née en 1910, a voué sa vie aux miséreux et aux malades de Calcutta, en Inde. Elle a reçu le prix Nobel de la paix en 1979.

FLEURS

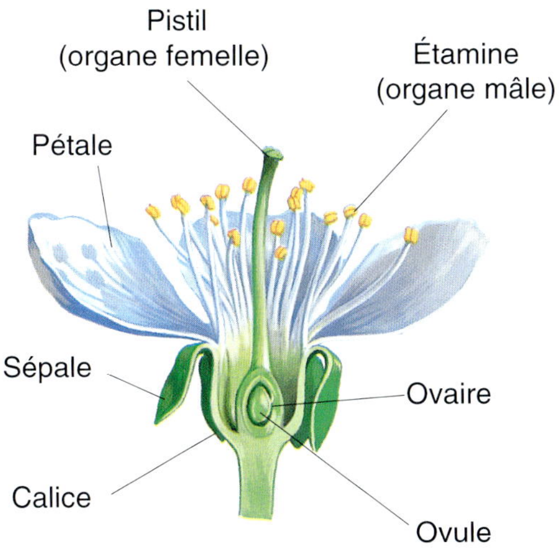

À l'époque où les premiers dinosaures sillonnaient la terre, les plantes à fleurs n'existaient pas encore. Leur développement, surtout au crétacé (période de la fin du secondaire), a coïncidé avec celui des abeilles, des papillons , des mouches et des moustiques, qui, en volant de fleur en fleur, ont permis aux plantes de se reproduire. Avec l'évolution, d'autres animaux se nourrissant du nectar des fleurs, comme les colibris et les chauves-souris, sont intervenus dans le processus de pollinisation.

La reproduction – Les fleurs sont les organes de reproduction des plantes. Le pollen, contenu dans les étamines, est transporté par les insectes ou le vent sur le pistil d'une autre fleur dont il féconde l'ovule, ce qui permet au fruit de se développer.

Le trèfle
Le trèfle à fleur mauve est le plus répandu. Le trèfle à quatre feuilles est rare : on le considère comme un porte-bonheur.

Les brins d'herbe des prés sont des feuilles minces et allongées qui portent de petits épis, différents selon l'espèce.

Pissenlit

Fruits du pissenlit

Pâquerettes

La marguerite
Cette plante herbacée fait partie de la famille des composées. Il en existe de nombreuses variétés, tant sauvages que cultivées.

Les couleurs, les parfums et les formes – Les fleurs sont très différentes les unes des autres. Certaines ont des pétales arrondis, d'autres les ont en pointe ou encore ovales. Leurs couleurs vives et leur parfum souvent prononcé attirent les insectes.

Les Pays-Bas sont les plus gros producteurs de tulipes du monde.

Les anémones offrent une grande variété de couleurs.

Les violettes sauvages poussent dans les bois, au printemps.

Les épines des roses éloignent certains parasites.

1

2

Le rouge des coquelicots (1) et le bleu des bleuets (2) égaient les champs.

Abeilles; Arbres et feuilles; Graines; Insectes; Jardinage; Médecine par les plantes; Vie souterraine

Beau et utile – Le géranium garnit souvent les jardinières des balcons. On en cultive de nombreuses variétés (grimpantes, à fleurs simples ou doubles, blanches, rouges ou roses); certaines dégagent un parfum intense. L'essence de géranium entre dans la composition de certaines lotions contre les moustiques.

Les nénuphars sont des plantes aquatiques.

Le narcisse est une fleur très odorante. Les variétés les plus répandues sont le *narcisse des poètes*, à fleurs blanches et cœur jaune, et la *jonquille*, à fleurs jaune vif.

Fonds marins

La seiche Ce mollusque au corps plat que l'on trouve en grand nombre dans la Méditerranée, possède deux nageoires, dix tentacules, et une coquille interne en forme de bouclier (l'os de seiche). Pour se défendre, il sécrète un liquide noirâtre, la *sépia*.

Le fond marin fourmille de vie. Les vagues et les marées modifient continuellement le relief de ce milieu naturel qui abrite des formes de vie différentes, selon qu'il est rocheux, sablonneux ou boueux. Par exemple, les mollusques s'accrochent aux rochers, les poissons et les crustacés se cachent entre les pierres, et les soles s'enfouissent dans le sable pour guetter leur proie.

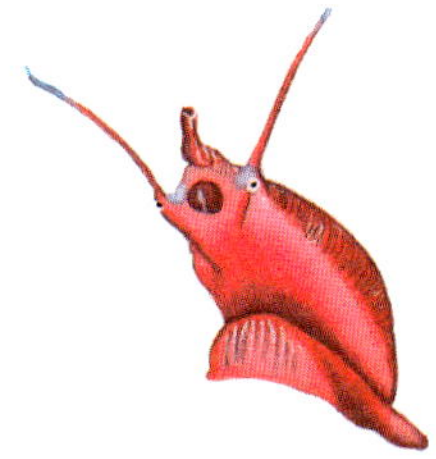

Les mollusques de l'ordre des nudibranches n'ont pas de coquille.

La rascasse volante – Elle vit le long des récifs de corail. On l'appelle aussi *scorpion de mer* à cause des épines de sa nageoire dorsale, qui renferment un poison très actif pouvant entraîner la mort d'un nageur en 2 heures.

L'hippocampe – Ce petit poisson de 15 cm de long est aussi appelé *cheval de mer* parce que sa tête ressemble à celle d'un cheval. Peu mobile, il vit près des fonds marins et s'accroche aux algues avec sa queue préhensile. La femelle dépose les œufs fécondés dans la poche ventrale du mâle, où ils restent jusqu'à leur éclosion.

La sole – Ce poisson plat de la famille des pleuronectes, dont les yeux se trouvent du même côté, préfère vivre sur les fonds sablonneux où il se camoufle avec habileté.

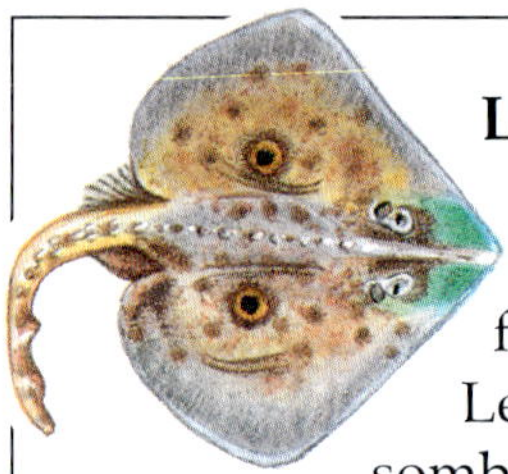

La raie – La raie est un poisson cartilagineux, au corps aplati en forme de losange. Le dos, de couleur sombre, porte les yeux alors que la bouche et les branchies se trouvent sur la face ventrale.

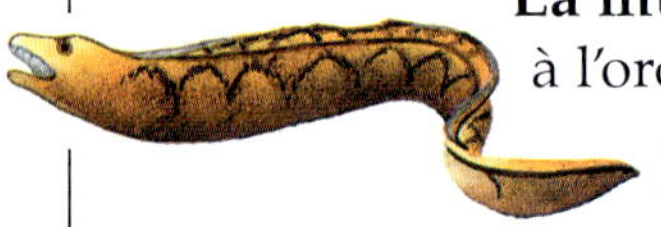

La murène – Elle appartient à l'ordre des anguilliformes et peut atteindre jusqu'à 3 m de long. Sa peau, qui est dépourvue d'écailles, est foncée et marbrée.

1. Seiche
2. Gonnelle
3. Petit colimaçon
4. Bernard-l'ermite
5. Hippocampe
6. Rascasse volante
7. Raie
8. Sole
9. Cypris
10. Calmar
11. Nudibranche
12. Anémone de mer
13. Poisson-perroquet
14. Poulpe
15. Patelle
16. Cirripède
17. Oursin
18. Langouste
19. Moule
20. Corail
21. Murène
22. Poisson-clown
23. Mérou

Le poulpe
Le poulpe est un mollusque céphalopode sans coquille, dont la taille varie de 5 cm à 5,5 m. Il possède huit tentacules munis de ventouses. Sa bouche ressemble à un bec. Pour se défendre, il se camoufle ou projette une encre noire.

L'actinie, ou **anémone de mer**
Cet animal appartient à l'embranchement des cœlentérés : il est muni de tentacules urticants, ou piquants. L'anémone de mer, qui se nourrit de petits animaux et de particules organiques, peut même survivre en terrain sec à marée basse.

La langouste – Ce crustacé, dont la chair est très appréciée, peut mesurer environ 50 cm de long. Il vit le long des côtes rocheuses.

Le bernard-l'ermite
Ce crustacé décapode peut atteindre 10 cm de long. Il s'abrite dans les coquilles abandonnées par d'autres animaux marins et change de coquille au fur et à mesure de sa croissance. Sa pince droite est plus développée que la gauche.

MER; POISSONS

Forêt africaine

Au cœur du continent africain, autour du bassin du fleuve Congo et dans la région des grands lacs, pousse une forêt tropicale luxuriante. Très peu de lumière pénètre à travers les branches entremêlées, et le climat y est très humide. On y trouve des arbres comme l'acajou, l'ébénier, le palmier, le bananier et le palétuvier. Le sol est tapissé de fougères et les orchidées abondent. Ce labyrinthe de verdure est le royaume de bien des animaux sauvages dont les léopards, les crocodiles, les pangolins, les serpents et beaucoup d'autres.

Cercopithèque

Le calao a un énorme bec coloré, surmonté d'une excroissance cornée, et une longue queue. Il en existe différentes espèces.

Forêt africaine :
1. Léopard
2. Céphalophe
3. Serval
4. Okapi
5. Cercopithèque
6. Calao
7. Pangolin
8. Babouin
9. Potamochère
10. Gorille
11. Python

Afrique;
Animaux étranges;
Crocodiles;
Faune africaine;
Oiseaux; Primates;
Serpents

Des mammifères étranges – Les céphalophes sont de petits ruminants timides munis de deux cornes réduites, qui ont des habitudes nocturnes. Les okapis, au pelage brun zébré de blanc sur la croupe et les pattes antérieures, sont plus rares. Le potamochère, voisin du sanglier, possède de grandes oreilles, un pelage roux et une crinière blanche.

Fossiles

À la préhistoire, le fond marin était peuplé de poissons cuirassés aux puissantes mâchoires, comme ce gros Dunkléostéus, ci dessus.

Bien des plantes préhistoriques et des animaux morts se sont retrouvés enfouis dans les sédiments (dépôt meuble laissé par les eaux, le vent et les autres agents d'érosion). Généralement, les tissus mous des cadavres se sont décomposés et les parties dures se sont soit conservées, soit minéralisées. Des couches successives de sédiments se sont accumulées et ont formé de la roche sédimentaire dans laquelle les empreintes des organismes, ou *fossiles*, ont été conservées.

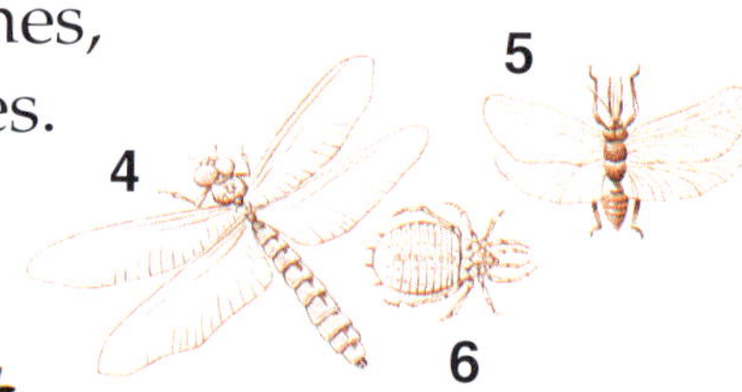

Une coquille en colimaçon
En bas, une grande ammonite. La coquille calcaire de ce mollusque céphalopode s'est conservée dans la roche pendant des millions d'années.

Coquillages; Dinosaures

Fossiles de plantes et d'insectes :
1. Alethopteris
2. Calamites
3. Lepidodendron
4. Meganeura
5. Eugereon Bœckingi
6. Eophymus
7. Seymouria

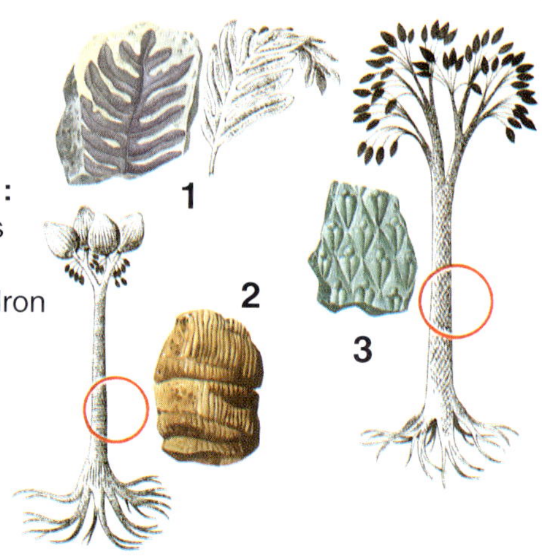

FOURMIS

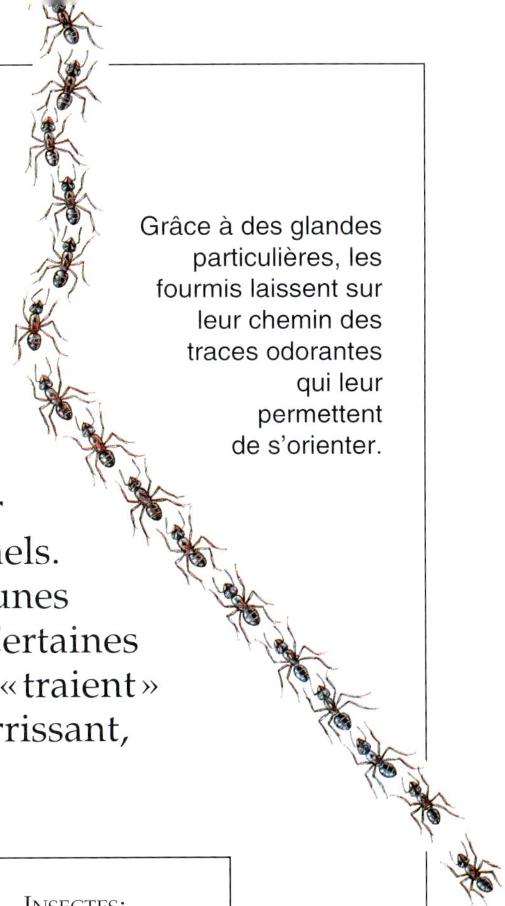

Grâce à des glandes particulières, les fourmis laissent sur leur chemin des traces odorantes qui leur permettent de s'orienter.

Il existe plus de 6 000 espèces de fourmis, des insectes qui vivent en colonies. La vie dans une fourmilière est très active; chaque fourmi joue un rôle précis au sein de la communauté. La reine est la seule femelle fertile; pendant sa vie, elle pond environ un million d'œufs. Les ouvrières, femelles stériles, remplissent différentes tâches : elles mâchent la terre et la façonnent en sorte de minuscules briques qu'elles utilisent pour construire les pièces de la fourmilière, et elles creusent des tunnels. Les fourmis les plus âgées trouvent de la nourriture pour les jeunes ouvrières qui nourrissent les larves. Certaines espèces élèvent des pucerons qu'elles « traient » afin d'obtenir un liquide sucré et nourrissant, le *miellat*, dont elles sont friandes.

Dans la chambre royale, la fourmi reine pond plus de 20 000 œufs par jour.

INSECTES;
VIE SOUTERRAINE

Les réserves – Les fourmis récoltent des graines, des miettes, des petits morceaux de fruits et de feuilles, et capturent des petits animaux. Certaines espèces cultivent des champignons en ensemençant de spores des feuilles pourries, et en les arrosant par la suite.

Des fourmis dangereuses

Les fourmis peuvent soulever des objets plus lourds qu'elles. Les fourmis légionnaires d'Amérique du Sud sont en constante migration. Elles tuent et dévorent tout animal vivant rencontré sur leur passage.

Fourmilière :

1. Transport de la nourriture
2. Traite des pucerons
3. Coupe de feuilles
4. Abeille prisonnière
5. Fourmis « pots à miel » à l'abdomen rempli de nectar
6. Entrepôt de nourriture
7. Jeunes reines

Frédéric II le Grand

Le petit État qu'était la Prusse au XVIIIe siècle devint, sous Frédéric II, une grande puissance. Fils de Frédéric Guillaume Ier, Frédéric II accéda au trône en 1740, après avoir reçu une formation militaire très stricte. Souverain éclairé, il réforma l'instruction primaire, abolit la torture et élabora un code civil (1745-1751). En guerre contre l'Autriche, il s'empara de la Silésie. Pendant la guerre de Sept Ans, de 1756 à 1763, il combattit l'Autriche, la France et la Russie, toutes trois alliées.

Portrait de Frédéric II de Prusse, dit *le Grand*.

1712 : naît à Berlin.
1740 : succède à son père sur le trône.
1741-1745 : en guerre contre l'Autriche; s'empare de la Silésie.
1756-1763 : participe à la guerre de Sept Ans.
1763-1778 : se consacre à la reconstruction de la Prusse.
1786 : meurt à Potsdam.

En 1730, Frédéric tenta, avec l'aide de son ami Katte, de fuir à l'étranger pour échapper à l'éducation militaire qui lui était imposée. Son père l'accusa de complot, l'enferma dans la forteresse de Küstrin et fit exécuter Katte (ci-contre).

Un génie militaire – Frédéric II améliora le système de recrutement des troupes et s'assura de l'instruction des soldats. Il introduisit également l'utilisation de la baïonnette. Grand stratège et tacticien, ses batailles sont considérées comme des chefs-d'œuvre de l'art militaire. À Rossbach (ci-contre), 20 000 Prussiens vainquirent l'armée française, pourtant composée de plus de 40 000 soldats.

Soldats de l'armée prussienne :
1. Grenadier; **2.** Artilleur; **3.** Officier des Dragons; **4** et **5.** Hussards; **6.** Cuirassier; **7.** Fantassin.

Armes à feu

FRUITS

Certains arbres produisent des fruits comestibles qui contiennent des sucres, des vitamines et des sels minéraux importants pour notre alimentation. La culture des arbres fruitiers remonte au temps des Égyptiens, lesquels cultivaient les figuiers et les dattiers. Aujourd'hui, les nouvelles technologies permettent aux producteurs de sélectionner des arbres robustes et de créer de nouvelles variétés de fruits.

La pomme – La pomme est le fruit du pommier, l'arbre fruitier le plus cultivé dans le monde. Il existe de nombreuses variétés de pommes – Mcintosh, granny smith, golden delicious, etc. – qui mûrissent à différentes périodes de l'année.

La poire – Ce fruit change de taille et de couleur selon les variétés – williams, passe-crassane, conférence, etc. – mais il garde toujours la même forme, oblongue et renflée du côté opposé de la queue. La pulpe est légèrement granuleuse.

Orange

Citron

Mandarine

Les agrumes
Ce sont des fruits riches en vitamine C; les plus connus sont les oranges, les mandarines, les citrons et les pamplemousses.

Le kaki (ou plaquemine) – Ce fruit ressemble à une tomate orangée. Il mûrit à l'automne quand l'arbre a déjà perdu ses feuilles.

Les figues – La partie de la figue que nous appelons fruit est en réalité un réceptacle charnu portant les fruits. Sa pelure peut être verte, noire ou violette.

Les fruits à coque
Les noix et les noisettes ont des coques dures et ligneuses. Ces fruits, riches en huile, sont très nourrissants. Les châtaignes, communément appelées marrons, sont enfermées dans une enveloppe verte épineuse, la *bogue*.

Le raisin – Il existe de nombreuses variétés de raisin, et la plus grande partie des récoltes sert à la fabrication du vin. En pressant les grains on obtient un jus épais et sucré, le *moût*, qui, une fois fermenté, donnera le vin.

Noisette

Noix de Grenoble

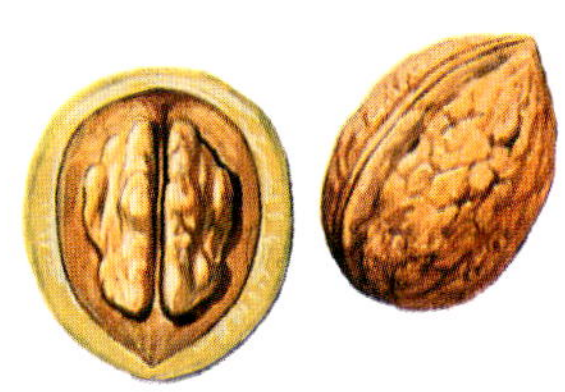

Bogue et châtaigne

À gauche : griottes;
à droite : cerises.

Les cerises – La couleur de la pulpe de la cerise varie du jaune au rouge foncé; sa saveur peut être acidulée ou sucrée. Les griottes ou marasques sont une variété plus acide. Les cerisiers, qui peuvent atteindre 20 m de haut, fournissent un bois très recherché.

Les prunes – Il existe plusieurs variétés de prunes, parmi lesquelles la mirabelle, la quetsche et la reine-claude. Certaines sont rouges, d'autres jaunes, vertes ou mauves. Elles mûrissent en été et peuvent être consommées fraîches, séchées, cuites ou en confiture.

Prunes

La pêche – Ce fruit à la pelure veloutée mûrit de la fin juin jusqu'à septembre. Sa pulpe savoureuse est très juteuse.

Pêche

Avec les fruits, on peut préparer des gâteaux, des glaces, des salades, des compotes, des confitures, des gelées, etc.

La consommation des fruits
Pour protéger les arbres fruitiers contre les maladies et les parasites, on les vaporise de pesticides, produits chimiques toxiques pour l'organisme. Avant de les consommer, il faut donc bien les rincer, ou encore les éplucher.

L'abricot – Ce petit fruit à la saveur délicate pousse sur l'abricotier, un arbre originaire d'Asie, qui fait partie de la même famille que le pommier et le pêcher.

Abricot

ALIMENTATION;
FRUITS EXOTIQUES

FRUITS EXOTIQUES

Noix de coco

Avocat

La découverte de l'Amérique et le développement du trafic colonial a permis d'importer, en Europe, des fruits cultivés dans les pays tropicaux. Aujourd'hui, on trouve à l'épicerie une grande variété de fruits exotiques comme la noix de coco, les dattes, l'avocat, la papaye, etc.

Dattes

Papaye

La papaye est un fruit tropical à pulpe jaune qui contient de grosses graines noires.

Ananas

L'ananas
Une pulpe jaune acidulée et juteuse se cache sous son écorce dure et écailleuse. L'ananas est riche en sucres et en vitamines.

ALIMENTATION; FRUITS

Banane

La banane – Riche en sucres, en vitamine A et en sels minéraux comme le potassium, elle est très nourrissante et elle peut être consommée à longueur d'année, car les bananiers donnent des fruits en toute saison.

FUSEAUX HORAIRES

Lorsqu'on fait le tour du monde, il faut régler sa montre selon les différents fuseaux horaires, 24 divisions imaginaires soumises à la même heure légale. Ainsi Phileas Fogg, héros du roman de Jules Verne, *Le Tour du monde en 80 jours*, qui croyait avoir perdu son pari parce qu'il lui avait fallu un jour de trop pour accomplir son exploit, gagna néanmoins puisqu'il avait oublié de reculer sa montre de 24 heures, soit du nombre de fuseaux horaires qu'il avait parcouru en faisant le tour du globe.

Les méridiens et les parallèles – La surface de la Terre est divisée à l'aide de *méridiens* (lignes imaginaires verticales passant par les pôles), et de *parallèles* (lignes horizontales). L'*équateur*, la plus grande des parallèles, sépare la Terre en deux hémisphères.

CARTOGRAPHIE; TERRE

L'heure et les fuseaux horaires – Le globe terrestre est divisé en 24 corridors de 15° de longitude, correspondant aux 24 heures, appelés *fuseaux horaires* (ci-dessous). Chacun de ces corridors est délimité par deux méridiens et l'heure est partout la même à l'intérieur d'un même fuseau. Le *méridien de Greenwich*, en Angleterre, est le méridien-référence, ou méridien zéro. Ainsi, en voyageant vers l'est, il faut avancer sa montre d'une heure pour chaque méridien rencontré. Vers l'ouest, il faut au contraire la reculer. Donc, si à Londres il est 20 h, il sera 15 h à New York.

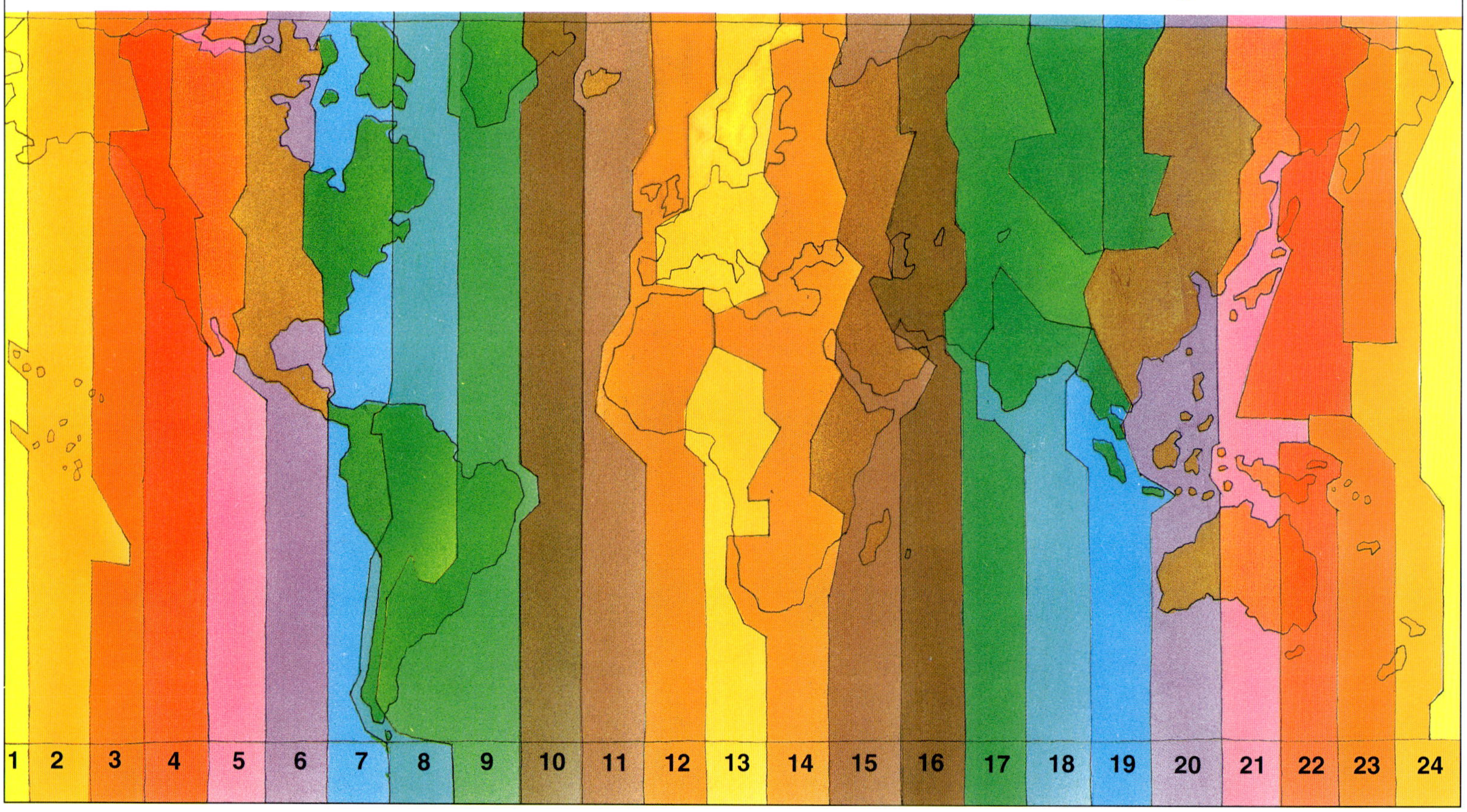

Gandhi, Mahatma

Mohandas Karamchand Gandhi (1869-1948) naquit en Inde, qui était alors une colonie britannique. Il fit ses études de droit à Londres, en Angleterre, où il fut victime de racisme en raison de sa couleur et de ses origines. Cela l'amena à s'intéresser à la philosophie, et c'est ainsi qu'il découvrit les principes de résistance passive et de non-violence décrits par l'Américain David Thoreau. Il appliqua ces idées en Afrique du Sud et plus tard en Inde, où il devint leader du mouvement national.

Mahatma Gandhi s'est battu pour les droits de ses compatriotes en Inde et en Afrique du Sud. Il fut assassiné par un fanatique hindou, en 1948, alors qu'il se rendait à la prière à Delhi.

Le chef de l'indépendance indienne
En 1893, Gandhi s'établit en Afrique du Sud, où il se fit le défenseur des droits civils des Indiens. De retour en Inde, en 1914, il devint un leader dans la lutte pour l'indépendance qui fut signée en 1947. Considéré comme le chef politique et spirituel de l'Inde, il fut surnommé Mahatma (grande âme); il prônait, auprès de ses partisans, des moyens de non-violence tels la désobéissance civile et le jeûne, en réaction à des lois injustes. Ses idées ont inspiré plusieurs leaders à travers le monde.

L'Américain Martin Luther King (1929-1968), ci-contre, militant pacifiste en faveur de l'intégration des Noirs dans la société américaine, fut inspiré par les idées de non-violence de Gandhi.

Hindouisme; Inde

GENGIS KHĀN

Le vrai nom de ce conquérant mongol (vers 1155, 1162 ou plus probablement 1167-1227) était Temüjin. Fils d'un chef de tribu de la Mongolie orientale, il réussit, en 1206, à unifier toutes les tribus mongoles sous sa domination, et se fit proclamer *Gengis Khān*, qui signifie *chef suprême*. Lorsqu'il mourut, son immense empire, qui s'étendait de la mer de Chine à la mer Caspienne et du Golfe Persique à la Sibérie méridionale, fut déchiré par des luttes de succession.

Les conquêtes – Gengis Khān attaqua le Kan-su, la Mandchourie, franchit la Grande Muraille et assiégea la ville de Pékin, qu'il soumit en 1215. Par la suite, il prit possession du Turkestan, de l'Afghanistan et de toute la Perse (1220-1221). Ses lieutenants, Djebe et Subutay, entreprirent un immense raid autour de la mer Caspienne (1221-1222), et assujettirent la Géorgie, le Caucase et la Crimée. Gengis Khān mourut au moment où l'empire touchait à son apogée.

Vêtements mongols à l'époque de Gengis Khān.

CHINOIS; GRANDE MURAILLE ✓

Gengis Khān, se rendant compte du manque de formation intellectuelle de ses guerriers nomades, choisit des fonctionnaires perses et chinois pour administrer son empire.

Girafes

Les girafes vivent en troupeaux dirigés par un mâle, dans les savanes de l'Afrique centrale et de l'Afrique du Sud. Leur long cou et leurs pattes de devant plus hautes que celles de derrière leur donnent une allure étrange. Leur pelage roux est marqué de raies claires dessinant des taches géométriques plus grandes sur le dos que sur les pattes. Leur crinière est courte et sombre, et leur longue queue se termine par une épaisse touffe de poils bruns. C'est l'animal le plus haut de la terre, les mâles pouvant atteindre 5 m. Les girafes se défendent avec leurs sabots de devant et les lions ne les attaquent que lorsqu'elles sont isolées du troupeau.

Une tête étrange – La tête est petite par rapport au corps. Entre des oreilles courtes et pointues, se dressent 2 « cornes » ou protubérances recouvertes de poils. Certaines races en ont une troisième entre les yeux. Ceux-ci, grands, expressifs et perçants, distinguent presque toutes les couleurs.

Espèces menacées;
Faune africaine;
Mammifères; Mimétisme

Le comportement – Pour assurer leur dominance, les mâles se battent entre eux en s'administrant des coups avec la tête et le cou, pendant que les femelles restent à l'écart avec leurs petits. Les girafes se nourrissent en arrachant les feuilles des arbres avec leur langue qui peut atteindre 45 cm de long.

Les girafons
La girafe met bas debout; le nouveau-né tombe d'environ 2 m de haut. Après quelques heures, le girafon peut déjà marcher; sa mère le nettoie avec sa langue pendant qu'il tète.

Les pattes – Quand elles courent, les girafes vont l'amble (les pattes antérieure et postérieure du même côté se soulèvent en même temps). La tête et le cou se balancent d'avant en arrière pour déplacer le centre de gravité du corps et aider à la progression. Pour s'abreuver, elles doivent écarter les pattes de devant et pencher leur long cou.

Graines

Croissance d'une graine de haricot

Une graine est en quelque sorte semblable à un œuf : elle contient un germe, l'*embryon*, qui deviendra une plante. Portée par le vent ou les animaux, la graine voyage loin de la plante d'origine. Avec la température adéquate et l'humidité nécessaire, elle germe : des racines poussent, la tige se développe, puis les premières feuilles apparaissent.

Graine d'érable

Graine de carotte sauvage

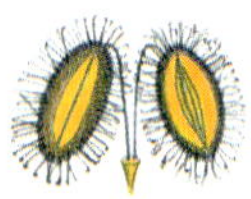

Graine de blé

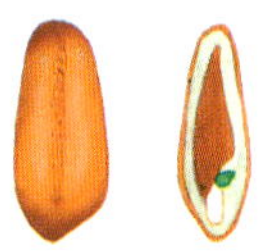

Graine de peuplier

Les différentes formes – Les graines du peuplier et du saule sont coiffées de poils soyeux, ombelles ou plumules. D'autres, comme les samares des érables ou des bouleaux, ont de petites ailes; les graines de la carotte et de l'œillet portent des petits crochets. Certaines, comme celles du blé, sont recouvertes d'une cosse dure.

Habituellement, le fruit contient la graine et la protège. Les fruits du peuplier, grappes de capsules, s'ouvrent à maturité; les graines sont alors dispersées par le vent.

Le voyage – Les graines à cosse imperméable peuvent être transportées par les cours d'eau. Celles qui ont des ailes, des ombelles et des plumules sont dispersées par le vent; celles munies de crochets voyagent dans le pelage des animaux ou sur les ailes des oiseaux.

Dans le conte *Jacques et le Haricot magique*, un plant de haricot magique pousse en une nuit, jusqu'aux nuages.

Arbres et feuilles;
Fleurs;
Insectes;
Jardinage

GRECS

Les cités-états grecques, entièrement indépendantes, virent le jour à la fin du IIe millénaire av. J.-C., après la civilisation mycénienne. Les plus influentes furent Athènes, en Attique, et Sparte, dans le Péloponnèse (Laconie). Au Ve siècle av. J.-C., l'expansion des cités-états en Méditerranée conduisit aux guerres contre les Perses, défaits à Marathon, à Salamine et à Platées. Après une période de splendeur sous Périclès (vers 495-429 av. J.-C.), Athènes tomba sous l'hégémonie de Sparte à la fin de la guerre du Péloponnèse. En 338 av. J.-C., Philippe II de Macédoine devint maître de la Grèce. En 146 av. J.-C., celle-ci fut conquise par les Romains.

Les guerriers spartiates – Dès leur enfance, les jeunes Spartiates se voyaient imposer une discipline de fer; ils étaient soumis à des exercices physiques éprouvants et à de dures épreuves.

Les artistes grecs décoraient des poteries en terre cuite de dessins géométriques ou de personnages mythologiques (divinités ou héros).

L'Iliade – Ce grand récit, attribué à Homère (IXe siècle av. J.-C.) décrit les péripéties de la guerre de Troie. Un des plus beaux épisodes raconte le combat entre Hector et Achille, au pied des remparts de Troie.

Pendant l'âge d'or du commerce en Méditerranée, les pièces grecques servaient souvent de monnaie d'échange.

Le mot *philosophie* signifie *amour de la sagesse*. Les premiers grands philosophes furent grecs : Pythagore, Héraclite, Socrate, Platon, Aristote.

La culture – Les maîtres athéniens, très respectés, enseignaient la poésie, la musique, la danse, la gymnastique. Des rouleaux en parchemin servaient de livres, et les jeunes écrivaient à l'aide de baguettes de bois sur des tablettes en argile souple ou en cire. Vers le Vᵉ siècle av. J.-C., des auteurs comme Eschyle, Sophocle et Euripide développèrent un nouveau genre de théâtre, la *tragédie*.

Les vêtements – Les femmes portaient une ample tunique ouverte *(péplum)* ou fermée *(chiton)*, et une cape blanche *(himation)*; elles attachaient leurs cheveux avec des rubans de couleur. L'homme s'habillait différemment, dépendant de son âge et de sa condition sociale : court manteau en laine, chapeau en feutre et sandales, ou encore tunique, longue ou courte, recouverte d'une cape retenue sur l'épaule par une fibule.

ALEXANDRE LE GRAND;
ARCHITECTURE;
COSTUMES;
MYTHES ET LÉGENDES;
PERSES;
ROMANCIERS ET POÈTES;
SPORTS

GROTTES

Une grotte est une cavité naturelle creusée par l'eau qui s'est infiltrée entre les roches. La plus profonde (1 600 m) est le *gouffre Jean Bernard* (France). Le *Mammoth Cave* (Kentucky, États-Unis), avec ses 560 km de galeries, est l'un des systèmes de grottes les plus étendus du globe.

La chauve-souris est un insectivore. Toutefois, certaines variétés carnivores capturent des proies (grenouille et souris) qui sont deux fois plus lourdes qu'elles.

Des colonnes – Dans une grotte, l'eau chargée de calcaire coule par gouttes. Avec l'évaporation, le calcaire se dépose et finit par former une colonne qui s'élève sur le sol *(stalagmite)* ou qui pend de la voûte *(stalagtite)*. Parfois les deux se rejoignent en une seule colonne.

1. Pipistrelle naine	**7.** Oxychilus
2. Oreillard	**8.** Polydesme
3. Typhlotrechus	**9.** Troglocaris
4. Orostygia	**10.** Typhloiulus
5. Speomolops	**11.** Protée
6. Italodytes	**12.** Niphargus

Le protée, un amphibien long de 30 cm, est aveugle : ses yeux sont couverts d'une fine peau. Il a quatre petites pattes et nage avec sa queue.

Roches et minéraux

Guerres mondiales

Le 28 juin 1914, à Sarajevo, un étudiant serbe assassinait François Ferdinand, héritier du trône d'Autriche, et son épouse. Ce fut l'étincelle qui fit éclater la Première Guerre mondiale.

La Première Guerre mondiale, de 1914 à 1918, mit aux prises les Alliés (principalement la Russie, la France et la Grande-Bretagne) contre l'Allemagne et l'Empire austro-hongrois. L'intervention des États-Unis qui envoyèrent leurs soldats en Europe, en 1917, assura la victoire des Alliés.

Fokker E, chasseur allemand (Première Guerre mondiale)

La Deuxième Guerre mondiale – En 1939, l'Allemagne, gouvernée par Adolph Hitler, envahit la Pologne; la France et l'Angleterre lui déclarèrent alors la guerre. L'Italie de Benito Mussolini se rangea aux côtés de l'Allemagne en 1940. Lorsque la France tomba aux mains des Allemands, en juin 1940, il ne resta alors que l'Angleterre pour tenir Hitler en échec.

Mitsubishi A6M *Zéro*, Japon

Les étapes de la guerre
Les bombardements de l'aviation allemande ne purent venir à bout de l'Angleterre, et la flotte anglaise garda le contrôle des mers. En 1941, l'Allemagne attaqua la Russie; celle-ci réussit à contenir l'envahisseur, et c'est sur son sol que Hitler épuisa ses forces. Le 8 mai 1945, les Russes entraient à Berlin. Hitler, dont la doctrine nazie reposait entre autres sur le racisme, fit persécuter des millions de juifs qui moururent dans les camps de concentration.

Avions de la Deuxième Guerre mondiale :
1. Supermarine Spitfire (Grande-Bretagne)
2. Messerschmitt BF 110 (Allemagne)
3. Hawker Hurricane (Grande-Bretagne)
4. Junkers JU 87 Stuka (Allemagne)
5. Messerschmitt BF 109 (Allemagne)
6. Junkers JU 88 (Allemagne)
7. Heinkel HE 111 (Allemagne)

Armes à feu; Churchill; La France en chiffres ✓; Moyens de transport

Supermarine *Spitfire*, Grande-Bretagne

En août 1945, pour obliger le Japon, allié de l'Allemagne, à capituler, les États-Unis lancèrent une première bombe atomique sur Hiroshima, puis une autre sur Nagasaki. Le Japon se rendit le 2 septembre 1945.

Messerschmitt BF 109, Allemagne

Pearl Harbor – Le 7 décembre 1941, lors d'une attaque surprise, les Japonais détruisirent la flotte américaine du Pacifique à Pearl Harbor. Les États-Unis déclarèrent alors la guerre au Japon et à l'Allemagne, et engagèrent dans la lutte toute leur puissance économique et financière. Cette participation détermina la victoire des Alliés (ci-contre).

GUTENBERG, JOHANNES

L'Allemand J. Gutenberg (vers 1400-1468) mit au point, vers 1440, le procédé d'impression par caractères mobiles, ou *typographie*. En 1455, avec la publication du premier ouvrage composé à l'aide de cette technique (une *Bible*), Gutenberg marquait les débuts de l'ère de l'imprimerie et de la diffusion du savoir.

Manuscrit du Moyen Âge, enluminé par un copiste.

Johannes Gutenberg

Les Chinois – Au IIIe siècle av. J.-C., les Chinois imprimaient déjà à l'aide de sceaux en argile. En 400, ils commencèrent à imprimer à l'encre sur du papier (dont ils furent les inventeurs) avec des poinçons gravés dans du bois.

CHINOIS; LIVRES

Ci-dessous : imprimerie du XVe siècle. Les pages composées étaient imprimées à l'encre à l'aide d'une presse à imprimer. **Détails : 1.** réglette pour caractères mobiles; **2.** feuille prête à être mise sous presse.

Ci-dessus : 1. préparation de la matrice avec un poinçon; **2.** caractère mobile; **3.** la lettre est inversée pour qu'elle s'imprime à l'endroit; **4.** les caractères sont obtenus par fusion du métal.

HABITATIONS

Pour se protéger du froid et des animaux sauvages, les hommes primitifs trouvaient refuge dans des grottes. De nombreuses peintures et gravures rupestres remontant à 15 000 ans av. J.-C. en témoignent. Chaque civilisation a créé différents styles d'architecture adaptés aux habitudes de vie et au climat. Ainsi, les maisons nordiques ont souvent un toit incliné afin de prévenir l'accumulation de la neige. Dans les pays chauds, les maisons ont parfois une terrasse en guise de toit, ce qui permet aux gens de récupérer l'eau de pluie plus facilement.

Les grottes préhistoriques
Les premiers abris utilisés par l'homme furent des *grottes*.
En milieu marécageux, les maisons sur *pilotis* (ci-contre) isolaient de l'humidité.

Village de tentes chez les nomades, dans le désert du Sahara.

Huttes en forme de dôme, en Afrique orientale.

Le château médiéval – À l'origine village fortifié, il se transforma peu à peu en résidence seigneuriale et devint un centre de vie politique et économique. Le château fort occupait une position stratégique et était protégé par des murailles et des fossés. En cas de guerre, les paysans des alentours s'y réfugiaient.

L'igloo – Habitation typique des Inuit des régions arctiques, construite avec des blocs de neige superposés pour former un dôme. On y entre par un passage bas et étroit.

La Ca' d'Oro – Cet édifice vénitien (ci-contre) de style gothique, avec influence arabe, fut érigé à Venise sur le Grand Canal par Raverti et Bon, entre 1421 et 1440.

La villa palladienne – Andrea Palladio (1508-1580), architecte de la Renaissance, dessina les plans de nombreuses villas (à droite) en Vénitie, dans un style classique caractérisé par des formes rationnelles et des proportions harmonieuses.

Le pavillon japonais – Dans les villes japonaises modernes, on trouve encore certaines maisons traditionnelles, avec le toit en pagode recouvert de tuiles bleues et les parois coulissantes en papier de riz.

Au XVIIIe siècle, le style architectural anglais (ci-contre) s'inspirait du classique; colonnes et tympans ornaient les villas.

Afrique; Châteaux; Homme préhistorique; Japonais; Village inuit ✓; Village viking ✓

Au Moyen-Orient, les maisons sont blanches pour que les rayons du soleil s'y réfléchissent et qu'il y fasse moins chaud.

En 1936, l'architecte américain Frank Lloyd Wright (1869-1959) construisit à Bear Run, en Pennsylvanie, la célèbre *maison Kaufmann*, dite aussi *Maison sur la cascade*.

Les maisons de l'Europe du Nord
Les façades des maisons des années 1500, en Europe du Nord, se distinguent par les bandes de pierre décoratives, les fenêtres encastrées et les pignons découpés. Dans les rues commerçantes, des suites continues de maisons (ci-contre) abritaient bureaux et entrepôts.

HÉBREUX

La *menorah*, chandelier à sept branches.

La Bible raconte qu'Abraham, à la tête d'une tribu de bergers, s'établit au pays de Canaan (la Palestine actuelle) vers l'an 2000 av. J.-C.; ses fils Isaac et Ismaël ainsi que son petit-fils Jacob assurèrent sa descendance. Déportés du royaume d'Israël vers l'Égypte, les Israélites furent traités en esclaves avant d'être libérés par Moïse vers 1290 av. J.-C. Au cours des siècles, le peuple juif endura de terribles persécutions et dut à maintes reprises abandonner sa terre, aujourd'hui l'État d'Israël. L'indépendance de cet État fut proclamée le 14 mai 1948.

Un peuple nomade – Les Hébreux se déplaçaient avec leurs troupeaux à la recherche de pâturages. Lorsqu'ils arrivèrent en Canaan, la *Terre promise*, ils s'y installèrent et devinrent des agriculteurs sédentaires.

Ci-contre et ci-dessous : Les Romains détruisirent Jérusalem et son temple en 70 apr. J.-C.

L'exode – Vers 1290 av. J.-C. les juifs d'Égypte s'enfuirent vers la Terre promise, guidés par Moïse. Leur voyage dura plus que 40 ans; on l'appela l'*exode*, ce qui signifie *hors des routes*. Ils s'établirent en Palestine, où ils devinrent un peuple puissant, guidé successivement par trois grands rois, *Saül*, *David* et *Salomon*.

L'antisémitisme – L'hostilité envers les juifs, persécutés à travers les siècles, atteignit son paroxysme entre 1933 et 1945, lorsque les nazis exterminèrent plus de six millions d'entre eux dans les camps de concentration *(holocauste)*.

CIVILISATIONS MÉSOPOTAMIENNES; JUDAÏSME; PERSES; ROMAINS

HÉRISSONS

Le hérisson, petit animal nocturne et solitaire, vit en Asie, en Afrique et en Europe. La nuit tombée, il sort de son refuge entre les racines d'un arbre; il se déplace lentement et fouille avec ses pattes entre les herbes du sous-bois à la recherche de nourriture. Son régime alimentaire se compose surtout d'aliments d'origine animale (insectes, œufs, lombrics, escargots, serpents, petits oiseaux, etc.). Le hérisson est apparenté aux taupes et aux musaraignes.

Les pattes sont garnies de petites griffes; celles de devant sont plus longues que celles de derrière.

Les piquants
Le hérisson commun a un corps trapu, d'environ 25 cm de long. Son dos est garni de piquants, tandis que son ventre, son museau et ses pattes sont couverts de poils. Les piquants, de 2 ou 3 cm de long, sont des excroissances dures et acérées que le hérisson redresse pour se défendre.

Une boule de piquants – Dès qu'il sent un danger, le hérisson se roule en boule, protégeant ainsi sa tête, ses pattes et son ventre. Les petits, munis de piquants mous et décolorés, deviennent facilement la proie des prédateurs. En hiver, le hérisson tombe en léthargie dès que la température s'abaisse au-dessous de 15 °C. Il se réveille lorsqu'elle descend aux environs de 2 °C, afin que sa température interne ne tombe pas jusqu'à 0 °C, ce qui lui serait fatal.

On raconte que les hérissons sont friands de pommes et qu'ils les transportent embrochées sur leurs piquants.

Des voix dans le bois
Les hérissons peuvent émettre des sons aigus et stridents. Ils ont une ouïe sensible et un très bon odorat qu'ils utilisent pour chercher leur nourriture et détecter de loin leurs ennemis.

FAUNE EUROPÉENNE;
HIBERNATION;
MAMMIFÈRES;
RONGEURS

HIBERNATION

Certains mammifères (les ours, par exemple) dorment tout l'hiver dans une tanière. Cependant, comme leur température corporelle reste élevée, il ne s'agit pas d'une véritable hibernation.

Le loir (ci-dessus) perd environ la moitié de son poids pendant l'hibernation.

En hiver, le froid rend plus difficile la recherche de nourriture. Des animaux, comme les hirondelles, migrent alors dans des pays plus chauds, tandis que d'autres *hibernent*. Certains de ceux qui hibernent s'endorment sans préparation; d'autres, comme l'écureuil, arrangent d'abord leur tanière. Plusieurs se nourrissent le plus possible avant l'hiver, et ce, afin d'accumuler une réserve de graisse qui leur permettra de survivre sans manger jusqu'au printemps. D'autres, au contraire, se réveilleront de temps en temps pour éliminer, boire et s'alimenter. Quand l'hibernation est profonde, les pulsations cardiaques de l'animal et ses fonctions physiologiques ralentissent pour économiser de l'énergie, et sa température corporelle baisse pour s'adapter à celle du milieu.

Amphibiens; Écureuils; Hérissons; Mammifères; Ours; Ratons laveurs; Saisons; Serpents

L'estivation – Certains animaux du désert subissent un profond engourdissement pendant les mois les plus chauds : leurs fonctions vitales ralentissent pour leur permettre de survivre sans eau. Les grenouilles et les crocodiles, eux, restent immergés dans la boue jusqu'aux premières pluies. Les escargots du Sahara peuvent survivre des années sans boire ni manger.

1. Tanche
2. Tortue palustre
3. Grenouille
4. Natrix à collier
5. Coccinelle
6. Escargot
7. Orvet
8. Lézard
9. Ours brun
10. Marmotte
11. Hérisson
12. Loir
13. Écureuil
14. Blaireau

HINDOUISME

Pour les hindous, il n'y a qu'un seul Être suprême, mais il est représenté sous diverses formes portant des noms différents. L'hindouisme (né vers 1500 av. J.-C.) compte ainsi beaucoup de dieux et de demi-dieux, au-dessus desquels trônent trois divinités majeures : *Brahma*, le dieu créateur, *Vishnu*, le dieu des forces évolutives ou de la conservation de l'Univers, et *Shiva*, celui qui préside à sa destruction. Les hindous pensent que l'âme, après la mort, se réincarne dans des formes de vie différentes (renaissances successives), jusqu'à la libération finale, ou parfaite purification.

Dans la religion hindoue, les vaches sont sacrées.

Brahma (ci-dessus) est souvent représenté avec quatre faces couronnées et deux paires de bras. Son animal-support est une oie sacrée.

Vishnu et *Shiva* (ci-contre) comptent parmi les divinités les plus vénérées.

Les rites quotidiens – Pour les hindous, la religion n'est pas seulement un ensemble de croyances, c'est aussi un mode de vie qui règle tous les aspects de l'existence. Le culte de l'image, considérée comme l'expression du divin, est très répandu. Le *yoga* est une pratique rituelle qui purifie le corps et l'esprit.

Selon la religion hindoue, la société est divisée en castes très rigides.

Les temples hindous – En Inde, de nombreux temples ont été érigés dans des grottes, sculptés dans la roche. Ceux qui étaient construits de toute pièce étaient coiffés d'une tour. Dans certains styles architecturaux, cette tour principale est flanquée de petites tours qui en sont des miniatures. Toutes sont enrichies de représentations des divinités et de sculptures ornementales.

Temple de Hanuman

☞ ARCHITECTURE; BOUDDHISME; CHRISTIANISME; INDIENS; ISLAMISME; JUDAÏSME

Homme préhistorique

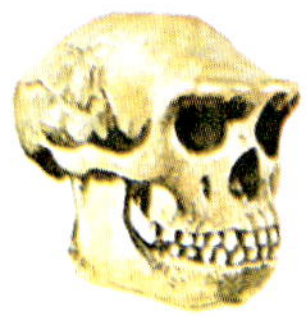
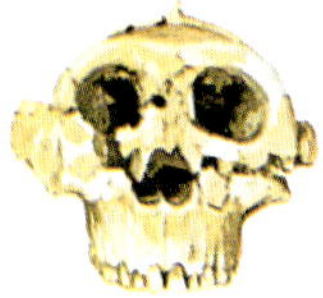

Crânes d'hommes primitifs

Homo habilis vécut en Afrique orientale il y a environ 2 millions d'années; il fabriqua les premiers outils en pierre. Vint ensuite *Homo erectus*, le premier à se tenir vraiment droit. Il vivait et chassait en groupe, et faisait du feu. *Homo sapiens* apparut il y a environ 250 000 ans. L'*homme de Neandertal* (il y a environ 200 000 ans) vivait dans des grottes ou des huttes, chassait le gros gibier à la lance et inhumait ses morts. Il fit place à l'*homme de Cro-Magnon*, notre ancêtre direct, il y a environ 35 000 ans.

L'homme de Cro-Magnon fut probablement le premier à dessiner ou à graver des animaux et des scènes de chasse sur les parois des cavernes. Les plus célèbres peintures rupestres sont celles de Lascaux (France) et d'Altamira (Espagne).

Lorsque l'homme fit son apparition, les dinosaures avaient déjà disparu. Il devait néanmoins se défendre contre le tigre à dents de sabre et l'ours des cavernes. Il chassait le mammouth.

La vie du village : 1. Culture de la terre. **2.** Tannage des peaux. **3.** Façonnage de pots en argile et cuisson au four. **4.** Filage et tissage de la laine. **5.** Élevage du bétail. **6.** Danses et rites religieux.

Chasse au bison

La chasse en groupe – La chasse aux gros animaux, tel le bison, se faisait en groupe. Les hommes piégeaient l'animal, puis l'achevaient à coups de lance. Toutes les parties étaient utilisées : la viande étaient mangée, la fourrure servait à se protéger contre le froid et la peau, à couvrir les huttes et à faire des vêtements. Le gras était utilisé comme combustible; les os et les défenses, pour fabriquer des armes et des outils et aussi comme armatures pour les tentes ou les huttes.

Costumes; Habitations; Inventions préhistoriques; Peintres

Les enfants de la préhistoire
Tout petits, les garçons apprenaient à tirer à l'arc et chassaient de petits animaux. Les fillettes tressaient des paniers, fabriquaient des poteries en argile et cueillaient les fruits sauvages.

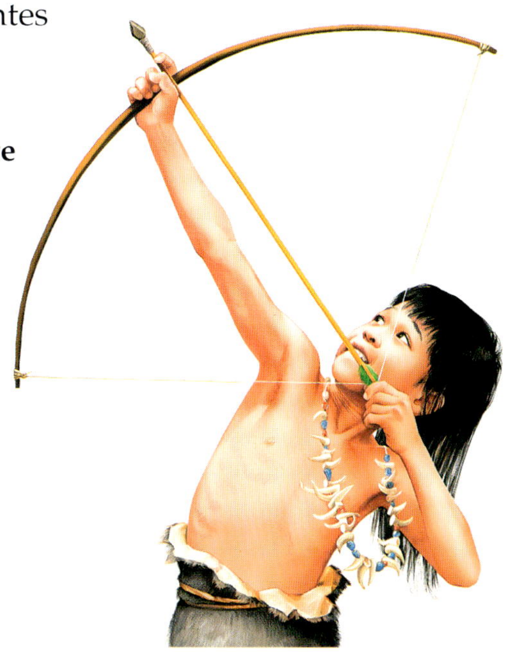

7. Pêche. **8.** Construction d'embarcations en bois. **9.** Teinture des tissus. **10.** Préparation du fromage. **11.** Construction de nouvelles huttes en bois et en paille. **12.** Foulage du raisin. **13.** Fusion des métaux. **14.** Lessive.

Horloges

Le plus ancien instrument pour mesurer le temps est le cadran solaire : une pointe verticale, le *gnomon*, projette son ombre sur une surface plane où sont gravés les chiffres des heures. Au fur et à mesure que les heures passent, l'ombre se déplace. Environ 3 000 ans av. J.-C., les clepsydres, ou horloges à eau, sont apparues en Égypte. Au XIVe siècle, les sabliers étaient couramment utilisés. Il existait aussi des chandelles horaires qui, en se consumant, permettaient de mesurer le temps.

Sablier

Horloge mécanique

Les horloges mécaniques
Connues depuis 1200, elles étaient souvent placées sur les tours et les clochers. Certaines étaient même dotées de personnages qui s'animaient lorsque sonnaient les heures, comme l'horloge des More, à Venise. Vers 1400, apparurent les montres de gousset ou de poche, souvent ornées d'émail ou de pierres précieuses. En 1641, Galilée découvrit les lois du mouvement pendulaire. Poursuivant ses travaux, Christiaan Huygens créa, en 1657, la première horloge à pendule. Le remontage automatique des montres date de 1775, mais n'obtint de vrai succès qu'au moment de l'apparition des montres-bracelets, vers 1920.

Merkhet

Le merkhet – Cet ancien instrument égyptien, constitué d'une barre et d'un fil à plomb, était utilisé pour mesurer les heures d'après le déplacement des étoiles.

En Égypte – Les Égyptiens divisèrent le ciel en 12 parties, ou signes, (ci-dessus) auxquelles ils donnèrent les noms des constellations correspondantes. C'est de cette division du ciel, le *zodiaque*, que découla l'introduction du calendrier.

Une des premières montres à chronomètre.

Les plus modernes – La première horloge électrique fut construite vers 1840. Encore aujourd'hui, les horloges qui indiquent l'heure dans les rues fonctionnent à l'électricité : elles sont actionnées par un moteur qui transmet le mouvement aux aiguilles. En 1922, l'anglais Harwood inventa la montre qui se recharge automatiquement. En 1971, on breveta la montre digitale à quartz.

Égyptiens;
Scientifiques et inventeurs;
Zodiaque ✓

INDIENS

Au IVe millénaire av. J.-C., les premières communautés d'agriculteurs s'installèrent au *Punjab* (nord-ouest de l'Inde et du Pakistan), région fertile arrosée par 5 affluents de l'Indus. C'est là que les civilisations des grands fleuves, comme celles de l'Indus et du Gange, prirent naissance. Les diverses dynasties qui se succédèrent durent faire face à de nombreuses invasions et subirent un morcellement continu. Les Perses de Darius I (522-486 av. J.-C.) annexèrent le nord-ouest de l'Inde. Plus tard, Alexandre le Grand, imitant Darius, franchit l'Indus (326 av. J.-C) et soumit le Punjab. Puis, sous la dynastie des *Gupta*, au IIIe siècle, l'Inde entra dans sa période classique et connut un grand essor artistique et littéraire. Au IVe siècle, l'Empire Gupta s'effrita à la suite des raids destructeurs des Huns.

Les inondations – La terre indienne était riche et fertile. Mais les fréquentes inondations, dues aux crues des fleuves, détruisaient souvent les récoltes.

Le luxe – Le *rajah*, ou prince, soutenu par la caste des militaires, habitait des palais richement décorés (ci-dessous), et détenait un pouvoir absolu sur le peuple. La caste des *brahmanes* (prêtres) était elle aussi très puissante.

Ci-contre : un prince indien à cheval.

L'esprit – La civilisation indienne a laissé un riche héritage religieux et littéraire. On remarque l'omniprésence de la religion, bouddhisme ou hindouisme, dans la littérature et dans la vie quotidienne. Parmi les œuvres importantes figurent de grands poèmes épiques, comme le *Rāmāyana* et le *Mahābhārata*, ainsi que, probablement, le plus ancien noyau des contes *Les Mille et Une Nuits*.

☞ ALEXANDRE LE GRAND; BOUDDHISME; HINDOUISME; PERSES; PEUPLES BARBARES

INFORMATIQUE

L'informatique est la science du traitement de l'information (collecte, stockage et transmission automatique de données). Elle s'applique à plusieurs domaines, comme la recherche, l'industrie, la technologie, etc. et on retrouve maintenant des ordinateurs dans tous les bureaux.

Apple Computer Inc. : société américaine, fondée par S. Wozniak et S. Jobs. En 1977, le premier ordinateur personnel, baptisé *Apple*, était produit. Après le succès du modèle Apple, la société entreprit la production du *Macintosh*.
Banque de données : ensemble d'informations qu'on peut consulter et gérer à partir d'un ordinateur.
Base de données : ensemble de données logiquement reliées entre elles et accessibles au moyen d'un logiciel spécialisé.
Basic : langage de programmation.
Bit : unité de mesure d'une quantité d'informations binaires.
Byte : ensemble de plusieurs bits formant une unité d'information.
Clavier : dispositif à touches alphanumériques permettant de taper des textes ou des commandes visibles à l'écran.
Cliquer : sélectionner une option sur l'écran de l'ordinateur en utilisant la souris.
Codifier : organiser des données de façon systématique.
Courrier électronique (E-Mail) : service d'envoi de messages entre des personnes connectées sur un réseau; *Internet*, par exemple.
Curseur : marque mobile sur l'écran, qui indique l'endroit où va s'effectuer la prochaine opération.
Disque compact (CD) : disque en plastique couvert d'un matériel réfléchissant. Il met en mémoire des informations numériques lues par des dispositifs optiques *(faisceau laser)* qui les transforment en signaux sonores, visuels ou informatisés. Le CD-ROM *(Compact Disc Read Only Memory)* est un disque pouvant, grâce à une meilleure compression des données, contenir une énorme quantité d'informations, de sons et d'images.
Disque dur : dispositif qui sert de mémoire à l'ordinateur et qui stocke l'information.
Disquette : disque magnétique utilisé pour le stockage des données informatiques. S'insère dans le lecteur de disquette pour consulter, entrer ou modifier des données.
Doigté : façon de placer les doigts sur le clavier afin de taper rapidement et efficacement.
Écran : dispositif relié à l'unité centrale de l'ordinateur, sur lequel se reproduisent l'image ou les textes alphanumériques.
Entrée ou saisie des données : introduction des données dans l'ordinateur.
Fichier : ensemble structuré d'informations enregistrées sur le disque dur ou sur une disquette, sous un même nom.
Hypertexte : système permettant d'accéder à des informations selon des chemins préétablis en cliquant, par exemple, sur des mots-clés soulignés.
IBM (International Business Machines) : société américaine fondée en 1911 par T. J. Watson, baptisée IBM en 1924. Elle commença à produire des calculatrices électroniques au cours des années 50, et plus tard, des ordinateurs.
Imprimante : appareil périphérique qui imprime les textes élaborés par l'ordinateur; peut être matricielle, à jet d'encre ou à laser.
Intelligence artificielle : simulation de certaines facultés de l'être humain, qui permettent à la machine de le remplacer dans diverses tâches.
Interface : permet d'établir le lien entre l'unité centrale et les périphériques.

Souris, instrument relié à l'ordinateur.

Internet : réseau informatique constitué de nombreuses banques de données, qui donne accès à des renseignements de tous genres et qui offre aussi un service de courrier électronique.
Jeu vidéo : jeu électronique.
Langage de programmation : ensemble de signes codés utilisé pour écrire les programmes d'ordinateur (par exemple BASIC ou COBOL).
Logiciel : programme utilisé dans les ordinateurs. Chaque logiciel est spécialisé dans une application déterminée : traitement de texte, dessin, comptabilité, etc.
Logiciel piraté : logiciel copié illégalement.
Matériel : ensemble des éléments physiques constituant l'ordinateur. Par exemple, puce électronique, lecteur, disque dur, etc.
Megabyte : unité de mesure de la capacité de la mémoire, égale à 1 048 576 bytes.
Mémoire : composante fondamentale de l'ordinateur qui enregistre les informations de façon définitive (ROM) ou temporaire (RAM), et qui permet de faire fonctionner les logiciels.
Modem : dispositif permettant la liaison d'un ordinateur à un autre par les lignes téléphoniques.
Mot de passe : clé qu'il faut taper pour entrer dans un réseau, dans un logiciel, ou dans un fichier.
Multimédia : système d'informations qui permet d'utiliser en même temps plusieurs médias : textes, images, animation, sons.
Numérique : se dit d'informations codées en système binaire.
Octet : base composée de 8 bits.
Périphérique : appareil relié à l'ordinateur grâce à une interface. L'imprimante, le clavier, l'écran sont des périphériques.
Programme : ensemble d'instructions qui permettent à l'ordinateur d'exécuter une tâche donnée.
Puce électronique (chip) : minuscule composante électronique, extrêmement puissante, qui sert au fonctionnement des ordinateurs.
RAM (Random Access Memory) : mémoire qui enregistre temporairement les données.
Réalité virtuelle : technique qui permet de simuler la réalité avec des dispositifs (gants, casque, combinaison) munis de capteurs reliés à un ordinateur; on entre dans une réalité artificielle et on interagit avec elle.
ROM (Read Only Memory) : mémoire n'autorisant que la lecture des données qu'elle contient.
Scanneur : appareil qui numérise les textes et les images, et les met en mémoire pour pouvoir les reproduire.
Sortie : émission des données traitées par l'ordinateur vers un dispositif de sortie (par exemple l'imprimante).
Souris : instrument relié à l'ordinateur, qu'on déplace sur une surface plane afin de désigner un point sur l'écran et d'agir sur lui.
Système d'exploitation : logiciel de base d'un ordinateur nécessaire à l'utilisation des autres logiciels. WINDOWS en est un exemple.
Système de traitement de la voix : système qui permet de communiquer avec l'ordinateur par la voix.
Télécopie (Fax) : procédé de télécommunication permettant de transmettre des textes ou images par ligne téléphonique. L'appareil servant à la transmission est un télécopieur.
Télématique : technique combinant la télécommunication et l'informatique.
Terminal vidéo : périphérique composé de l'écran et du clavier.
UC : unité centrale de traitement. Boîte contenant toutes les composantes électroniques qui permettent de faire fonctionner l'ordinateur.
Virus informatique : instructions cachées dans le système informatique, qui peuvent entraîner un mauvais fonctionnement et contaminer d'autres systèmes informatiques.

☞ MOTS NOUVEAUX; ORDINATEUR

Insectes

La libellule peut voler pendant des heures sans s'arrêter. Elle pond ses œufs dans les eaux douces.

Il existe plus d'un million d'espèces d'insectes. On les classe selon qu'ils sont *aptérygotes* (sans ailes) ou *ptérygotes* (ailés). La classe des insectes se divise en 26 ordres, dont ceux des coléoptères (scarabées et coccinelles), des hyménoptères (abeilles, guêpes, fourmis) et des lépidoptères (papillons). Certains insectes sont nuisibles (sauterelles, puces, punaises), d'autres sont utiles (abeilles, vers à soie).

Abeille

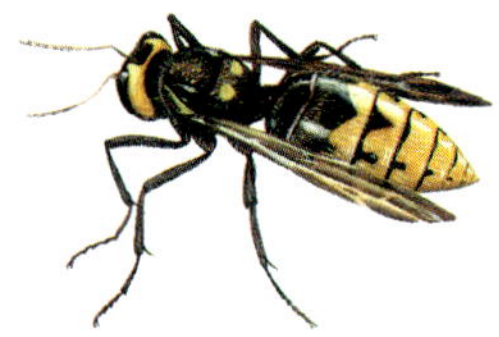

Guêpe

Le dard de la guêpe femelle est venimeux; elle l'utilise pour attaquer. L'abeille, au contraire, ne pique que pour se défendre, lorsqu'elle se sent agressée.

L'anatomie – Les insectes sont des invertébrés. Leur corps se divise en 3 parties : la tête (1), le thorax (2) et l'abdomen (3). Ils ont des antennes (4) et des yeux (5), 6 pattes et, souvent, 2 paires d'ailes.

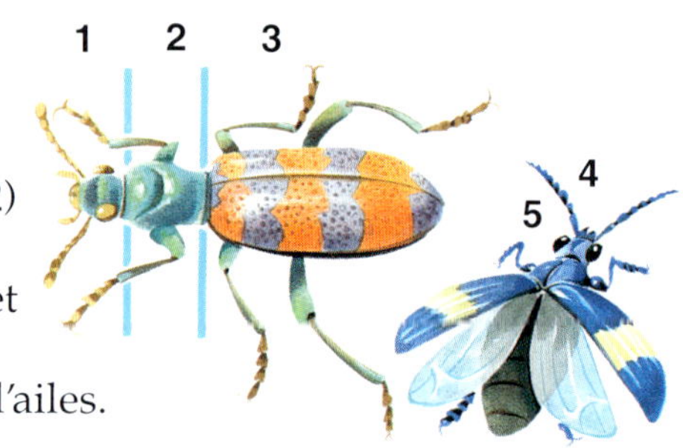

La coccinelle à sept points
Elle est utile au jardinier et au cultivateur, car elle se nourrit de pucerons.

Coccinelle à sept points

Mouche tsé-tsé

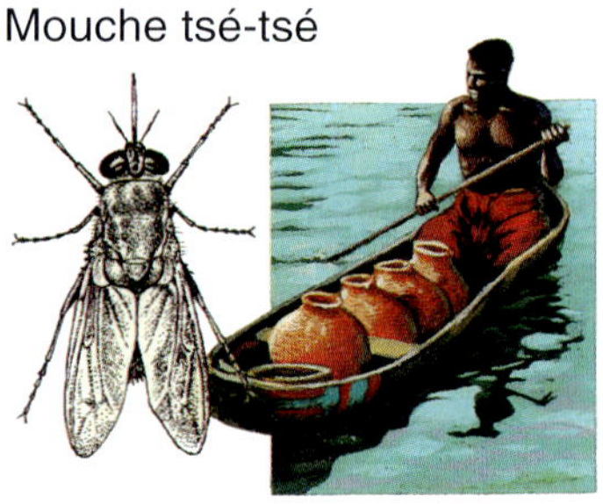

L'alimentation – Les insectes se nourrissent de produits divers : bois, nectar, sang, papier, autres insectes, etc. Leur appareil buccal varie selon qu'ils piquent, broient ou sucent; certaines espèces ont de puissantes mandibules, d'autres, une longue trompe.

La mite – Petit papillon blanchâtre de la famille des teignes. La femelle pond ses œufs dans les plis de l'étoffe qui fournit la nourriture aux jeunes larves.

Les maladies – Certains insectes transmettent des maladies : l'*anophèle*, un moustique, propage le paludisme, et les *puces*, des maladies infectieuses. La *mouche tsé-tsé*, en Afrique, transmet la maladie du sommeil.

La pollinisation – Les insectes transportent le pollen contenu dans les étamines d'une fleur vers le pistil d'une autre fleur. À l'extrémité du pistil, au niveau de l'ovaire, le pollen s'unit aux ovules pour donner naissance aux graines.

Abeilles;
Fleurs; Fourmis;
Graines;
Papillons;
Vie souterraine

INVENTIONS PRÉHISTORIQUES

Parmi les découvertes de l'être humain, celle de la maîtrise du feu a sans doute été l'une des plus importantes, car elle lui a permis de se réchauffer, d'éloigner les animaux, et aussi de faire cuire les aliments (et donc de mieux les conserver). Il y a 40 000 ans, les hommes préhistoriques découvrirent qu'ils pouvaient traverser les cours d'eau sur des troncs flottants; ils construisirent aussi les premiers filets de pêche (ci-dessous) avec des joncs tressés. Les chasseurs fabriquèrent des lances rudimentaires, puis inventèrent l'arc. Plus tard, les hommes apprirent à fondre les métaux et perfectionnèrent de plus en plus leurs outils. Dès le IXe millénaire, ils commencèrent à domestiquer des chèvres et des moutons. L'invention de la roue marqua un tournant décisif dans l'évolution des moyens de transport.

Armes primitives

Pour pêcher, l'homme primitif utilisa d'abord des hameçons en os, puis il les fabriqua en métal.

Les anciens outils – En frappant un bloc de silex, les hommes primitifs en obtenaient un biface à bout pointu, aux bords minces et coupants, en forme d'amande. Les éclats servaient de pointes de flèches ou de lames. Avec les os des animaux, ils façonnaient des outils de toutes sortes, comme des hameçons ou des aiguilles pour coudre les peaux.

L'agriculture et les villages – La culture du blé et d'autres plantes utiles transforma la vie de l'homme primitif. Les premiers villages agricoles surgirent entre le IXe et le VIIe millénaire av. J.-C. La charrue permettait de retourner la terre avant de semer, pour la rendre plus fertile. On construisit des barrages et on creusa des canaux d'irrigation. Pour se protéger contre l'humidité et se défendre contre les fauves, on bâtissait certains villages sur pilotis.

Village agricole primitif.

Les phases d'une coulée de bronze (dessin retrouvé dans un tombeau, à Thèbes) : **1.** fusion du bronze dans un creuset; des soufflets sont actionnés avec les pieds pour élever la température du feu; **2.** le creuset est soulevé à l'aide de tiges de bois recourbées; **3.** le bronze est versé dans les moules; **4.** d'autres blocs de bronze destinés à la fusion sont apportés.

Les chars à deux roues remontent aux Sumériens et aux Égyptiens. Légers et rapides, ils étaient utilisés à la guerre pour des attaques éclair. Le char entra peu à peu dans la vie quotidienne, comme moyen de transport.

Les métaux – La plupart des métaux n'existent pas à l'état pur dans la nature; c'est pourquoi l'homme découvrit tardivement l'art de les extraire. La division traditionnelle des premiers temps de l'histoire humaine en trois périodes, *âge de pierre*, *âge de bronze* et *âge de fer*, reflète l'évolution de l'homme dans la manipulation des minéraux et des métaux. Il utilisa d'abord la *pierre* et le *cuivre*, puis découvrit la façon de fondre le cuivre avec un autre métal, l'étain, pour obtenir du *bronze*. Ce n'est que plus tard qu'il découvrit le *fer*, lequel fond à une température très élevée.

Ci-dessous : roue de moulin; à droite : roue utilisée pour laver les minéraux.

L'invention de la roue

C'est probablement en observant le transport d'objets lourds sur des rondins que l'homme a eu l'idée de la roue. Les premières roues étaient de lourds disques en bois massif qu'on essaya par la suite de rendre plus légers : on y perça d'abord des trous, puis on inventa les rayons.

Les roues à eau – Ces grandes roues, installées au-dessus d'un cours d'eau, permettaient d'acheminer l'eau dans les canaux d'irrigation creusés dans les champs. Au *Moyen Âge*, la roue à eau était utilisée pour actionner un appareil servant à laver les minéraux. Les premiers moulins fonctionnèrent sur le même principe.

☞ Civilisations mésopotamiennes;
Égyptiens;
Homme préhistorique;
Scientifiques et inventeurs

ISLAMISME

Le terme *islam* signifie soumission à la volonté d'*Allah*, Dieu unique. Les *musulmans*, disciples de cette religion, appliquent les enseignements dictés par Allah à *Mahomet*, le dernier des prophètes. Les révélations et les normes qui régissent la vie de la communauté, qu'elles soient rituelles, morales ou juridiques, sont réunies dans le texte sacré, le *Coran*. Le calendrier islamique compte les années à partir de l'*hégire*, fuite de Mahomet de La Mecque à Médine, en l'an 622 ap. J.-C.

Comme l'islam interdit toute représentation d'êtres animés (hommes ou bêtes), l'art musulman fait appel à des thèmes abstraits.

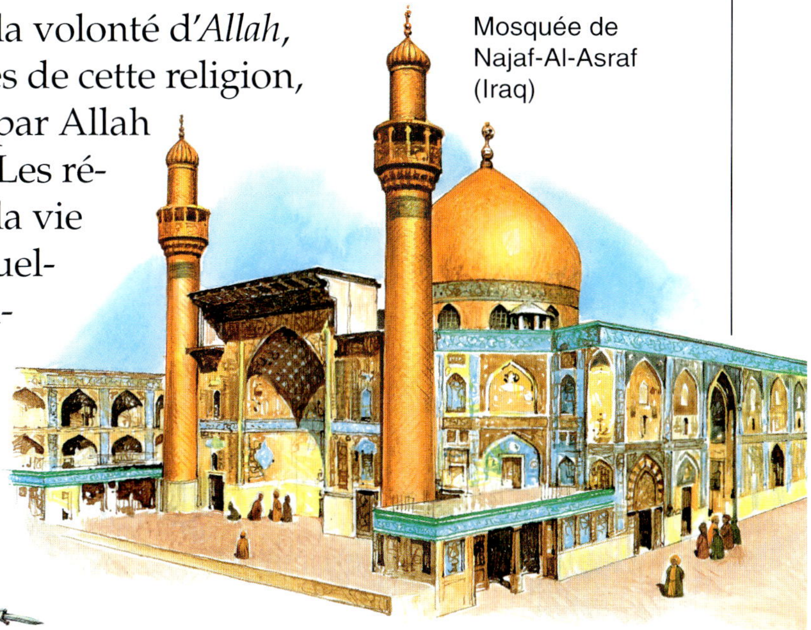

Mosquée de Najaf-Al-Asraf (Iraq)

ARABES; ARCHITECTURE; BOUDDHISME; CHRISTIANISME; HINDOUISME; JUDAÏSME

Les guerres de religion – Selon le Coran, celui qui meurt en combattant pour sa foi mérite le paradis. Les successeurs de Mahomet entreprirent donc le *jihad*, ou guerre sainte, pour défendre et promouvoir le monde de l'islam. L'expansion de l'islam se fit en Asie, en Afrique du Nord, et jusqu'en Europe.

Les mosquées – Ces lieux de culte sont flanqués d'une tour, le *minaret*, depuis laquelle, cinq fois par jour, le *muezzin* appelle les fidèles à la prière. Les musulmans prient en direction de La Mecque.

Le *hadj*, ou pèlerinage à La Mecque, est obligatoire une fois dans la vie, pour tout musulman qui en a les moyens. C'est là que se trouve la *Pierre noire* (ci-dessus), centre de l'islam et pôle de prière.

Japonais

La légende raconte que *Jimmu-Tennō*, premier de la longue lignée des empereurs japonais, en 660 av. J.-C., aurait été le descendant à la 5e génération d'*Amaterasu Omikami*, fille du couple originel, qui personnifiait le Soleil. Au VIe siècle, le Japon intensifia ses contacts avec la Chine, adoptant sa politique impériale et le bouddhisme comme religion d'État. Le *Moyen Âge japonais* (1185-1615) fut marqué par les conflits et les luttes entre *shōgun* et *bushi*, deux classes militaires. Entre 1633 et 1854, le Japon vécut une période d'isolement : tous les ports furent fermés au commerce, sauf Nagasaki.

Le shōgunat – Charge héréditaire qui disparut à la fin de la période féodale (1867). Le *shōgun*, ou *grand général*, avait tous les pouvoirs, civils et militaires.

Les dames de la cour portaient de larges pantalons et plusieurs kimonos superposés.

Le samouraï – Le samouraï était un homme d'armes de l'époque féodale, au service d'un seigneur, le *daimyō*. Il portait une armure légère faite de plaques de métal ou de cuir maintenues par des cordons (ci-dessus et ci-contre).

Chinois; Costumes; Habitations

JARDINAGE

Le jardinage est l'art et la technique de cultiver des légumes, des fleurs et des arbres. Nul besoin d'avoir un jardin pour le pratiquer. Il est effectivement possible d'entretenir des plantes vertes ou à fleurs chez soi. Il suffit d'un éclairage approprié, d'arrosages plus ou moins fréquents, selon les variétés, et d'une température constante, car toutes les plantes craignent la chaleur du radiateur ou les courants d'air. Un peu d'engrais favorise leur croissance.

Matériel nécessaire pour faire germer des lentilles : un bac peu profond, de la ouate et de l'eau pour l'imbiber, ainsi que des lentilles.

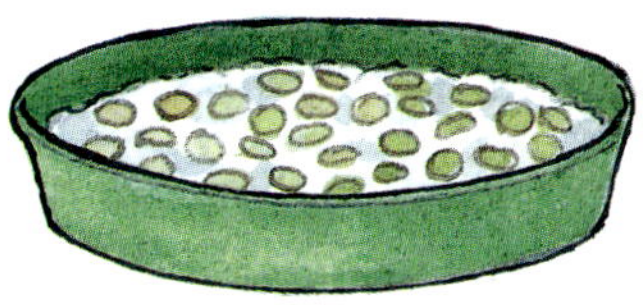

Le bac où les lentilles ont été mises à tremper deviendra en peu de temps un petit jardin vert.

Un jardin de lentilles – Après avoir étalé la ouate au fond du bac, il faut l'imbiber d'eau, puis y déposer les lentilles. Une semaine plus tard, les premières pousses vertes commenceront à pointer. Elles grandiront de quelques centimètres en peu de jours.

Nécessaire pour expérimenter la culture *hydroponique* (culture sans le support du sol) : une grosse pomme de terre, une carotte, deux récipients et de l'eau.

La culture hydroponique – Placer chacun des légumes dans un contenant en verre rempli d'eau, en les surélevant légèrement à l'aide de deux aiguilles : ils doivent être immergés aux trois quarts. Après quelques jours, les premières racines apparaîtront; elles seront suivies des premières feuilles.

Les fleurs séchées – Pour créer de beaux arrangements, il faut d'abord faire sécher les fleurs coupées, la tête en bas pour en faire un bouquet, ou à plat, sous presse, pour créer des tableaux. Pour constituer un *herbier*, il suffit de classifier les fleurs et les feuilles, puis de les identifier. Les pétales de fleurs parfumées (lavande, rose), peuvent servir à réaliser des *pots-pourris* odorants qui seront glissés dans des sachets ou des pots en terre cuite.

En superposant des fleurs de taille différente (1 et 2), il est possible de créer des fleurs imaginaires (3); une fleur trop épaisse (4) peut être coupée en deux avec une lame et disposée de profil.

Les fleurs en bouquets – Pour faire sécher les fleurs en bouquets, il faut les attacher ensemble avec une ficelle, les envelopper dans du papier journal et les garder à l'obscurité, tête en bas, dans un endroit sec et bien ventilé afin qu'elles conservent leurs couleurs.

Le séchage des fleurs – Les fleurs doivent d'abord être mises à sécher entre les pages d'un livre, ou mieux encore, entre deux feuilles de papier buvard, puis sous presse en déposant un poids lourd par-dessus.

Les fleurs séchées peuvent servir à décorer la couverture d'un cahier, les pages d'un agenda, le couvercle d'une boîte en bois, des signets, des cartes de vœux, etc.

FLEURS; GRAINES; JEUX; LÉGUMES

JEANNE D'ARC

Jeanne d'Arc, dite la *Pucelle d'Orléans*, naquit en France en 1412, d'une famille de paysans. Adolescente, elle entendit les voix de saints lui ordonner de délivrer la France, dont la majeure partie était alors occupée par les Anglais. Elle alla trouver Charles VII, héritier du trône, pour le convaincre de sa mission et obtenir de lui une petite armée. En mai 1429, elle réussit à libérer la ville d'Orléans assiégée par les Anglais.

Jeanne d'Arc était une jeune paysanne, originaire du village de Domrémy.

Après la victoire d'Orléans, Jeanne fut accueillie par une foule en liesse.

Le couronnement de Charles VII – La victoire d'Orléans rendit confiance aux troupes françaises qui, guidées par Jeanne, délivrèrent plusieurs autres villes avant d'arriver à Reims. En juillet 1429, Jeanne y fit sacrer Charles VII roi de France (ci-dessous).

Condamnée au bûcher – Le 8 septembre 1429, après le couronnement de Charles VII, Jeanne partit à l'assaut de Paris, comptant sur l'appui de l'armée et du peuple. Elle y fut blessée et dut se replier. En 1430, alors qu'elle tentait de faire lever le siège de Compiègne, elle fut capturée par les Bourguignons, alliés des Anglais. On l'accusa d'hérésie et de sorcellerie. Elle fut condamnée à être brûlée vive sur la place de Rouen, le 30 mai 1431.

La patronne de la France – En 1450, Charles VII reprit Rouen et fit ouvrir une enquête sur la condamnation de Jeanne. En 1456, le pape Calixte III la déclara innocente. Elle fut canonisée en 1920, puis proclamée patronne de la France.

Pendant l'assaut contre Paris, Jeanne fut blessée à la porte Saint-Honoré.

FEMMES CÉLÈBRES

Jeux

Jouer favorise le développement de l'enfant, mais certains jeux (cartes, jeux de société, jeux de plein air) intéressent aussi les adultes. De nombreux passe-temps, comme le jardinage, le bricolage, les collections ou la cuisine, occupent les grands comme les petits.

Dé en carton à assembler

Les jeux d'extérieur
Il existe un nombre infini de jeux d'équipe auxquels les enfants aiment participer : *rondes, ballon-chasseur, cache-cache, gendarmes et voleurs, colin-maillard, chat perché, corde à sauter,* et bien d'autres encore.

Certains jeux de cartes, comme le *bridge*, sont compliqués tandis que d'autres, telle la *canasta*, sont plus simples. Certains se jouent à plusieurs, d'autres seul *(réussite ou patience).* En général, les jeux de cartes comptent 52 cartes (plus les jokers) regroupées en quatre séries : cœur, carreau, trèfle et pique.

Pièces d'échecs : 1 roi, 1 reine, 2 fous,
2 cavaliers, 2 tours, 8 pions.

Damier et pions
du *jeu de dames*

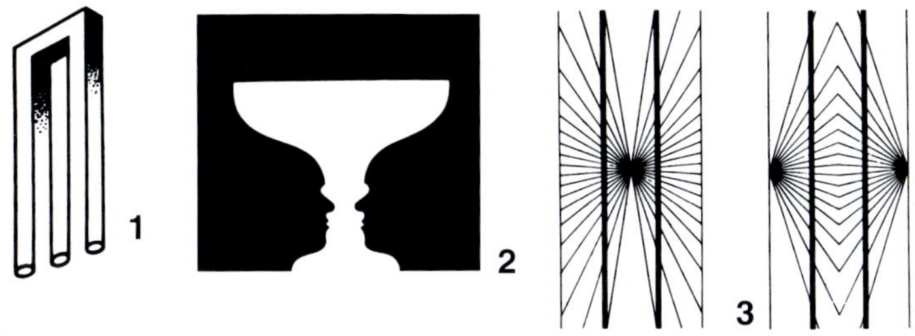

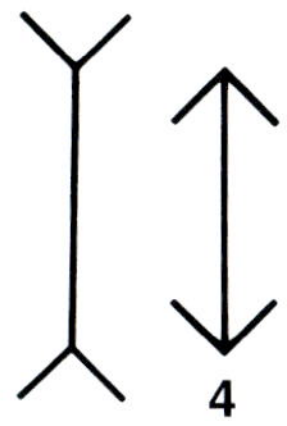

1. La figure semble avoir trois extrémités.
2. Que représente cette image ? Un calice blanc... ou le profil de deux visages ?
3. Les deux lignes du centre semblent courbes : en réalité, elles sont droites et parallèles.
4. Les deux segments sont de même longueur, bien que le premier paraisse plus long.

Les dames et les échecs – Le *jeu de dames* se joue à deux, sur un damier de 64 cases. Chaque joueur a 12 pions, blancs ou noirs. Le but du jeu consiste à prendre tous les pions de l'adversaire et à *aller à dame* en touchant l'extrémité opposée du damier. Les *échecs* sont un jeu d'origine indienne, introduit en Europe par les Arabes, au XIe siècle. Chaque joueur déplace 16 pièces, blanches ou noires, sur un échiquier selon des règles bien définies. Le but est de mater le roi adverse en faisant *échec* et *mat*.

Coquillages ;
Jardinage ;
Jouets ;
Recettes de cuisine

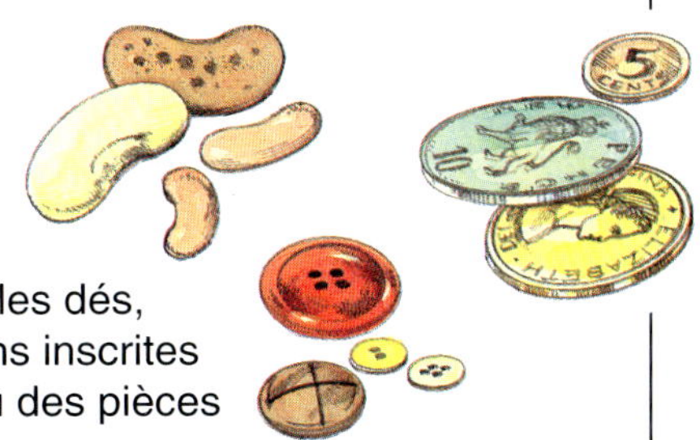

Ci-dessous : *jeu de l'oie*. Après avoir lancé les dés, on avance ou on recule selon les instructions inscrites sur les cases. Des boutons, des haricots ou des pièces de monnaie peuvent servir de pions.

JOUETS

Les enfants égyptiens, grecs et romains, jouaient avec des animaux en bois ou en terre cuite, mais aussi avec des jouets mécaniques, comme des charrettes ou des poupées aux membres articulés. On a d'ailleurs retrouvé, dans une tombe égyptienne, une statuette articulée en bois. Lorsqu'on la pousse du doigt, l'esclave, qui pétrit du pain, s'anime d'avant en arrière. Depuis, les progrès techniques ont permis de créer des jouets de plus en plus sophistiqués. Dès 1700, on inventait les premiers *automates*, poupées animées par un jeu d'engrenages intérieur. Par la suite, on vit naître la mode des boîtes à musique, dont le mécanisme reproduisait des mélodies simples.

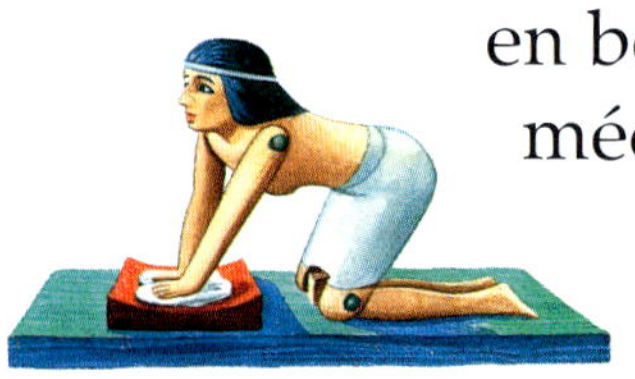

Statuette égyptienne

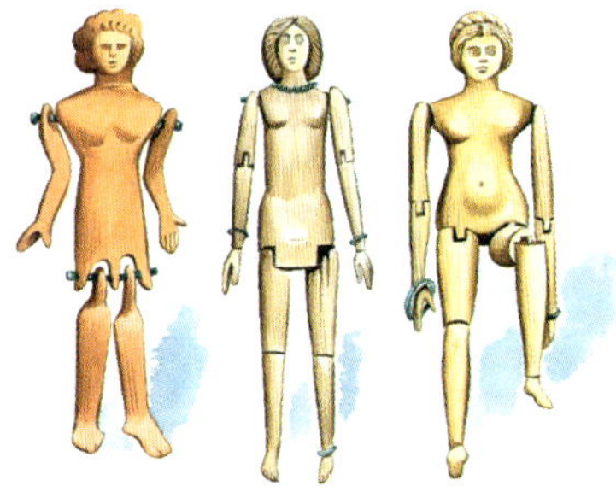

La poupée de gauche est une poupée grecque en terre cuite; les deux autres sont en bois et remontent à l'époque romaine.

1. Vache à tête mobile
2. Bélier sur deux roues
3. Charrette avec bœufs et conducteur
Ces jouets mécaniques, en bois ou en terre cuite, remontent aux anciennes civilisations d'Asie.

Les jouets ont aussi une fonction éducative : ils stimulent l'imagination de l'enfant et son développement psychomoteur.

Les jouets d'aujourd'hui – Les vieilles poupées en tissu ou en porcelaine, les petits chevaux à bascule et les toupies ont laissé la place aux poupées en plastique, aux robots, aux jouets électroniques et aux ordinateurs. L'évolution des jouets suit en effet celle de la technologie, en établissant entre le jeu et la réalité une relation étroite, importante pour le développement et l'éducation de l'enfant. Par le jeu, celui-ci entre en contact avec le monde qui l'entoure et apprend à communiquer en utilisant un langage plus complexe.

Les trains et les automobiles – À la fin du siècle dernier, les enfants jouaient avec des trains à vapeur alimentés par un petit fourneau à alcool. Les premiers modèles réduits d'auto remontent au début du XXe siècle. Ces jouets sont aujourd'hui des objets de collection.

1

2

3

1. Voiture de pompiers
2. Locomotive à vapeur
3. Auto de course

JEUX

Judaïsme

Alors que les peuples de l'Antiquité étaient *polythéistes* (ils adoraient plusieurs dieux), il y a trois mille ans, les Hébreux croyaient déjà en un dieu unique, créateur de l'univers. Ce Dieu aurait remis à Moïse, sur le mont Sinaï, les *Tables de la Loi* sur lesquelles étaient gravés les dix commandements. Le culte judaïque se base sur la lecture et le commentaire des textes sacrés, avec pour guides les docteurs de la loi juive, les *rabbins*. La *Torah* et le *Talmud* transmettent les 613 règles qui régissent les actes de la vie quotidienne. Les fidèles se réunissent pour prier dans les *synagogues*.

Étoile de David

La menorah – Le chandelier à sept branches, appelé *menorah*, est le symbole de l'ancien état d'Israël. Depuis la destruction du Temple de Jérusalem, l'objet le plus sacré dans la liturgie hébraïque est le rouleau des *Écritures sacrées*, ou *Torah*.

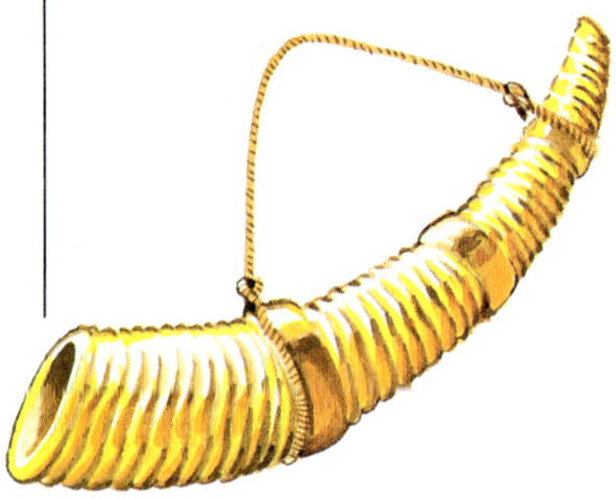

On sonne la corne *shofar* pendant certaines cérémonies religieuses, comme le *Yom Kippour* aussi appelé jour du Grand Pardon.

L'Arche d'alliance – Il s'agissait d'un coffre en bois recouvert d'or (ci-contre) que Moïse fit construire sur l'ordre de Dieu, afin d'y conserver les *Tables de la Loi*. L'Arche était gardée dans le *Saint des Saints*, une pièce secrète au cœur du Temple de Jérusalem.

Le Temple de Jérusalem
Bâti par le roi Salomon vers l'an 1000 av. J.-C., il fut détruit par Nabuchodonosor, roi de Babylone. Reconstruit et consacré de nouveau en l'an 515 av. J.-C., il fut agrandi par Hérode le Grand. Le Temple fut détruit de nouveau en 70, par les Romains. Aujourd'hui, il n'en reste que le *mur des Lamentations*.

Bouddhisme; Christianisme; Hébreux; Hindouisme; Islamisme

JUNGLE ASIATIQUE

Le climat de l'Asie du sud-est subit l'influence de la mousson, un vent tropical qui souffle de la mer vers la terre pendant 6 mois (mousson d'été), puis de la terre vers la mer pendant les 6 autres mois (mousson d'hiver). En été, la chaleur et les pluies favorisent la croissance de la jungle, enchevêtrement de lianes, d'arbustes en fleurs et d'arbres, comme les cocotiers et les palissandres, où vivent de nombreuses espèces de *singes*, des *cobras* et des *pythons*, ainsi que des *tigres* et des *léopards*. Les marais abritent des *crocodiles* et des oiseaux aux longues pattes, comme les *ibis* et les *marabouts*.

Asie; Crocodiles; Félins; Oiseaux; Primates; Serpents; Tigres

Le nasique est un singe de l'île de Bornéo. Les mâles de cette espèce gonflent leur gros nez pour attirer les femelles.

Le tigre – Il vit dans les forêts asiatiques, de la Sibérie à l'Asie du sud. Ce félin très agile tue ses proies en leur plantant ses crocs dans la nuque ou dans la gorge. Chacun se souvient de Shere Khan, le tigre qui semait la terreur dans le roman de Rudyard Kipling, *Le Livre de la jungle*.

1. Python
2. Héron crabier
3. Ibis
4. Crocodile
5. Colvert
6. Jacana à longue queue
7. Canard mandarin
8. Poisson-archer
9. Poisson-chat
10. Sonneur
11. Poule sultane

LÉGUMES

Il existe une grande variété de salades : les plus consommées sont la laitue romaine (ci-dessus, à gauche) et la rouge de Trévise (ci-dessus, à droite). Elles étaient connues et fort appréciées des anciennes civilisations égyptienne, grecque et romaine.

L'été, les légumes sont cultivés dans les potagers ou les grands champs; les serres permettent d'avoir des primeurs toute l'année. Les légumes contiennent une grande quantité de vitamines et de sels minéraux, substances indispensables à la croissance et à la santé de l'organisme. Il est toujours préférable de les consommer crus, car la cuisson entraîne la perte d'une grande partie des vitamines et des sels minéraux.

Courgette

Courge

Petits pois

Haricots

Les légumineuses – Les haricots, les petits pois, les lentilles et les fèves sont des légumineuses, c'est-à-dire des plantes dont le fruit est une gousse. Ils contiennent beaucoup de protéines végétales et remplacent la viande dans les régimes végétariens.

La courge et la courgette
Ces légumes sont les fruits de plantes qui rampent sur le sol. Les fleurs jaunes de la courgette sont comestibles.

L'oignon – L'oignon se compose de feuilles modifiées, charnues et souterraines, en forme de bulbe, situées à la base de feuilles vertes. Ce légume contient une huile dont l'évaporation irrite les yeux.

Oignons

L'aubergine, le piment et le poivron – L'aubergine est une plante originaire de l'Inde, cultivée pour ses fruits oblongs et violacés. Il existe de nombreuses variétés de piments dont les fruits à saveur plus ou moins forte, servent de condiment. Le poivron est le fruit du piment doux.

Aubergine

Poivrons et piments

Pommes de terre

Tomates

La pomme de terre et la tomate – La pomme de terre est un tubercule, c'est-à-dire un renflement de racine riche en amidon. Le plant de tomate est cultivé pour ses fruits qui portent le même nom. Il en existe diverses variétés.

Les épinards (ci-contre) contiennent du fer, indispensable pour les cellules sanguines.

Les carottes (ci-dessus) sont riches en vitamine A.

ALIMENTATION; JARDINAGE

LINCOLN, ABRAHAM

Abraham Lincoln naquit en 1809 près de Hodgenville, au Kentucky, dans l'est des États-Unis. Bien qu'il fut autodidacte, il devint avocat en 1837. Élu député républicain, il entra au Congrès en 1847. Il se prononça contre l'esclavage et suggéra que celui-ci soit interdit sur les nouveaux territoires de l'Ouest. En 1860, il devint le 16e président des États-Unis.

La guerre de Sécession éclata en 1861. Après une série de victoires, les sudistes furent défaits en 1863, à Gettysburg. Dès lors, de nombreuses villes du Sud tombèrent aux mains des nordistes et les sudistes durent se rendre en 1865.

La Sécession – L'économie des États du Nord reposait surtout sur l'industrie, celle du Sud, sur l'agriculture et sur une main-d'œuvre composée d'esclaves. L'élection de Lincoln provoqua la sécession des 11 États du Sud qui formèrent la Confédération. La guerre entre le Nord (Union) et le Sud dura de 1861 à 1865. La victoire des nordistes permit la reconstruction de l'Union, sans pour autant effacer toutes les tensions.

L'assassinat – Les changements politiques, économiques et sociaux apportés par Lincoln (ci-dessous) contribuèrent à la sécession des États du Sud (1861), puis à la guerre. À la fin du conflit, en 1865, Lincoln fut assassiné par un fanatique, J. W. Booth.

Le 9 avril 1865, à Appomattox, le général sudiste Lee (ci-dessus) rendit les armes au général Grant.

L'abolition de l'esclavage fut entérinée en 1865, avec l'adoption du XIIIe amendement à la Constitution des États-Unis.

Une nation libre – Abraham Lincoln joua un rôle important dans l'histoire des États-Unis. Il favorisa l'antiesclavagisme, pour des raisons non seulement humanitaires, mais aussi politiques et économiques, et jeta les bases d'une nation libre et moderne.

ESCLAVAGE

Littérature pour jeunes

Robert Louis Stevenson

Walter Scott

Louisa May Alcott

Le roman est un genre littéraire narratif qui décrit des faits réels, fictifs ou fantastiques. La trame du récit s'édifie peu à peu, au gré des descriptions et de l'intervention des personnages. Plusieurs livres, considérés aujourd'hui comme des classiques pour les jeunes, ont été écrits à l'origine pour un public adulte. *L'Île au trésor* de R.L. Stevenson, ou *Les Voyages de Gulliver* de l'Anglais J. Swift, satyre de la société transposée dans un monde imaginaire, en sont des exemples. *Ivanhoe*, roman historique de Walter Scott, s'inspire de l'Angleterre de Richard Cœur de Lion. Louisa May Alcott est l'auteure du roman *Les Quatre Filles du Dr March*, très apprécié des jeunes lectrices.

☞ Alcott; Contes et fables; Melville; Romanciers et poètes; Stevenson; Swift

Le roman d'aventures – L'auteur américain Jack London (1876-1916) écrivit pour un public adulte des romans d'aventures qui restent très appréciés des jeunes d'aujourd'hui. Il est l'auteur de nombreux romans et nouvelles (parmi lesquels *Croc-blanc, Martin Eden, L'Appel de la forêt*) où il évoque les rapports entre l'homme et la nature sauvage, et parle de courage, d'amitié et de loyauté.

Carte géographique de la ruée vers l'or, dans *L'Appel de la Forêt*.

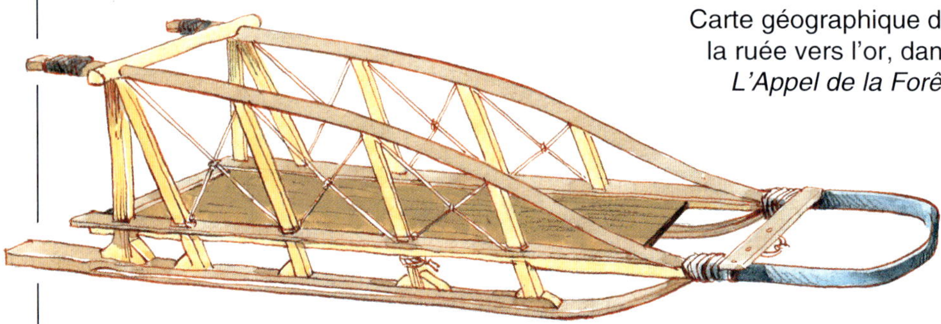

LIVRES

Le premier livre imprimé par Gutenberg (1455) fut une Bible en latin.

L'invention de l'imprimerie à caractères mobiles, par l'Allemand Johannes Gutenberg, remonte au XVe siècle. Elle permit de reproduire des livres en série, de réduire leur coût et de les rendre ainsi accessibles à tous. Aujourd'hui, les machines à imprimer ou presses typographiques impriment des milliers de pages à l'heure.

GUTENBERG; MONASTÈRES; ORDINATEUR

Des feuilles enroulées
Autrefois, les livres étaient composés de feuilles manuscrites enroulées autour de deux baguettes de bois. Le mot volume dérive du latin *volumen* qui signifie justement *feuilles manuscrites enroulées*. Par la suite, les pages furent brochées ou reliées, et il fut possible de les feuilleter une à une.

Les copistes – Au Moyen Âge, les livres étaient écrits à la main par des moines, appelés copistes. Ils recopiaient, dans leur langue originale, les textes des anciens auteurs grecs et latins. Les premiers ouvrages en langue vulgaire, ou langue utilisée par le peuple, firent leur apparition avec l'invention de l'imprimerie.

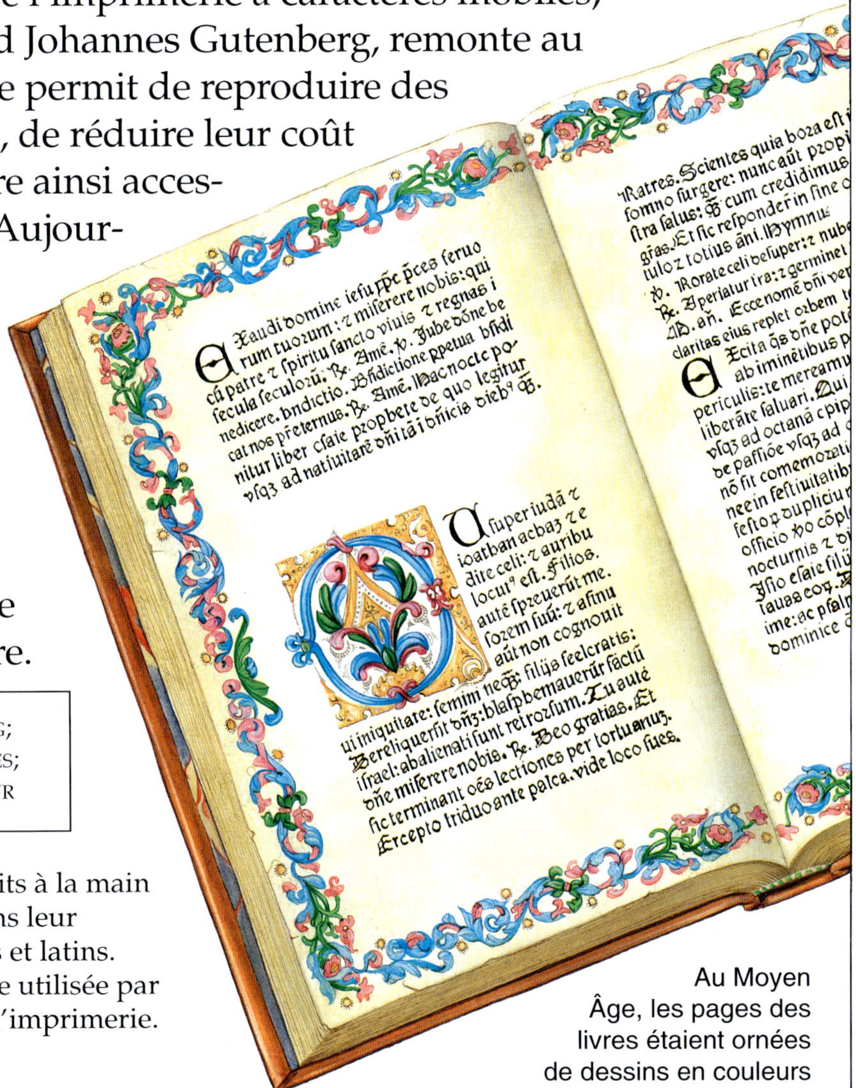

Au Moyen Âge, les pages des livres étaient ornées de dessins en couleurs appelés *enluminures*.

Création

Mise en page par ordinateur

Presse

Livre imprimé et relié

Le livre aujourd'hui – Le livre est la création d'un *auteur*. L'éditeur est celui qui publie et met en vente l'œuvre de l'auteur. L'*illustrateur* crée des illustrations pour illustrer le livre. Le *graphiste*, qui de nos jours utilise souvent l'ordinateur, réalise la couverture, décide des caractères typographiques qui seront utilisés pour le texte et détermine la mise en page de l'ouvrage. Le *typographe* compose les textes destinés à l'impression. Le *photolithographe* prépare ensuite les films pour l'impression et le *pressier* imprime le livre sur de grandes feuilles, qui seront pliées, coupées, puis reliées, avec couverture.

Louis XIV

Causeuse style Louis XIV

Louis fut proclamé roi de France en 1643, quand il n'avait que 5 ans. Sa mère, Anne d'Autriche, exerça alors la régence avec l'aide du cardinal Mazarin. Ce n'est qu'à la mort de ce dernier, en 1661, que Louis prit réellement le pouvoir. Le début de son règne fut marqué par des conquêtes victorieuses (Franche-Comté, Luxembourg, Strasbourg). Mais la guerre de la Succession d'Espagne (1701-1714) mena la France au bord de la ruine et signa la fin de sa suprématie sur l'Europe.

1638 : naît de Louis XIII et d'Anne d'Autriche.
1643 : accède au trône sous la régence de sa mère.
1661 : prend les pleins pouvoirs à la mort de Mazarin.
1682 : déplace la cour à Versailles.
1701 : début de la guerre de la Succession d'Espagne.
1715 : meurt à Versailles.

Louis XIV fut surnommé le *Roi-Soleil*.

L'absolutisme – Louis XIV concentra tous les pouvoirs entre ses mains, s'identifiant à l'autorité absolue : « L'État, c'est moi ! », affirmait-il. Pour mieux contrôler les nobles, il les obligea à vivre à la cour. La mauvaise gestion et les gaspillages provoquèrent une crise financière : à sa mort, les caisses de l'État étaient vides. La révolte grondait et, à la fin du siècle, elle se transforma en une révolution.

Versailles – En 1682, Louis XIV transporta sa cour à Versailles, nouveau palais royal bâti non loin de Paris. Ce château était entouré de jardins magnifiques, avec fontaines et jeux d'eau. Bals et fêtes animaient une vie de cour fastueuse.

Révolution française

LUNE

Avant d'alunir, les vaisseaux spatiaux doivent d'abord accomplir une rotation autour de la Terre.

Situé à environ 380 000 km de la Terre, cet unique satellite naturel de notre planète influe sur elle : ainsi, la force d'attraction de la Lune (combinée à celle du Soleil) sur les particules liquides provoque les marées. Depuis longtemps l'homme étudie les phases lunaires et encore aujourd'hui, dans certains pays, les agriculteurs se basent souvent sur les lunaisons, ou mois lunaire, pour décider du temps des semences et des moissons. Le calendrier égyptien était lunaire; les calendriers maya, grec et chinois étaient luni-solaires. Le calendrier musulman est essentiellement lunaire.

La surface lunaire – Elle est couverte de *cratères* qui sont provoqués par la chute de *météorites*, des fragments de corps célestes. On y remarque de hautes montagnes et de vastes plaines, appelées *mers*, d'origine volcanique. L'absence d'atmosphère gazeuse explique les forts contrastes de température entre la face éclairée par le soleil (130 °C), et l'autre face plongée dans la nuit (-150 °C).

Les phases lunaires – Lorsque par rapport au Soleil, la Lune est située de l'autre côté de la Terre, sa face visible est entièrement éclairée. C'est la *pleine Lune*. De nuit en nuit, elle se déplace vers le Soleil et sa face éclairée devient de moins en moins visible, jusqu'à ce qu'elle passe entre la Terre et le Soleil et devienne totalement invisible. Puis, un croissant de Lune réapparaît, s'épaissit de nuit en nuit, pour redevenir un grand disque lumineux.

Les voyages sur la Lune

À partir des années 1960, nos connaissances sur la Lune firent un bond prodigieux grâce aux sondes, puis aux satellites qui envoyaient à la Terre des photographies de plus en plus détaillées et qui ramenèrent des échantillons du sol lunaire. Le 21 juillet 1969 (avec la mission Apollo XI), l'astronaute américain Neil Armstrong devint le premier homme à poser le pied sur la Lune. Aujourd'hui, les recherches se poursuivent (cartographie, géologie, origine, etc.) et tendent à démontrer que la Lune est un astre intérieurement mort qui n'évolue plus qu'en surface sous l'action des météorites; on n'y a décelé aucune trace de vie ni d'atmosphère.

La surface lunaire

Dans la mythologie grecque, *Séléné*, déesse personnifiant la Lune, parcourait le ciel sur un char d'argent tiré par deux chevaux.

☞ CIEL; TERRE; VOL DANS L'ESPACE

Mammifères

Présente sur tous les continents, cette classe de vertébrés est à la tête de l'évolution et comprend plus de 4 000 espèces. Les mammifères sont des animaux à sang chaud, à température constante et à respiration pulmonaire, dont la peau est pourvue de poils. Les femelles possèdent des glandes mammaires qui sécrètent du lait pour les petits.

L'homme est un mammifère. Le bébé se développe à l'intérieur du corps maternel. Après sa naissance, il est allaité ou nourri au biberon.

Baleine

Les dimensions – La taille et le poids des mammifères varient énormément d'une espèce à l'autre. Ainsi, la musaraigne ne mesure en moyenne que 10 cm, alors que la baleine peut atteindre 30 m; le lémur pèse environ 60 g, et le gorille, approximativement 270 kg.

Le kangourou transporte son petit dans sa poche.

Les fossiles – Les mammifères descendent probablement des reptiles. D'après les fossiles retrouvés, les espèces actuelles commencèrent à se différencier pendant l'éocène (début de l'ère tertiaire), il y a environ 65 millions d'années.

Animaux à sang chaud – La température corporelle des mammifères reste constante, même quand celle du milieu ambiant varie; c'est ce qu'on appelle l'*homéothermie*, caractéristique que partagent aussi les oiseaux. La chaleur provient des réactions chimiques dues principalement aux oxydations de substances alimentaires.

Les marsupiaux – Chez ces animaux, le développement de l'embryon, peu avancé à la naissance, s'achève dans la poche ventrale de la mère où se trouvent les mamelles. Cet ordre de mammifères comprend entre autres les kangourous, les koalas et les opossums.

Tous les mammifères dont le fœtus se développe entièrement dans l'utérus par l'intermédiaire d'un *placenta* sont dits *placentaires*. Les marsupiaux (kangourous, koalas, etc.) et les monotrèmes (ornithorynques et échidnés) ne sont pas des mammifères placentaires.

Animaux de la ferme; Animaux domestiques; Bovins; Chats; Chiens; Dinosaures; Écureuils; Éléphants; Équidés; Faune australienne; Félins; Girafes; Hérissons; Hibernation; Mammifères marins; Ours; Primates; Ratons laveurs; Rhinocéros; Rongeurs; Tigres; Zèbres

L'allaitement – La truie allaite ses petits (ci-dessous) pendant des mois avant de les sevrer. Les baleines, les dauphins, les narvals et les cachalots sont aussi des mammifères : ils allaitent leurs petits.

Mammifères marins

1. Baleine franche
2. Baleine grise de Californie
3. Cachalot
4. Baleine bleue

Les baleines, les cachalots, les épaulards et les dauphins font partie de l'ordre des cétacés. Très grands (les baleines peuvent atteindre 30 m), ils ressemblent à des poissons, mais sont des mammifères marins. Leurs membres postérieurs ont disparu, et leurs membres antérieurs se sont transformés en nageoires. Leur queue, ou nageoire caudale, est aplatie horizontalement. Certaines espèces, les cachalots par exemple, peuvent rester jusqu'à 75 minutes sous l'eau.

Les petits des cétacés sont allaités et restent longtemps sous la protection de leur mère. Comme tous les mammifères marins, ils doivent remonter à la surface pour respirer.

Rorqual commun

Les dauphins – Ils communiquent entre eux en émettant des sons dont les fréquences sont supersoniques ou perceptibles par l'oreille humaine. Intelligents et enjoués, ils se nourrissent de poissons et de mollusques.

Baleine boréale

Dauphin

Les épaulards *(orques)* – Tous les individus de cette espèce sont noirs, avec des taches blanches caractéristiques : une derrière l'œil, une sous le menton, qui s'étend sur le ventre et sur les flancs. Ils chassent, en petits groupes, les dauphins, les pingouins, les phoques et parfois même les baleines. Les mâles peuvent atteindre 9 m de long.

Épaulard

Des espèces menacées
Auparavant, l'homme tirait profit de la chasse à la baleine dont il utilisait la graisse, les fanons et la chair. Aujourd'hui, plusieurs cétacés sont en voie de disparition et des mesures ont été prises pour les protéger.

Mammifères; Mer

MARÉCAGES

L'aigle de mer, ou pygargue à queue blanche, a le plumage brun et la queue blanche. Il vit sur le bord des mers, des lacs et des rivières.

Les nappes d'eau stagnante peu profondes des marécages abritent une faune et une flore bien particulières. Entre les roseaux et autres plantes aquatiques, des libellules et des essaims de moucherons volent au fil de l'eau. Plusieurs oiseaux y viennent pour hiverner ou nidifier. Les oiseaux des marécages ont souvent soit des pattes palmées pour nager, soit de très longues pattes adaptées aux déplacements dans l'eau peu profonde.

Marabout à sac

Cigogne du Sénégal

Le héron cendré – Cet oiseau niche de préférence en grosses colonies, sur de grands arbres. Au printemps, le mâle prend possession d'un nid et se lance dans une parade nuptiale pour attirer la femelle.

Eider royal

Le marabout – De la famille des ciconiidés, il vit dans les régions désertiques d'Asie et d'Afrique. Il fait environ 1,5 m de haut et plus de 2,4 m d'envergure. Il a un bec large et imposant, un gros jabot, une tête et un cou déplumés. Il se nourrit surtout de charognes.

1. Souchet
2. Hibou des marais
3. Bihoreau
4. Balbuzard pêcheur
5. Canard Colvert
6. Bruant des roseaux
7. Échasse
8. Grèbe huppé
9. Râle d'eau
10. Campagnol
11. Oie sauvage
12. Bécassine des marais
13. Oie rieuse
14. Foulque
15. Tortue des marais
16. Héron cendré

CROCODILES; MIGRATION; OISEAUX; RAPACES

MÉDECINE

Au Ve s. av. J.-C., le médecin grec Hippocrate posa les bases de la médecine scientifique. Les travaux du Grec Galien (IIe s. ap. J.-C.), eurent aussi une grande influence. Il fit d'importantes découvertes sur le système nerveux et le cœur. Les Arabes firent avancer la médecine entre les Xe et XIIe s. Aux XVIe et XVIIe s., la chirurgie et l'anatomie progressèrent et on découvrit la circulation sanguine.

Anciens instruments médicaux (égyptiens, romains et grecs).

Edward Jenner (1749-1823) découvrit en 1796 le moyen d'immuniser l'homme contre la variole. Ci-dessous : Jonas Salk découvrit le vaccin contre la poliomyélite, en 1955.

Les progrès – Les premiers hôpitaux dits « modernes » apparurent il y a 400 ans. En 1842, on découvrit l'anesthésie en faisant respirer au patient de l'éther. Mais les malades mouraient souvent d'infections après une opération. En 1865, Joseph Lister, un chirurgien anglais, créa l'antisepsie en utilisant une substance désinfectante pendant une chirurgie.

Louis Pasteur (1822-1895), chimiste et biologiste français, établit les bases de la bactériologie et créa, en 1885, le vaccin contre la rage.

CERVEAU ET ORGANES SENSORIELS; CIRCULATION SANGUINE; CORPS HUMAIN; MÉDECINE PAR LES PLANTES; MUSCLES; REPRODUCTION HUMAINE; SCIENTIFIQUES ET INVENTEURS; SQUELETTE

Le médecin français Albert Schweitzer (1875-1965), ci-dessous, fonda un hôpital à Lambaréné (Gabon). Il reçut le prix Nobel de la paix en 1952.

La médecine moderne – Au XIXe siècle, on commença à utiliser des médicaments de synthèse fabriqués en laboratoire. En 1967, le chirurgien sud-africain Christian Barnard réalisa la première greffe du cœur. Aujourd'hui, plusieurs organes peuvent être greffés : le cœur, les poumons, les reins, la mœlle osseuse, la cornée, etc.

Médecine par les plantes

L'ortie est diurétique et possède des propriétés anti-inflammatoires.

Avant l'utilisation des médicaments synthétiques produits en laboratoire, on soignait les maladies avec des plantes, des fleurs et des racines. Les *herboristes* cueillent les plantes médicinales et aromatiques et les préparent afin d'obtenir des produits curatifs. L'*aromathérapie* et l'*homéopathie* sont des médecines parallèles. On les appelle méthodes *holistiques* parce qu'elles soignent non seulement les symptômes de la maladie mais aussi ses causes, et veillent à rétablir l'équilibre de tout l'organisme.

Les algues sont classées en trois groupes : les brunes, les rouges et les vertes. Plusieurs d'entre elles sont utilisées comme remèdes.

Fleurs; Médecine; Plantes utiles

Plante et fleurs de mauve

La santé par les plantes
L'*aromathérapie* soigne grâce aux huiles essentielles, c'est-à-dire l'essence de la plante, sa force vitale. Pour en extraire l'huile, les fleurs sont séchées au soleil, puis mises à macérer.

L'homéopathie – Fondée par le médecin allemand S. Hahnemann (1755-1843), cette discipline soutient que chaque maladie peut être soignée avec des doses infinitésimales de la substance qui, absorbée en doses normales, provoquerait les symptômes mêmes de la maladie.

Moine herboriste au Moyen Âge

Selon les caractéristiques de chaque plante, on produit des crèmes, des pommades, des lotions, des teintures, des décoctions, des huiles essentielles, des infusions et des tisanes.

Melville, Herman

Herman Melville (1819-1891), écrivain américain, s'engagea à 23 ans sur un baleinier et ne perdit jamais contact avec les marins. L'action de son chef-d'œuvre, *Moby Dick*, se déroule parmi les chasseurs de baleines, au large de la Nouvelle-Angleterre.

«... C'était la bouche ouverte de Moby Dick et sa mâchoire tordue... La bouche étincelante bâillait juste sous le canot comme la porte ouverte d'un tombeau de marbre. D'un coup de côté avec l'aviron de queue, Achab fit virer l'embarcation pour l'écarter de cette apparition... Mais alors, glissant encore un peu plus profond dans la bouche de la baleine, l'embarcation s'inclina sur le côté; Achab, penché pour faire levier, lâcha prise et tomba dans la mer la tête la première... »

Moby Dick

«... Après bien des pas et des interrogations au hasard, j'appris que trois vaisseaux appareillaient pour des voyages de trois ans. C'étaient : la *Diablesse*, la *Friandise* et le *Péquod*... enfin, montant à bord du *Péquod*, je fus convaincu que c'était là le bateau qu'il nous fallait... C'était un bâtiment de l'ancienne école, plutôt petit que grand, avec cet air de griffon des navires démodés de jadis... Il était paré comme un empereur éthiopien au cou alourdi de pendentifs d'ivoire poli. C'était une sorte de trophée ambulant; c'était quelque chose comme un vaisseau cannibale attifé des dépouilles et des os de ses ennemis... Un noble vaisseau! mais je ne sais pas pourquoi, mélancolique... »

«... un capitaine, saisissant un couteau planté dans une proue rompue, s'était élancé sur la baleine comme un duelliste... Et c'est alors que, passant soudain sous Achab sa mâchoire en forme de faucille, Moby Dick lui avait fauché la jambe comme un moissonneur fauche une tige dans un champ... »

Littérature pour jeunes; Romanciers et poètes

MER

Méduse

On appelle la Terre la *Planète bleue* parce que les deux tiers de sa surface (70,8%) sont recouverts d'eau. C'est dans ces eaux que la vie a pris naissance, il y a environ 3 milliards d'années. Trois océans, l'Atlantique, le Pacifique et l'océan Indien, séparent les continents. Les mers sont de plus petites étendues d'eau situées à l'intérieur des continents : la mer Méditerranée se trouve entre l'Europe, l'Asie et l'Afrique.

Rouget grondin

Chétodon empereur (appelé aussi Ange de mer impérial)

L'eau de mer – On y trouve des sels minéraux, surtout du chlorure de sodium (sel marin). Dans les mers situées entre les tropiques, non loin de l'équateur, l'évaporation est plus importante et les sels sont plus concentrés. Ainsi, la salinité de la mer Morte atteint 33 %.

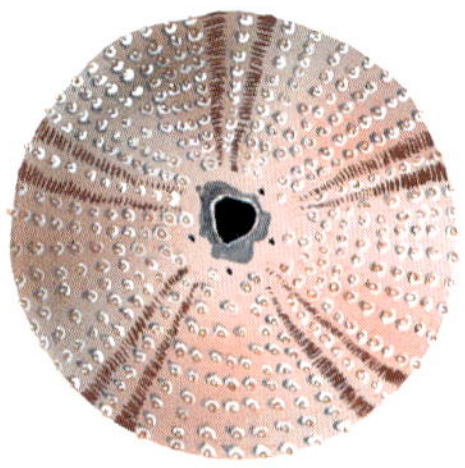

Test (squelette) d'oursin

Les marées et les courants – La marée est un *mouvement périodique* de la mer, dont le niveau monte et descend, provoqué par l'attraction combinée de la Lune et du Soleil. L'écart entre la marée haute *(flux)* et la marée basse *(reflux)* se nomme *amplitude*. Les courants marins sont des mouvements de masses d'eau qui suivent certaines directions et influent sur les climats : ils peuvent être chauds ou froids, constants ou périodiques, superficiels ou profonds. Le Gulf Stream, courant chaud de l'Atlantique Nord, va de la côte ouest de l'Afrique au golfe du Mexique, puis remonte vers Terre-Neuve et les côtes de l'Europe occidentale.

Ci-dessous : un morse avec son petit. De nos jours, c'est toute la faune marine qui est menacée par la pollution.

☞ ABYSSES; COQUILLAGES; ÉVOLUTION DE LA VIE; FONDS MARINS; MAMMIFÈRES MARINS; POISSONS; PORTS; SQUALES; TERRE

Migration

Certains insectes, oiseaux, poissons et mammifères migrent pour gagner des régions au climat plus propice à leur alimentation ou à leur reproduction.

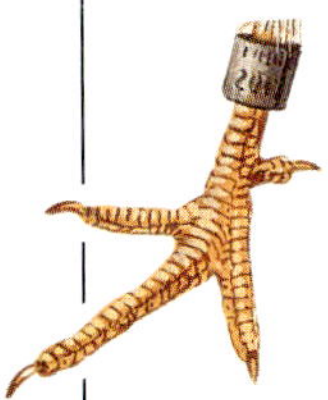

On étudie les routes migratoires en baguant les oiseaux pour mieux les retracer.

Grue cendrée

La grue cendrée et l'oie des moissons – La première, une espèce en voie de disparition, vit en Scandinavie et en Europe centrale. La deuxième, au plumage brun foncé, se retrouve dans tout le nord de l'Eurasie. En hiver, elle migre vers le sud pour rejoindre les côtes et l'embouchure des fleuves.

Oie des moissons

Oiseaux migrateurs :

1. Sterne
2. Courlis
3. Héron cendré
4. Alouette
5. Perdrix de mer
6. Tadorne
7. Avocette
8. Macreuse brune
9. Cygne muet
10. Foulque
11. Sterne arctique
12. Tourterelle
13. Sterne caugek
14. Sterne caspienne
15. Oie sauvage
16. Sarcelle
17. Busard
18. Buse
19. Martinet alpin
20. Hirondelle
21. Cigogne
22. Harle
23. Pluvier guignard
24. Guêpier
25. Héron siffleur

L'orientation – Les poissons et les oiseaux peuvent s'orienter avec beaucoup de précision. Les oiseaux possèdent une sorte de boussole interne qui leur permet de s'orienter grâce au soleil et aux étoiles, ainsi qu'une horloge interne qui fonctionne un peu à la façon d'un sextant.

Oie cygnoïde

Monarque

Les papillons
Certains papillons particulièrement résistants, les *Monarques* par exemple, effectuent des migrations de centaines et même de milliers de kilomètres.

L'oie cygnoïde
Cet oiseau au long bec, présentant une protubérance sur le front, peut atteindre en quelques semaines des dimensions remarquables. Il a un vol puissant et migre en grandes bandes.

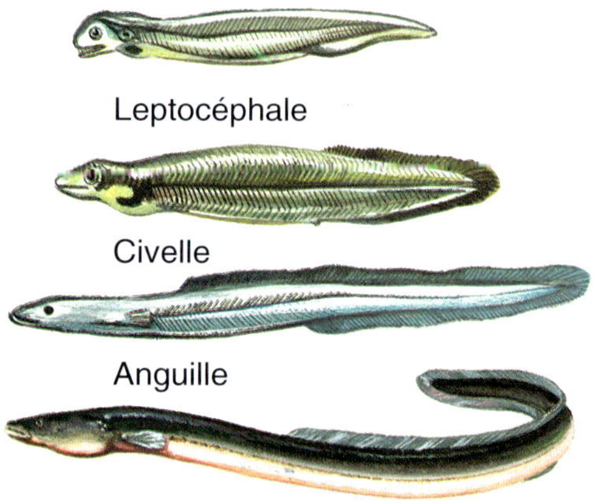

Les sardines migrent en bancs.

Le saumon – Ce poisson passe sa jeunesse dans les eaux douces, puis migre vers la mer où il séjourne plusieurs années le long des côtes. Lorsqu'il arrive à maturité, il migre de nouveau pour aller pondre dans la rivière ou le torrent où il est né. Il nage alors à contre-courant, effectuant parfois des bonds de 5 m pour franchir des barrages.

Saumon remontant le courant.

L'anguille – On la trouve dans les eaux douces, en Europe et en Amérique. À maturité, elle entreprend un long voyage vers la mer des Sargasses, au nord-est des Antilles, son aire de reproduction. Ses œufs se développent en larves transparentes, *leptocéphales*, qui, au bout de 2 ans, se transforment en *alevins*, ou *civelles*. Les alevins, gagnent les fleuves américains ou européens où ils grandiront.

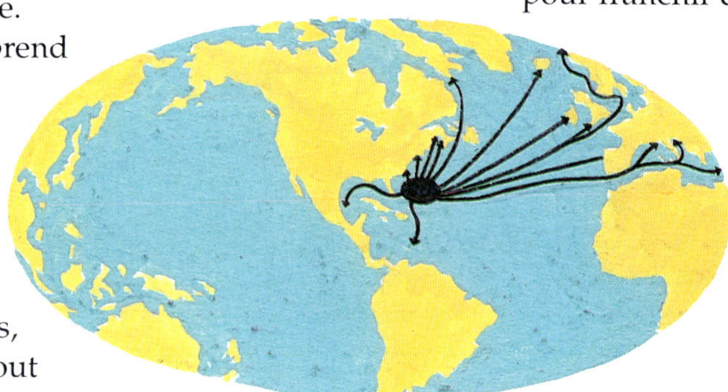

Route migratoire des anguilles.

La velelle – Cette étrange méduse bleu-mauve vit dans la Méditerranée et dans l'Atlantique. Un flotteur doté d'une voile transparente lui permet de parcourir de longues distances sous l'action du vent. On a déjà observé un banc de velelles long de 250 km.

Marécages; Oiseaux; Papillons; Pélicans; Poissons

Mimétisme

Les hommes aussi peuvent se confondre avec l'environnement en revêtant des tenues de la même couleur que la végétation environnante. C'est pourquoi les soldats portent souvent une tenue de camouflage, la tenue léopard.

Pour se protéger, certaines espèces animales ont la possibilité de se confondre avec leur environnement. C'est ce qui s'appelle le mimétisme. Un poisson peut ressembler à un caillou, un papillon, à une fleur, un insecte, à une feuille. Cette stratégie de camouflage est utile aux prédateurs pour surprendre leur proie, et aux proies, pour se camoufler.

Le mimétisme saisonnier – La fourrure de nombreux animaux change de couleur selon la saison. Ainsi, la fourrure de la martre, brune en été (1), devient plus claire en hiver et se confond avec la neige (2).

Martre japonaise

Les poissons – Les raies et les soles sont difficiles à apercevoir parce qu'elles vivent sur les fonds marins et prennent la couleur du sable.

De haut en bas : pelage de léopard, de zèbre, de girafe, de guépard.

Dans la savane africaine
Certains animaux ont un pelage tacheté ou à rayures sombres qui les aide à se fondre dans la végétation de la savane.

Amphibiens; Animaux étranges; Faune africaine; Félins; Girafes; Poissons; Reptiles; Saisons; Tigres; Toundra; Zèbres

Le caméléon – Pour mieux échapper à ses prédateurs, il change de couleur selon l'endroit où il se trouve. Sa peau possède des organes spéciaux, les *chromatophores*, colorés et mobiles, qui, en s'ouvrant ou en se refermant, lui permettent de changer de couleur.

La rascasse (ci-dessous), immobile, se confond avec les rochers.

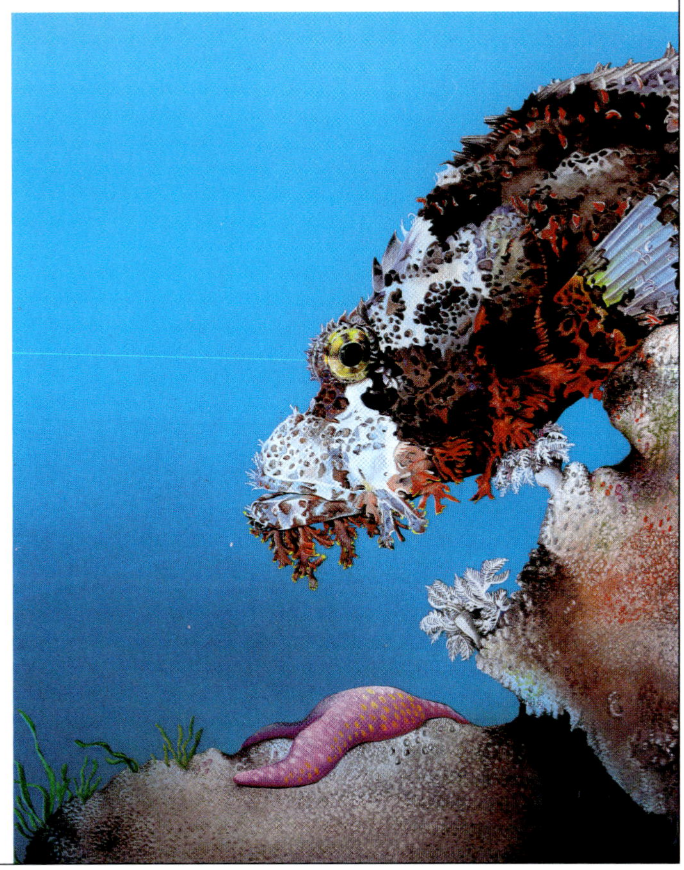

La rainette verte – De vert vif, sa couleur de base, elle peut devenir brun chocolat, gris cendre ou noir olive.

Rainette

MONASTÈRES

Au Moyen Âge, la vie religieuse se concentrait autour des monastères. Les moines y vivaient en communauté et se consacraient à la prière et à d'autres activités, comme l'agriculture, l'élevage, l'étude des plantes, ainsi que l'assistance aux pauvres et aux malades. Certains étudiaient la philosophie, la grammaire, la rhétorique, les mathématiques, l'astronomie et l'alchimie. Ils étaient les dépositaires de la culture, qu'ils conservaient et transmettaient.

Les bibliothèques – Certains monastères conservaient dans leur bibliothèque de précieux livres qui avaient échappé aux destructions des barbares. Dans le silence du *scriptorium*, le moine *copiste* (ci-dessus) recopiait les livres et les ornait d'enluminures en couleurs.

Le cœur de la vie du monastère était la chapelle; les moines s'y réunissaient plusieurs fois par jour pour prier.

1. Dortoir
2. Scriptorium (où les copistes reproduisaient les textes)
3. Réfectoire
4. Cloître (cour intérieure)
5. Portique entourant le cloître
6. Puits
7. Chapelle
8. Potager et verger

CHRISTIANISME; LIVRES

Montagnes

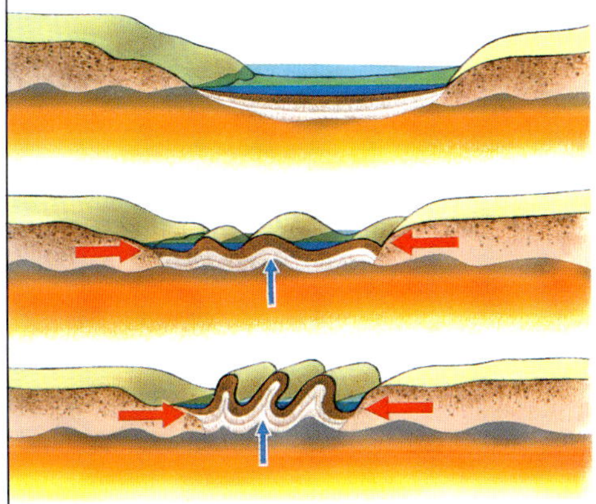

Au tertiaire, les plaques de la croûte terrestre se heurtèrent, se superposèrent et se plissèrent; les montagnes ainsi formées (ci-contre) pouvaient s'étendre sur des milliers de kilomètres. Les plus anciennes (environ 200 millions d'années) sont aujourd'hui lisses et arrondies. Elles ont été érodées par le vent, la pluie, la neige et les glaces. Les montagnes plus jeunes, formées il y a environ 50 millions d'années, présentent des sommets pointus très élevés.

Les records – Les chaînes de montagnes les plus importantes sont les *Montagnes Rocheuses* et la *Cordillère des Andes* (la plus étendue, avec ses 8 000 km), qui s'étirent le long de l'Amérique du Nord et de l'Amérique du Sud. L'*Himalaya*, les *Alpes* et l'*Atlas* traversent respectivement l'Asie, l'Europe et l'Afrique du Nord. La montagne la plus élevée du globe est l'*Everest* (8 848 m), dans l'Himalaya. Plusieurs hauts sommets, comme le *Kilimandjaro* (5 963 m), en Tanzanie, près de la frontière du Kenya, ou le *Mont Fuji* (3 776 m), au Japon, sont des massifs volcaniques.

Les visages des présidents américains Washington, Jefferson, Roosevelt et Lincoln sont sculptés sur un des versants du *Mont Rushmore*, aux États-Unis.

Le Hubbard (Alaska-Yukon), environ 150 km, est l'un des plus longs glaciers du monde.

Les tremblements de terre – L'écorce terrestre est divisée en plusieurs grandes plaques (théorie de la *tectonique des plaques*). En s'emboutissant ou en se chevauchant, elles provoquent des tremblements de terre qui se propagent sous forme d'ondes sismiques. Lorsqu'elles s'écartent, une *faille* se crée entre elles, comme celle de *San Andreas*, en Californie, le long de laquelle le terrain se déplace de 5 cm par année. Étant donné que les plaques ne cessent de se déplacer, dans quelques millions d'années, l'aspect de la Terre aura complètement changé.

Terre; Volcans

MOTEUR

Il existe divers types de moteurs : à vapeur, électrique, diesel, à explosion ou à réaction. La plupart exploitent l'énergie d'un combustible (par exemple, le charbon ou le pétrole) pour la convertir en énergie mécanique qui engendre le mouvement. Tous ont la même fonction : remplacer la force musculaire de l'homme et des animaux.

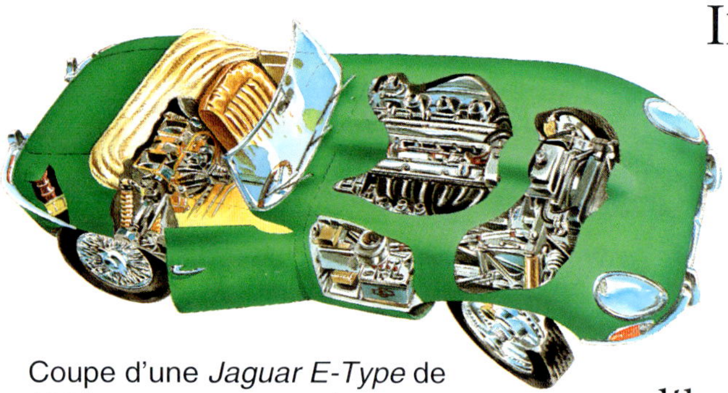

Coupe d'une *Jaguar E-Type* de 1961, avec un moteur à six cylindres. Elle peut atteindre une vitesse de 256 km/h.

Ci-contre : coupe d'un moteur à essence à 4 temps, dans lequel chaque piston termine un cycle en 4 phases. Les pistons descendent dans les cylindres, où entre un mélange d'air et de gouttelettes d'essence (temps d'admission). Ils remontent ensuite et compriment le mélange (temps de compression). Une étincelle électrique produite par une bougie allume ce mélange inflammable : l'explosion repousse les pistons vers le bas (temps d'explosion). Les pistons remontent et les gaz brûlés sont évacués hors du cylindre (temps d'échappement).

Les camions et les trains sont souvent équipés de moteurs diesels, et utilisent le gazole comme combustible. Les injecteurs, qui vaporisent le gazole dans les cylindres, remplacent les bougies. L'air est comprimé et surchauffé : le combustible explose sans étincelle.

La vapeur – En 1765, James Watt inventa la première machine à vapeur et amorça ainsi la révolution industrielle. Encore aujourd'hui, l'unité de mesure de la puissance est appelée *watt*. La force de la vapeur permit d'actionner des machines industrielles, des locomotives, et même des tramways (ci-contre, tramway londonien au siècle dernier).

Le moteur électrique – À droite, le sous-marin à propulsion électrique de Goubers (1889). Les moteurs électriques consomment de l'énergie électrique pour produire un travail mécanique. Certains de ces moteurs sont à *courant continu*, d'autres, à *courant alternatif*.

Ce jouet est une locomotive à vapeur, alimentée par un petit réchaud à alcool.

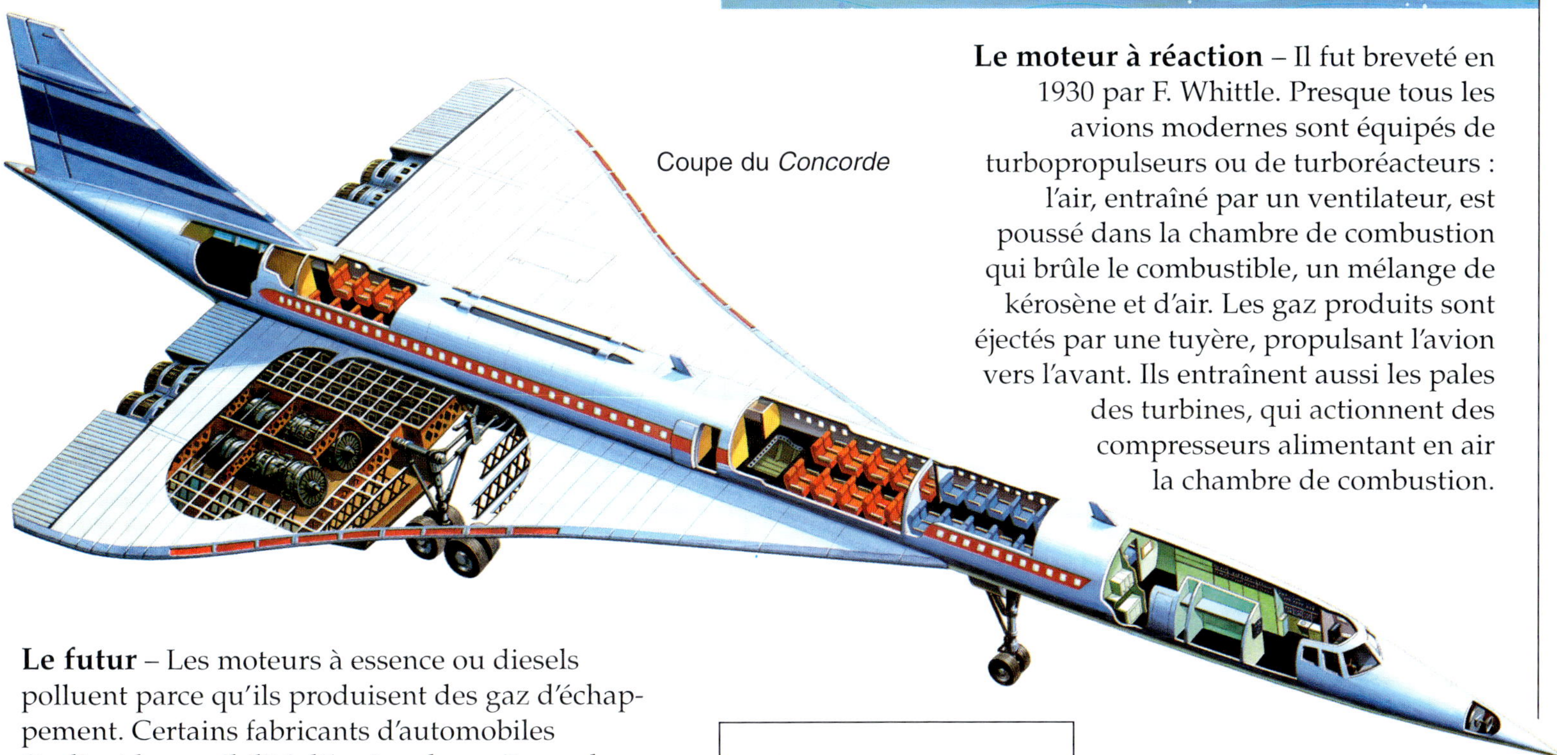

Coupe du *Concorde*

Le moteur à réaction – Il fut breveté en 1930 par F. Whittle. Presque tous les avions modernes sont équipés de turbopropulseurs ou de turboréacteurs : l'air, entraîné par un ventilateur, est poussé dans la chambre de combustion qui brûle le combustible, un mélange de kérosène et d'air. Les gaz produits sont éjectés par une tuyère, propulsant l'avion vers l'avant. Ils entraînent aussi les pales des turbines, qui actionnent des compresseurs alimentant en air la chambre de combustion.

Le futur – Les moteurs à essence ou diesels polluent parce qu'ils produisent des gaz d'échappement. Certains fabricants d'automobiles étudient la possibilité d'équiper les voitures de moteurs électriques, silencieux et non polluants, mais pour l'instant, les batteries expérimentées ne garantissent pas une autonomie suffisante.

Chaîne de montage ✓; Moyens de transport; Vapeur

Mots nouveaux

La langue est le moyen de communication de l'homme. Elle se compose de mots qui sont en fait des codes connus d'une même communauté linguistique. Aujourd'hui, il existe plus de 5 000 langues différentes, sans compter de nombreux dialectes, versions régionales d'une langue.

L'évolution d'une langue s'étend sur de très grandes périodes de temps, au gré des influences. Sans arrêt, des mots sont créés ou tout simplement empruntés à d'autres langues pour décrire des réalités nouvelles ou refléter d'autres cultures. Voici, par exemple, une liste de mots anglais couramment utilisés dans la langue française, qui ont même leur place dans le dictionnaire!

Background : arrière-plan, contexte d'une action, d'un événement.
Barman : serveur d'un bar.
Best-seller : livre qui a beaucoup de succès; succès de librairie.
Bonus : prime, gratification.
Brainstorming : remue-méninges.
Briefing : instructions, exposé, synthèse.
Bug : défaut d'un logiciel entraînant des anomalies de fonctionnement.
Bungalow : maison individuelle.
Burn-out : surmenage professionnel, epuisement professionnel.
Business : affaires; activité commerciale.

Cameraman : cadreur, au cinéma.
Crash : écrasement d'avion.
Casting : sélection des acteurs, des figurants pour un spectacle, un film.
Cash : comptant.
Charter : avion nolisé, vol nolisé.
Cheap : commun, mesquin.
Check-up : examen général, bilan de santé (pour une personne); inspection, vérification (pour un appareil, une voiture).

Cockpit : poste, cabine de pilotage.
Compilation : choix de morceaux de musique.
Copyright : droits d'auteur.
Design : esthétique appliquée à la recherche de formes nouvelles pour les objets utilitaires, l'habitat en général.
Designer : spécialiste du design.
Disque-jockey : animateur qui passe la musique à la radio, dans les discothèques.
Dope : drogue.
Drop-out : décrocheur, décrocheuse.
Dumping : pratique de vente sur les marchés extérieurs à des prix inférieurs à ceux du marché national.
Fair-play : franc jeu, loyauté, bonne foi.
Fan : admirateur, adepte.
Fast food : restauration rapide.
Feed-back : rétroaction.
Flash-back : rétrospective, retour en arrière.

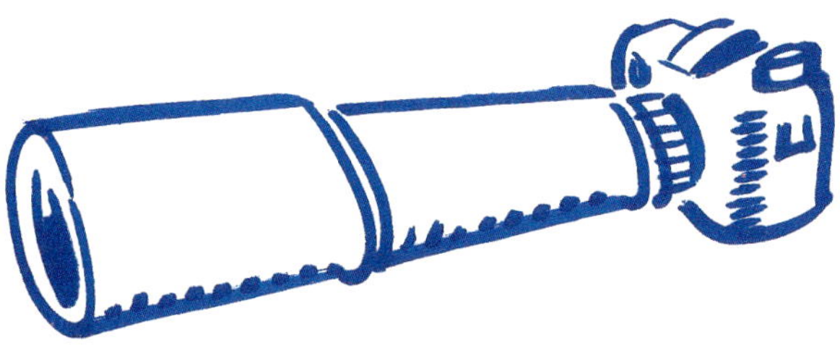

Flop : échec, fiasco.
Fun : plaisir, amusement.
Gadget : objet amusant, souvent sans utilité.
Hit parade : palmarès des plus grands succès dans le domaine de la musique populaire.
Job : travail, emploi.

Lifting : traitement esthétique destiné à supprimer les rides du visage; opération de rénovation.
Marketing : discipline qui étudie les relations entre le produit et le consommateur afin d'améliorer les ventes.
Preview : bandes-annonces; extraits d'un film destinés à sa présentation.
Quiz : jeu, jeu-questionnaire.
Relax : décontracté, détendu, reposant.
Scoop : avant-première, coup journalistique.
Self-control : maîtrise de soi.
Self-service : libre-service.
Set : ensemble, manche (au tennis).

Sexy : séduisant, suggestif.
Soap-opera : feuilleton télévisé très populaire, avec des histoires banales et beaucoup de rebondissements.
Spot : message publicitaire.
Star : grande vedette de cinéma, du spectacle.
Stress : tension nerveuse.
Talk show : émission de télévision consistant en une conversation entre un animateur et ses invités.
Thriller : film, roman, pièce qui procure des sensations fortes.
Video-clip : film vidéo percutant pour promouvoir une chanson, un artiste.
Zapper : à l'aide de la télécommande, passer sans arrêt d'une chaîne de télévision à l'autre.

☞ INFORMATIQUE; ORDINATEUR

Moyen Âge

Le Moyen Âge désigne la période *moyenne* entre l'Antiquité et les Temps modernes. Il est divisé en *haut* et *bas* Moyen Âge (avant et après l'an mille). Son début fut fixé à l'an 476 (chute de l'Empire romain d'Occident). Selon certains historiens, la fin de cette période coïnciderait avec la prise de Constantinople, en 1453; selon d'autres, avec la découverte de l'Amérique et la fin de la Reconquista, en 1492. La société médiévale était organisée selon le régime seigneurial, ou *féodalité*, qui tenait lieu à la fois de système politique, économique et social. Le *seigneur* concédait à son *vassal* un *fief*, c'est-à-dire une terre et les serfs qui la cultivaient, en échange de sa soumission et de sa fidélité. À son tour, le vassal avait sous ses ordres des *vavasseurs*.

Au Moyen Âge, la vie se déroulait autour des châteaux. Ci-dessus, le *château de Cendrillon*, à Disneyland.

Les vêtements étaient confectionnés pour durer toute une vie. Ils étaient parfois si précieux qu'on les laissait en héritage.

Dans les champs La plupart des paysans étaient des serfs attachés à la *glèbe*, c'est-à-dire à une terre qu'ils devaient cultiver. Ils n'avaient aucun droit, seulement des obligations, et le seigneur les cédait avec la terre.

Serf attaché à la glèbe

La protection – Le château était une petite cité organisée dans le but d'être autonome en cas de siège. Pendant les guerres, les paysans et les artisans se réfugiaient derrière ses remparts, et le seigneur garantissait leur protection.

Teinturier

Maréchal-ferrant

Dans les villes, à peu près la moitié de la population masculine était composée d'artisans; ceux qui pratiquaient le même art se regroupaient en associations, les *guildes*.

Verrier

Château médiéval :

1. Meurtrière dans le mur de la tour
2. Armurerie
3. Souterrains et salle de torture
4. Magasin
5. Cuisines
6. Chambre froide
7. Chambres à coucher
8. Salle d'adoubement
9. Chapelle
10. Salle des banquets
11. Intendant qui enregistre les pièces d'or
12. Copiste
13. Pont-levis

CHARLEMAGNE; CHÂTEAUX; CHEVALIERS; COSTUMES

Moyens de transport

Au XIXe siècle, avec l'utilisation de la vapeur pour propulser les bateaux et les trains, on assista à une véritable révolution dans les moyens de transport. Puis l'apparition des moteurs à combustion interne (à explosion), entre 1860 et 1890, déclencha une période de progrès sans précédent. Aujourd'hui, chaque modèle d'automobile, conçu pour répondre à des critères esthétiques, est testé avant d'être mis sur le marché afin de garantir le confort et la sécurité des passagers. Pour réduire la pollution provenant de l'émission des gaz d'échappement, la recherche s'oriente vers la conception de véhicules fonctionnant à l'électricité ou à l'énergie solaire.

La bicyclette – En 1816, le baron Karl Drais inventa un instrument de locomotion considéré comme l'ancêtre de la bicyclette, la *draisienne* (ci-dessus). En 1839, un forgeron écossais, MacMillan, y ajouta des pédales. À partir de 1855, le vélocipède, bicycle avec deux roues de diamètres différents, se répandit un peu partout. La première bicyclette à transmission par chaîne fut inventée en 1879.

Panhard (1892)

Renault (1898)

Ford *Modèle T* (1908-1927)

La *Coccinelle* de Volkswagen devint populaire après la guerre.

Les automobiles – Les premiers moteurs à combustion interne, perfectionnés par Otto et Langen (1876), furent montés sur une auto par G. Daimler en 1880, puis en 1897 par R. Diesel. La boîte de vitesse fut adoptée en 1898 par Renault. En 1895, Michelin introduisit le pneumatique. Les premières voitures, très bruyantes, roulaient à 15 km/h. Souvent, un homme les précédait en agitant un drapeau pour prévenir les piétons. La première production en série remonte à 1908, avec la Ford modèle T. Aujourd'hui, les chaînes de montage de voitures sont contrôlées par ordinateur.

Les trains – En 1830, on inaugura la première ligne de chemin de fer entre Manchester et Liverpool, en Angleterre. Les premières locomotives fonctionnaient à la vapeur; par la suite, elles furent remplacées par les trains à moteur diesel et les trains électriques. Aujourd'hui, les trains à grande vitesse comme le *T.G.V.* français ou le train japonais reliant Tokyo et Osaka (ci-dessus), sont de plus en plus nombreux.

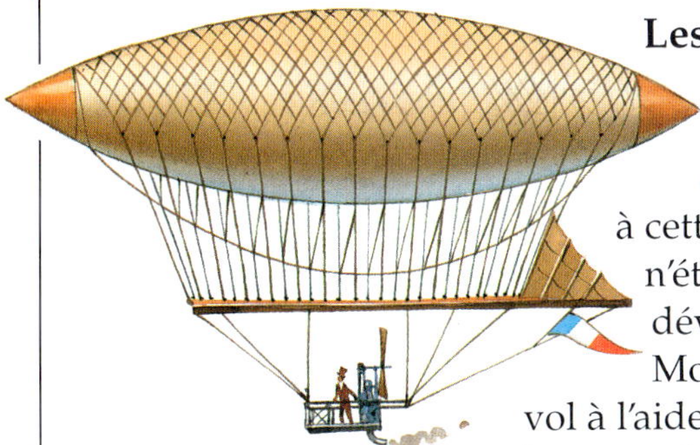

Dirigeable de Giffard (1852)

Les machines volantes
Léonard de Vinci dessina plusieurs machines pour essayer de réaliser son rêve : voler. Mais à cette époque, les moyens techniques n'étaient pas encore suffisamment développés. En 1783, les frères Montgolfier entreprirent un premier vol à l'aide d'un ballon gonflé à l'air chaud, la *montgolfière*. Celle-ci fut par la suite supplantée par les *dirigeables* (ci-contre) gonflés à l'aide d'un gaz léger et naviguant grâce à un système de propulsion.

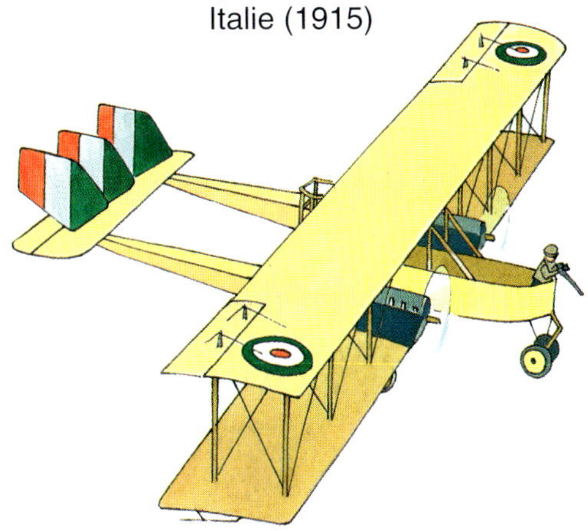

Bombardier Caproni CA 33, Italie (1915)

Bombardier B17F, États-Unis (1941)

Les avions – En 1903, les frères Wright firent décoller le premier biplan équipé de 2 hélices et d'un moteur à explosion léger. Cet exploit marqua le début de l'aviation. Par la suite, les avions se perfectionnèrent rapidement. En 1927, Charles Lindbergh effectua en 33 h 30 min la première traversée de l'Atlantique sans escale, de New York à Paris (5 800 km).

MiG 15, Russie (1947)

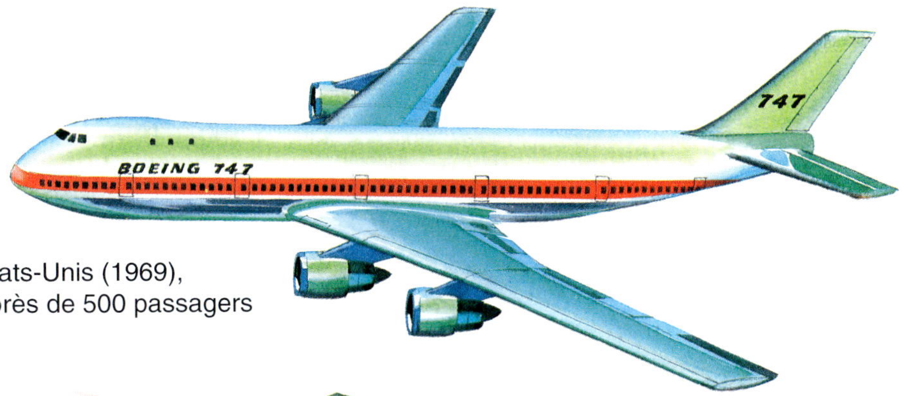

Boing 747, États-Unis (1969), transportant près de 500 passagers

L'aviation militaire – C'est lors de la Première Guerre mondiale qu'on utilisa pour la première fois les avions à des fins militaires, ce qui donna une grande impulsion à la science aéronautique.

North American X15, États-Unis (1959)

Les navires – Les premiers bateaux à vapeur virent le jour au tout début du XIXe siècle. Vers 1820, ils pouvaient déjà traverser l'Atlantique. Puis les premières coques en fer apparurent et les hélices remplacèrent les roues à aube. Ce fut l'époque des grands paquebots, comme le *Normandie* et le *Queen Mary*.

Le Normandie, France (1935)

CHAÎNE DE MONTAGE ✓; ÉNERGIE; GUERRES MONDIALES; LOCOMOTIVE ✓; MOTEUR; ORDINATEUR; PORTS; SCIENTIFIQUES ET INVENTEURS; VAPEUR; VOILES À TRAVERS LES SIÈCLES ✓; VINCI, LÉONARD DE; VOYAGES D'ANTAN

MUSCLES

Composés de cellules spéciales qui leur permettent de se contracter et de se détendre, les muscles sont formés d'une partie charnue, le *tissu musculaire*, et de *tendons*, qui les relient à l'os. Notre corps compte plus de 600 muscles de formes différentes.

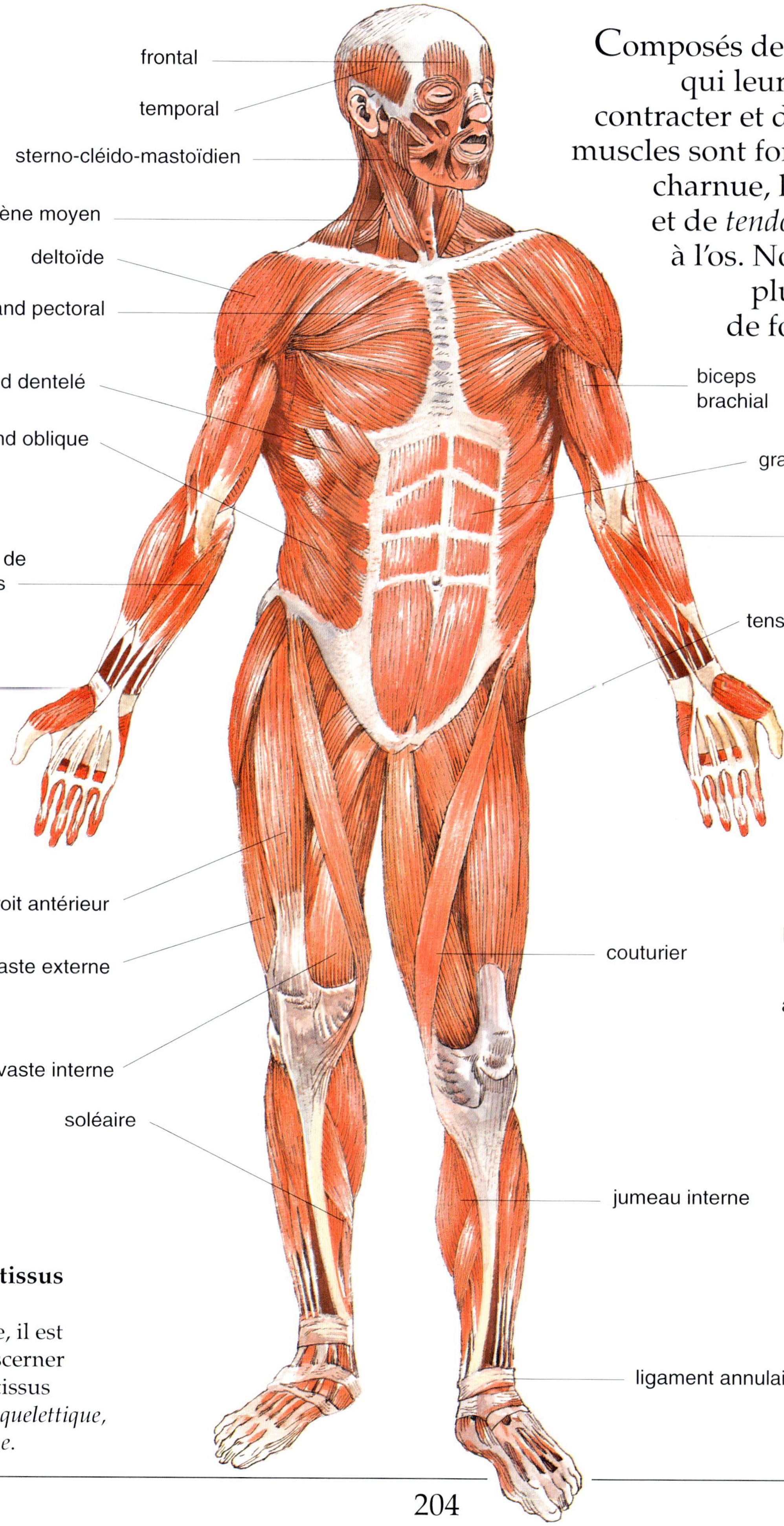

Certains muscles sont *volontaires* : nous pouvons les contrôler. Ce sont les muscles squelettiques qui assurent les mouvements du corps. D'autres, comme le muscle de l'estomac et le muscle cardiaque, sont *involontaires* et travaillent sans arrêt, même pendant le sommeil. Ils sont indispensables au maintien de la vie.

Les types de tissus musculaires
Au microscope, il est possible de discerner trois types de tissus musculaires : *squelettique, lisse* et *cardiaque*.

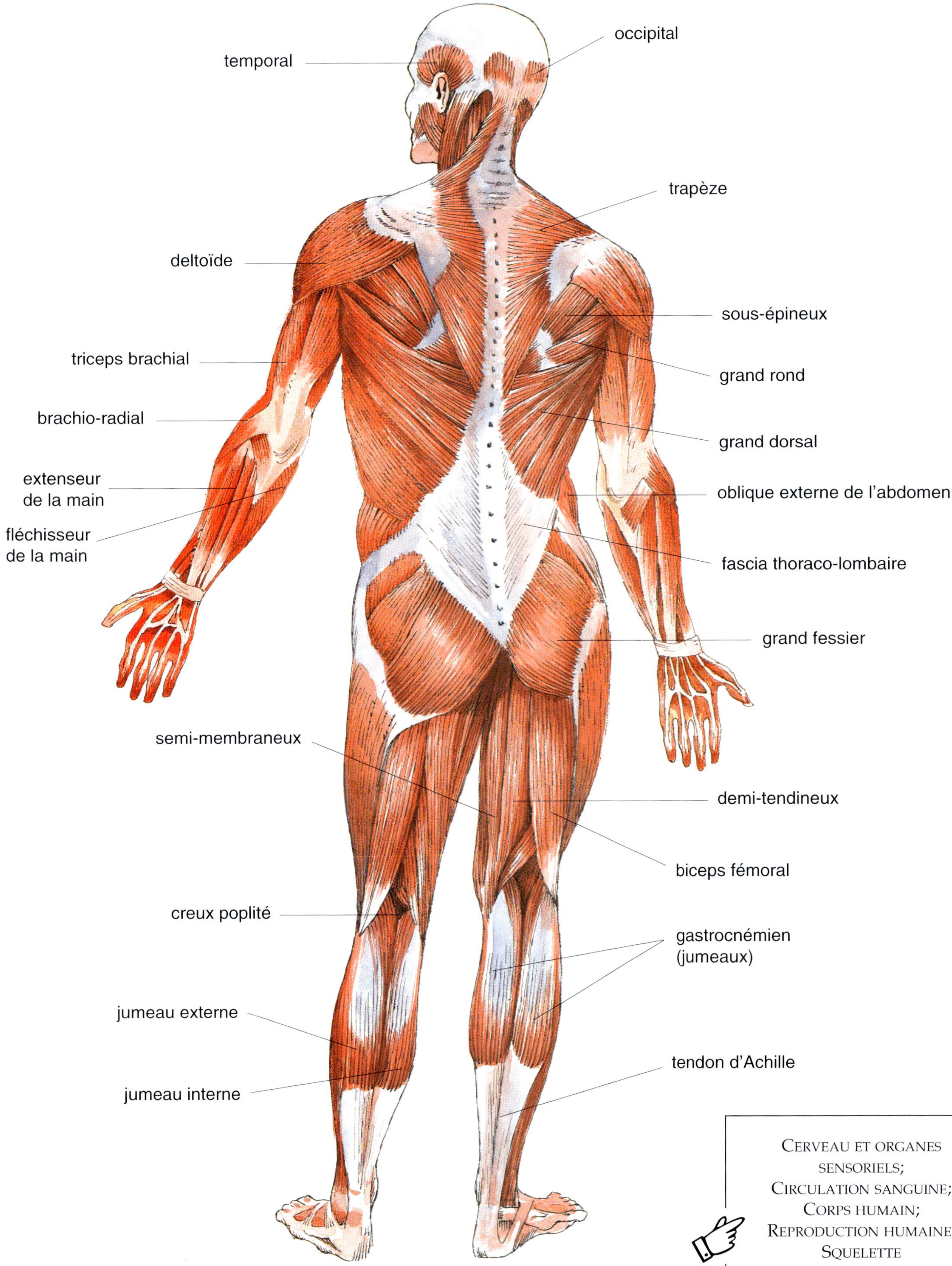

Cerveau et organes sensoriels;
Circulation sanguine;
Corps humain;
Reproduction humaine;
Squelette

MUSIQUE ET MUSICIENS

La musique remonte à la préhistoire; déjà, les hommes primitifs lui accordaient des pouvoirs magiques. Elle accompagnait les cérémonies sociales et religieuses des peuples anciens. Dans l'ancienne Grèce, elle était associée à de nombreuses disciplines comme la poésie, la danse et la gymnastique. La religion chrétienne développa le *chant grégorien* (aux environs du IXe siècle). Aux XIIe et XIIIe siècles, les *troubadours* firent leur apparition en France; au XVIIe siècle, l'*opéra* voyait le jour en Italie.

Les premiers disques microsillons faisaient 78 tours à la minute; ils furent remplacés par les 45 tours, puis par les 33 tours. Aujourd'hui, on écoute des disques compacts.

La harpe était déjà connue des Assyriens, des Babyloniens et des Égyptiens. En 1607, pour la première fois, Monterverdi l'intégra à l'orchestre dans son opéra *Orfeo*.

La musique instrumentale – Depuis la préhistoire, l'homme a inventé une grande diversité d'instruments à cordes, à vent et à percussion. De nos jours, on peut produire des sons à partir d'ondes électromagnétiques ou d'appareils électroniques, et jouer avec l'acoustique au moyen d'amplificateurs.

Les différentes sortes de musique – La *musique folklorique*, propre à chaque pays, naît de la tradition. La *musique classique* est une musique occidentale, qui a évolué du XVIIe siècle à nos jours. La *musique populaire* comprend des compositions vocales (chansons) et instrumentales (musique de danse). Le *jazz*, musique afro-américaine du XXe siècle, se caractérise par le rythme et l'improvisation. Le *blues*, dont le rythme est plus lent, en est un dérivé élaboré par les Noirs du sud des États-Unis. Vers les années 50, le *rock* faisait son apparition. Cette musique populaire d'origine américaine est caractérisée par l'utilisation de la guitare électrique et de la batterie.

Bach

Johann Sebastian Bach (1685-1750) Compositeur et organiste allemand. Quelques-unes de ses œuvres : les *Six Concertos Brandebourgeois* (1718-1721), le *Clavecin bien tempéré* (1722-1744), l'*Art de la fugue* (1748-1750), les *Passions*.

Haendel

Georg Friedrich Haendel (1685-1759) Compositeur allemand. Il se consacra surtout à l'opéra. Ses premières œuvres furent représentées en 1705. Il immigra à Londres en 1710, y composa une quinzaine d'opéras mais aussi, entre autres, des sonates, des oratorios, des motets, des *concerti grossi*.

Haydn

Wolfgang Amadeus Mozart (1756-1791) – Compositeur autrichien. Enfant prodige, à quatre ans, il composait déjà des menuets. *Les Noces de Figaro*, *Don Juan*, *La Flûte enchantée* et le *Requiem* figurent parmi ses œuvres les plus célèbres.

Mozart

Beethoven

Franz Joseph Haydn (1732-1809) – Compositeur autrichien. Quartettiste et symphoniste, il incarnait le style viennois classique. Son œuvre évolua vers des formes de sensibilité qui annonçaient le romantisme.

Ludwig van Beethoven (1770-1827) Compositeur allemand. Parmi ses œuvres les plus importantes, il y a ses neuf symphonies, en particulier la troisième *(Héroïque)*, la sixième *(Pastorale)*, la neuvième *(Hymne à la joie)*; les 32 sonates pour piano, dont la *Pathétique* et la *Sonate quasi una fantasia*, dite *Clair de lune*; l'opéra *Fidelio*. Il fut atteint d'un début de surdité dès 1796, et en 1819, il était totalement sourd.

Franz Peter Schubert (1797-1828) Compositeur autrichien. Il fut l'un des plus grands génies du romantisme. Il composa un grand nombre de *lieder*, de sonates pour piano et de symphonies, ainsi que de la musique de chambre.

Schubert

Schumann

Robert Alexander Schumann (1810-1856) – Compositeur allemand de la période romantique. Il écrivit de la musique sacrée, de la musique symphonique et de la musique de chambre.

Wagner

Richard Wilhelm Wagner (1813-1883) Compositeur autodidacte, l'une des grandes figures du romantisme allemand. Ses œuvres les plus connues sont *L'Anneau du Nibelung (L'or du Rhin, La Walkyrie, Siegfried, La Chute des Dieux), Tannhäuser, Lohengrin, Parsifal.*

Verdi

Giuseppe Verdi (1813-1901) Musicien italien. Il composa surtout des opéras et s'imposa en 1842 avec *Nabucco* à la Scala de Milan. Parmi ses œuvres les plus célèbres, figurent *Macbeth, Rigoletto, La Traviata, Il Trovatore, Aïda, Messe de requiem, Otello, Falstaff.*

Johannes Brahms (1833-1897) – Compositeur allemand, découvert par Schumann. Partisan de la musique classique, il en rénova la technique de composition. Il écrivit des sonates, des symphonies, de la musique de chambre et plusieurs *lieder*.

Danse; Orchestre ✓

Mythes et légendes

Depuis l'Antiquité, l'homme a voulu donner, à travers les mythes, une explication de la création du monde et des mystères de la nature. Pour les anciens Grecs, le mont Olympe abritait les dieux, êtres immortels incarnant les forces de la nature ou certains aspects de la condition humaine. Ouranos, par exemple, personnifiait le ciel, Athéna, la guerre et Aphrodite, l'amour.

Le héros Thésée, fils d'Égée, roi d'Athènes, parvint à tuer le Minotaure et à sortir du Labyrinthe grâce à la pelote de fil que lui avait donnée Ariane, la fille de Minos, roi de Crète.

Les héros mythologiques
L'art de la Grèce antique s'inspirait non seulement des dieux de l'Olympe, mais aussi des héros, personnages mortels forts et courageux, fondateurs de villes et de dynasties : Héraclès effectuant les douze travaux, Jason s'emparant de la Toison d'Or avec l'aide des Argonautes, Persée tuant Méduse, un monstre à la tête couronnée de serpents.

1. Athéna, déesse de la guerre.
2. Apollon, dieu de la beauté, de la lumière, des arts et de la divination.
3. Zeus, dieu suprême de l'Olympe.

Les légendes – Ce sont des contes nés de l'imagination populaire pour expliquer l'origine d'événements naturels ou historiques difficiles à interpréter. Un bon exemple de légende est celle de Narcisse, un beau jeune homme qui tomba amoureux de son image réfléchie dans un ruisseau et se noya. Sur la berge, une fleur poussa, qu'on nomma narcisse.

Merlin l'Enchanteur

Arthur retire du rocher l'épée magique, Excalibur.

☞ CHEVALIERS; CIVILISATIONS MÉDITERRANÉENNES; GRECS; OLYMPE ✓; ROMANCIERS ET POÈTES

Le roi Arthur – Il s'agit du personnage principal d'un cycle de légendes bretonnes qui étaient déjà populaires vers le XIe siècle. Le jeune Arthur, devenu roi après avoir retiré du rocher l'épée *Excalibur*, était reconnu pour sa grande sagesse. Son château, Camelot, abritait les chevaliers de la Table Ronde. À la mort d'Arthur, la main de la Dame du Lac sortit des eaux pour reprendre Excalibur.

Les chevaliers de la Table Ronde
Autour du roi Arthur gravitent des personnages fantastiques, comme la reine Guenièvre, Merlin l'Enchanteur et la fée Morgane. Les hauts faits des chevaliers de la Table Ronde, entre autres les exploits du brave Lancelot (ci-dessous), sont légendaires.

Océanie

L'Océanie, une des cinq grandes parties du monde, comprend un bloc continental, l'Australie (qui fut le dernier continent à être exploré, vers 1600), deux grandes îles, la Nouvelle-Zélande et la Nouvelle-Guinée, ainsi qu'une myriade d'îles éparpillées dans le Pacifique, réparties entre la Micronésie, la Mélanésie et la Polynésie. On retrouve, en Océanie, divers peuples autochtones : les *Aborigènes* en Australie, les *Maoris* en Nouvelle-Zélande, les *Papous* en Nouvelle-Guinée et les *Polynésiens* dans différentes îles. Le reste de la population est composée de *Blancs*, descendants des colons européens.

La musique et la danse sont un aspect caractéristique de la culture et de la tradition polynésiennes. Les chants sont rythmés par le son du tam-tam tendu de peau de requin.

Le sport – Le surf est un sport nautique d'origine polynésienne, très prisé sur la côte. Debout sur leur planche, les surfeurs se laissent porter sur la crête des vagues qui déferlent vers le rivage. La *planche à voile*, ou *windsurf*, le *surf de fond* et le *surf acrobatique* sont des variantes de ce sport.

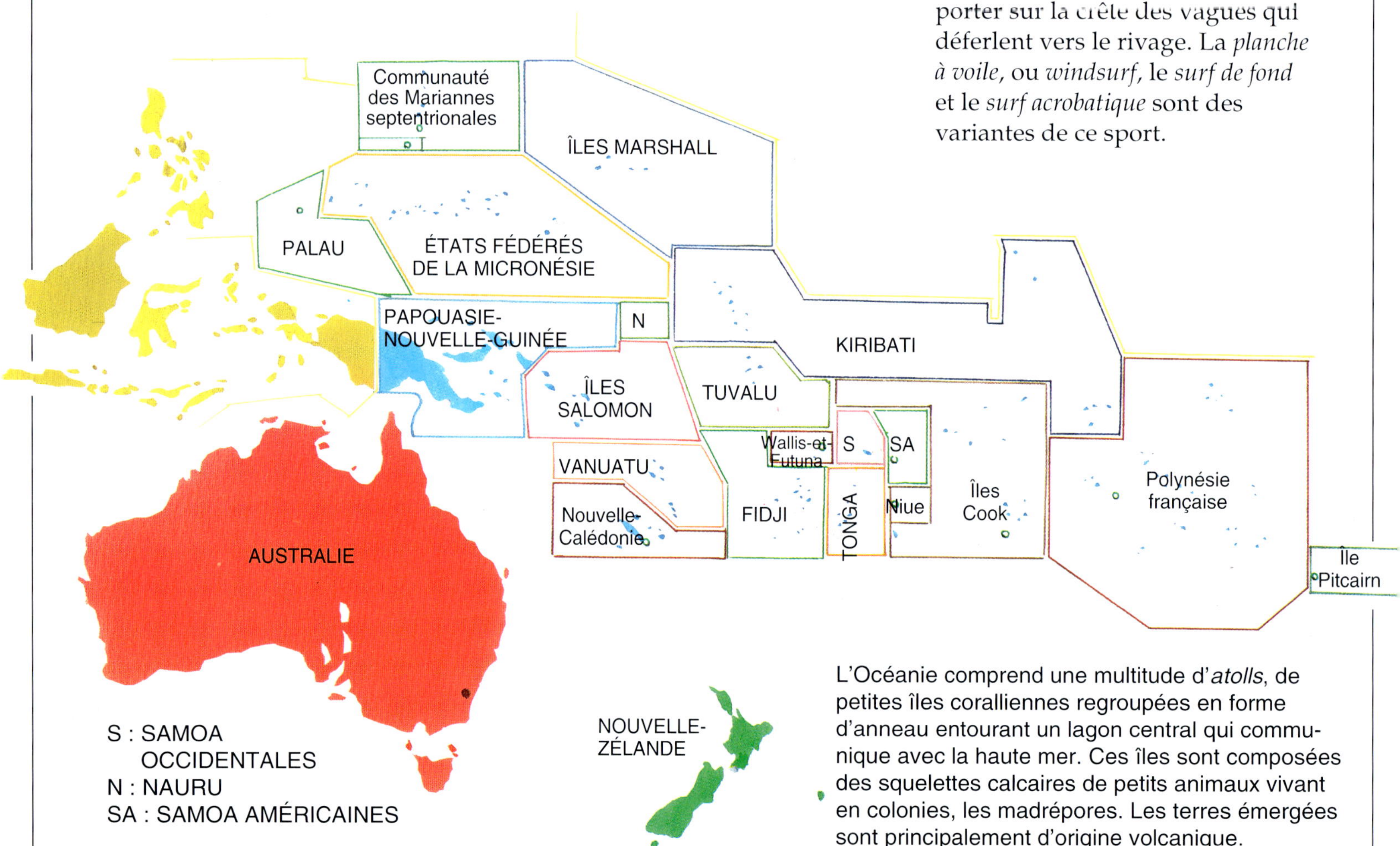

L'Océanie comprend une multitude d'*atolls*, de petites îles coralliennes regroupées en forme d'anneau entourant un lagon central qui communique avec la haute mer. Ces îles sont composées des squelettes calcaires de petits animaux vivant en colonies, les madrépores. Les terres émergées sont principalement d'origine volcanique.

L'occupation des îles remonterait à environ 60 000 ans. Issus de l'Asie du Sud-Est, les Polynésiens, par vagues successives, auraient d'abord gagné la Mélanésie pour peupler, peu à peu, toute l'Océanie. Leur religion est de type animiste (ils attribuent une âme aux choses) et leur mythologie épique est riche en légendes.

Les Polynésiens sont d'habiles pêcheurs; ils s'aventurent en haute mer sur de grandes pirogues à balancier propulsées à la pagaie ou sous l'action de grandes voiles triangulaires.

La *kava*, boisson typique des îles du Pacifique, est préparée avec des racines de poivrier moulues, puis mélangées avec de l'eau ou du lait de coco.

L'Australie – Ce continent, qui constitue la majeure partie de l'Océanie, était habité plus de 40 000 ans avant l'arrivée des Européens. En 1770, James Cook prit possession d'une partie de la côte orientale au nom du roi d'Angleterre, mais la colonisation ne commença qu'en 1778 avec le débarquement des premiers *convicts* anglais. Aujourd'hui, la population se concentre surtout dans la partie orientale. La faune est constituée d'animaux étranges et uniques au monde, comme le kiwi, le kangourou, l'ornithorynque, le koala et l'échidné.

La Nouvelle-Zélande – Zone sismique et volcanique, elle est formée de l'île du Nord ou «île fumante», de l'île du Sud ou «île de jade» et de quelques îles mineures. Elle fut d'abord peuplée par les Maoris, venus du Nord (îles de Cook et l'archipel de la Société) par vagues successives au XVIe siècle, puis par les colons britanniques qui s'y installèrent au XIXe siècle. La Nouvelle-Zélande est le 4e producteur mondial d'ovins.

La Polynésie – Ce groupe d'îles (en majorité coralliennes d'origine volcanique), plus à l'est, est séparé des côtes américaines par l'océan Pacifique. Certaines îles font partie géographiquement de la Polynésie, mais elles appartiennent à d'autres pays. Ainsi, les États-Unis possèdent les îles Hawaï, et le Chili, l'île de Pâques, célèbre par ses statues de pierre monumentales, les *moai*.

Avec des feuilles de cocotier, les Polynésiens tressent des nattes qui serviront de tapis ou de parois dans les huttes.

La Papouasie-Nouvelle-Guinée – Elle comprend la Papouasie, la Nouvelle-Guinée et plusieurs petits archipels. Elle est peuplée de *Papous*, de *Mélanésiens*, de *Négritos* et d'*Européens*. Les centres urbains, peu nombreux, sont situés en majorité sur la côte.

ESPÈCES MENACÉES; FAUNE AUSTRALIENNE; SPORTS

PAYS DE L'OCÉANIE

	PAYS	CAPITALE	SUPERFICIE	POPULATION[1]	LANGUE	MONNAIE
	**Australie**	Canberra	7 700 700 km^2	18 322 300	anglais	dollar australien
	**Papouasie-Nouvelle-Guinée**	Port Moresby	462 643 km^2	4 294 800	anglais, dialectes papous	kina
	**Nouvelle-Zélande**	Wellington	270 419 km^2	3 407 300	anglais	dollar néo-zélandais
	**Îles Salomon**	Honiara	28 359 km^2	399 300	anglais, dialectes locaux	dollar des îles Salomon
	**Fidji**	Suva	18 267 km^2	772 900	fidjien, anglais	dollar fidjien
	**Vanuatu**	Port-Vila	12 190 km^2	173 700	bichlamar, anglais, français	vatu
	**Samoa occidentales**	Apia	2 831 km^2	164 000	samoan, anglais	talá
	**Kiribati**	Tarawa	811 km^2	79 400	gilbertain, anglais	dollar australien
	**Tonga**	Nuku'alofa	780 km2	105 600	tongan, anglais	paanga
	**États fédérés de Micronésie**	Palikir	701 km^2	120 000	anglais	dollar américain
	**Palau**	Koror	470 km^2	16 700	paluan, anglais	dollar américain
	**Marshall**	Majuro	181 km^2	56 200	marshallais, anglais	dollar américain
	**Tuvalu**	Fongafale	24 km^2	10 000	tuvaluan, anglais	dollar de Tuvalu
	**Nauru**	Yaren	21 km^2	10 149	nauruan, anglais	dollar australien

*La Nouvelle-Calédonie est un territoire français d'outre-mer.
[1] Population : estimation juillet 1995

Oiseaux

Les oiseaux sont des vertébrés qui ont évolué à partir de reptiles, il y a des millions d'années, et dont les pattes de devant se sont transformées en ailes. Ils sont couverts de plumes; leurs os tendent à être creux et sont renforcés par des structures internes, ou entretoises, ressemblant à des nervures. Les muscles de leurs ailes sont très puissants et leur bec est dépourvu de dents.

1. Verdier; **2.** Aigle royal; **3.** Courlis; **4.** Avocette; **5.** Macareux; **6.** Flamant; **7.** Bec-en-sabot; **8.** Toucan; **9.** Pélican; **10.** Colvert; **11.** Calao rhinocéros.

Le bec – Le bec est une formation cornée composée d'os et de kératine. Il varie de forme selon le mode d'alimentation de l'espèce, et sert à chercher et à attraper la nourriture.

Le plumage est souvent vivement coloré. Chez plusieurs espèces, le mâle arbore une *livrée* plus voyante lors de la parade nuptiale, et ce, pour mieux conquérir la femelle, de couleur plus terne.

Le plumage – Les plumes, imperméables et isolantes, retiennent la chaleur produite par l'organisme. À époques régulières, en général deux fois l'an, l'oiseau change de plumage : c'est la *mue*.

Les oiseaux sédentaires – Certains oiseaux *sédentaires* vivent toute l'année au même endroit, dans les limites du territoire de reproduction. D'autres, *erratiques*, se déplacent à distance en fonction de certaines circonstances, comme le manque de nourriture ou les intempéries. Les oiseaux *migrateurs* quittent leur habitat en automne, pour des climats plus chauds, et y reviennent au printemps.

Les ailes sont les organes du vol chez l'oiseau. Elles sont atrophiées chez certains oiseaux coureurs comme l'autruche, le nandou et le casoar.

Le nid – Les oiseaux, *ovipares*, pondent des œufs et les couvent pendant quelques jours ou plusieurs semaines, selon l'espèce. Les oisillons naissent à des degrés d'évolution différents. Chez les oiseaux *nidicoles*, ils sont couverts d'un fin duvet et quittent le nid au bout de quelques heures ou de quelques jours. Chez les espèces *nidifuges*, ils naissent aveugles et nus et dépendent entièrement des parents.

Animaux domestiques; Dinosaures; Forêt africaine; Jungle asiatique; Marécages; Migration; Oiseaux bigarrés; Pélicans; Rapaces; Toundra

Oiseaux bigarrés

Certains oiseaux, le perroquet par exemple, arborent un plumage très coloré. D'autres, comme le toucan d'Amérique centrale et d'Amérique du Sud, ont un bec bigarré. Les mâles de plusieurs espèces sont multicolores, afin d'attirer l'attention des femelles pendant la saison des amours. Le paon mâle, par exemple, déploie en éventail une queue très voyante.

Le martin-pêcheur (ci-dessus, alcyon à gorge blanche) fait le guet d'un perchoir bas, puis plonge tête première pour capturer le poisson.

Cordon bleu

Le cordon bleu – Il vit dans les forêts ou la savane boisée, en Malaisie, en Afrique centrale et en Afrique de l'Est. Il a la taille d'un moineau, sa queue est très développée et de couleurs délicates. Le mâle porte une petite tache rouge vif sous l'œil. Il vole en petites bandes bruyantes et tresse savamment son nid avec son bec.

Le paon – Cet oiseau originaire de l'Inde était, dans la mythologie romaine, associé à la déesse Junon. Le mâle (ci-dessus) porte une aigrette en couronne sur la tête, une livrée bleue et une longue queue colorée de vert qu'il déploie pour attirer la femelle. Il mesure 2 m de long, avec la queue.

Diamant de Gould

Les diamants – Originaires d'Australie et des régions voisines de la Nouvelle-Guinée, il en existe une douzaine d'espèces. Leurs teintes rivalisent avec la palette d'un peintre. Longs de 10 cm, ils sont très prolifiques et vivent dans les grandes étendues de prairie. Ils bâtissent un petit nid simple, composé de tiges et d'herbes, dans un buisson, sur un arbrisseau, dans les herbes ou même sur le sol. Le diamant de Gould, le plus coloré de tous, construit le sien dans un tronc d'arbre ou dans une termitière.

Le tangara splendide ou tangara de sept couleurs – Cet oiseau de la famille des passereaux vit dans les forêts tropicales d'Amérique du Sud. Il est bruyant et son sifflement annonce de loin sa présence.

L'ara macao (ci-contre) : on le trouve en Amazonie et en Amérique centrale.

La colombe couronnée de Victoria
Très répandue en Nouvelle-Guinée, cette colombe porte une étonnante huppe de plumes sur la tête. Elle a les yeux rouges et son plumage est gris-bleu, rougeâtre sur le ventre. Ses ailes s'ornent d'une bande blanche aux extrémités sombres et sa queue, d'une bande blanchâtre.

Ci-dessus : colombe couronnée de Victoria, aussi appelée *goura de Victoria*. Cet oiseau, qui peut atteindre la taille d'une dinde, est le plus grand représentant des colombidés.

L'ara macao – C'est un des plus grands perroquets du monde, et sa longue queue pointue peut parfois mesurer jusqu'à un mètre.

Le colibri à gorge rubis (ci-contre)
La plupart des colibris (aussi appelés *oiseaux-mouches*) sont minuscules et ne mesurent que quelques centimètres. Leurs ailes battent si vite (20 à 80 fois par seconde selon l'espèce, jusqu'à 200 au maximum) qu'ils peuvent faire du sur-place et voler à reculons. Les espèces aux plumages les plus spectaculaires se retrouvent en Amérique du Sud.

La pie – Plusieurs espèces de pies bleues vivent dans les forêts de l'Asie du Sud-Est. Une des plus belles est la *pie de Chine* (ci-dessus). Elle a le dos verdâtre, les ailes brun-rouge, le bec et les pattes rouges. On la rencontre de l'Himalaya jusqu'à Sumatra et Bornéo.

Le paradisier apode
La plupart des paradisiers se retrouvent en Nouvelle-Guinée. Le plus grand est le paradisier apode. Le mâle, aux couleurs éclatantes, porte sur les flancs d'amples faisceaux de plumes bouffantes. Sa queue se termine par 2 longues plumes rectrices noires et filiformes.

Faune australienne ; Faune de l'Amérique du Sud ; Oiseaux

OPTIQUE

Au XVIIe siècle, les progrès en optique permirent une connaissance plus approfondie de certains phénomènes naturels. Ainsi, *Isaac Newton* (1642-1727) démontra que la lumière blanche peut être décomposée en une gamme de couleurs pareilles à celles de l'arc-en-ciel. Il nomma *spectre* cette décomposition de la lumière. L'invention du télescope, en permettant aux scientifiques de scruter la voûte céleste, fit avancer considérablement l'astronomie.

En faisant passer un rayon de lumière à travers un prisme en verre, Newton nota qu'elle se divisait en plusieurs couleurs.

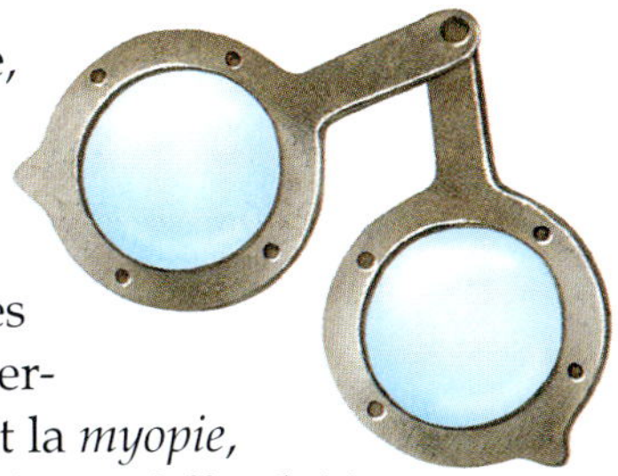

Les lentilles – Dès le XIIIe siècle, un moine florentin, *Alessandro della Spina*, fabriquait les premières lunettes. En 1784, *Benjamin Franklin* inventa les premières lentilles bifocales pour corriger certaines anomalies de la vision, soit la *myopie*, difficulté à voir de loin, ou la *presbytie*, difficulté à distinguer les objets rapprochés. Les premiers verres de contact, verres correcteurs de la vue qui s'appliquent directement sur l'œil, furent inventés en 1887 par *Adolf Fick*. Cependant, ils ne furent vraiment mis au point qu'en 1948.

Le télescope – Le scientifique *Galileo Galilei*, dit *Galilée* (1564-1642), se consacra lui aussi à des expériences d'optique; il songea à employer la lunette d'approche, déjà utilisée depuis quelques années, pour observer les astres. Sa première lunette, qui ne grossissait que trente fois, lui révéla pourtant des multitudes d'étoiles invisibles à l'œil nu. Plus tard, Newton tâcha de résoudre certains défauts de cet instrument, en y introduisant un miroir concave afin d'améliorer la précision des images : ce type de télescope est appelé *réflecteur*. Aujourd'hui, les radiotélescopes reçoivent, enregistrent et analysent les ondes électromagnétiques (hertziennes) en provenance d'objets célestes.

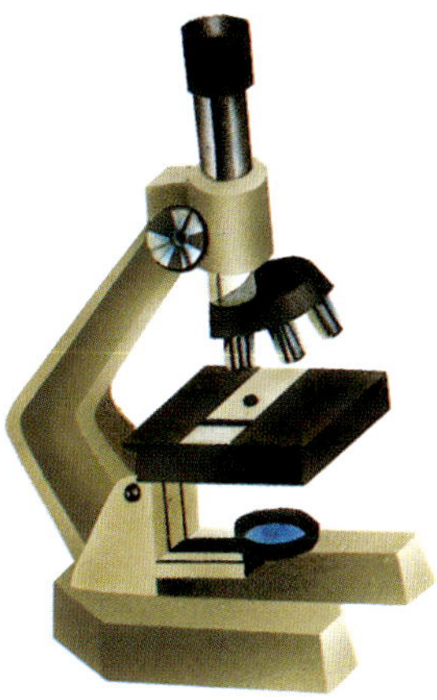

Avec le microscope optique, on peut observer une image 1 000 fois plus grosse que l'objet observé. Le microscope électronique permet des grossissements beaucoup plus importants, de l'ordre du million.

Le microscope – *Galilée* fabriqua une version très rudimentaire de cet instrument. Cette invention fut par la suite perfectionnée : vers 1600, les Néerlandais *Hans* et *Zacharias Janssen* et *Hans Lippershey* inventèrent le microscope optique, qui montre les images grossies d'objets très petits. Le naturaliste néerlandais *A. Van Leeuwenhoek* (1632-1723) construisit lui-même des microscopes qui lui permirent de découvrir les protozoaires et les bactéries.

☞ CIEL; SCIENTIFIQUES ET INVENTEURS; VERRE

ORDINATEUR

L'ordinateur fonctionne comme un cerveau électronique. Il peut en effet exécuter une tâche donnée à partir d'un ensemble d'instructions spécifiques ou *programme*. L'ordinateur possède une mémoire faite de *microcircuits*, qui lui permet d'enregistrer et de conserver des informations. Les ordinateurs sont utilisés dans tous les domaines de l'activité humaine, de la recherche scientifique à la technologie industrielle, des voyages dans l'espace aux télécommunications.

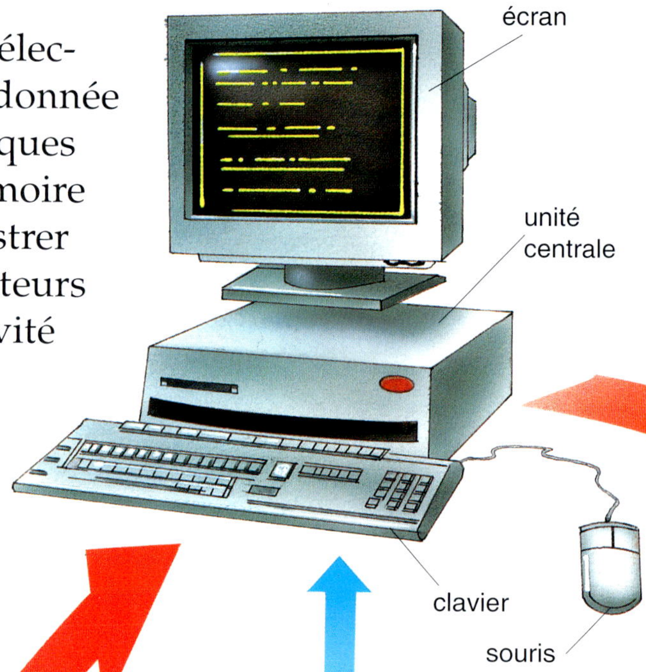

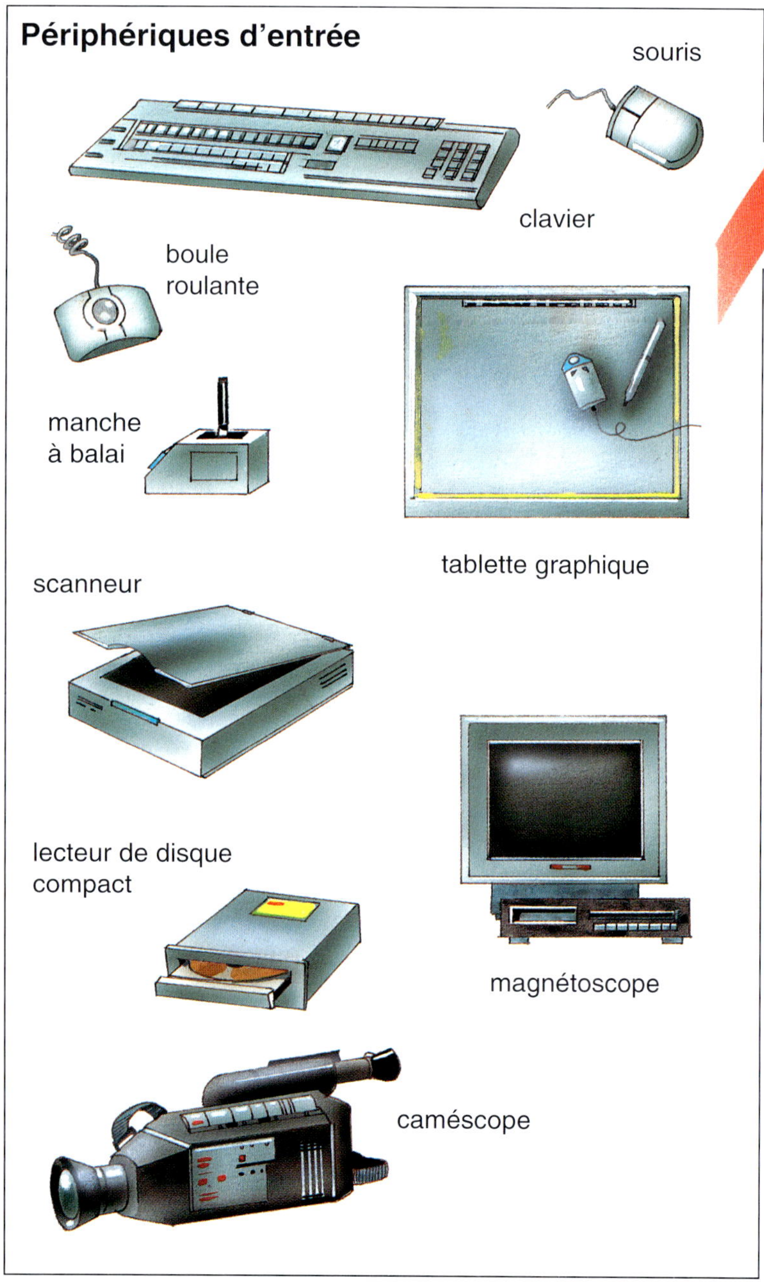

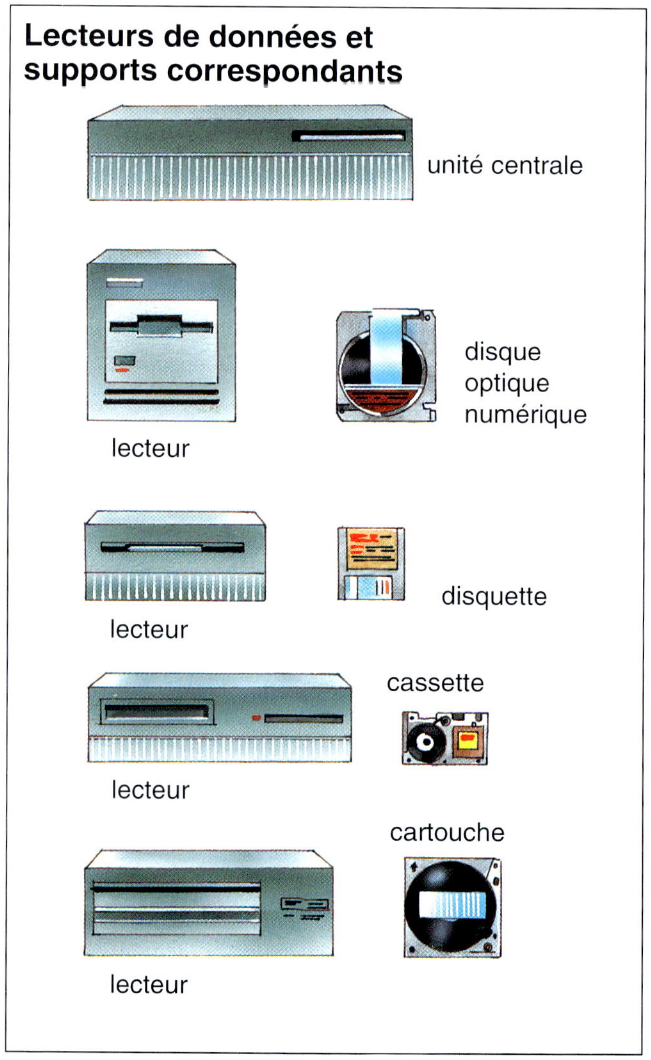

Périphériques de communication

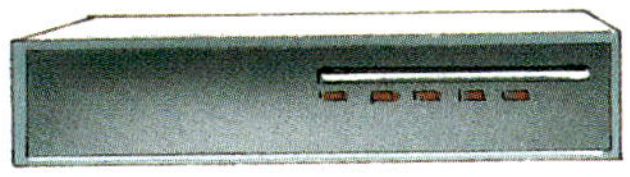

modem

communication par réseau

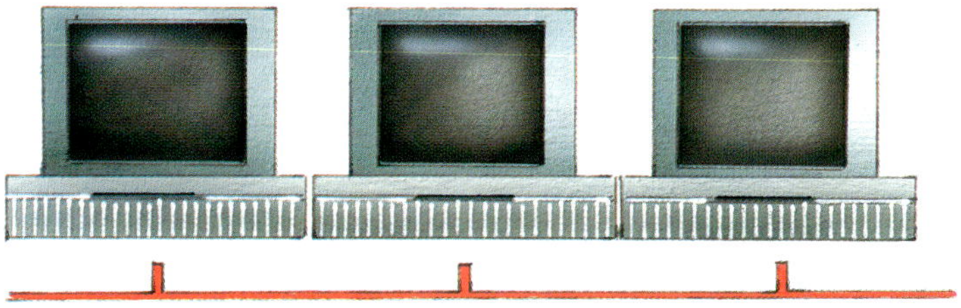

Internet – C'est un réseau de communication qui relie entre eux des millions d'ordinateurs dans le monde entier. La communication est interactive et se passe en temps réel. Pour y avoir accès, il faut posséder un ordinateur, un modem, une ligne téléphonique et un logiciel de communication.

Périphériques de sortie

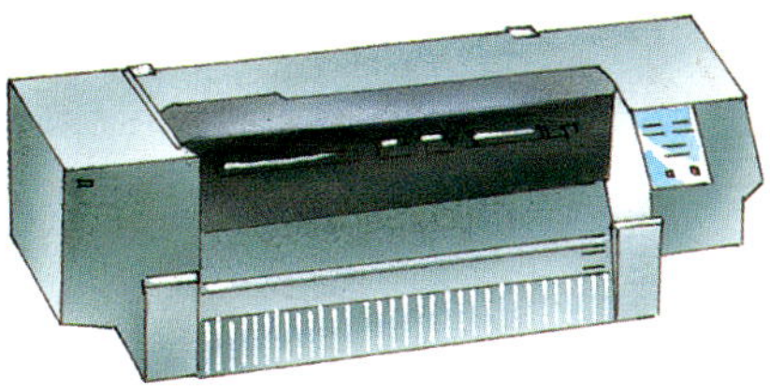

imprimante *laser*, à *jet d'encre* ou *matricielle*

écran

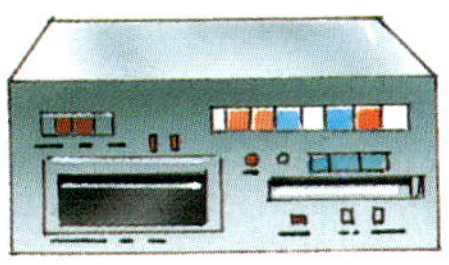

unité vidéo

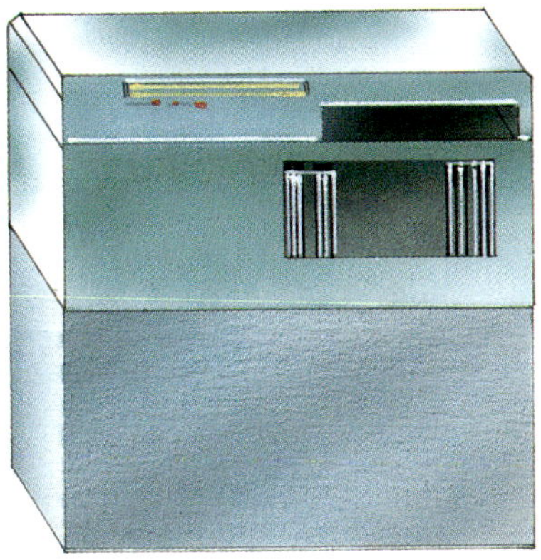

composeuse

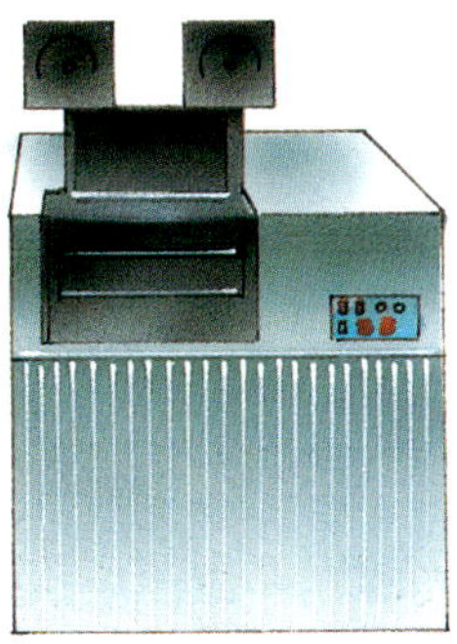

enregistreur de film

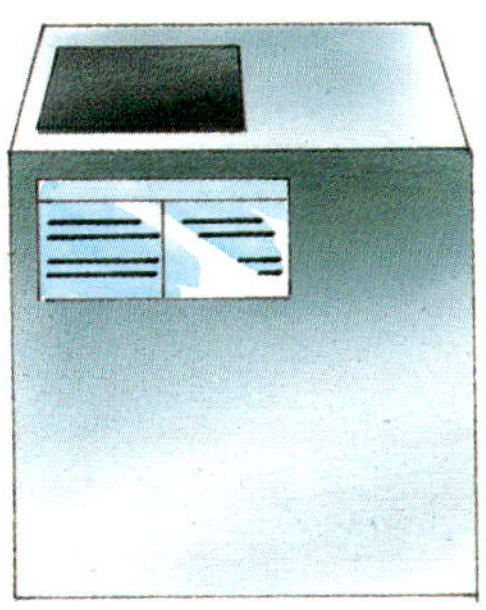

unité de disque compact

Le matériel et le logiciel

L'ensemble des éléments physiques de l'ordinateur, c'est-à-dire l'unité centrale, l'écran, les périphériques, etc. constituent le *matériel*. Par *logiciel*, on désigne les programmes et les procédures nécessaires à l'ordinateur pour effectuer diverses tâches. Il existe des logiciels de *jeu*, de *traitement de texte*, de *comptabilité*, de *graphisme*, etc.

Les premiers ordinateurs

Dès 1642, Blaise Pascal conçut une machine à calculer mécanique à base de roues dentées. En 1834, l'anglais Charles Babbage eut l'idée d'une calculatrice programmable fonctionnant à l'aide de cartes perforées, mais trop complexe pour être réalisée à l'époque. Le premier calculateur entièrement électronique (ENIAC – *Electronic Numerical Integrator and Computer*) fut construit en 1946 par deux ingénieurs américains : J. Presper Eckert, Jr. et John Mauchly.

INFORMATIQUE;
LIVRES;
MOTS NOUVEAUX;
PROGRÈS

Ours

Ours brun

Les ours constituent la famille des ursidés. Il en existe un grand nombre d'espèces à travers l'Europe, l'Asie, l'Amérique du Nord et l'Amérique du Sud. L'*ours des cocotiers*, du sud-est de l'Asie, mesure 1 m 20, tandis que l'*ours polaire* peut atteindre 3 m et peser 700 kg. L'ours a un corps massif, un museau allongé, des oreilles rondes et courtes, de grosses pattes puissantes pourvues de cinq orteils armés de griffes non rétractiles. Sa vue est faible, mais son odorat, excellent. Il est omnivore.

Le grizzly – Cet ours des montagnes Rocheuses, en Amérique, mesure de 2 à 3 m.

Ours à lunettes (ci-contre) : seul ours d'Amérique du Sud, il vit dans les Andes (Équateur et nord du Pérou).

L'ours à collier du Tibet
Il vit en altitude, au Tibet, mais aussi sur un territoire s'étendant de l'Afghanistan à la Mandchourie, ainsi qu'au Japon. Généralement noir, parfois brun-rouge, il a le menton blanc et un collier blanc sur le poitrail. Son ouïe est très sensible; c'est un habile grimpeur qui se nourrit de végétaux.

En général, les enfants chérissent leurs oursons en peluche.

Le comportement de l'ours brun
S'il est surpris ou dérangé, il se dresse sur ses pattes postérieures en agitant ses pattes antérieures et en haletant bruyamment. L'hiver, il hiberne dans une tanière. L'ourse (ci-contre) prend grand soin de ses petits; en cas de danger, elle les perche dans un arbre et redescend pour se battre.

Animaux polaires; Faune de l'Amérique du Nord; Faune européenne; Hibernation; Mammifères

PAPILLONS

Bhutanitis lidderdalei

Le cycle de vie des papillons comprend quatre stades : *œuf*, *larve* ou *chenille*, *chrysalide* ou *pupe*, *adulte* ou *imago*. Entre les stades, des changements de forme se produisent : c'est la *métamorphose*. La chenille sort de l'œuf et se nourrit de feuilles et d'autres végétaux. Puis, elle s'enroule dans des fils de soie, le cocon, et devient chrysalide. Ses organes subissent alors de profondes transformations et un papillon sort du cocon en déployant ses ailes couvertes de minuscules écailles fragiles.

La larve produit des filaments de soie avec lesquels elle tisse un cocon.

Le jour et la nuit – Les papillons diurnes (de jour) se parent en général de couleurs vives et ils ont des antennes renflées aux extrémités. Les papillons nocturnes, qui volent au crépuscule, sont plus ternes et leurs antennes ne se terminent presque jamais en massue.

Caligo

Les papillons ont une *trompe* qui leur permet d'aspirer les aliments liquides dont ils se nourrissent.

Ci-dessus :
1. Comète
2. Papillon-feuille
3. Morpho bleu
4. Catagramma
5. *Parapasa reginula*
6. Ornithoptère de Brooke

Les organes sensoriels – L'odorat, qui permet de détecter les individus de l'autre sexe et la nourriture, siège dans les antennes. Les organes du goûter sont sur les pattes. Les yeux, sur les côtés de la tête, peuvent voir dans toutes les directions, mais perçoivent mieux les couleurs que les détails.

Insectes;
Migration;
Vie souterraine

PEINTRES

Les grottes d'Altamira, en Espagne : détail d'une fresque représentant une scène de chasse.

Déjà à la préhistoire, l'homme s'exprimait à travers des peintures et des gravures rupestres. Certaines, surtout des scènes de chasse, ont été retrouvées à l'intérieur de grottes ou de cavernes. À travers les fresques, les bas-reliefs, les mosaïques et les sculptures, les peuples anciens (Crétois, Grecs, Romains, Mayas, etc.) décrivaient leurs croyances et leur vie quotidienne. De 1400 à nos jours, des artistes comme Léonard de Vinci, Michel-Ange, Titien, Goya, Monet, Cézanne, Van Gogh, Picasso, Klimt, Miró et Dalí, ont permis l'épanouissement de la peinture comme moyen de pure expression artistique.

L'art égyptien – De nombreuses fresques nous ont permis de reconstituer la vie quotidienne des Égyptiens (ci-contre : pêche sur le Nil). L'écriture elle-même était un art : les *hiéroglyphes* étaient composés d'*idéogrammes*, c'est-à-dire de dessins stylisés qui représentaient des concepts.

Titien (vers 1490-1576) – Tiziano Vecellio arriva très jeune à Venise où il fut l'élève de Giorgione, peintre qui utilisait de nouvelles techniques d'expression. Ses œuvres de maturité révèlent l'influence de l'école de Michel-Ange. Titien marqua le triomphe du réalisme expressif en créant un langage qui influença des maîtres comme le Tintoret et les flamands, Rembrandt et Rubens.

Une anecdote raconte que l'empereur Charles V se serait penché pour ramasser un pinceau tombé des mains de Titien, son artiste préféré, et se serait écrié : *« Titien mérite d'être servi, même par un roi ! »*

Michel-Ange (1475-1564) – Michelangelo Buonarroti fut un artiste de la Renaissance italienne. L'amour des formes, qui anime sa sculpture, caractérise aussi sa peinture; la figure humaine y joue toujours un rôle dominant. L'œuvre la plus grandiose de Michel-Ange est une fresque gigantesque qui orne la voûte de la chapelle Sixtine, achevée en 1512. Le pape Paul III lui commanda aussi, pour le mur du fond de la chapelle, le *Jugement dernier*, que Michel-Ange réalisa entre 1536 et 1541.

Michel-Ange fut aussi un grand sculpteur. Le *David* et la *Pietà* sont deux de ses chefs-d'œuvre.

Pablo Picasso (1881-1973) – Peintre et sculpteur espagnol, il s'établit à Paris en 1904. Picasso, qui s'attarda à l'étude des couleurs, des formes et de leur décomposition, devint, avec Braque, le principal créateur du *cubisme*, un mouvement artistique qui représentait les objets décomposés en formes géométriques simples, sans leur redonner leur perspective. Parmi ses œuvres les plus importantes, on retrouve *Les Demoiselles d'Avignon* en 1907 (point de départ du cubisme) et *Guernica* (expressionnisme), réalisée en 1937 à la suite du bombardement d'une petite ville basque pendant la guerre d'Espagne.

Vincent van Gogh (1853-1890) Peintre hollandais, il fut influencé, vers 1888, par les toiles impressionnistes (mouvement né en France vers le milieu du XIXe siècle). Par la suite, il simplifia les formes et pratiqua un colorisme éclatant pour exprimer avec plus de force les passions humaines. Ses œuvres aux couleurs intenses et aux hallucinantes volutes expriment le désespoir et l'angoisse d'une vie tourmentée. Il fut un précurseur du *fauvisme* et surtout de l'*expressionnisme*.

HOMME PRÉHISTORIQUE;
RENAISSANCE ✓;
VINCI, LÉONARD DE

Pélicans

Les pélicans sont des oiseaux migrateurs; ils parcourent de grandes distances pour atteindre les pays chauds.

Les pélicans se rencontrent sur tous les continents et fréquentent aussi bien les eaux douces que les eaux salées. Selon les espèces, le plumage peut être blanc, blanc-gris, blanc et noir, rosé ou beaucoup plus sombre (c'est le cas du pélican brun). Malhabiles au sol, ils volent avec une aisance superbe. Leur bec démesuré, muni d'une vaste poche membraneuse, leur sert à capturer le poisson. Parfois, les pélicans pêchent collectivement : ils se placent en demi-cercle à une certaine distance de la berge et s'en rapprochent lentement en battant l'eau des ailes et du bec, pour chasser les poissons vers le bas-fond et les capturer plus facilement.

Seul le pélican brun pêche en piqué : dès qu'il a repéré un poisson, il replie ses ailes et plonge verticalement.

Les différentes espèces – Le *pélican commun*, répandu en Afrique, est le représentant classique de la famille. Il se reconnaît à sa livrée blanche et rouge et à la protubérance orange qui lui pousse sur le front pendant la période des amours. Le *pélican frisé*, plus rare, a une touffe de plumes frisées sur la nuque et un plumage gris-blanc. Le *pélican rose*, plus petit que les autres, se retrouve en Afrique, à Madagascar et en Arabie méridionale. Le *pélican à lunettes* vit en Australie; il doit son nom à l'anneau de peau dénudée qui entoure ses yeux.

Les nids des pélicans sont souvent de volumineux amas de branches, roseaux ou autres plantes aquatiques.

Migration; Oiseaux

Les petits – Les pélicans nichent en colonies. Les œufs sont bleuâtres ou jaunâtres. Le petit naît nu et aveugle, après 30 à 40 jours d'incubation, selon l'espèce. Au bout de 8 à 10 jours, il se couvre d'un duvet blanc ou brunâtre; au bout de 12 à 15 semaines, il commence à voler.

Perses

En 550 av. J.-C., Cyrus II le Grand renversa le roi des Mèdes et fonda un empire perse puissant et bien organisé. En 539 av. J.-C., après avoir annexé plusieurs territoires, il prit Babylone. Son fils, Cambyse II, conquit l'Égypte et s'y fit couronner roi en 525 av. J.-C. L'empire perse atteignit son apogée sous le règne de Darios Ier. Ce dernier voulut envahir la Grèce, mais les guerres médiques entreprises (490-479 av. J.C.) aboutirent à une série de défaites. Le dernier roi perse, Darios III, fut vaincu par Alexandre le Grand à Issos, en 333 av. J.-C.

La ville de *Persépolis*, fondée par Darios Ier, était construite sur une immense esplanade entourée de murailles. Le palais du roi se dressait sur une étroite terrasse agrémentée d'arbres et de fontaines.

Chapiteau orné de taureaux sculptés, au palais royal de Suse. Ci-dessous : guerrier perse.

Le bas-relief, à l'arrière-plan, représente une procession d'archers, les fameux « Immortels » de la garde impériale qui garantissaient la sécurité du roi.

Le *darique*, monnaie d'or des Perses, circulait dans tout le monde grec. Ci-dessus : pièce de monnaie représentant l'autel du feu.

Les satrapies – Calquant le modèle des provinces assyriennes, Cyrus avait subdivisé l'Empire en *satrapies*. Il en existait 20 sous Darios Ier. Elles étaient gouvernées par un *satrape* qui jouissait de grands pouvoirs civils, militaires et judiciaires.

Alexandre le Grand; Civilisations mésopotamiennes; Égyptiens; Grecs; Hébreux; Indiens

Peuples barbares

L'Empire romain d'Occident se disloqua entre 395 et 476 ap. J.-C. Les peuples barbares qui faisaient pression aux frontières de l'Empire venaient surtout d'Europe orientale et d'Asie centrale : *Francs, Goths, Wisigoths, Ostrogoths, Lombards, Burgondes, Germains, Vandales* et *Huns*.

Guidés par Attila, surnommé le fléau de Dieu, qui régna de 434 à 453, les Huns envahirent les Balkans, menacèrent Constantinople (448), puis gagnèrent la Gaule où ils furent vaincus (451). Ils pillèrent l'Italie du Nord, mais n'arrivèrent pas jusqu'à Rome : Attila se serait laissé convaincre par le pape Léon Ier, contre tribut, de regagner la Pannonie (ancienne région de l'Europe centrale) où il mourut peu après.

Les Huns mettaient le feu aux villes qu'ils conquéraient, après les avoir pillées. À l'époque, on disait : *« Là où passe Attila, l'herbe ne repousse plus. »*

Les Vikings – À partir du VIe siècle, les Vikings s'installèrent dans la partie occidentale de la région scandinave (l'actuelle Norvège). Navigateurs très habiles, ils construisirent des navires de guerre légers et rapides, les *drakkars*, et des bateaux marchands, les *knorrs*, plus robustes.

Les vêtements – Les guerriers barbares, qui menaient une vie nomade, portaient un pantalon en peau de chèvre, une tunique courte de couleur vive et une casaque sans manches, souvent en fourrure, pour se protéger du froid. Leur cape, carrée ou rectangulaire, était retenue par des fibules, épingles de sûreté en métal servant à fixer les vêtements.

Les Vikings faisaient de nombreuses incursions sur les côtes de l'Europe et le long des fleuves.

Les Celtes

Entre 725 et 480 av. J.-C., la civilisation celtique s'implanta en Europe occidentale. Les Celtes se groupaient en *clans* familiaux, ou tribus, où l'aristocratie guerrière détenait le pouvoir. Les *druides* occupaient un rang social très élevé : en tant que prêtres, ils célébraient les sacrifices, mais ils étaient aussi enseignants, conseillers, et juges dans les controverses publiques et privées. Même les rois et les puissants chefs de guerre étaient soumis à leur autorité. Les *bardes*, poètes et musiciens, célébraient les exploits des chefs.

Les Grecs et les Romains appelaient *barbares* tous les peuples vivant en dehors de leurs frontières. *Bar-bar* imite en effet le bafouillage d'une langue qu'on ne comprend pas.

Les artisans celtes étaient habiles à forger des armes et des objets de métal, auxquels les druides conféraient des pouvoirs magiques par de mystérieux symboles.

Les vêtements

Les femmes barbares portaient une longue robe recouverte d'une tunique; des manteaux et des fourrures les protégeaient du froid. Le costume féminin s'ornait de fibules et de plaques-boucles, souvent décorées de motifs géométriques.

Chez les Germains, la femme jouait un rôle important, en temps de paix comme en temps de guerre.

Les Germains – Venus probablement des pays scandinaves, les Germains s'établirent dans l'Allemagne d'aujourd'hui vers le IIIe siècle av. J.-C. Le terme *Germains* signifie *hommes qui lèvent le cri de guerre*. Il s'agissait en fait d'une multitude de peuples belliqueux (ci-dessous), qui vivaient surtout de chasse, mais aussi d'élevage et d'agriculture. Ils habitaient des maisons de bois recouvertes d'un toit de chaume.

AMÉRINDIENS;
COSTUMES;
ÉRIK LE ROUGE;
ROMAINS;
VILLAGE VIKING ✓

PHOTOGRAPHIE

La naissance de la photographie – La première photographie (ci-dessus) fut réalisée par Niepce sur une plaque de métal enduite de bitume, une solution de baume de Judée qui était brun foncé à l'origine et qui blanchissait sous l'action de la lumière.

Entre 1820 et 1824, le Français Nicéphore Niepce fut le premier à reproduire et à fixer, sur une surface sensible préparée à cet effet, l'image formée dans la chambre noire. En 1829, il s'associa avec Daguerre et, ensemble, ils mirent au point la daguerréotypie, un procédé qui permettait d'obtenir une image positive, sans que l'on puisse en obtenir de copies. En 1835, Talbot, un chimiste anglais, réalisa le premier négatif sur papier transparent dont on pouvait tirer des épreuves positives. En 1903, les frères Lumière créèrent la plaque autochrome, premier procédé commercial de photographie en couleurs.

Le boîtier des premiers appareils photographiques était en bois.

La chambre noire
Ancêtre de l'appareil photo, ce dispositif était composé d'une boîte, percée d'un trou minuscule à l'avant, qui contenait un écran blanc sur lequel l'image de l'objet photographié se reflétait, inversée. Peu à peu, grâce à l'utilisation de lentilles, on obtint des images plus claires et plus nettes.

Les appareils photo – Au début du XXe siècle, on inventa les premiers appareils photo de petites dimensions, qui fonctionnaient non plus avec des plaques, mais avec des rouleaux de pellicule photo. Aujourd'hui, les appareils les plus modernes permettent d'enregistrer, sur un *disque magnétique*, les images photographiées.

CINÉMA; INFORMATIQUE

PIRATES

Arborant le pavillon noir à tête de mort, les bateaux pirates attaquaient les galions et les navires marchands. Aussi ancienne que la navigation, la piraterie existait déjà du temps des Étrusques, des Illyres, des Vikings et des Sarrasins. Elle culmina au XVIe siècle, avec la découverte du Nouveau Monde et l'augmentation du trafic maritime. Les corsaires, soutenus par certains gouvernements, furent très actifs aux XVIe et XVIIe siècles.

Dans *L'Île au trésor*, récit d'aventures de Robert Louis Stevenson (1883), le trésor des pirates est caché sur une île.

À l'abordage! était le cri d'assaut des pirates lorsqu'ils abordaient un navire pour le piller.

Corsaires, pirates ou flibustiers
Les *corsaires* agissaient pour un souverain. Une *lettre de course* (d'où le nom de corsaires) les autorisait à capturer des navires ennemis. Francis Drake, un célèbre corsaire, fut même nommé baronnet par Élisabeth Ire d'Angleterre. Les *pirates*, quant à eux, étaient de vrais brigands des mers, sans foi ni loi, dont le seul but était d'accumuler des trésors. Les *flibustiers* étaient aussi des pirates qui écumaient les côtes des Antilles et attaquaient les possessions espagnoles en Amérique. Les *boucaniers*, qui eurent pour chef le célèbre Henri Morgan, sévissaient eux aussi en Amérique. L'île de la Tortue, située au nord de Haïti, dans l'Atlantique, fut pendant longtemps la base des pirates antillais.

ÉLISABETH I^{RE}; STEVENSON

Plantes utiles

Coton

L'homme préhistorique utilisait les herbes, les racines et les fruits pour se nourrir, se soigner et en tirer des fibres textiles. Il existe une multitude de plantes utiles. En plus de celles qui sont illustrées sur cette page, il y a entre autres, la betterave, dont on extrait le sucre, et toutes les céréales, comme le riz, l'orge, le millet et l'avoine. Les huiles essentielles tirées de nombreuses plantes, tel le fruit du bergamotier (la bergamote est un agrume acide), sont utilisées en parfumerie et en confiserie.

Chanvre

Jute

Le cotonnier – Les filaments soyeux qui entourent les graines du cotonnier sont récoltés, puis séparés des capsules. Le coton est ensuite transporté en balles aux usines d'égrenage, où les fibres sont détachées des graines. Il est alors comprimé à l'aide de presses hydrauliques, puis traité dans une filature et transformé en longues fibres plus ou moins vrillées, le fil.

Lin

Agave

Les plantes textiles
Plusieurs plantes produisent des fibres végétales qui peuvent être transformées en fils. Le chanvre, par exemple, est essentiellement utilisé pour la confection de cordes, de sacs et de nattes. La fibre de jute sert à fabriquer des ficelles et de la toile. Des feuilles fibreuses de l'agave, on tire des matières textiles, la pite et le sisal, ainsi qu'un crin végétal, le tampico, utilisé en literie et en brosserie.

Le lin – La matière textile se trouve dans la tige même de la plante, sous forme de faisceaux. Les fibres sont immergées dans l'eau où elles fermentent, puis on les sépare de l'écorce en les écrasant avec un rouleau. Elles sont ensuite filées.

Tige d'olivier

Tournesol

L'huile – Les graines de tournesol et d'arachide, ainsi que les olives mûres donnent de l'huile lorsqu'elles ont été écrasées ou pressées.

Céréales; Chocolat; Médecine par les plantes

Arachides

Poissons

Il existe environ 25 000 espèces de poissons. Certains ont un squelette cartilagineux (les chondrichthyens), d'autres sont osseux (les ostéichthyens). Leur peau, muqueuse, est recouverte d'écailles. Ils se propulsent ou se stabilisent dans l'eau à l'aide de nageoires *paires* (pectorales et pelviennes) et *impaires* (caudale, anale et dorsale).

Cladoselache, poisson préhistorique, ancêtre du requin.

De gauche à droite : écailles *ganoïdes* (comme chez l'esturgeon); écailles *cténoïdes* (comme chez la perche); écailles *placoïdes* (comme chez le requin); écailles *cycloïdes* (comme chez le saumon).

Les écailles – Ces petites plaques osseuses de forme arrondie, juxtaposées ou imbriquées comme les tuiles d'un toit, recouvrent le corps des poissons. Chaque plaque est insérée dans une cavité en forme de poche, dans la peau. Leur surface est recouverte par l'épiderme, une mince membrane.

Les branchies – Placées de chaque côté de la tête, les branchies comportent de nombreux petits vaisseaux sanguins et récupèrent l'oxygène contenu dans l'eau. Celle-ci, qui entre par la bouche, traverse le pharynx, puis les branchies (où l'oxygène passe dans le sang), et sort par l'ouverture située sous l'opercule, une plaque qui recouvre les branchies chez les poissons osseux.

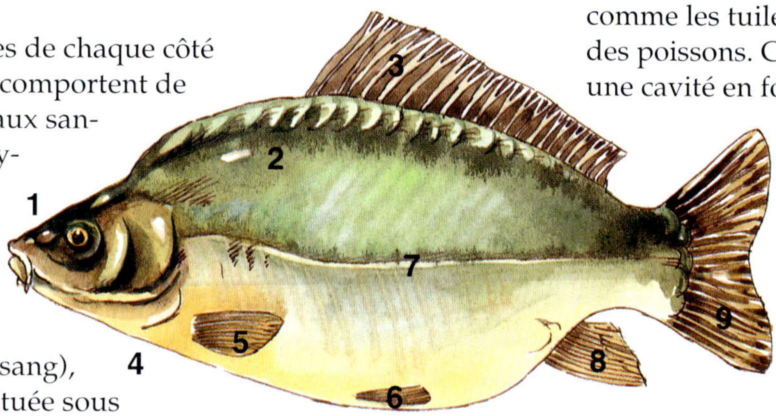

La morue pond près de 6 millions d'œufs à chaque ponte.

Anatomie d'une carpe :

Parties du corps : **1.** Tête; **2.** Dos; **3.** Nageoire dorsale; **4.** Poitrine; **5.** Nageoire pectorale; **6.** Nageoire pelvienne; **7.** Ligne latérale; **8.** Nageoire anale; **9.** Nageoire caudale.

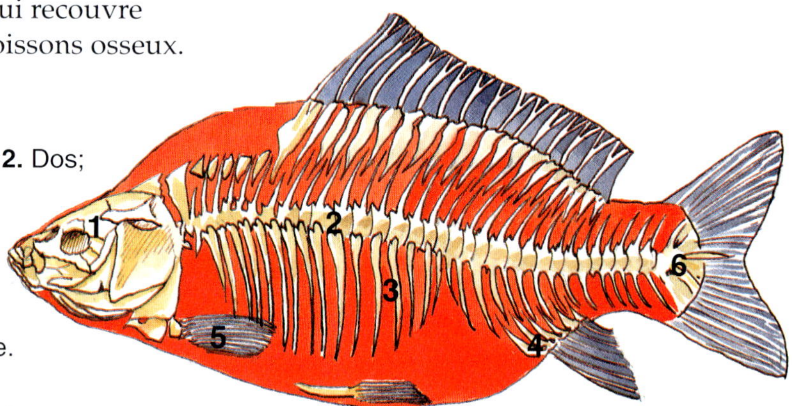

Squelette : **1.** Crâne; **2.** Colonne vertébrale (grande arête); **3.** Côtes; **4.** Rayons de soutien des nageoires; **5.** Rayons de la nageoire pectorale; **6.** Hypural.

Au printemps – Plusieurs poissons migrent pour aller frayer et se reproduire. Les femelles pondent leurs œufs au fond des eaux, où ils se développeront. Plusieurs espèces vivipares, comme les aiguillats et les requins, donnent naissance à des petits déjà formés.

Organes internes : **1.** Lames des branchies; **2.** Cœur; **3.** Vessie natatoire; **4.** Œsophage; **5.** Foie; **6.** Intestin; **7.** Estomac; **8.** Reins; **9.** Vessie urinaire; **10.** Anus.

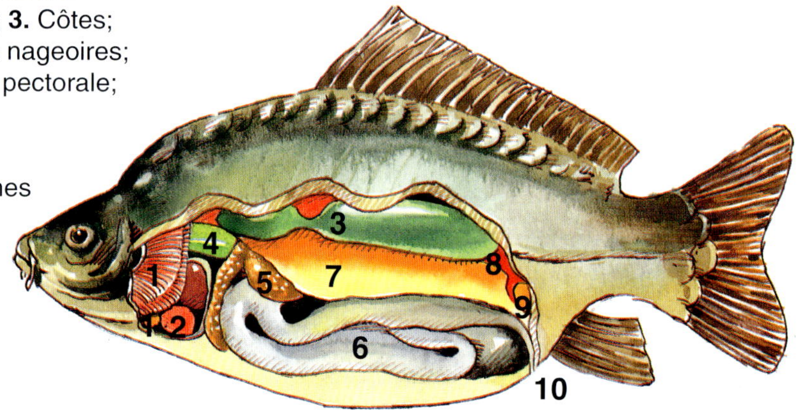

La *vessie natatoire* est un sac relié à l'œsophage. En se remplissant plus ou moins de gaz, elle permet au poisson de demeurer à la profondeur qui lui convient, sans faire d'effort musculaire.

Les anguilles d'Europe et d'Amérique migrent jusqu'à la mer des Sargasses pour se reproduire. Les *leptocéphales*, larves aplaties et transparentes, grandissent et se transforment en jeunes anguilles *(civelles)*.

Le saumon – Il remonte les rivières à contre-courant pour pondre ses œufs là où il est né. Il peut peser 15 kg et mesurer 1,20 m.

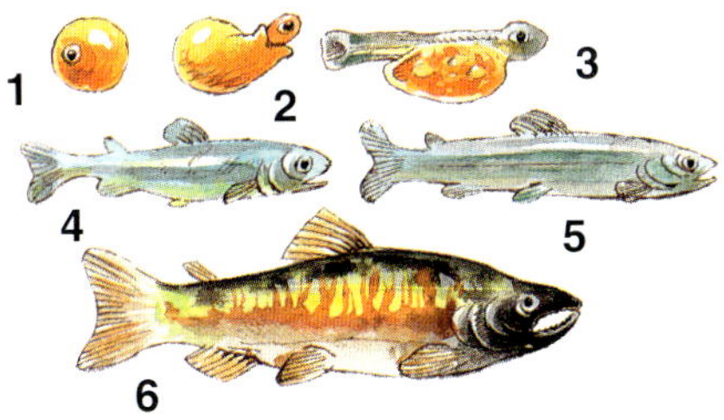

Développement du saumon : **1.** Œuf fécondé; **2.** éclosion de l'œuf; **3.** Alevin portant un sac de jaune d'œuf; **4.** Jeune (appelé *parr*); **5.** Devenu *smolt*, il descend vers la mer; **6.** Saumon adulte.

Le piranha – Ce poisson osseux, carnassier et très vorace, vit en bancs dans les fleuves de l'Amérique du Sud. Un banc de piranhas peut dévorer, en quelques minutes, un animal de 60 kg; ils s'attaquent aussi à l'homme. Le plus grand, *Serrasalmus piraya*, peut atteindre 60 cm de long.

Piranha

Le barbeau *(Barbus barbus)* utilise les barbillons qui lui pendent des côtés supérieures de la bouche pour explorer le fond des cours d'eau.

Barbeau

La truite – La truite de torrent *(Salmo trutta fario)* atteint environ 50 cm de long. La truite des lacs *(Salmo trutta lacustris)* peut peser 20 kg et mesurer 1 m. La truite arc-en-ciel *(Salmo gairdneri)* atteint 70 cm de long.

L'esturgeon – Ce poisson de mer remonte les rivières au printemps pour pondre. La femelle peut contenir 100 kg d'œufs, dont on fait le caviar. L'*Acipenser sturio*, fréquent en Europe, mesure jusqu'à 4 m de long.

La truite, un poisson saumoné (du genre *Salmo*).

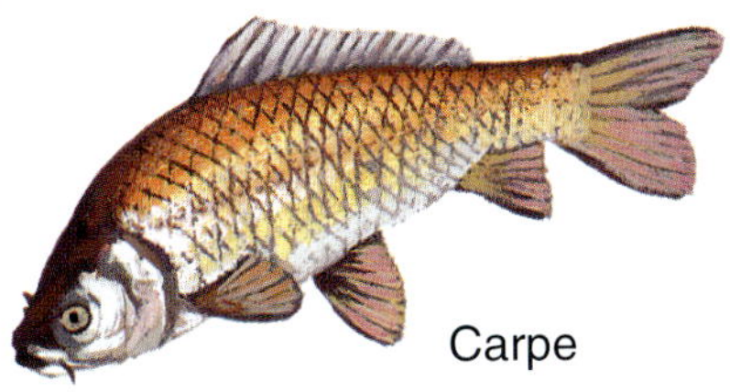

Carpe

ABYSSES; ANIMAUX DOMESTIQUES; ANIMAUX ÉTRANGES; FONDS MARINS; MER; MIGRATION; MIMÉTISME; SQUALES

1. Lavaret; **2.** Ablette; **3.** Truite; **4.** Esturgeon; **5.** Brochet; **6.** Perche; **7.** Mulette (mollusque d'eau douce).

Ports

Dans l'Antiquité, pour signaler l'entrée d'un port, on allumait de grands feux le long de la côte. Aujourd'hui, la lumière intermittente du phare guide les navires pendant la nuit, signale les passages dangereux, l'entrée d'une rade ou d'un port. Le port peut être un abri naturel ou artificiel, aménagé pour recevoir les navires et offrir les installations nécessaires pour l'embarquement et le débarquement des cargaisons et des passagers.

Le port offre souvent un centre de transformation des produits de la pêche : congélation, mise en boîte, salage et fumage (ci-dessus).

Les structures d'un port :

1. Phare principal
2. et **3.** Phares secondaires à l'entrée du port
4. Jetée brise-lames
5. Quai
6. Grues à flèche
7. Cargos
8. Port de plaisance
9. Bateaux de plaisance
10. Entrepôt de stockage des marchandises
11. Capitainerie du port
12. Chantier naval avec, en annexe, des services d'approvisionnement

Les ports de plaisance
Certains ports touristiques, quoique petits, sont très fréquentés (par exemple Portofino et Saint-Tropez). Les ports les plus achalandés du monde sont ceux de Rotterdam (Pays-Bas), Singapour (Asie du S.-E.), Kōbé (Japon).

Mer;
Moyens de transport;
Science et arts nautiques ✓;
Voiles à travers les siècles ✓

PRIMATES

Les orangs-outangs, les gibbons, les gorilles et les chimpanzés sont des singes anthropoïdes, caractérisés par l'absence de queue et un cerveau plus volumineux que celui des autres singes. Un autre groupe, les cynomorphes, englobe les macaques, les babouins, les colobes, les mandrills, les nasiques, etc. Tous les singes ont de grands yeux, de petites oreilles et un nez écrasé. Leurs pattes antérieures leur servent de bras; ils utilisent leurs mains de façon très habile.

Le ouistiti pygmée – C'est le plus petit de tous les singes : il ne pèse que 100 g et mesure environ 14 cm de long, queue comprise. Il vit dans les arbres de la forêt brésilienne, il a des yeux ronds et saillants, une tête ronde, un pelage épais, fait de poils souples et fins.

Mis à part les anthropoïdes, la plupart des singes ont une queue; seuls les singes du Nouveau Monde ont une queue préhensile, qu'ils utilisent comme balancier ou pour s'accrocher aux branches.

Un singe pêcheur
Le macaque à longue queue habite les régions tropicales de l'Asie du Sud-Est, du Viêt Nam aux Philippines. Il possède une longue queue et des favoris encadrent sa face brune. Il se nourrit de crabes et d'autres crustacés. Il fut souvent utilisé dans les recherches qui ont mené à l'élaboration du vaccin contre la poliomyélite.

Macaque à longue queue

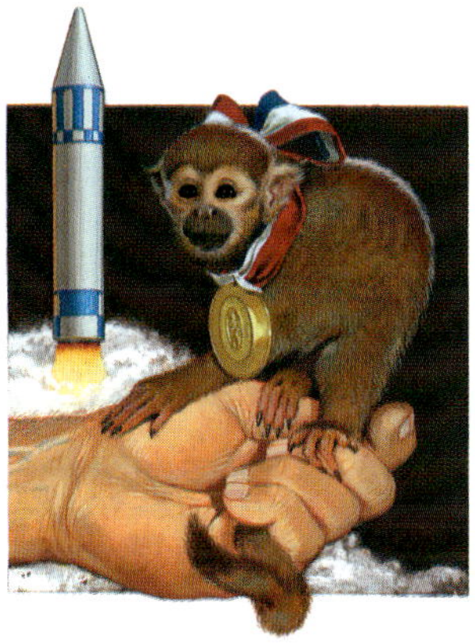

De nombreux singes de petite taille, de la famille rhésus, ont voyagé dans l'espace et en sont revenus sains et saufs.

Cynopithecus niger

Les singes se nourrissent d'insectes, de fruits, de feuilles, d'œufs d'oiseaux, et sont friands de bananes.

Le chimpanzé – Ce singe anthropoïde marche à quatre pattes, mais à la verticale, car ses pattes de devant sont plus longues que celles de derrière. La femelle (ci-contre), après une gestation de 9 mois, met bas un petit de 2 kg environ.

ESPÈCES MENACÉES;
FAUNE AFRICAINE;
FORÊT AFRICAINE;
JUNGLE ASIATIQUE;
MAMMIFÈRES

PROGRÈS

L'électricité amena de grands changements dans la vie des hommes. Entre la fin du XIXe siècle et le début du XXe siècle, les maisons furent dotées d'éclairage électrique et d'eau courante; vinrent ensuite le phonographe, la radio et le téléphone. Au cours des années 1930, les premières émissions télévisées passèrent sur les ondes; de nouveaux matériaux synthétiques furent inventés, comme le plastique et le nylon. Vers 1970, les premiers robots et les ordinateurs apparurent.

Le premier fer à repasser électrique (1881) était constitué d'une plaque chauffante équipée d'une résistance électrique.

Les premiers électroménagers
L'Américain Elias Howe inventa la machine à coudre et fit breveter son invention en 1846. En 1851, Singer perfectionna la machine à coudre de Howe, fit breveter son invention et lança la fabrication en série en fondant à New York la compagnie qui porte toujours son nom. L'aspirateur électrique apparut en 1901. Le batteur remonte à 1910; la bouilloire électrique et le sèche-cheveux furent aussi brevetés au début du siècle. Les réfrigérateurs électriques firent leur apparition sur le marché vers 1920.

Sur l'illustration :
1. Machine à écrire
2. Cuvette des cabinets avec chasse d'eau
3. Eau courante, chaude et froide
4. Phonographe
5. Aspirateur électrique
6. Téléphone
7. Ampoule électrique
8. Fer à repasser
9. Machine à coudre

La radio – Après avoir étudié les ondes électromagnétiques découvertes par R. H. Hertz, le scientifique Guglielmo Marconi (1874-1937) construisit, à vingt-deux ans, un poste qui permettait des transmissions par télégraphie sans fil (signal radio) à plus d'un kilomètre de distance. En 1909, il reçut le prix Nobel de physique; en 1924, il réussit la liaison Angleterre-Australie.

Le phonographe
En 1877, Edison inventa le phonographe à cylindre, le premier appareil pour enregistrer et reproduire des sons. Les premiers disques, inventés par Émile Berliner en 1887, étaient de minces galettes circulaires en zinc, enduites de cire. Un style pouvait lire les sillons gravés sur les disques.

Le téléphone – La transmission électrique des sons, réalisée par l'Américain Page en 1837 et par le Français Bourseul en 1854, fut d'abord expérimentée par Reis en Allemagne, à partir de 1860. Mais l'appareil de Reis n'était pas au point et ne transmettait que des sons musicaux. Bell construisit le premier appareil capable de traduire les vibrations sonores. Un de ses appareils, conçu en 1875, a permis la première démonstration du téléphone. Aujourd'hui, les téléphones sont reliés par câbles aériens ou souterrains; les télécommunications intercontinentales se font par satellites. Les téléphones cellulaires n'ont pas de fil et communiquent par le biais de diverses centrales téléphoniques. Le *modem* est une unité périphérique qui permet à un ordinateur de communiquer par ligne téléphonique. Le *télécopieur* utilise aussi les lignes téléphoniques pour transmettre des copies de documents.

La télévision – Les appareils de télévision fonctionnent grâce à une invention de 1897 : le tube de Braun (oscillateur cathodique), qui, perfectionné, devint le tube cathodique. L'antenne reçoit les ondes électromagnétiques et envoie des signaux à l'appareil. À l'intérieur du tube cathodique, un flux de courant touche l'écran, lequel s'éclaire et reproduit les images.

L'ordinateur – Les ordinateurs personnels se développèrent considérablement au cours des années 1970, avec l'invention des *puces*, de très petites composantes électroniques capables de contenir un très grand nombre d'informations.

Plaque de matériel isolant sur laquelle sont gravées les jonctions électriques.

ÉLECTRICITÉ; INFORMATIQUE;
ORDINATEUR;
SCIENTIFIQUES ET INVENTEURS;

RAPACES

Les rapaces comptent environ 280 espèces, parmi lesquelles les aigles, les faucons, les vautours et les éperviers. Ces oiseaux carnivores survolent un territoire et, grâce à leur vue perçante, localisent leur proie de très haut. Ils plongent alors en piqué et s'en saisissent avec leurs serres, des griffes fortes et crochues. Leur bec arqué, puissant et acéré, leur permet de déchiqueter la viande.

L'autour des palombes *(Accipiter gentilis)* vit dans les forêts de l'hémisphère nord. Il mesure entre 53 et 66 cm. La femelle est plus grosse et plus forte que le mâle.

L'aigle de mer, ou pygargue à tête blanche, est l'emblème des États-Unis d'Amérique. Cet habile chasseur, qui se nourrit de poissons et d'oiseaux, est une espèce protégée aux États-Unis.

Chouette

Les records – Le *faucon pèlerin*, le plus rapide des rapaces, plonge en piqué à 270 km/h. Les *condors* ont la plus grande envergure : environ 3 m. Le *condor des Andes*, qui pèse de 9 à 11 kg, est le plus lourd.

Hibou

Le hibou et la chouette – Ces deux rapaces, pouvant parfois atteindre plus de 60 cm de longueur, sont des chasseurs nocturnes. Silencieux et nyctalopes (ils voient la nuit), ils prennent leurs proies par surprise. Ils vivent dans les creux des troncs d'arbre et se nourrissent de petits animaux, comme les rats des champs. La chouette attaque aussi des lièvres, des loirs et des oiseaux.

1. Gerfaut d'Islande
2. Falconelle à pattes rouges

ESPÈCES MENACÉES; FAUNE DE L'AMÉRIQUE DU NORD; MARÉCAGES; OISEAUX; STEPPE

Le griffon – Comme tous les vautours, il se nourrit de charognes et de détritus. Son bec crochu lui permet de mieux déchirer la viande.

Griffon

La fauconnerie – Ce type de chasse, importée d'Asie par les barbares, se propagea en Europe parmi les chevaliers du Moyen Âge. Les faucons et d'autres oiseaux de proie étaient dressés pour s'envoler de la main gantée de leur maître et plonger en piqué sur leur proie. Au repos, ils étaient encapuchonnés.

RATONS LAVEURS

Le raton laveur a une sensibilité tactile très développée.

Le raton laveur est le représentant le plus connu de la famille des procyonidés. Il vit dans les forêts d'Amérique du Nord et d'Amérique centrale; on le retrouve aussi en milieux urbains où il s'est très bien adapté. Il possède un museau blanc pointu, une fourrure grisâtre, des taches sombres autour des yeux (masque) et une queue colorée de plusieurs anneaux blancs et noirs. Ses oreilles sont arrondies et ses orteils, très mobiles. Son nom lui vient du fait qu'il lave sa nourriture avant de la manger.

L'alimentation – Les ratons laveurs sont omnivores; ils aiment vivre près de l'eau où ils capturent de petits reptiles, des amphibiens et des lombrics pour compléter leur régime de base, essentiellement composé de fruits, de noix, de graines, d'insectes et d'œufs.

Pendant l'hiver, les ratons laveurs hibernent; ils creusent un abri ou s'installent dans les arbres creux ou les fentes des rochers.

FAUNE DE L'AMÉRIQUE DU NORD; HIBERNATION; MAMMIFÈRES

Le raton crabier *(Procyon cancrivorus)* habite les jungles tropicales du nord de l'Amérique du Sud.

Les habitudes de vie – Le raton laveur aime se reposer à califourchon sur une branche (1). La femelle transporte ses petits en les saisissant par la peau du cou (2). Il marche la tête basse, en cambrant le dos (3). Il laisse traîner une patte dans l'eau jusqu'à ce qu'il sente sa proie (5) et la renifle avant de la manger (4).

Recettes de cuisine

Chaque recette, qu'elle soit simple ou compliquée, doit être suivie à la lettre pour donner le résultat escompté. Avant de commencer, il faut préparer les ingrédients et les ustensiles nécessaires et, lorsque tout est fini, remettre la cuisine en ordre!

Les anciens sucraient surtout avec du miel. En Europe, on découvrit le sucre de canne au Moyen Âge, grâce aux croisades. On commença à extraire le sucre de la betterave au temps de la Révolution française. Cependant, le sucre était déjà produit depuis des millénaires en Chine; il était aussi connu des Perses, des Grecs, des Romains, et des Arabes.

Un gâteau pour le goûter
Voici une recette de gâteau savoureux, facile à réaliser.

Le nécessaire : des biscuits à la cuillère, du sucre, de la confiture, un verre, un moule à charlotte.

Dans le verre, faire dissoudre du sucre dans de l'eau; y tremper les biscuits.

Disposer les biscuits imbibés au fond du moule,

puis en tapisser les bords.

Avec des ciseaux, tailler ce qui dépasse du moule. Réserver ces bouts de biscuits.

Disposer, en les alternant, les biscuits imbibés et des couches de confiture.

La dernière couche du gâteau est faite de confiture. Disposer sur le dessus les morceaux de biscuits réservés, de façon à en couvrir toute la surface.

Couvrir le moule d'une assiette, puis poser dessus une casserole ou un autre poids. Réfrigérer toute une journée.

Sortir le gâteau du réfrigérateur, le démouler, puis le décorer avec des fraises fraîches ou des morceaux de chocolat.

La confiture peut être remplacée par de la crème au chocolat ou de la crème pâtissière.

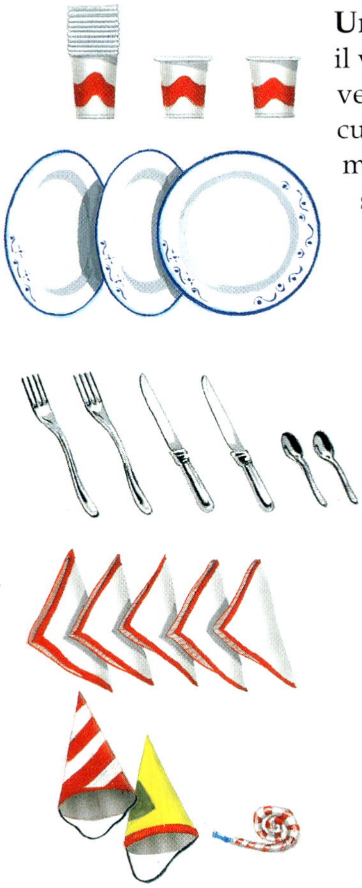

Une fête – Pour organiser une fête d'enfants, il vaut mieux se procurer des assiettes et des verres en carton de couleur, des fourchettes et des cuillères en plastique, des serviettes en papier. Au menu, on peut servir des jus de fruits et des petits sandwichs variés. S'il s'agit d'un anniversaire, ne pas oublier le gâteau, ni les bougies! Décorations, chapeaux et mirlitons mettent aussi de l'ambiance.

Les ingrédients de la pâte brisée

300 g de farine blanche,
150 g de beurre,
100 g de sucre,
2 jaunes d'œufs,
le zeste d'un citron râpé,
une pincée de sel.

Des tartes et des biscuits – Préparer d'abord la pâte : verser la farine dans un grand bol, ajouter le sucre et le beurre coupé en petits dés, puis les autres ingrédients. Pétrir tout juste pour amalgamer. Étaler la pâte au rouleau à pâtisserie, puis la déposer dans un moule à tarte beurré et saupoudré de farine. La couvrir de confiture. Avec la pâte qui reste, décorer le dessus. Faire cuire au four, à 180 °C, pendant environ 30 minutes. Pour faire des biscuits, étaler la pâte sur un plan de travail. Y découper des formes à l'emporte-pièce ou avec la pointe d'un couteau. Décorer avec des petits raisins secs, du chocolat, des bonbons colorés, des cerises confites, des amandes ou de la confiture.

☞ ALIMENTATION; CHOCOLAT; JEUX

Reproduction humaine

La reproduction est le produit de la rencontre de deux cellules, l'*ovule* de la femme et le *spermatozoïde* de l'homme. Chaque cellule contient 23 chromosomes qui portent les informations génétiques héréditaires. Le spermatozoïde féconde l'ovule dans la trompe de Fallope, à mi-chemin entre l'ovaire et l'utérus. De cette fécondation naît la première cellule du nouveau bébé, le *zygote*. L'ovule fécondé va ensuite s'accrocher à la paroi de l'utérus.

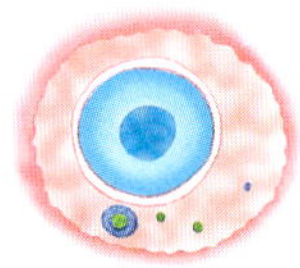

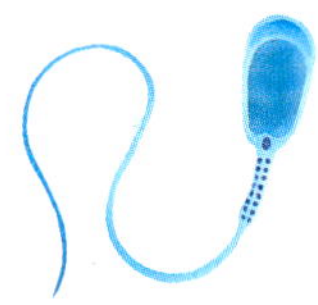

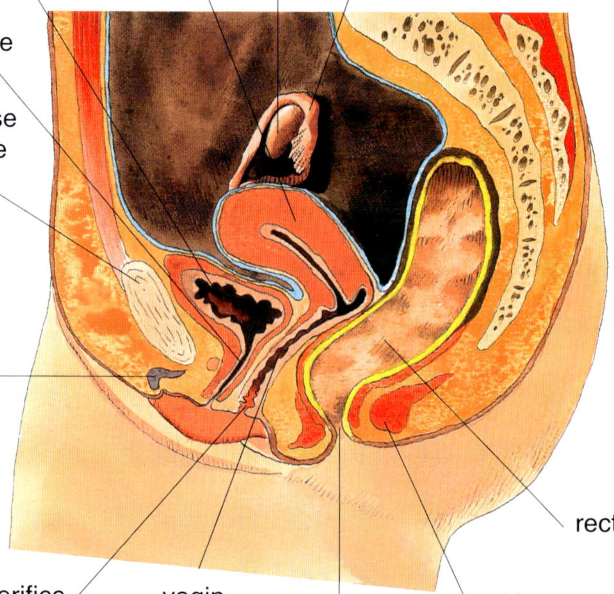

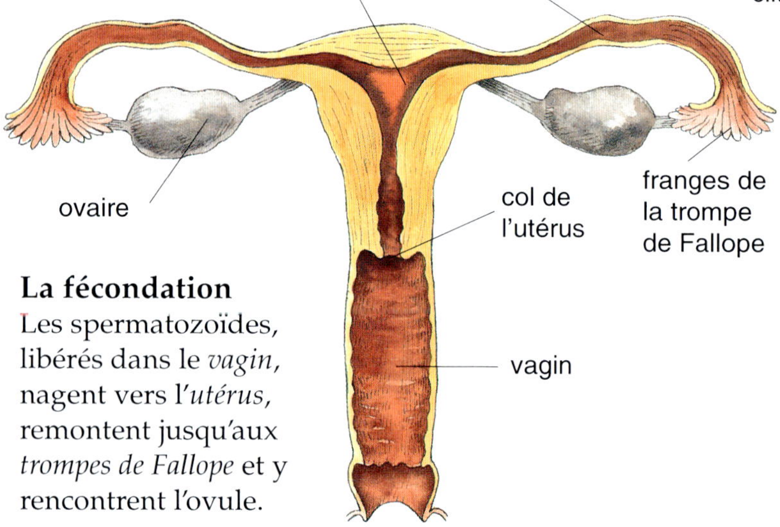

La fécondation
Les spermatozoïdes, libérés dans le *vagin*, nagent vers l'*utérus*, remontent jusqu'aux *trompes de Fallope* et y rencontrent l'ovule.

Les spermatozoïdes – Au niveau de l'urètre, les spermatozoïdes se mêlent aux sécrétions combinées de certains organes et glandes pour former le *sperme*. Pendant le coït, le pénis de l'homme libère le sperme dans le vagin de la femme.

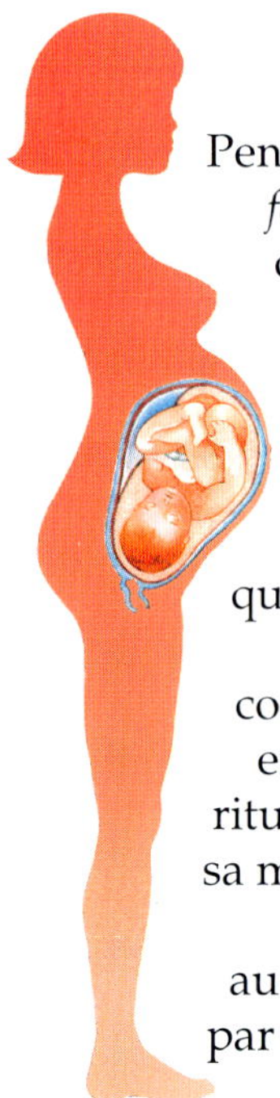

La grossesse
Pendant neuf mois, le *fœtus* se développe dans l'utérus de la mère. Il est enveloppé dans une membrane, le *sac amniotique*, qui contient un *liquide* qui le protège contre les chocs et les secousses. Il se nourrit en puisant sa nourriture dans le sang de sa mère par l'intermédiaire du *placenta*, auquel il est rattaché par le *cordon ombilical*.

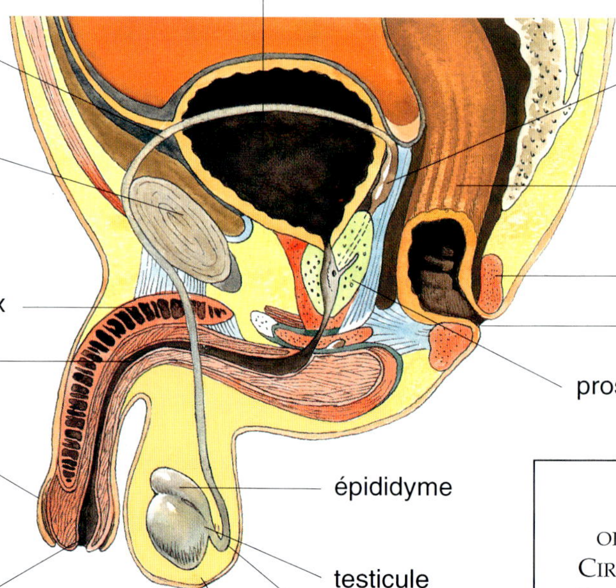

Cerveau et organes sensoriels; Circulation sanguine; Corps humain; Muscles; Squelette

Reptiles

Les reptiles furent les premiers vertébrés à conquérir la terre ferme, dès le paléozoïque (ère primaire). Les trois principaux ordres de reptiles actuels sont les chéloniens (tortues), les squamates (lézards et serpents) et les crocodiliens. Quoiqu'ils soient dotés de poumons, ils absorbent plus d'oxygène par la peau (veines cutanées) que par les poumons (veines pulmonaires).

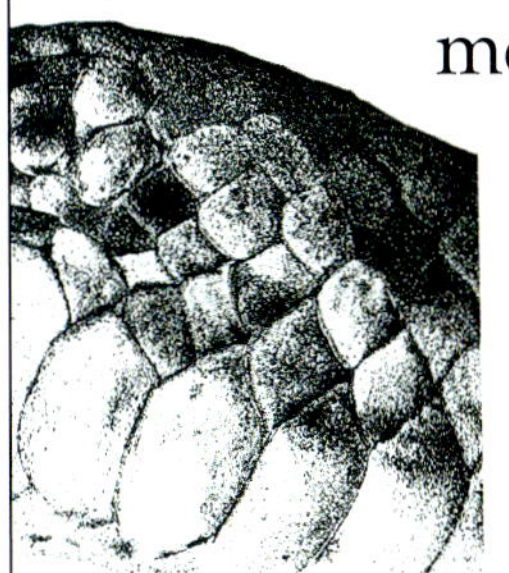

La peau des reptiles est couverte d'écailles, parfois râpeuses comme chez les crocodiliens, parfois lisses comme chez les serpents. Ces écailles les protègent des prédateurs et de la déshydratation.

Les serpents
Reptiles apodes (sans pattes), ils se déplacent très rapidement grâce à des muscles insérés le long de la colonne vertébrale, et dont les contractions se propagent d'avant en arrière. Les écailles et la vieille peau tombent plusieurs fois par année, au cours des mues.

1. Serpent roi
2. Serpent corail

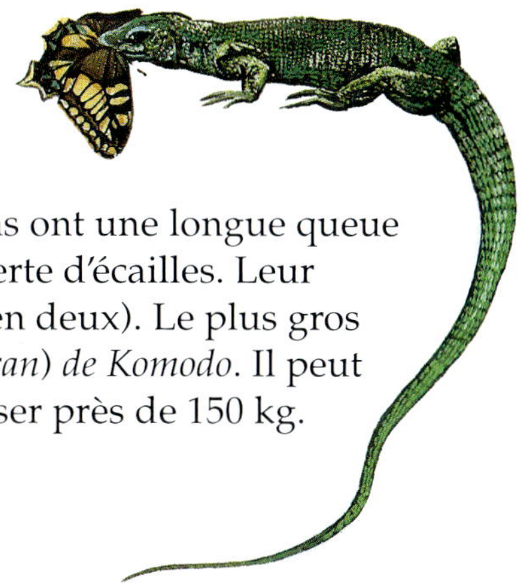

Les lézards – Ces sauriens ont une longue queue effilée et une peau recouverte d'écailles. Leur langue est bifide (fendue en deux). Le plus gros lézard est le *dragon* (ou *varan*) *de Komodo*. Il peut mesurer plus de 3 m et peser près de 150 kg.

Ci-contre, de haut en bas : tortue franche ou tortue verte; tortue caret; tortue imbriquée.

Les chéloniens – Les chéloniens, comprenant les tortues terrestres et marines, ont le corps protégé par une carapace et un plastron joints par des ligaments élastiques, et auxquels sont soudés les côtes et le sternum.

Crocodiles; Dinosaures; Espèces menacées; Évolution de la vie; Mimétisme; Serpents

Les dinosaures – Les dinosaures, reptiles primitifs, apparurent il y a environ 225 millions d'années, pour disparaître il y a environ 65 millions d'années.

Tyrannosaure

Les caractéristiques – Les reptiles sont des animaux poïkilothermes : leur température varie selon la température ambiante. La plupart sont ovipares : ils pondent des œufs qui doivent rester au chaud. Le python femelle, par exemple, s'enroule autour et les couve pendant trois mois tandis que d'autres les enterrent dans le sable chaud ou dans de la végétation en décomposition.

Parmi les reptiles, le plus long est le *python réticulé* (10 m), le plus lourd est la *tortue-luth* (jusqu'à 800 kg) et le plus petit est un *gecko* (lézard) de 4 cm ne pesant que 2 g.

Révolution française

Mai 1789 : convocation des États Généraux.
Juillet 1789 : prise de la Bastille.
Août 1789 : Déclaration des droits de l'homme.
Septembre 1792 : proclamation de la 1re République française et chute de la royauté.
Janvier 1793 : Louis XVI meurt guillotiné.
Mars 1793 : émeutes en Vandée.
Septembre 1793 : début de la période de la Terreur.
Juillet 1794 : chute de Robespierre.
Novembre 1795 : début du Directoire.
Novembre 1799 : ascension de Napoléon.

Lorsque Louis XVI monta sur le trône en 1774, la situation financière du royaume était désastreuse et la situation sociale, critique. Le clergé et la noblesse ne payaient aucune taxe et tout le poids fiscal reposait sur le *tiers état*, soit la bourgeoisie et le peuple, qui réclamait la liberté et l'égalité civile. Un mouvement révolutionnaire s'ensuivit. La France, monarchie absolue, devint une monarchie constitutionnelle (1789), puis une république (1792), et un consulat avec Napoléon (1799). Le 26 août 1789, l'Assemblée nationale constituante approuva la *Déclaration des droits de l'homme et du citoyen*, selon laquelle tous les citoyens étaient égaux devant la loi.

La guillotine – En juin 1791, Louis XVI essaya de fuir incognito. Reconnu, il fut ramené à Paris où on l'obligea, en septembre, à jurer fidélité à la nouvelle Constitution. Le 21 janvier 1793, il fut condamné à mort et décapité. La reine Marie-Antoinette subit le même sort le 16 octobre 1793.

La prise de la Bastille
Le 14 juillet 1789, le peuple de Paris s'insurgea, occupa la ville et s'empara de la Bastille, prison d'État où étaient enfermés, sans autre forme de procès, les citoyens ennemis du roi (ci-dessous).

Le peuple français se battit avec courage au nom de la liberté, de l'égalité et de la fraternité.

☞ Louis XIV; Napoléon

RHINOCÉROS

Les rhinocéros sont de grands mammifères ongulés de l'ordre des périssodactyles. Ils vivent en Afrique (*rhinocéros noir* et *rhinocéros blanc*, tous deux bicornes) et en Asie (*rhinocéros bicorne de Sumatra*, *rhinocéros de Java* et *rhinocéros unicorne de l'Inde*). Le plus gros est le rhinocéros blanc, le plus petit, celui de Sumatra. Ils ont une peau épaisse et cornée, portant très peu de poils, trois doigts à chaque patte et une ou deux cornes fibreuses sur le nez.

Le rhinocéros noir – Le rhinocéros noir peut mesurer 1,80 mètre au garrot et peser 1,5 tonne. Ses deux cornes varient en forme et en taille; certaines dépassent 1,20 mètre. Son ouïe et son odorat sont très développés tandis que sa vue est très faible : il ne peut pas voir à plus de 25 mètres, même s'il s'agit d'une chose en mouvement.

Après une gestation d'un an et demi, le petit naît sans cornes. Il pèse environ 65 kg et grossit de 2 à 3 kg par jour.

Les combats – À l'époque des accouplements, les rhinocéros mâles livrent des combats acharnés entre eux pour la conquête des femelles. Ils se battent aussi avec les femelles peu sensibles à leur charme. En d'autres saisons, ils chargent les prédateurs et les autres rhinocéros qui pénètrent dans leur territoire.

Le rhinocéros de l'Inde aime se vautrer dans la boue des marais, ce qui le rafraîchit et le protège des insectes.

FAUNE AFRICAINE; MAMMIFÈRES

RICHARD CŒUR DE LION

Richard Ier (1157-1199) fut surnommé Cœur de Lion pour son courage. Fils d'Henri II et d'Aliénor d'Aquitaine, il monta sur le trône d'Angleterre en 1189, à la mort de son père. Il participa à la 3e croisade puis, inquiet de la politique conquérante du roi de France Philippe Auguste, il décida de rentrer au pays. En chemin, il fut capturé et livré à Henri VI, empereur germanique, qui le libéra en 1194 contre une forte rançon. Il retourna en Angleterre, pardonna à son frère Jean sans Terre qui avait tenté d'usurper le trône, et continua à mener la lutte contre Philippe Auguste.

La fin – Combattant Philippe Auguste, il remporta les batailles de Fréteval et de Courcelles, puis il fortifia la Normandie. Il mourut au cours d'une guerre contre le vicomte de Limoges, au siège du château de Châles (1199).

Au cours de la troisième croisade, Richard contribua à la prise de Saint-Jean-d'Acre (1191).

CHEVALIERS; FEMMES CÉLÈBRES

Les Croisades – Pour libérer la Terre sainte, soumise depuis longtemps par les musulmans, l'Église invita tous les rois chrétiens à reconquérir Jérusalem et le Saint-Sépulcre. Entre 1096 et 1270, sept croisades (expéditions militaires) furent organisées, et Jérusalem demeura aux mains des *croisés* de 1099 à 1187.

ROCHES ET MINÉRAUX

Les minéraux, éléments inorganiques cristallins, sont les constituants de l'écorce terrestre et entrent dans la composition des roches. Il en existe plus de 2 000 sortes. Quelques-uns seulement se retrouvent à l'état pur, comme le marbre ou la quartzite.

Les minéraux sont classés d'après leurs propriétés physiques : couleur, clivage (propriété de se défaire en lamelles), dureté, ductilité (propriété de pouvoir être étiré sans se casser), masse, etc.

La classification – Un des outils de classification les plus connus est l'*échelle de dureté de Mohs* : Talc 1; Gypse 2; Calcite 3; Fluorine 4; Apatite 5; Orthose 6; Quartz 7; Topaze 8; Corindon 9; Diamant 10.

(Note : les roches sont marquées d'un astérisque.)

Soufre

Albâtre

Cinabre

Fluorine

Silex*

Granit*

Argile*

Travertin

Serpentine

Bauxite

Grès

Basalte*

Faïence*

Smithsonite

Amiante

Galène

Limonite

Cassitérite

Stibine

Lignite*

Les pierres précieuses ou gemmes et les pierres fines

Les pierres précieuses sont des minéraux rares, très recherchés, utilisées en joaillerie. La façon dont elles sont taillées (en brillant, en étoile, en rose, en cabochon, etc.) et le polissage en rehaussent la couleur, la luminosité et la brillance. La qualité d'une pierre est évaluée d'après sa couleur, sa transparence, sa taille et son poids en carats (⅕ de gramme). Les pierres fines (topaze, améthyste, etc.) sont utilisées en bijouterie et pour sculpter de petits objets.

Diamant

Émeraude

Topaze (pierre fine)

Rubis

Saphir

GROTTES;
TERRE

ROMAINS

L'Énéide, poème épique de Virgile, raconte qu'après la chute de Troie, Énée s'établit en Italie où il fonda la nation romaine. Les descendants de son fils Ascagne , les jumeaux Romulus et Remus, furent jetés dans le Tibre, puis recueillis par une louve (ci-contre). Romulus, après une dispute au cours de laquelle il tua Remus, fonda Rome (753 av. J.-C.). De sa fondation à l'avènement de la République (509 av. J.-C.), sept rois légendaires régnèrent. La République romaine dura près de 5 siècles, puis Octave Auguste inaugura l'ère de l'Empire romain qui, au fil des siècles, s'étendit jusqu'en Mésopotamie. En 395, l'Empire fut divisé en empire d'Orient et empire d'Occident. À partir de 407, de terribles invasions entraînèrent la chute de l'empire d'Occident, en 476. L'empire d'Orient devait durer jusqu'en 1453.

La maison romaine :
1. Vestibule
2. Atrium (cour intérieure) avec impluvium (bassin central)
3. Atelier
4. Murs décorés de fresques
5. Toit de tuiles en pente
6. Fenêtres petites et étroites

Dans ses *Commentaires de la guerre des Gaules*, Jules César (101 av. J.-C.-44 av. J.-C.) raconta la conquête de la Gaule jusqu'à la reddition de Vercingétorix à Alésia.

Les conquêtes – Tarente, la plus puissante ville de Grande Grèce, tenta d'arrêter la marche menaçante de Rome vers le sud et fit appel au roi d'Épire, Pyrrhus. Elle tomba en 271 av. J.-C. et entra dans l'orbite romaine. De 264 av. J.-C. à 146 av. J.-C., Rome et Carthage s'affrontèrent *(guerres Puniques)*. En 200 av. J.-C., Rome s'étendit dans la plaine du Pô, puis annexa la Macédoine et la Grèce (146 av. J.-C. : prise de Corinthe). La même année, les Romains détruisirent Carthage, marquant ainsi le début de la conquête des côtes africaines.

Les enfants de sept à quinze ans se levaient à l'aube pour aller à l'école. Ils écrivaient sur des planchettes en cire avec un style.

Les thermes – Les Romains se rendaient régulièrement aux thermes (bains publics) pour s'y baigner, mais aussi pour se tenir au courant des derniers événements.

L'héritage – Les Romains ont laissé de grands ouvrages publiques. Quatorze aqueducs fournissaient l'eau à la ville de Rome. Le premier système d'égouts y fut installé il y a 2 500 ans et fonctionne encore aujourd'hui. L'Empire était sillonné de routes dont certaines sont toujours utilisées. L'héritage le plus important est sans doute le droit romain, ensemble de lois encore étudiées de nos jours.

☞ Architecture; César; Christianisme; Costumes; Formules mathématiques; Hébreux; La France en chiffres ✓; Peuples barbares

L'armée romaine :

1. Les soldats, protégés par des boucliers (formation en « tortue »), attaquent les murailles.
2. Hélépole, haute tour d'assaut.
3. Le bélier sert à ouvrir une brèche dans les murailles.
4. Catapulte géante sur roues, actionnée par deux équipes de soldats.
5. La catapulte projette des boulets taillés dans la pierre.
6. Baliste servant à lancer des flèches.
7. Soldat porte-enseigne.
8. Légat impérial (officier romain).

Romanciers et poètes

On connaît peu de chose sur la vie d'Homère (vers le IXe siècle av. J.-C.), poète aveugle, à qui l'on attribue l'*Iliade* (épopée de la guerre de Troie) et l'*Odyssée* (périple d'Ulysse revenant de Troie vers Ithaque).

Les romanciers et les poètes s'expriment à travers la prose et la poésie. Ils décrivent la réalité ou plongent dans l'imaginaire, en exprimant des sentiments, des émotions et des idées. Les genres littéraires varient selon les styles utilisés et les sujets traités.

Alcott; Churchill; Contes et fables; Élisabeth Ire; Grecs; Littérature pour jeunes; Melville; Mythes et légendes; Stevenson; Swift

Charles Dickens (1812-1870), romancier anglais, écrivit entre autres *Oliver Twist, David Copperfield* et *Les Aventures de M. Pickwick*, (ci-dessus). Dans ses œuvres, Dickens dénonçait les abus et les infamies sociales de son temps, tout en donnant une place au rêve et aux dénouements heureux.

Dante Alighieri (1265-1321), poète florentin, composa la *Divine Comédie* dans laquelle il relate son voyage imaginaire (ci-dessous) en Enfer, au Purgatoire et au Paradis, guidé successivement par le poète Virgile, sa bien-aimée Béatrice, puis saint Bernard.

L'écrivain français Honoré de Balzac (1799-1850) publia plus de 90 romans décrivant la société de son époque, et qui composent *La Comédie humaine*.

William Shakespeare (1564-1616), grand poète et dramaturge anglais de l'époque élisabéthaine, écrivit entre autres *Roméo et Juliette, Henri IV, La Mégère apprivoisée, Le Songe d'une nuit d'été, Hamlet, Othello, Le Roi Lear, Macbeth, La Tempête*.

RONGEURS

La souris femelle peut avoir jusqu'à 50 petits par an, à raison de 6 à 13 par portée. Les souriceaux quittent le nid au bout de deux semaines et peuvent très vite se reproduire.

L'ordre des rongeurs est, de tous les ordres de mammifères, celui qui compte le plus de familles, d'espèces et d'individus. Il comprend des animaux aussi différents que le rat, le mulot, l'écureuil, le castor, le hérisson, le hamster, le chinchilla, le lemming, la gerbille, la marmotte. On les retrouve dans tous les pays du monde : ils s'adaptent à n'importe quel environnement. Ils ne vivent pas longtemps, mais se reproduisent très rapidement. En général, ils sont herbivores; certains d'entre eux se nourrissent aussi d'insectes, de petits oiseaux et d'œufs.

Le mulot (ci-contre) élimine les puces avec ses dents et lisse avec soin sa fourrure pour que, plus souple, elle le protège mieux du froid.

Pour garder son équilibre, le rat enroule sa queue autour des tiges.

Le rat des moissons, long de 6 cm environ, se cache entre les tiges des plantes dans les champs.

Le nid rond est fait de brins d'herbe tressés.

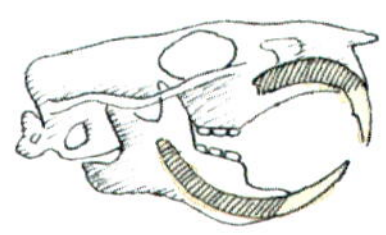

Les dents – Les rongeurs n'ont pas de canines, mais des incisives en ciseaux qui poussent continuellement (jusqu'à 1 cm par semaine chez certaines espèces). Les molaires et les prémolaires, dans la partie postérieure de la gueule, servent à mastiquer.

Souris grise

Rat noir

Les souris et les rats appartiennent à la famille des Muridés. La souris grise, petite et timide, vit en compagnie de l'homme et se nourrit de restes d'aliments. Le surmulot (rat gris) fréquente les égouts et les endroits insalubres. Le rat noir, qui vit dans des endroits secs et chauds, est très agressif. Les rats sont souvent porteurs de germes causant des maladies comme la peste et la leptospirose.

Le campagnol *(Microtus arvalis)* – Ce rongeur, très répandu en Amérique et en Europe, cause de graves dommages aux récoltes. Il suit toujours les mêmes sentiers, afin de pouvoir fuir plus rapidement, et creuse des galeries ramifiées pour entreposer ses provisions.

Lorsqu'un autre rat pénètre sur son territoire, le surmulot se dresse sur ses pattes de derrière, grince des dents et émet des cris menaçants. L'intrus s'éloigne sans demander son reste ! (ci-contre).

Le tamia – Le tamia d'Amérique du Nord *(Tamias striatus)* (1) tient sa nourriture entre ses pattes pour mieux la ronger (2), et la transporte dans ses abajoues (3).

Ganésa, divinité hindoue à tête d'éléphant, patron des commerçants, des voyageurs et des voleurs, symbolise aussi le savoir et l'intelligence. Un rat l'accompagne lors de ses déplacements terrestres.

Le Rat de ville et le Rat des champs est une fable de La Fontaine.

ANIMAUX DOMESTIQUES;
ÉCUREUILS;
FAUNE DE L'AMÉRIQUE DU SUD;
HÉRISSONS;
MAMMIFÈRES; STEPPE;
TOUNDRA

Les records – Le cabiai *(capybara)*, ou cochon d'eau, est le plus grand rongeur du monde. Il mesure 1,25 m de long et pèse 50 kg. Il vit dans les marais ou le long des fleuves et des lacs d'Amérique du Sud et il se nourrit de plantes aquatiques. La musaraigne pygmée mesure seulement 35 à 48 millimètres de long, la queue comprise, et pèse environ 2 g.

Le castor – Il vit surtout dans les forêts d'Amérique du Nord, près des rivières et des lacs, mais on en retrouve en de rares endroits en Europe où il est protégé. Il abat des arbres pour construire des barrages et des huttes. Sous l'eau, il utilise les réserves d'oxygène qu'il garde dans ses poumons et ses tissus, et ferme ses narines et ses oreilles. Ses pattes postérieures palmées lui servent de rames, et sa queue aplatie, de gouvernail. Il se sert également de sa queue pour donner l'alarme en la faisant claquer violemment sur la surface de l'eau.

Castor

Saisons

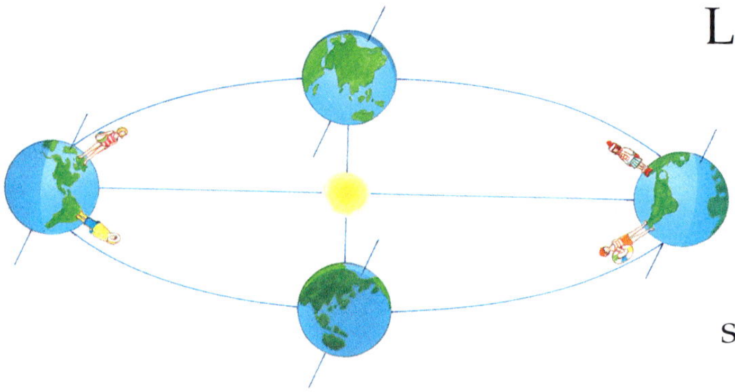

La Terre tourne sur elle-même en 24 heures *(rotation)*, et autour du Soleil en 365 jours et 6 heures *(révolution)*. Lorsqu'une partie du globe est éclairée par le Soleil, l'autre partie plonge dans la nuit. Suivant la position de la Terre par rapport au Soleil, les *saisons* se succèdent : printemps, été, automne, hiver.

L'orbite terrestre – La Terre tourne autour du Soleil en suivant un parcours elliptique, ou *orbite* (ci-dessus). Elle tourne en même temps sur elle-même, et présente au Soleil, tour à tour, chacune de ses faces.

S'il n'y avait pas de Soleil, la Terre serait couverte d'une couche de glace suffisamment épaisse pour recouvrir la base de la Tour Eiffel.

Le changement des saisons – L'axe de la Terre est incliné par rapport à son orbite. Suivant sa position sur l'orbite autour du Soleil, l'un des hémisphères, nord ou sud, est plus éclairé que l'autre, ce qui crée des conditions climatiques et météorologiques différentes. L'hiver, le Soleil est bas à l'horizon; ses rayons, très inclinés quand ils touchent la Terre, sont donc plus faibles et ne réchauffent pas beaucoup. Au contraire, l'été, le Soleil monte haut dans le ciel; ses rayons sont plus directs et très chauds.

L'année bissextile – On appelle ainsi une année de 366 jours, lorsque le mois de février compte 29 jours plutôt que 28. Les années bissextiles tombent tous les quatre ans.

Lorsqu'une montre, aux États-Unis, marque midi, il est minuit en Chine, de l'autre côté du globe.

Les zones climatiques – Les variations d'inclinaison des rayons solaires qui atteignent la Terre permettent non seulement d'expliquer les saisons, mais de séparer la Terre en cinq *zones climatiques*. Aux deux extrémités du globe, deux zones glaciales, délimitées par les cercles polaires arctique et antarctique; entre les deux cercles polaires et les tropiques du cancer et du capricorne, deux zones de climat tempéré; entre les tropiques, de chaque côté de l'équateur, une zone à climat torride.

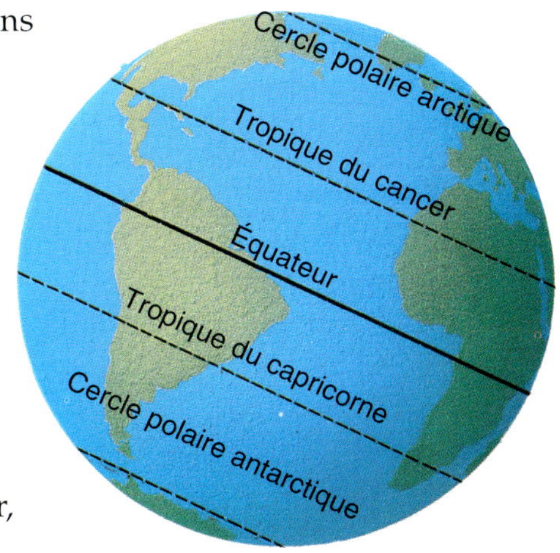

Le jour et la nuit – Le Soleil nous donne l'impression de tourner autour de la Terre, puisqu'il se lève le matin à l'est et se couche le soir à l'ouest. Mais c'est la Terre qui tourne sur elle-même en 24 heures, et expose ainsi au Soleil chacune de ses faces, en alternance. Les étoiles ne peuvent être observées que la nuit : le jour, la lumière du Soleil les rend invisibles.

Les différentes saisons – À cause de l'inclinaison de l'axe terrestre, la Terre présente ses deux *hémisphères* aux rayons du Soleil, mais l'un les reçoit de façon plus directe que l'autre. Lorsque c'est l'hiver dans l'hémisphère nord, c'est l'été dans l'hémisphère sud. Pour cette raison, Noël se fête l'hiver en Europe ou en Amérique du Nord et l'été, en Amérique du Sud, en Afrique du Sud et en Australie. L'alternance des quatre saisons est plus marquée dans les zones tempérées; au niveau des tropiques, on assiste à une alternance de saisons sèches ou pluvieuses, qui s'estompe quand on se rapproche de l'équateur.

HIBERNATION; MIMÉTISME; SOLEIL; TERRE

SCIENTIFIQUES ET INVENTEURS

Une découverte scientifique permet de percer certains secrets de la nature et de l'être humain (par exemple, la découverte de la force gravitationnelle); une invention est une création, une nouveauté scientifique ou technique (tels la montre et le cinéma).

Marie Curie (1867-1934) étudia la radioactivité avec son mari Pierre. En 1898, à partir de minerais d'uranium, ils réussirent à extraire les premiers éléments radioactifs, le polonium et le radium.

Blaise Pascal (1623-1662) construisit en 1642 la première machine arithmétique alors qu'il n'avait que 19 ans.

Albert Einstein (1879-1955) révolutionna la physique contemporaine avec sa théorie de la relativité, qui posait l'équivalence entre la masse et l'énergie.

A. L. Lavoisier (1743-1794), créateur de la chimie moderne, énonça le principe de la conservation de la masse en chimie : *rien ne se perd, rien ne se crée, tout se transforme* (ci-dessous).

La méthode expérimentale – Premier véritable expérimentateur, Galilée (1564-1642) marqua le début de la science moderne qui se base sur les expériences pour élaborer des théories scientifiques. Isaac Newton (1642-1727), physicien, mathématicien et astronome anglais, énonça les lois de la dynamique (notion d'effort s'exerçant sur un ensemble mécanique) et découvrit la *loi de la gravitation universelle* (1687).

Le brevet – L'auteur d'une invention ne vend pas un produit, mais une idée. Il revendique tout d'abord la paternité de l'invention, en fait le dépôt et la fait breveter. Dès lors, en tant que propriétaire de l'invention, il a un droit exclusif sur son exploitation, ou encore un droit sur une partie des gains tirés de son exploitation et de son application.

Roger Bacon (1214-1294), philosophe et mathématicien anglais. Ses thèses philosophiques et astrologiques lui valurent l'emprisonnement (1277-1292). Il étudia entre autres l'acoustique, l'optique, l'arc-en-ciel.

Galilée (1564-1642) inventa un des premiers télescopes et observa le mouvement des astres. Il put alors soutenir la thèse de Copernic selon laquelle la Terre tourne autour du Soleil et non le contraire.

George Stephenson (1781-1848) et son fils Robert inventèrent une locomotive à vapeur capable d'entraîner plusieurs wagons.

James Watt (1736-1819) fit breveter, en 1769, la première machine à vapeur, puis la perfectionna pour résoudre les problèmes d'utilisation industrielle.

T. A. Edison (1847-1931) fit breveter plus de 3 000 inventions, dont la lampe électrique à incandescence (1878), encore utilisée aujourd'hui.

Louis Pasteur (1822-1895) créa en 1885 un vaccin contre la rage, maladie mortelle infectieuse et contagieuse, transmise par la morsure d'animaux qui en sont atteints.

Les frères Joseph et Étienne Montgolfier (1740-1810 et 1745-1799) inventèrent le ballon à air chaud, dit *montgolfière*, en 1783.

Carl Benz (1844-1929) fut le premier à équiper un véhicule d'un moteur à explosion (1886).

Où en sont les inventions ? – La recherche scientifique est à l'origine de la révolution technologique à laquelle nous assistons aujourd'hui (ordinateurs, robotique, etc.). Elle permet d'améliorer la qualité de vie, entre autres par la synthèse de nouveaux médicaments et l'exploitation de nouvelles sources d'énergie renouvelables non polluantes.

Cinéma; Électricité; Énergie; Horloges; Inventions préhistoriques; Médecine; Moyens de transport; Optique; Progrès; Vapeur; Vinci, Léonard de; Voyages d'antan

Serpents

Les serpents sont des reptiles apodes à la peau recouverte d'écailles. Généralement sourds, ils perçoivent les vibrations. Leur mandibule étant reliée à la mâchoire supérieure par un tissu élastique, ils peuvent avaler des proies d'un diamètre supérieur à celui de leur corps. Les serpents venimeux, comme le *cobra*, ont des dents modifiées en crochets creux, reliées à des glandes à venin. Les serpents *constricteurs*, comme le *boa*, étouffent leur proie.

Python de Seba

Un symbole – L'homme s'est toujours méfié du serpent et l'a associé très tôt à l'incarnation des forces du mal. Dans l'Ancien Testament, Ève au Paradis terrestre subit la tentation du serpent qui la pousse à goûter au fruit défendu de l'arbre de la connaissance.

Le boa constricteur
Il se nourrit surtout de mammifères et d'oiseaux, et étouffe sa proie avant de l'avaler.

Le venin – L'appareil venimeux comprend les glandes à venin, les canaux où il s'accumule et les crochets qui l'injectent à la victime. Parmi les serpents les plus venimeux, on retrouve le *serpent à sonnette*, le *mamba noir*, le *cobra à lunettes*, le *serpent corail*.

FAUNE DE L'AMÉRIQUE DU NORD;
FORÊT AFRICAINE;
HIBERNATION;
JUNGLE ASIATIQUE;
REPTILES

Les charmeurs de serpents
Le *naja*, ou *cobra indien*, réagit aux mouvements du charmeur de serpents et non aux sons de sa flûte : en effet, les serpents sont presque sourds.

L'anaconda (ci-contre) atteint 8 m de long.

SOLEIL

Le Soleil est l'étoile autour de laquelle tournent la Terre et les autres planètes du système solaire. Il est composé d'une masse de gaz incandescents : la surface *(photosphère)* atteint 5 700 °C. Au centre, des atomes d'hydrogène sont transformés en hélium à la suite de réactions thermonucléaires. L'énorme quantité d'énergie ainsi produite s'étend du Soleil à tout le système solaire.

Chez les Égyptiens, le dieu du Soleil, créateur du monde, était *Râ*, souvent représenté avec un corps d'homme à tête de faucon surmontée d'un disque solaire (ci-dessus). Les pharaons se considéraient comme les *fils de Râ*. Dans la mythologie grecque, le Soleil, *Hélios*, voyageait dans le ciel sur un chariot de feu tiré par quatre chevaux.

La structure – Le Soleil est l'étoile la plus proche de nous : environ 150 millions de km le séparent de la Terre. Son diamètre est environ 109 fois celui de notre planète. Autour de la *photosphère*, il y a un anneau, la *chromosphère*, et une partie plus externe, la *couronne*. On remarque sur la photosphère des taches plus sombres, des zones moins chaudes et moins brillantes; elles sont entourées par les *protubérances*, des jets de matière incandescente, qui s'étendent sur plusieurs milliers de kilomètres.

L'âge – Par rapport aux autres étoiles, le Soleil est très jeune : il est âgé d'environ 5 milliards d'années et se trouve à peu près à la moitié de son évolution. Son cycle de vie se terminera avec l'épuisement du combustible qui permet la fusion. Le Soleil deviendra alors une géante rouge englobant l'orbite de la Terre qui deviendra une fournaise. Il deviendra ensuite une naine blanche, puis une naine noire.

Le Soleil est une étoile qui dégage de la lumière et de la chaleur.

☞ CIEL; ÉNERGIE; SAISONS; SYSTÈME PLANÉTAIRE; TERRE; ZODIAQUE ✓

SPORTS

Emblème des Jeux olympiques

Il y a 6 000 ans, les hommes connaissaient déjà le sport. En Égypte, on pratiquait le canotage sur le Nil, la natation en Mésopotamie et le polo en Perse. Dans l'Amérique précolombienne, les Aztèques jouaient au *tlachtli*, une sorte de ballon-panier. L'*Iliade* (chant XXIII) cite le *pugilat* (ancêtre de la boxe), la lutte, la course et des compétitions de lance entre héros achéens. Les premiers Jeux olympiques eurent lieu en Grèce, à Olympie, en 776 av. J.-C. Au début, ils ne duraient qu'un jour et ne comportaient qu'une compétition, le *stadion* (course rapide de 192 m environ). En 724 av. J.-C., on y ajouta le *diaulo* (distance double) et en 720 av. J.-C., le *dolico* (course d'endurance). Les gagnants étaient couronnés d'olivier. Pythagore de Samos (le mathématicien célèbre) fut un pugiliste exceptionnel et gagna les Jeux olympiques, en 588 av. J.-C.

Ballon de basket-ball

Ballon de volley-ball

Ballon de soccer

Les jeux de ballon

Selon le poète latin Martial, bien jouer au ballon est aussi difficile que de bien jouer de la lyre. Du temps de la Rome antique, il existait trois sortes de ballon : le *follis* (ballon en cuir gonflé d'air), le *pila trigonalis* (balle petite et dure comme une balle de tennis) et le *pila paganica* (rembourré de plumes). Encore aujourd'hui, il existe divers types de balles ou de ballons, selon le sport pratiqué.

1  2  3 4 

1. Balle de golf
2. Balle de tennis
3. Raquette de tennis
4. Raquette de ping-pong

Les jeux modernes

Le tennis est né officiellement en 1873 : on l'appelait alors *lawn tennis*. Le tennis de table ou *ping-pong* (nom déposé, imitant le son des balles sur la table) est de la même époque. Par contre, les premières règles du golf remontent à 1754.

Le football américain est né de la fusion des règles du rugby et du football; ce jeu consiste à s'emparer de nouveaux terrains, en faisant passer le ballon de l'autre côté de la ligne de but adverse.

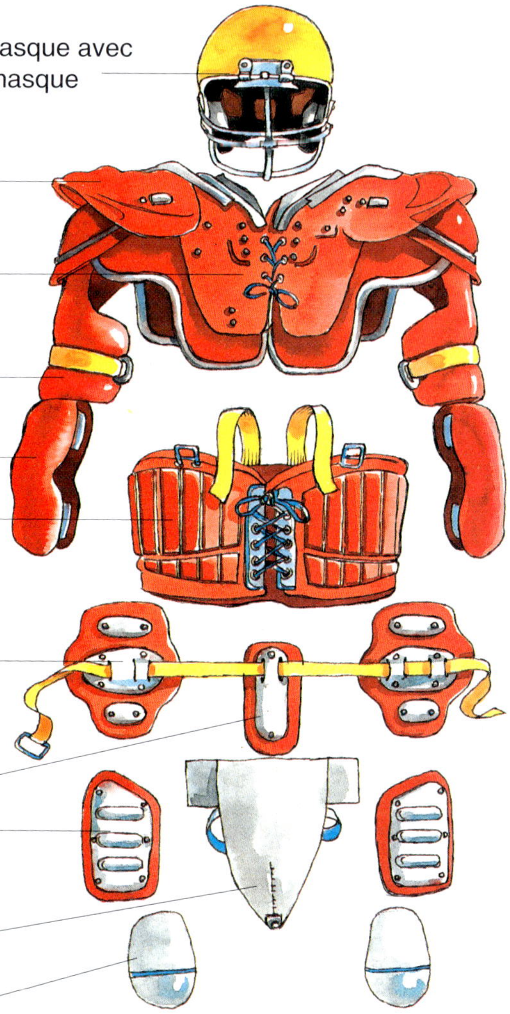

Vers 1830, un athlète allemand organisa les premières compétitions de plongeon et rédigea un manuel qui expliquait les techniques de cette discipline. Celle-ci fut admise aux Jeux olympiques de 1904. Il existe officiellement six groupes de plongeons : en avant, en arrière, renversé, retourné, vrillé et en équilibre sur les bras. Ci-contre, le *plongeon en avant*.

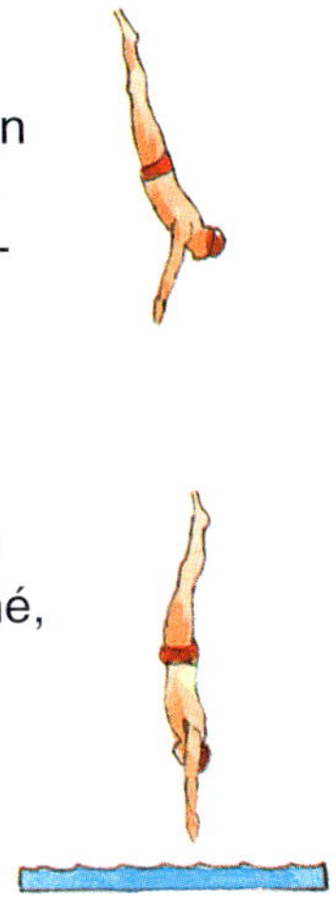

Les Jeux olympiques modernes :
1896 : Athènes. Le baron de Coubertin fait renaître les Jeux olympiques.
1900 : Paris. Les jeux coïncident avec l'Exposition universelle.
1904 : St. Louis
1908 : Londres
1912 : Stockholm
1916 : Première Guerre mondiale : pas de jeux.
1920 : Anvers. Inauguration de l'emblème des Jeux olympiques : cinq anneaux entrelacés, de couleurs différentes, représentant les continents.
1924 : Paris
1928 : Amsterdam
1932 : Los Angeles
1936 : Berlin. Adolf Hitler organise les Jeux pour célébrer la supériorité de la race aryenne; l'athlète américain de couleur, Jesse Owens, gagne quatre médailles d'or en athlétisme.
1940 : Deuxième Guerre mondiale : pas de jeux.
1948 : Londres
1952 : Helsinki
1956 : Melbourne
1960 : Rome
1964 : Tokyo. Premiers Jeux olympiques en Asie.
1968 : Mexico. Pour la première fois, les Jeux ont lieu à plus de 2 000 m au-dessus du niveau de la mer.
1972 : Munich. Une prise d'otages israéliens par des terroristes palestiniens se termine dans un bain de sang.
1976 : Montréal
1980 : Moscou
1984 : Los Angeles
1988 : Seoul
1992 : Barcelone
1996 : Atlanta

La gymnastique – La gymnastique est un sport qui se pratique le plus souvent dans un gymnase (du grec *gymnasium* : lieu où les athlètes pratiquent nus). Il existe 6 épreuves de gymnastique masculine et 4 de gymnastique féminine. Toutes se font aux appareils, sauf l'épreuve au sol.

À gauche, une *planche à voile*; à droite, un *dériveur*. On peut pratiquer le sport de la voile sur une grande variété de coques. Les *régates* sont des compétitions à la voile ou à l'aviron.

CIVILISATIONS PRÉCOLOMBIENNES; GRECS; ROMAINS

La natation – Les anciens Romains considéraient qu'il était aussi grave de ne pas savoir nager que de ne pas savoir lire : tous les soldats apprenaient à nager. Les compétitions de natation (brasse) commencèrent vers 1800 en Angleterre. Vers 1900, on importa d'Australie le *crawl*, la nage la plus rapide. En *nage synchronisée* (sport exclusivement féminin), les nageuses (seules ou en équipe) exécutent, au rythme de la musique, des figures et des mouvements synchronisés.

Crawl

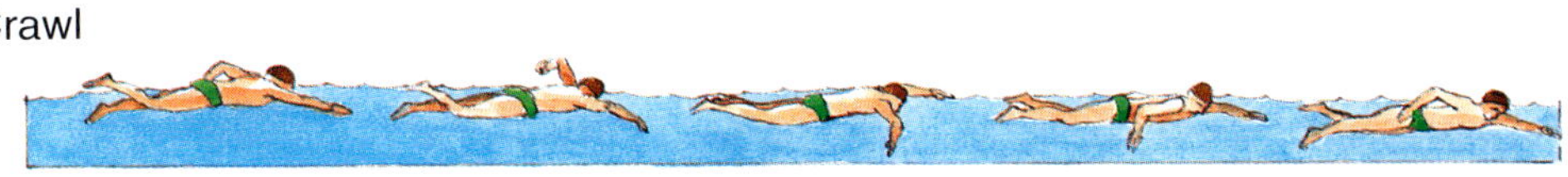

Brasse

Papillon

Dos

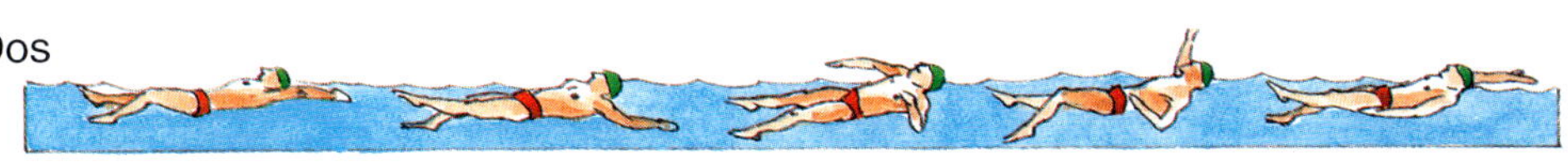

Squales

Les requins (qui remontent à près de 350 millions d'années) ont conservé certaines caractéristiques préhistoriques, comme un squelette cartilagineux et plusieurs fentes branchiales de chaque côté de la gueule.

Les requins ont un corps hydrodynamique, des nageoires pectorales en forme de faucille, une nageoire caudale asymétrique et une nageoire dorsale triangulaire très typique. Leur vue excellente, leur odorat très développé, particulièrement sensible à l'odeur du sang, et leur gueule armée de dents pointues et acérées en font de redoutables prédateurs . Dépourvus de vessie natatoire, ils doivent nager constamment pour ne pas couler. Le *grand requin blanc*, le plus gros poisson prédateur, mesure plus de 9 m et pèse environ 250 kg; il peut parcourir plus de 400 km en une seule journée.

Requin bleu

Le requin bleu – De couleur plus sombre sur le dos que sur les côtés, le *requin bleu* mesure environ 6 m. Il vit dans les mers tropicales et subtropicales, ainsi que dans la Méditerranée.

Les dauphins, inoffensifs pour l'homme, sont les grands ennemis des requins. Ils les attaquent en groupe et leur assènent de violents coups de museau.

Requin à pointe noire commun

Les plus redoutables

Les requins les plus voraces sont le *requin-tigre*, le *requin mako* et le *requin gris des récifs*. Le *requin blanc* est surnommé *mangeur d'hommes*.

Les mâchoires des requins sont pourvues de puissantes dents triangulaires, pointues, à bord souvent dentelé, et disposées sur plusieurs rangées.

Avec les requins, les raies (comme la pastenague ci-dessus) et les torpilles font partie des sélaciens, sous-ordre de poissons cartilagineux.

Mer;
Poissons

SQUELETTE

Le squelette, formé de 206 os reliés entre eux, constitue la charpente du corps humain. La *cage thoracique* se compose de douze paires de côtes, s'articulant avec les *vertèbres* thoraciques, qui s'étendent du sternum au diaphragme. Elle est très importante puisqu'elle protège le cœur, les poumons et d'autres organes vitaux.

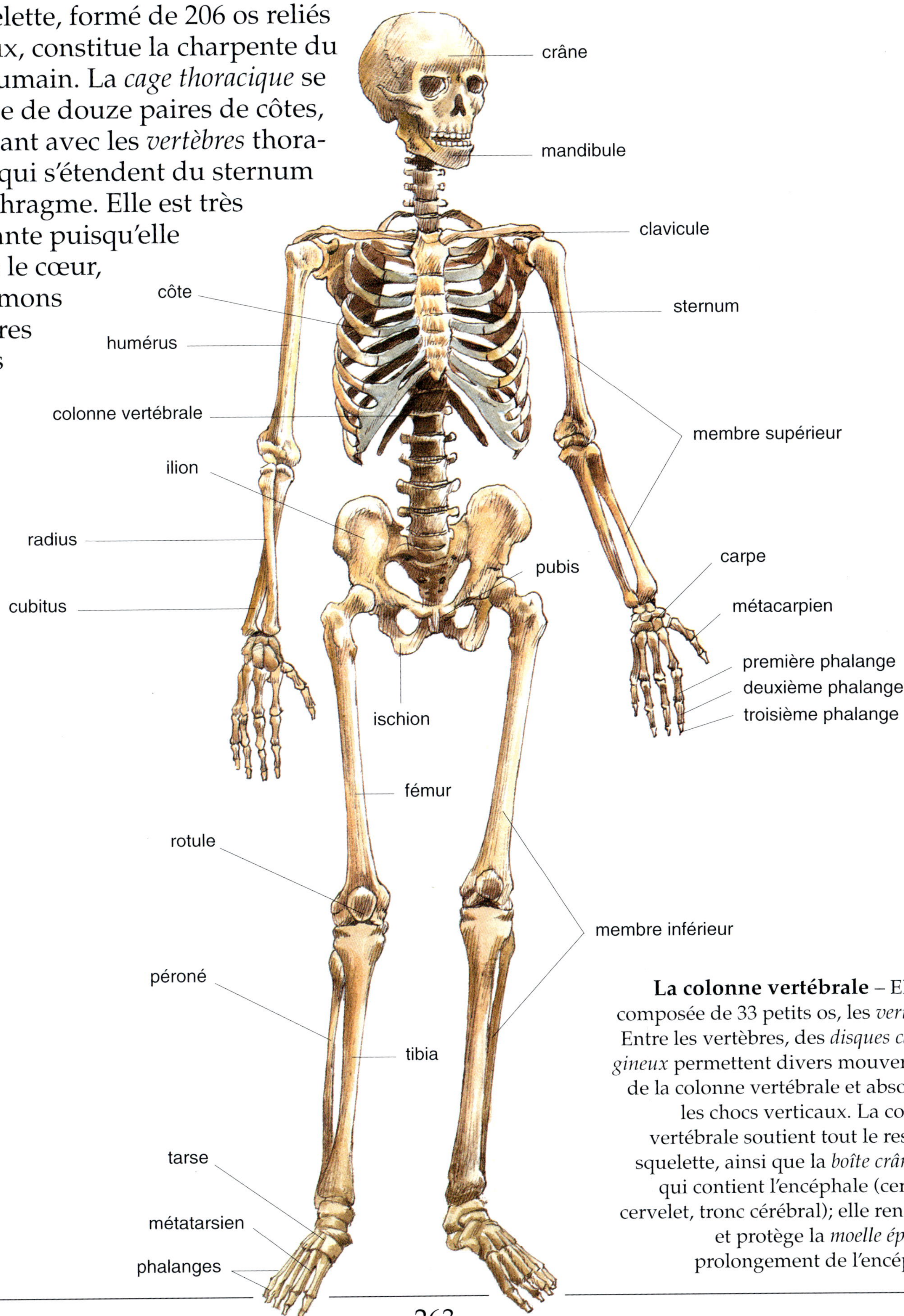

La colonne vertébrale – Elle est composée de 33 petits os, les *vertèbres*. Entre les vertèbres, des *disques cartilagineux* permettent divers mouvements de la colonne vertébrale et absorbent les chocs verticaux. La colonne vertébrale soutient tout le reste du squelette, ainsi que la *boîte crânienne* qui contient l'encéphale (cerveau, cervelet, tronc cérébral); elle renferme et protège la *moelle épinière*, prolongement de l'encéphale.

Le squelette est la charpente du corps humain : il le soutient. L'interrelation des os, des articulations et des muscles permet au corps d'effectuer de nombreux mouvements.

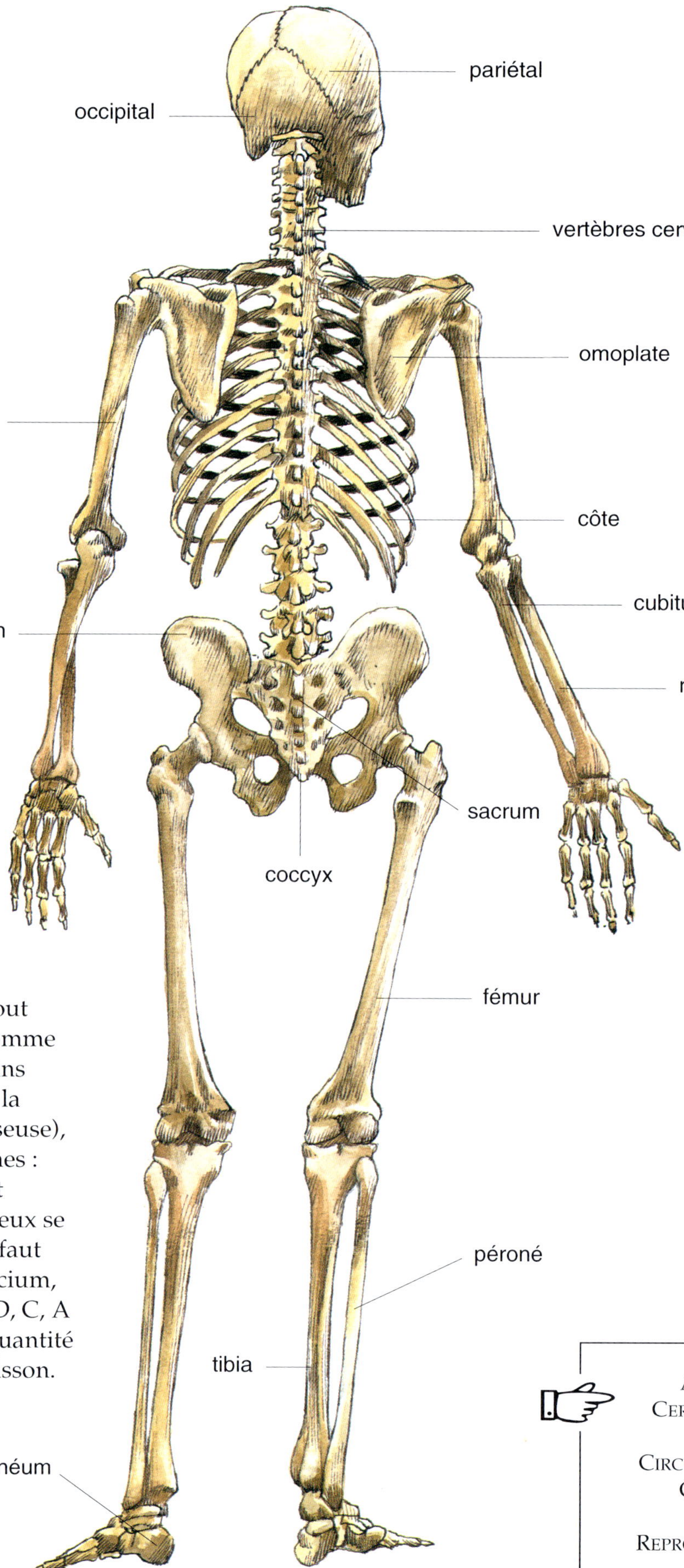

Les os – Ils se composent surtout d'*osséine* et de sels minéraux comme le *phosphore* et le *calcium*. Certains renferment un tissu conjonctif, la *moelle rouge* (type de moelle osseuse), qui produit les cellules sanguines : *globules rouges*, *globules blancs* et *plaquettes*. Pour que le tissu osseux se développe normalement, il lui faut des minéraux (magnésium, calcium, manganèse) et des vitamines (D, C, A et B_{12}) qu'on trouve en bonne quantité dans le lait, le fromage et le poisson.

☞ ALIMENTATION; CERVEAU ET ORGANES SENSORIELS; CIRCULATION SANGUINE; CORPS HUMAIN; MUSCLES; REPRODUCTION HUMAINE

Steppe

On appelle steppes les plaines de l'Asie centrale. Le paysage, dénudé et désolé, n'est qu'une vaste étendue herbeuse entrecoupée de rares arbustes. Les hivers y sont longs et rigoureux, les étés, chauds et courts avec peu de pluie. Plusieurs animaux sauvages y séjournent ou y habitent. Pour échapper au froid, les grands mammifères migrent; les petits, comme les rongeurs, creusent des terriers et hibernent pendant de longues périodes. Certains grands mammifères, comme le *yack* ou le *chameau*, sont depuis longtemps apprivoisés et élevés par l'homme.

Les *onagres*, ânes sauvages de grande taille, paissent dans les steppes. Leurs pattes se terminent par un sabot, comme chez le cheval ou l'âne. Les chevaux sauvages sont domestiqués par les populations locales (ci-dessous).

Chameau : il est domestiqué depuis des millénaires.

Les chameaux – Ils ne vivent pas dans le désert comme les dromadaires, mais dans les steppes de l'Asie centrale et méridionale. Ils accumulent une réserve de graisse dans leurs bosses et une grande quantité d'eau dans leur corps.

Aigle des steppes

L'aigle des steppes

Grâce à sa vue perçante, ce rapace détecte ses proies de très haut, puis les attrape avec ses serres. D'autres oiseaux peuplent les steppes, comme les *cailles*, les *poules champêtres* et les *outardes*. La parade amoureuse de l'outarde mâle, qui étale ses plumes comme une grande fleur blanche, est spectaculaire.

Dans la steppe :

1. Aigle des steppes
2. Cheval de Przewalski
3. Antilope saïga
4. Marmotte bobak
5. Poule champêtre
6. Outarde
7. Manul

Asie; Équidés; Rapaces; Rongeurs

STEVENSON, ROBERT LOUIS

Robert Louis Stevenson (1850-1894), écrivain écossais, remporta un grand succès avec son roman *L'Île au Trésor*. Il écrivit d'autres romans d'aventures, dont *La Flèche noire*, *Le Maître de Ballantrae*, et le chef-d'œuvre de la littérature d'épouvante, *Le Docteur Jekyll et M. Hyde*.

« Le docteur brisa avec précaution les sceaux de l'enveloppe, et il s'en échappa la carte d'une île, où figuraient latitude et longitude, profondeurs, noms des montagnes, baies et passes, bref, tous les détails nécessaires à un navigateur pour trouver sur ses côtes un mouillage sûr... »

L'ÎLE AU TRÉSOR

« Les gens de quart étaient tous à l'avant, à guetter l'apparition de l'île... J'entrai tout entier dans la barrique de pommes, qui était presque vide, et m'y accroupis dans le noir. Le bruit des vagues et le bercement du navire étaient sur le point de m'assoupir, lorsqu'un homme s'assit bruyamment tout contre. La barrique oscilla sous le choc de son dos, et je m'apprêtais à sauter dehors, quand l'homme se mit à parler. Je reconnus la voix de Silver, et il n'avait pas prononcé dix mots, que je ne me serais plus montré pour tout l'or du monde... »

« Mais tout à coup l'ancre sortit de l'eau, ruisselante, et s'accrocha aux bossoirs; puis les voiles prirent le vent, la terre et les navires défilèrent à droite et à gauche. Avant que je me fusse couché pour prendre une heure de repos, le voyage de l'*Hispaniola* était commencé, et elle voguait vers l'île au trésor... »

LITTÉRATURE POUR JEUNES; PIRATES; ROMANCIERS ET POÈTES

Vaisseau de la marine anglaise au XVIIe siècle

Swift, Jonathan

Gulliver fut invité à la cour de l'empereur de Lilliput, qui lui demanda son aide pour combattre Blefuscu, l'île voisine...

Les Voyages de Gulliver

« Le soleil était déjà haut quand Gulliver se réveilla. Il entrouvrit les yeux et tenta de lever le bras pour se protéger du soleil, mais il se rendit compte qu'une foule de petits hommes l'avait cloué au terrain avec des cordes. Par gestes ils lui signalèrent qu'il était leur prisonnier. Le paysage que Gulliver voyait était en miniature : les arbres, les fleuves, tout était à la dimension de ces étranges petits êtres. Ce pays s'appelait Lilliput ... »

Jonathan Swift (1667-1745), écrivain irlandais, auteur d'œuvres satiriques sur la société de son époque. L'univers fantastique du roman *Les Voyages de Gulliver* lui a valu la faveur du jeune public.

Littérature pour jeunes; Romanciers et poètes

SYSTÈME PLANÉTAIRE

MERCURE

VÉNUS

TERRE

MARS

JUPITER

Notre système solaire fait partie de la *Voie lactée*, une galaxie en spirale d'un diamètre de 100 000 années lumière, qui comprend 100 milliards d'étoiles et plusieurs *nébuleuses* (nuages de gaz et de poussières). La Voie lactée a deux petites galaxies satellites, les *Petit* et *Grand Nuages de Magellan*. Le système solaire compte neuf planètes qui tournent autour du Soleil : *Mercure, Vénus, Terre, Mars, Jupiter, Saturne, Uranus, Neptune* et *Pluton*. Les *astéroïdes* sont des débris interplanétaires de quelques centaines de kilomètres de diamètre, qui se situent surtout entre Mars et Jupiter. Les *comètes*, corps célestes qui parcourent le système solaire, s'échauffent à proximité du Soleil, libérant des gaz et des poussières (chevelure et queue).

	Diamètre km	**Distance du Soleil** millions de km	**Masse** (Terre = 1)	**Volume** (Terre = 1)	**Température à la surface** °C	**Temps de révolution**	**Temps de rotation**	**Nombre de satellites**
MERCURE	4 879	57,9	0,055	0,056	+430	87,97j	58,65j	0
VÉNUS	12 104	108,2	0,815	0,86	+480	224,7j	243j	0
TERRE	12 756	149,6	1	1	+22	365,26j	23h56min4s	1
MARS	6 787	227,9	0,107	0,150	-23	686,9j	24h37min23s	2
JUPITER	142 884	778,3	318	1319	-150	11,86a	9h50min30s	16

Mercure, Vénus, Terre, Mars – Mercure est la planète la plus proche du Soleil. Sur Vénus, la surface désertique est ponctuée de quelques pics; c'est la planète la plus chaude. La Terre est la seule planète du système solaire à avoir une atmosphère respirable; elle a un satellite, la Lune. Mars, dont l'atmosphère est plus faible que celle de la Terre, a deux satellites, Deïmos et Phobos.

SOLEIL;
TERRE;
VOL DANS L'ESPACE

Jupiter, Saturne, Uranus, Neptune, Pluton – Jupiter est la plus grande des planètes du système solaire (318 fois la masse de la Terre). Saturne est entourée d'*anneaux* composés de particules de glace et de poussières. Uranus et Neptune se ressemblent : elles sont très froides à cause de leur éloignement du Soleil. Pluton est la planète la plus éloignée; avec son satellite *Charon*, elle est considérée comme une planète double.

SATURNE

URANUS

NEPTUNE

PLUTON

	Diamètre km	Distance du Soleil millions de km	Masse (Terre = 1)	Volume (Terre = 1)	Température à la surface °C	Temps de révolution	Temps de rotation	Nombre de satellites
SATURNE	120 536	1 427	95	744	-180	29,46a	10h39min	17
URANUS	51 118	2 869,6	15	67	-214	84,01a	17h14min	15
NEPTUNE	49 528	4 496,7	17	57	-220	164,8a	16h3min	8
PLUTON	2 300	5 900	0,002	0,01	-230	247,7a	6j9h	1

TERRE (LA)

Les mouvements de la Terre – L'écorce terrestre est formée de *plaques* qui se déforment et se déplacent continuellement, de façon imperceptible (tectonique des plaques). Le visage actuel de la Terre est le résultat de millions d'années d'activité et il continue à changer. Ci-dessous, diverses phases du mouvement des plaques (dérive des continents).

Comment la Terre est-elle née? Les scientifiques ont formulé certaines hypothèses. Il y a quelques milliards d'années, un nuage incandescent de gaz et de poussières aurait engendré des particules qui se condensèrent, s'agglutinèrent et devinrent solides. Elles grossirent de plus en plus en roulant dans la matière environnante. Le noyau central de ce nuage donna naissance au Soleil, tandis que des noyaux plus petits furent à l'origine des différentes planètes du système solaire.

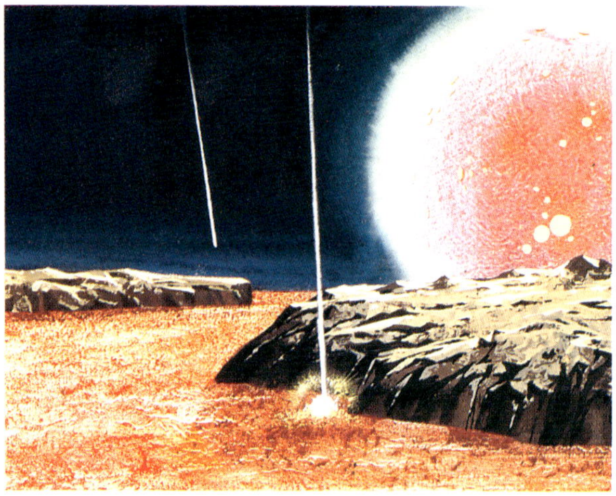

À l'origine, la surface de la Terre était une étendue de lave.

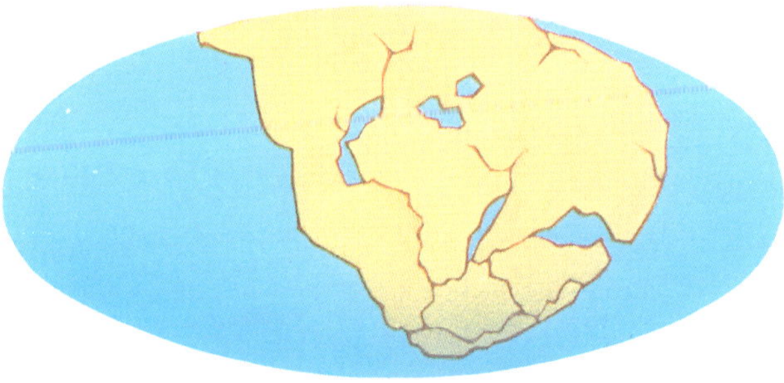

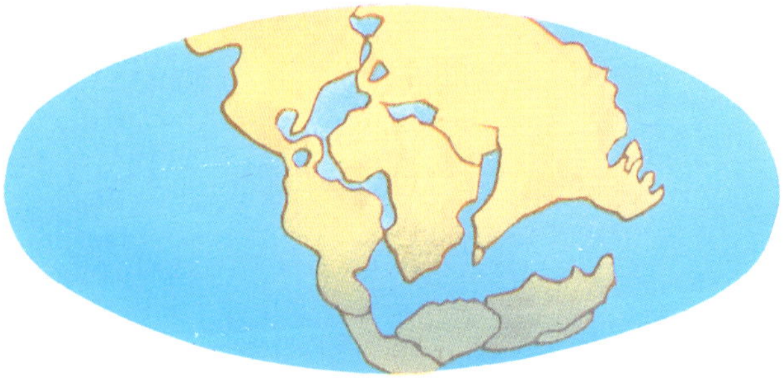

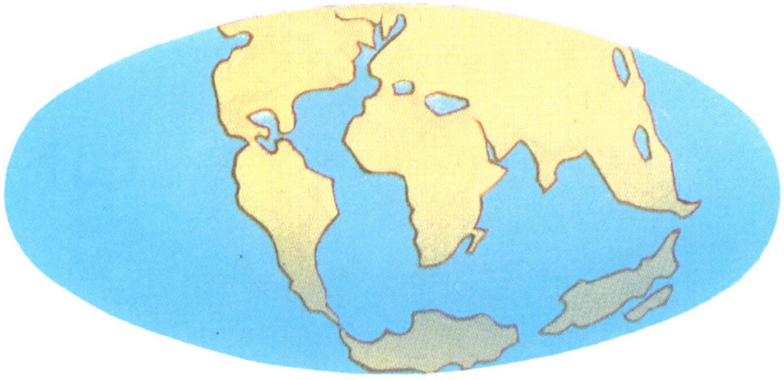

La formation – Il y a environ 4,5 milliards d'années, la masse incandescente, ou *magma*, commença à cristalliser. Il y a environ 3 500 millions d'années, la Terre se mit à refroidir, produisant ainsi la croûte terrestre. Une fois le processus terminé, elle diminua de volume et la couche solidifiée se crispa : les premières montagnes venaient de naître.

Le noyau de la Terre – Une coupe transversale du globe (ci-contre) laisserait apparaître trois couches : la *croûte* ou *écorce*, une enveloppe externe dure et froide sous laquelle se trouve une couche essentiellement solide (mélange de différents minéraux), le *manteau*; au centre, le *noyau externe* très dense mais liquide, constitué de fer allié de nickel, et le *noyau interne* solide, constitué lui aussi de fer et de nickel.

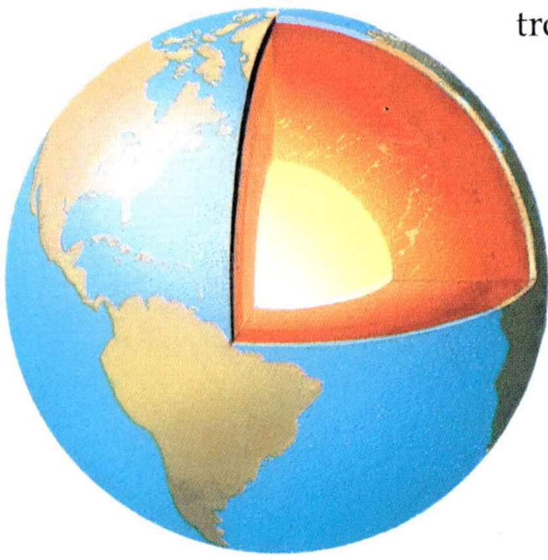

Canal de Suez

Lac Daryacheh-ye-Bakhtegan (Iran)

Les terres émergées – Pendant que la croûte terrestre refroidissait, donnant naissance aux premières montagnes, les matières solides laissaient échapper de la vapeur d'eau en grande quantité. Celle-ci s'accumula dans le ciel, donna naissance aux nuages, d'où, à un moment donné, commencèrent à tomber des pluies torrentielles qui persistèrent pendant des milliers d'années. Les premiers océans se formèrent, la couche de nuages s'amincit de plus en plus et le Soleil commença à éclairer et à réchauffer la Terre.

Pour sortir dans l'espace, les astronautes portent des combinaisons qui reproduisent l'atmosphère terrestre.

L'observation de la Terre – Les photos prises par les premiers satellites artificiels permirent de confirmer que la Terre était une sphère couverte aux deux tiers par les eaux, le reste étant des terres émergées. La Terre, une des planètes du système solaire, tourne continuellement sur elle-même *(rotation)* et autour du Soleil *(révolution)*.

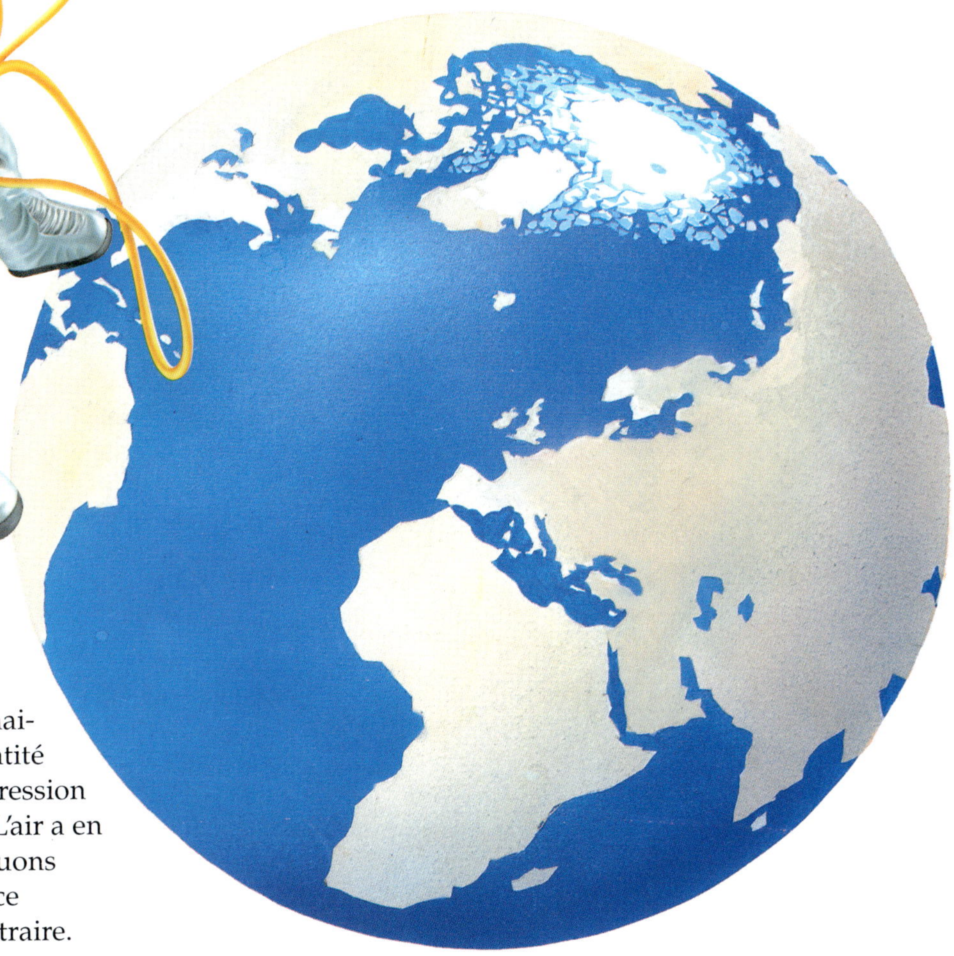

L'atmosphère – La Terre est entourée par une couche de gaz, l'*atmosphère*, riche en oxygène, qui permet la vie sur la planète. Pour voyager dans l'espace, où cette atmosphère manque, l'homme a besoin d'une combinaison spéciale qui lui fournit la bonne quantité d'oxygène et compense la différence de pression (c'est-à-dire lui restitue le poids de l'air). L'air a en effet un poids propre : nous ne le remarquons pas parce que le corps humain oppose à ce phénomène une pression égale, mais contraire.

La photographie de la Terre – Les satellites artificiels transmettent aux centres d'études ou aux stations météorologiques, des photos extrêmement détaillées de la surface de la Terre et de son atmosphère ou d'autres planètes du système solaire. Elles permettent d'approfondir l'étude du système planétaire et, pour la Terre, d'établir des prévisions météorologiques, d'effectuer des études géodésiques (dérive des continents, marées, prédiction des tremblements de terre, etc.) et des relevés de télédétection (prospection de pétrole ou de minerais).

Le 4 octobre 1957, l'Union Soviétique lançait *Spoutnik I*, premier satellite artificiel qui resta en orbite dans l'espace jusqu'au 4 janvier 1958. Depuis, les satellites sont devenus de plus en plus sophistiqués.

Cartographie; Ciel; Fuseaux horaires; Lune; Mer; Montagnes; Roches et minéraux; Saisons; Soleil; Système planétaire; Vol dans l'espace; Volcans;

La seule réalisation humaine colossale que l'on puisse voir de la Lune est la Grande Muraille, qui s'étend sur des milliers de kilomètres. Ci-contre, photographie aérienne de champs cultivés.

TIGRES

Le mâle vit sur un territoire qu'il défend. Il le marque avec des jets d'urine mêlée à des sécrétions odorantes, et des coups de griffes sur l'écorce des arbres.

Le tigre, le plus grand des félins, ne se rencontre qu'en Asie. Sa robe fauve rayée de noir lui permet de se dissimuler à la vue de ses proies. Il a un corps musclé et robuste, et il est très agile; il peut faire des bonds de 6 m de long et de 2 m de haut. Il sait aussi nager. Il a des yeux jaunâtres, de longues griffes rétractiles, des dents solides avec lesquelles il déchire la peau et les cartilages, et déchiquète la viande. Adulte, il a besoin d'environ 8 kg de viande par jour. Toutes les espèces, à l'exception du *tigre royal* ou *tigre du Bengale*, sont menacées d'extinction.

Une coloration étrange – Des tigres blancs vivent dans la forêt de Rewa, en Inde. Ils ont un pelage qui varie entre le blanc et l'ivoire, rayé de noir.

Le tigre de Sibérie (ci-dessus), le plus grand félin vivant.

Les petits – La tigresse met bas 2 à 4 petits, après une gestation de 95 à 110 jours. Elle les allaite pendant les 6 premières semaines, puis les jeunes l'accompagnent à la chasse. Vers un an et demi, ils capturent des cochons sauvages ou des antilopes.

Les proies – N'ayant pas une grande endurance, le tigre préfère s'approcher furtivement de ses proies, puis bondir sur elles. Pour tuer, il mord à la gorge si l'animal est imposant, à la nuque dans le cas contraire, et dévore sa victime sur place. Il cache la viande dans un fourré ou entre des pierres, et s'endort à proximité pour faire fuir les hyènes et les chacals.

ESPÈCES MENACÉES;
FÉLINS;
JUNGLE ASIATIQUE;
MAMMIFÈRES;
MIMÉTISME

TOUNDRA

La toundra couvre les steppes arctiques au nord de l'Europe, de l'Asie et de l'Amérique. L'hiver y dure dix mois. Le sol est donc gelé en profondeur pendant une grande partie de l'année. Durant le bref été, la glace superficielle fond et une maigre végétation pousse au ras du sol : mousses, lichens et bruyère. Les animaux qui y vivent (*lemming des steppes, hermine, renard polaire, caribou* et *bœuf musqué*) portent une épaisse fourrure.

Caribou
(renne du Canada)

La fourrure du *lièvre variable* change de couleur selon la saison : blanche en hiver, elle devient rouge-brun en été.

Les oiseaux de la toundra – Plusieurs oiseaux aquatiques survolent la toundra – *bernaches du Canada, plongeons* et *morillons*. C'est aussi le pays du *labbe à longue queue* et de la *perdrix blanche*. Le *harfang des neiges*, tout comme les autres chouettes, a de grands yeux situés sur le devant de la tête (ceux des autres oiseaux sont en général de chaque côté) qui lui permettent de bien calculer la distance qui le sépare de ses proies.

Bruant des neiges

ANIMAUX POLAIRES; EUROPE; MIMÉTISME; OISEAUX; RONGEURS

Les rennes – L'homme fait l'élevage de ces ruminants aux grandes cornes pour leur lait et leur peau très souple. Il s'en sert aussi comme bête de trait.

1. Caribou
2. Loup
3. Labbe à longue queue
4. Perdrix blanche
5. Harfang des neiges
6. Renard polaire
7. Bernache du Canada
8. Bœuf musqué

VAPEUR

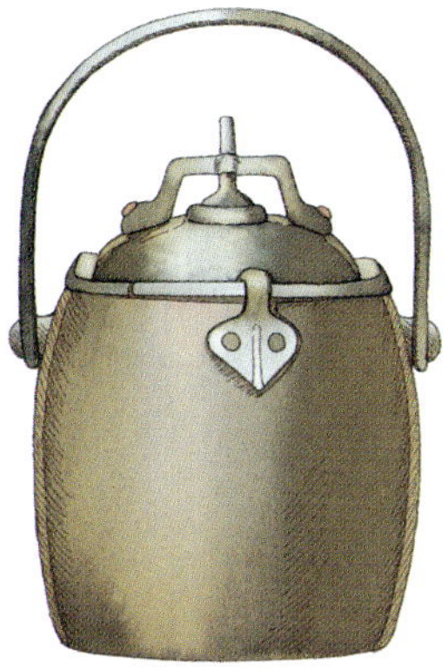

Autocuiseur

En l'an 100 av. J.-C., le scientifique grec Héron, d'Alexandrie, construisit la première machine à vapeur, qu'il appela *eolipila*. Mais le véritable pionnier de la vapeur fut le physicien français Denis Papin (1647-1714), qui découvrit la force motrice de la vapeur d'eau en 1671. En 1679, il inventa une marmite pour cuire les aliments à la vapeur. Observant le gaz comprimé qui sortait de la soupape de sécurité de la marmite, il eut l'idée d'une machine à vapeur à piston (1687). Vingt ans plus tard, il construisit un bateau à vapeur à 4 roues à aubes.

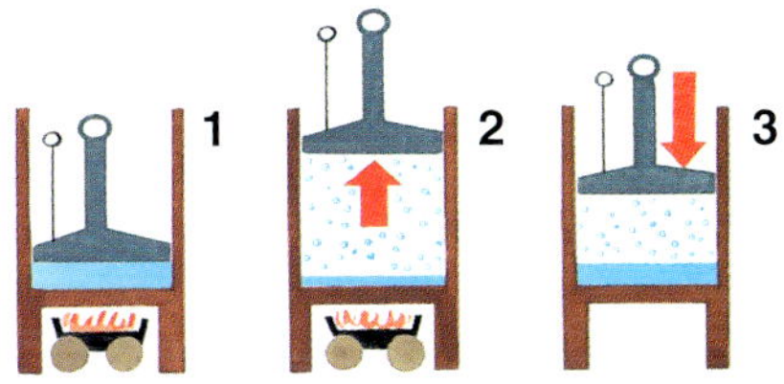

Le piston de Papin (ci-dessus) : l'eau bout dans le cylindre (1); la vapeur se dégage, se comprime et soulève le piston (2). En refroidissant, le volume de vapeur diminue et le cylindre s'abaisse de nouveau (3).

Le fardier à vapeur de Cugnot (ci-dessus), inventé en 1770, est considéré comme le premier véhicule automobile. Il fut utilisé par l'armée française pour tirer les pièces d'artillerie.

Les locomotives – En 1765, James Watt inventa la machine à vapeur moderne, symbole de la révolution industrielle. Les premiers moteurs pour véhicules furent mis au point. En 1825, George Stephenson et son fils Robert lancèrent le premier train de voyageurs sur la ligne de Stockton à Darlington (Angleterre). En 1829, ils gagnaient un concours de nouveaux modèles de locomotive avec la *Rocket*. Dotée d'une chaudière tubulaire, elle pouvait atteindre la vitesse record de 47 km/h.

LOCOMOTIVE ✓; MOYENS DE TRANSPORT; SCIENTIFIQUES ET INVENTEURS; VOYAGES D'ANTAN

Verre

Le soufflage et le façonnage à chaud du verre

Les objets en verre les plus anciens, trouvés en Égypte et en Mésopotamie, datent de 2500 à 2000 av. J.-C. Le travail du verre se développa d'abord en Orient, puis à travers l'Empire romain. Au Moyen Âge (XIIIe siècle), Venise s'accapara des techniques verrières orientales, et les diffusa en Europe. Le principe du verre à vitre s'imposa au XVIe siècle. Il donna naissance à l'une des plus importantes expressions de l'art, le vitrail, dont l'évolution se prolongea avec éclat pendant toute la Renaissance. Aujourd'hui, l'architecture moderne utilise des panneaux de vitre pour habiller édifices et gratte-ciel; le verre est alors spécialement traité pour résister aux chocs et empêcher la chaleur de passer.

Le soufflage
Cette technique de soufflage à la canne, encore utilisée de nos jours, date de quelques décennies avant l'ère chrétienne. Une des extrémités de la canne de métal est plongée dans le verre fondu; l'artisan souffle le verre par l'autre extrémité et le façonne avant qu'il ne refroidisse.

Architecture; Optique

Un vitrail du Moyen Âge reproduisant des scènes religieuses

Ci-dessous, une verrerie de 1800 : le verre, fondu dans un four, est soufflé avec des cannes conçues pour obtenir des formes cylindriques.

VIE SOUTERRAINE

Dans les prés, l'herbe et les fleurs cachent tout un petit monde : celui des animaux qui vivent sous terre. Tous creusent des galeries, soit en profondeur comme les taupes et les courtilières, soit en surface comme les cigales et les lombrics. Ainsi, ces animaux ameublissent la terre et l'engraissent de leurs excréments.

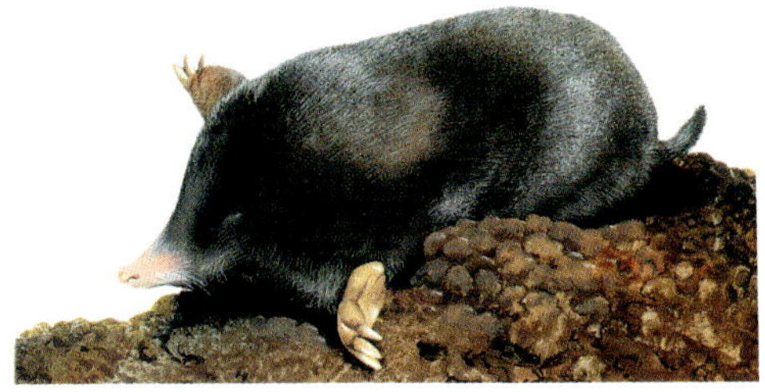

La taupe – Presque aveugle, elle repère les larves et les vers grâce à son odorat très développé. Elle creuse des galeries avec ses fortes pattes antérieures.

Ci-dessus, de gauche à droite : trèfle; trèfle à quatre feuilles; pissenlit; graines du pissenlit; pâquerettes.

Les animaux des prés :	**3.** Lombric
1. Escargot	**4.** Taupe
2. Coccinelles	**5.** Courtilière
	6. Fourmi et œufs

Le pollen – Le papillon (1), la coccinelle (2), l'abeille (3) et la guêpe (4), attirés par les couleurs et les parfums, transportent le pollen des étamines d'une fleur au pistil d'une autre.

ABEILLES; FLEURS; FOURMIS; INSECTES; PAPILLONS

VINCI, LÉONARD DE

Autoportrait de Léonard, né à Vinci, en Italie, en 1452.

Léonard de Vinci (1452-1519), peintre de génie, est aussi reconnu comme sculpteur, architecte, ingénieur militaire, musicien et inventeur. Il affirma ses talents de peintre à Florence, puis il mit ses connaissances au service de princes tel Ludovic le More, duc de Milan. De 1515 à 1519, il travailla pour le roi de France, François 1er. Il mourut au château de Cloux, près d'Amboise.

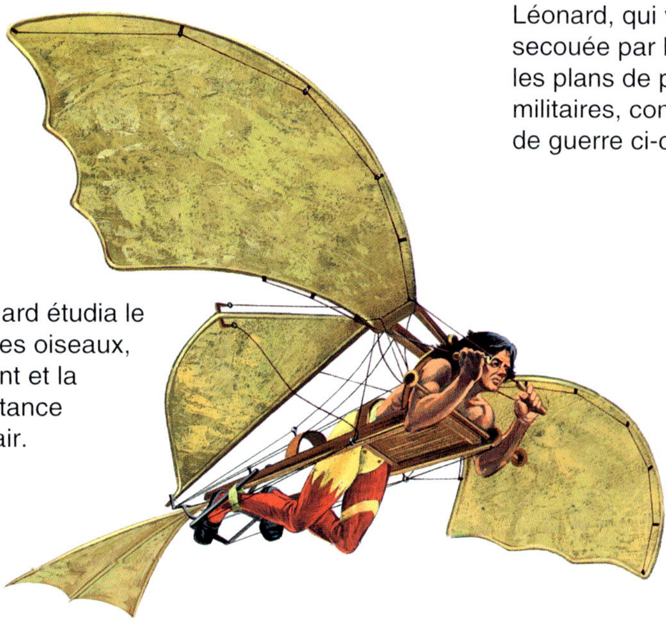

Léonard étudia le vol des oiseaux, le vent et la résistance de l'air.

Léonard, qui vivait à une époque secouée par les guerres, dessina les plans de plusieurs engins militaires, comme les chars de guerre ci-contre.

Un grand rêve – Léonard de Vinci dessina les plans de nombreuses machines volantes, mais il ne réussit jamais à réaliser son rêve : voler. Il manquait à ses inventions un élément essentiel pour soulever l'homme de terre : le moteur.

Les sciences – Léonard consacra beaucoup de temps à l'étude de l'anatomie, de la nature et de ses principes physiques. Pour rédiger ses textes, il utilisait une étrange écriture inversée qui leur donnait un aspect de *cryptographie*. Les dessins et les manuscrits de Léonard furent compilés sous forme d'importants recueils, parmi lesquels le *Codex Atlanticus*.

Léonard eut l'idée d'un appareil à décollage vertical mû par une hélice spiralée, fonctionnant sur le même principe que l'hélicoptère.

Son art – Parmi les œuvres de Léonard de Vinci, on retrouve l'*Annonciation*, la *Dame à l'hermine*, la *Cène*, la *Bataille d'Anghiari*, la *Vierge aux rochers*. Mais la plus connue est sans doute la *Joconde* (1503-1507), portrait de Mona Lisa del Giocondo.

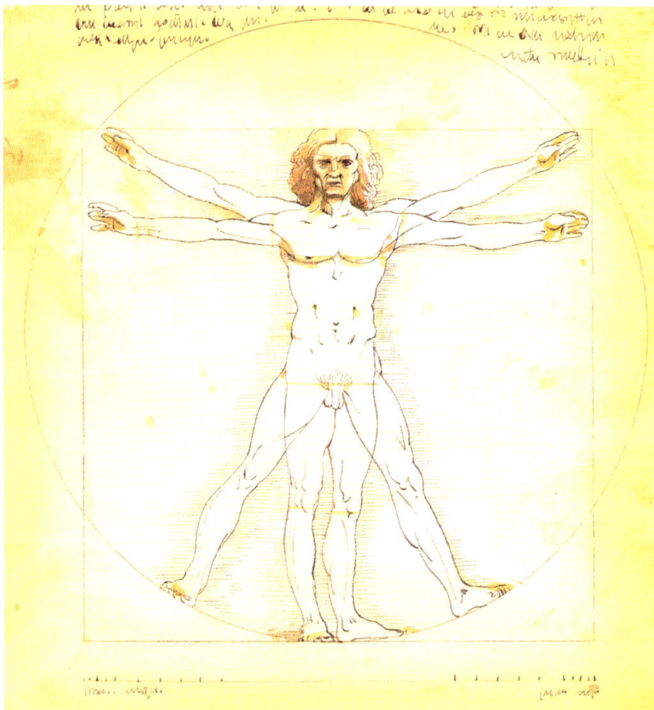

MOYENS DE TRANSPORT;
PEINTRES;
RENAISSANCE ✓;
SCIENTIFIQUES ET INVENTEURS

Vol dans l'espace

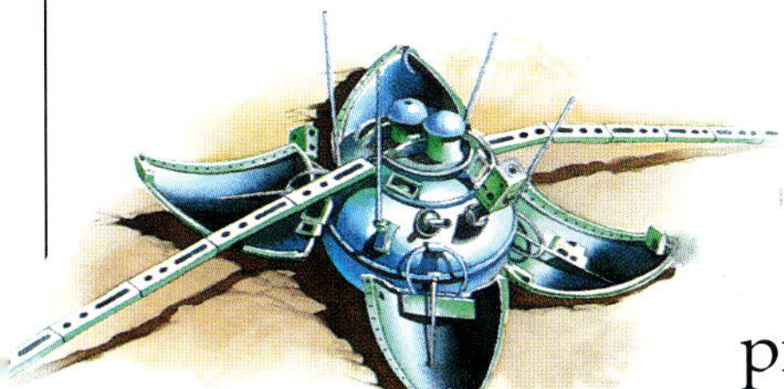

L'ère de l'exploration spatiale a été inaugurée par les Russes en 1957, avec le lancement de *Spoutnik-I*, premier satellite artificiel, et de *Spoutnik-II*, première capsule spatiale habitée par un animal. Une étape de première importance fut franchie en 1969 avec *Apollo-XI* : l'astronaute américain Neil Armstrong devint le premier homme à poser le pied sur la Lune. Des laboratoires furent ensuite mis sur orbite : *Saliout-I*, première station orbitale, en 1971, puis *Skylab-I* en 1973. La *navette spatiale* (1981) a été le premier véhicule de l'espace à pouvoir être réutilisé.

L'homme a été précédé sur la Lune par des fusées-sondes, des sondes spatiales et des satellites de recherche équipés de laboratoires (ci-dessus) qui recueillaient des données très utiles.

La sonde soviétique *Luna-2*, fut le premier vaisseau spatial automatique à alunir en douceur, le 12 septembre 1959. Sa forme fait penser à la capsule imaginée par Jules Verne.

Un rêve – Depuis l'Antiquité, l'homme rêvait d'atteindre la Lune : il imagina même un cerf-volant traîné par des cygnes, ou encore un vaisseau soulevé par des ballons (ci-dessous). Dans son roman *De la Terre à la Lune* (1865), l'écrivain Jules Verne (1828-1905) inventa une capsule en forme de projectile, tirée par un canon.

Capsule imaginée par Jules Verne.

Les satellites artificiels – Les satellites sont propulsés par des fusées qui vont se perdre dans l'espace après la mise en orbite. Ils permettent de recueillir des informations scientifiques en astronomie, en météorologie et en géophysique (science qui étudie la composition de la Terre). Plusieurs sont dotés d'équipements qui transmettent des signaux de télévision, de radio et de téléphone.

Les voyageurs de l'espace
Avant qu'on envoie des hommes dans l'espace, ce furent des animaux qui prirent place à bord des capsules spatiales. La chienne *Laïka* fut le premier animal envoyé sur orbite, à bord du satellite russe *Spoutnik-II*.

Ciel;
Lune;
Système planétaire;
Terre

VOLCANS

La croûte terrestre est formée de plusieurs plaques qui se déplacent sans cesse. Lorsqu'elles se rencontrent ou se séparent, elles créent des orifices ou des fissures par lesquelles le *magma* (roche en fusion) et d'autres débris peuvent être éjectés à la surface de la Terre. Les volcans qui en résultent ne sont pas de véritables montagnes : les coulées de *lave*, les débris et les cendres qui sortent du cratère refroidissent très vite et s'amoncellent tout autour, formant ainsi un édifice volcanique.

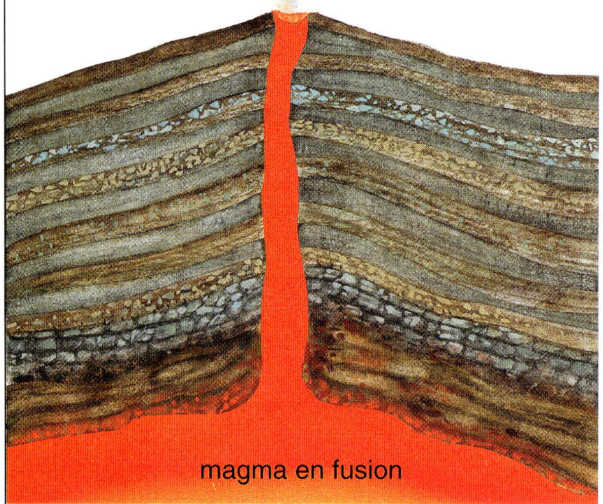

Les volcans crachent de la lave, des gaz et des *pyroclastites*, fragments parmi lesquels on distingue les *blocs* et les *bombes* (plus de 3 cm de diamètre), les *lapilli* (entre 2 mm et 3 cm) et les *cendres* (moins de 2 mm).

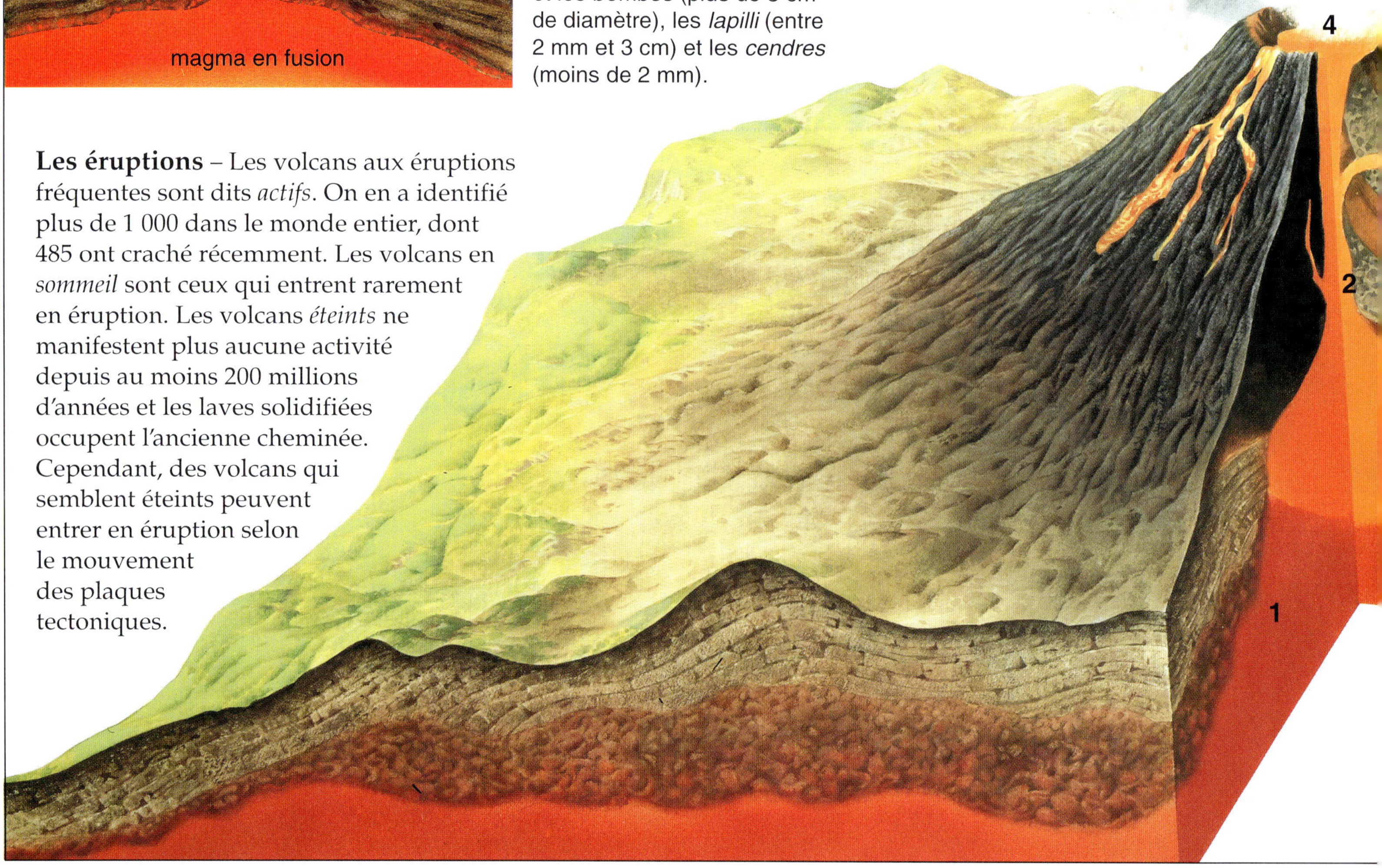

Les éruptions – Les volcans aux éruptions fréquentes sont dits *actifs*. On en a identifié plus de 1 000 dans le monde entier, dont 485 ont craché récemment. Les volcans en *sommeil* sont ceux qui entrent rarement en éruption. Les volcans *éteints* ne manifestent plus aucune activité depuis au moins 200 millions d'années et les laves solidifiées occupent l'ancienne cheminée. Cependant, des volcans qui semblent éteints peuvent entrer en éruption selon le mouvement des plaques tectoniques.

Vol dans l'espace

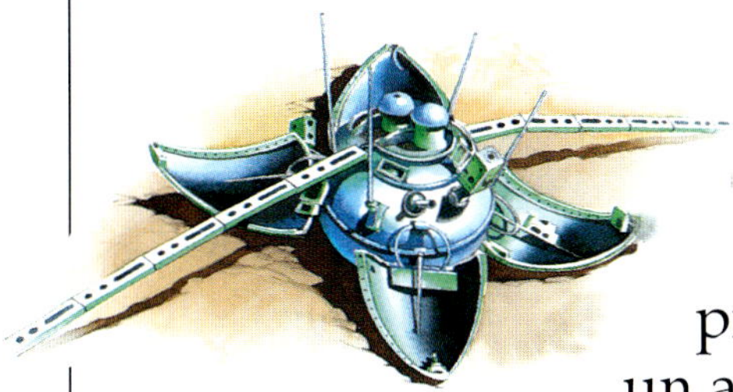

L'ère de l'exploration spatiale a été inaugurée par les Russes en 1957, avec le lancement de *Spoutnik-I*, premier satellite artificiel, et de *Spoutnik-II*, première capsule spatiale habitée par un animal. Une étape de première importance fut franchie en 1969 avec *Apollo-XI* : l'astronaute américain Neil Armstrong devint le premier homme à poser le pied sur la Lune. Des laboratoires furent ensuite mis sur orbite : *Saliout-I*, première station orbitale, en 1971, puis *Skylab-I* en 1973. La *navette spatiale* (1981) a été le premier véhicule de l'espace à pouvoir être réutilisé.

L'homme a été précédé sur la Lune par des fusées-sondes, des sondes spatiales et des satellites de recherche équipés de laboratoires (ci-dessus) qui recueillaient des données très utiles.

La sonde soviétique *Luna-2*, fut le premier vaisseau spatial automatique à alunir en douceur, le 12 septembre 1959. Sa forme fait penser à la capsule imaginée par Jules Verne.

Un rêve – Depuis l'Antiquité, l'homme rêvait d'atteindre la Lune : il imagina même un cerf-volant traîné par des cygnes, ou encore un vaisseau soulevé par des ballons (ci-dessous). Dans son roman *De la Terre à la Lune* (1865), l'écrivain Jules Verne (1828-1905) inventa une capsule en forme de projectile, tirée par un canon.

Capsule imaginée par Jules Verne.

Les satellites artificiels – Les satellites sont propulsés par des fusées qui vont se perdre dans l'espace après la mise en orbite. Ils permettent de recueillir des informations scientifiques en astronomie, en météorologie et en géophysique (science qui étudie la composition de la Terre). Plusieurs sont dotés d'équipements qui transmettent des signaux de télévision, de radio et de téléphone.

Ciel;
Lune;
Système planétaire;
Terre

Les voyageurs de l'espace
Avant qu'on envoie des hommes dans l'espace, ce furent des animaux qui prirent place à bord des capsules spatiales. La chienne *Laïka* fut le premier animal envoyé sur orbite, à bord du satellite russe *Spoutnik-II*.

VOLCANS

La croûte terrestre est formée de plusieurs plaques qui se déplacent sans cesse. Lorsqu'elles se rencontrent ou se séparent, elles créent des orifices ou des fissures par lesquelles le *magma* (roche en fusion) et d'autres débris peuvent être éjectés à la surface de la Terre. Les volcans qui en résultent ne sont pas de véritables montagnes : les coulées de *lave*, les débris et les cendres qui sortent du cratère refroidissent très vite et s'amoncellent tout autour, formant ainsi un édifice volcanique.

Les volcans crachent de la lave, des gaz et des *pyroclastites*, fragments parmi lesquels on distingue les *blocs* et les *bombes* (plus de 3 cm de diamètre), les *lapilli* (entre 2 mm et 3 cm) et les *cendres* (moins de 2 mm).

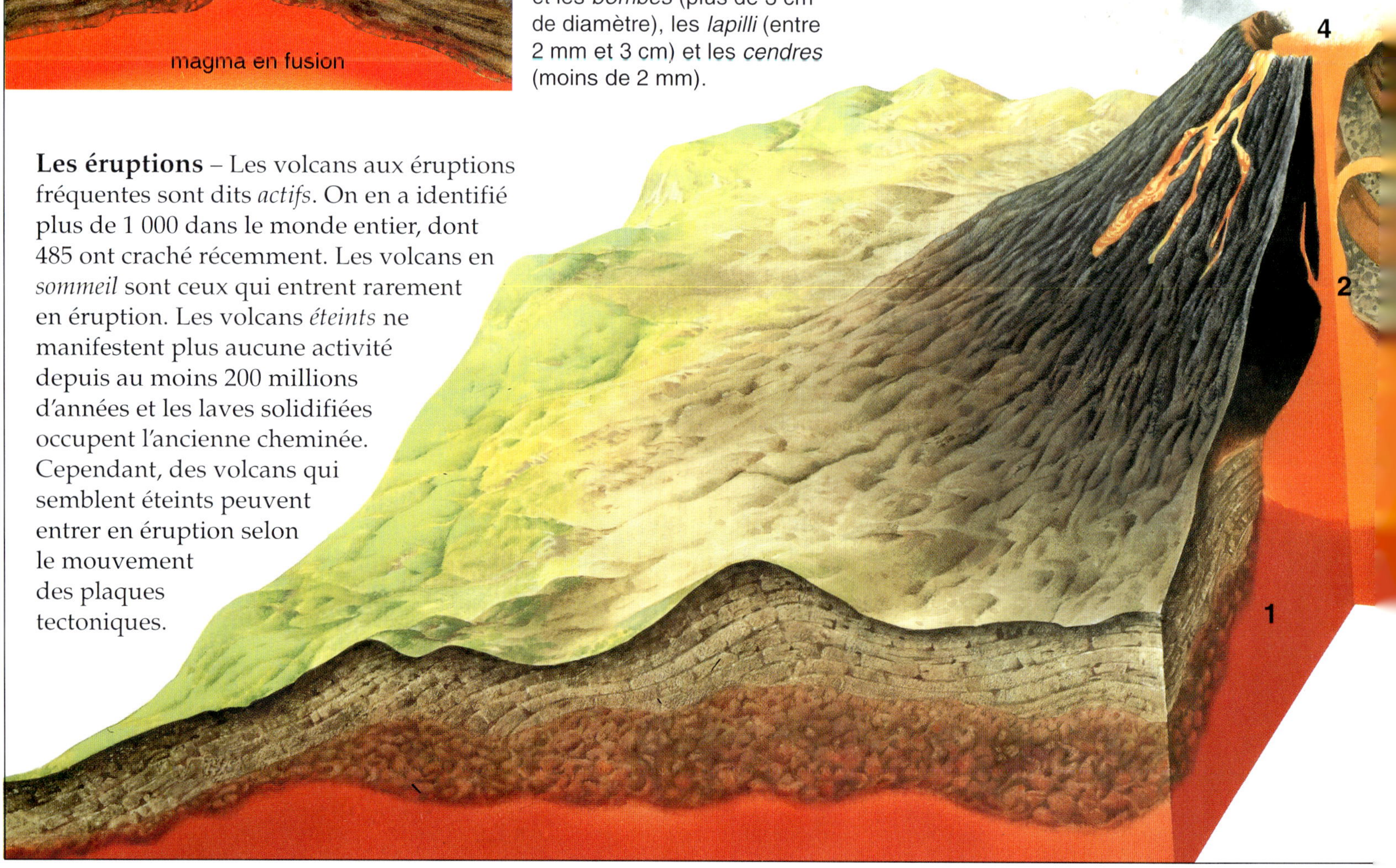

Les éruptions – Les volcans aux éruptions fréquentes sont dits *actifs*. On en a identifié plus de 1 000 dans le monde entier, dont 485 ont craché récemment. Les volcans en *sommeil* sont ceux qui entrent rarement en éruption. Les volcans *éteints* ne manifestent plus aucune activité depuis au moins 200 millions d'années et les laves solidifiées occupent l'ancienne cheminée. Cependant, des volcans qui semblent éteints peuvent entrer en éruption selon le mouvement des plaques tectoniques.

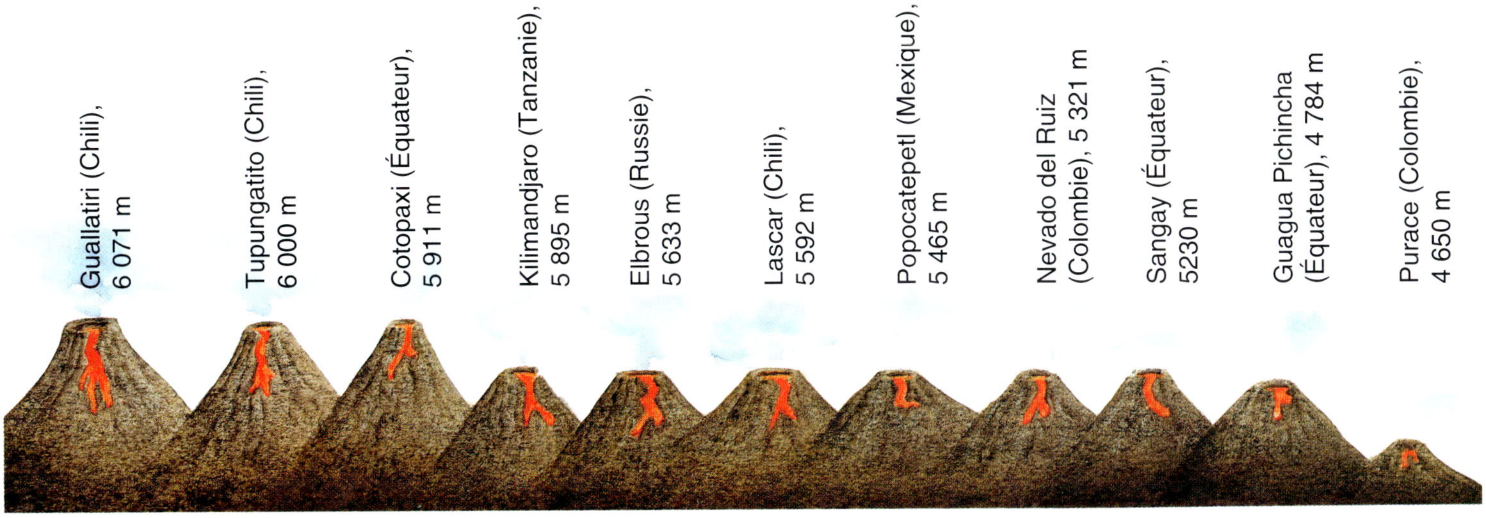

La structure – Cinq types de volcans ont été identifiés. Les volcans *hawaïens*, en forme de bouclier, sont alimentés par des laves basaltiques très fluides qui s'étalent sur de grandes surfaces. Les *stromboliens*, ou *strato-volcans*, sont formés de couches de cendres, de bombes et de coulées de lave, en alternance. Le cône des volcans de type *vulcanien*, dont le magma est extrêmement pâteux, est aussi composé de couches, mais les pyroclastites y dominent. La lave visqueuse des volcans *péléens* ne s'étale pas à la sortie du cratère, mais s'édifie au-dessus de la cheminée pour former un dôme ou une aiguille. Les volcans *linéaires* sont des volcans sous-marins qui provoquent souvent des effondrements ou rifts.

La température de la lave peut atteindre 1 200 °C.

La lave peut être visqueuse ou fluide; une lave basaltique très fluide peut atteindre 80 km/h et couler sur des kilomètres de distance.

La structure d'un volcan :

1. réservoir (chambre) magmatique, où s'accumule le magma en fusion;
2. cheminée, conduit principal par où monte le magma;
3. cône, formé par la lave qui sort;
4. cratère, partie supérieure de la cheminée;
5. cheminée latérale;
6. croûte solide (couche de roches sédimentaires);
7. nuage de gaz et de cendres.

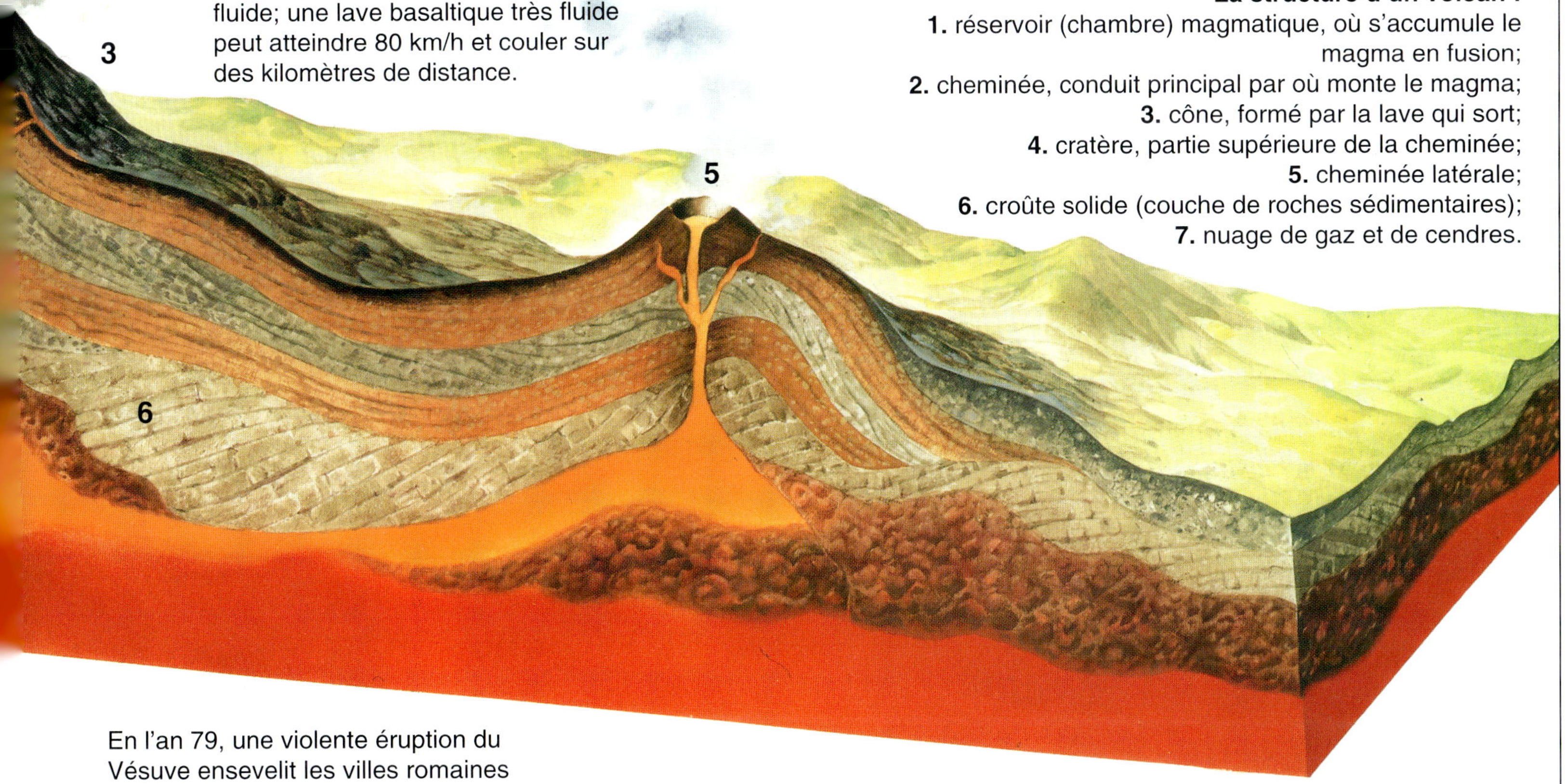

En l'an 79, une violente éruption du Vésuve ensevelit les villes romaines d'Herculanum, de Pompéi et de Stabies sous un fleuve de lave et un nuage de cendres.

Le Vésuve – Ce volcan actif qui s'élève au-dessus de la baie de Naples, dans le sud de l'Italie, apparut au cours du pléistocène, il y a près de 200 000 ans. Il fut en sommeil pendant des siècles avant la violente éruption de 79 av. J.-C., qui détruisit les villes de Pompéi, de Stabies et d'Herculanum. Par la suite, d'autres violentes éruptions eurent lieu, dont celle de 1631 qui fit plus de 3 000 morts. Depuis cette éruption, on observe des cycles de sommeil, variant de 6 mois à près de 8 ans, et de manifestations éruptives, qui durent de 6 mois à près de 31 ans. Les pentes du Vésuve sont très fertiles et on y cultive des vignes qui donnent un vin appelé lacryma-christi.

La destruction de Pompéi
Ancienne cité de la Campanie, en Italie, située au pied du Vésuve, à 23 km de Naples, Pompéi servit notamment de lieu de villégiature aux Romains. La ville fut ensevelie sous une pluie de cendres et de lapillis lors de l'éruption du Vésuve, en août 79 av. J.-C. Ensevelie sous une couche de débris volcaniques de plus de 6 m d'épaisseur, la cité fut protégée du pillage, du vandalisme et des effets du climat pendant 17 siècles.
Les ruines de Pompéi furent découvertes vers la fin du XVIe siècle. Les fouilles, qui commencèrent en 1748, ont mis à jour des temples, des quartiers d'habitation, des objets et de la documentation qui constituent une source exceptionnelle d'informations sur la vie sociale, économique, religieuse et politique de l'ancienne civilisation romaine.

MONTAGNES; TERRE

Éruptions volcaniques marquantes

Volcan	Date de l'éruption	Nombre de victimes (estimation)
Vésuve, Italie	79 av. J.-C.	16 000
Etna, Sicile	1169	15 000
Vésuve, Italie	1631	4 000
Etna, Sicile	1669	20 000
Krakatau, Indonésie	1883	35 000
Montagne Pelée, Martinique	1902	30 000
Mont Saint Helens, États-Unis	1980	60
Nevado del Ruiz, Colombie	1985	22 940

VOYAGES D'ANTAN

Le désir de connaître des contrées et des peuples différents a toujours poussé l'homme à s'aventurer vers des terres lointaines. Autrefois, voyager était difficile et pénible : les moyens de transport étaient rudimentaires et très lents, et les voyageurs étaient exposés à de nombreux dangers et désagréments.

Les navires à vapeur – Le *Clermont* (ci-dessus), construit en 1807 par Robert Fulton, fut le premier navire à vapeur pour passagers. Il assurait la liaison Albany-New York, sur l'Hudson.

Les diligences transportaient 6 à 8 voyageurs; les bagages étaient installés sur le toit.

locomotive à vapeur

Le chemin de fer
Au milieu du XIXe siècle, le chemin de fer comptait déjà 90 000 km de voies ferrées, principalement en Europe et en Amérique du Nord. En 1869, les locomotives à vapeur tiraient leurs wagons d'un bout à l'autre des États-Unis, de la côte Atlantique à la côte Pacifique.

La montgolfière – En 1783, les frères Montgolfier firent voler, au-dessus de Paris, le premier *ballon à air chaud*, auquel on donna le nom de montgolfière (ci-contre). Le premier dirigeable fut construit à Paris, en 1852, par Henri Giffard. En 1900, Ferdinand von Zeppelin réalisa son premier aérostat, le *zeppelin*.

En Inde, les éléphants sont souvent utilisés comme moyen de transport, et admirablement ornés lors de cérémonies.

Le bicycle – Le *Grand bi* était un vélocipède à deux roues de diamètre différent, utilisé vers 1870.

Brougham – Il s'agit du nom de la voiture que Lord Brougham construisit en 1839. C'était la première voiture à quatre roues tirée par un seul cheval.

LOCOMOTIVE ✓;
MOYENS DE TRANSPORT;
SCIENTIFIQUES
ET INVENTEURS;
VAPEUR

VOYAGEURS CÉLÈBRES

Au début des temps, l'homme voyageait par nécessité. Vivant de la chasse, il suivait les déplacements des troupeaux ou, poussé par les guerres ou des cataclysmes quelconques, il partait en quête de terres nouvelles, pour s'y établir. Plus tard, sa soif de connaître le monde qui l'entourait l'incita à partir à l'aventure. C'est ainsi qu'il découvrit de nouvelles contrées et de nouveaux continents. De nos jours, toutes les frontières ont été franchies, même celle de l'espace.

Ulysse – Personnage mythique grec. Parti de Troie, il aborda notamment en Lybie et en Sicile et navigua jusqu'au détroit de Gibraltar avant de rentrer chez lui, à Ithaque.

Magellan – Entre 1519 et 1522, ce navigateur portugais fut le premier à faire le tour du globe. Il découvrit le détroit qui relie l'Atlantique au Pacifique, entre la Patagonie et la Terre de Feu, et qui porte aujourd'hui son nom.

Marco Polo – En 1271, à l'âge de 17 ans, il entreprit, avec son père et son oncle, un long voyage jusqu'en Chine où il devint l'ami et le conseiller du grand khān Qūbilai. Celui-ci lui confia plusieurs missions qui le menèrent en Annam, au Tonkin, en Inde et en Perse. À son retour à Venise, il fut fait prisonnier par les Génois. Pendant son emprisonnement, il dicta à son compagnon de cellule le *Livre des merveilles du monde*. Ce récit de ses voyages constitua la première documentation précise sur l'Orient.

Alexandre le Grand
Au IVe siècle av. J.-C., à la tête de son armée, il conquit l'Égypte, puis la Perse, et se rendit jusqu'en Inde.

Christophe Colomb – En 1492, alors qu'il naviguait vers l'Ouest, à la recherche d'une nouvelle route vers l'Inde, il découvrit une nouvelle terre : l'Amérique.

David Livingstone – Entre 1849 et 1871, ce missionnaire écossais effectua une série d'expéditions en Afrique australe et méridionale. Il suivit le cours du Zambèze et découvrit plusieurs lacs. Il est l'auteur de *Voyages et recherches d'un missionnaire dans l'Afrique méridionale*.

EXPLORATEURS;
COLOMB

James Cook – Navigateur anglais qui effectua trois expéditions dans le Pacifique, entre 1768 et 1779. Il découvrit les îles de la Société, la Nouvelle-Zélande, les côtes orientales de l'Australie, la Nouvelle-Calédonie, les Nouvelles-Hébrides et les îles Hawaii.

Roald Amundsen
Explorateur norvégien qui fut le premier à atteindre le pôle Sud (1911). En compagnie de l'Italien Nobile, il survola le pôle Nord à bord du dirigeable Norge.

Robert Scott – Explorateur anglais qui atteignit aussi le pôle Sud, peu de temps après Roald Amundsen.

Neil Armstrong – Astronaute américain. Avec la mission Apollo-XI, il fut le premier homme à marcher sur la Lune, le 21 juillet 1969.

WASHINGTON, GEORGE

Les treize colonies anglaises en Amérique payaient un lourd tribut à l'Angleterre et n'avaient droit à aucune voix au Parlement. En 1773, une nouvelle taxe sur le thé, imposée par les Anglais, mit le feu aux poudres, et les colonies se révoltèrent *(Boston Tea Party)*. En 1774, elles organisèrent un congrès continental. En 1775, le blocus du port de Boston marqua le début de la guerre de l'Indépendance et les deux armées s'affrontèrent le 19 avril 1775 à Lexington, au Massachusetts. George Washington (1732-1799) fut désigné pour commander la nouvelle armée continentale en juin 1775. Le 4 juillet 1776, les représentants des colonies proclamèrent la Déclaration d'Indépendance, marquant ainsi la naissance des États-Unis d'Amérique. Pendant cinq ans, Washington se battit contre les troupes anglaises qui rendirent les armes à Yorktown, en 1781. La paix fut signée en 1783.

Encore aujourd'hui, l'effigie de George Washington figure sur les billets de un dollar.

AMÉRIQUE

Le premier président – George Washington appartenait à une famille aisée de Virginie. En 1775, lors de la guerre contre l'Angleterre, il fut appelé à commander l'armée continentale américaine. Malgré des milices indisciplinées et un manque d'armes et d'équipements, il mena une guerre d'usure contre les Anglais et obtint le soutien de la France. À la fin de la guerre, il fut choisi président de la Convention fédérale réunie à Philadelphie (1787) pour rédiger la Constitution. Deux ans plus tard, il fut élu président des États-Unis d'Amérique pour 4 ans et, en 1792, il fut reconduit dans ses fonctions pour un autre mandat.

À Noël 1776, par une nuit glaciale, George Washington traverse le Delaware, fleuve séparant les États de Pennsylvanie et de New York.

Zèbre

Le zèbre est un mammifère périssodactyle (nombre impair de doigts) qui vit en Afrique. Tout comme le cheval, il fait partie de la famille des équidés. Avec leur robe blanche rayée de bandes noires ou brunes, tous les zèbres se ressemblent, mais en fait, il n'y en a pas deux parfaitement identiques. De plus, chaque espèce est reconnaissable à la disposition de ses rayures. On trouve les zèbres dans les brousses arides et les steppes subdésertiques (zèbre de Grévy), les plaines herbeuses et les bois très ouverts (zèbre de Burchell), les montagnes et les collines (zèbre de montagne), où ils se nourrissent surtout d'herbes. Ils vivent en groupes familiaux et se réunissent parfois en grands troupeaux.

Le museau
Sur la tête longue et étroite du *zèbre de Burchell*, les rayures très serrées sont interrompues par une plage brune située au-dessus du museau. Les rayures noires et étroites du corps partent du dos. Les pattes sont marquées de nombreuses raies transversales jusqu'aux sabots.

Les espèces – Actuellement, seules trois espèces de zèbres ont survécu. Le *zèbre de Grévy*, ou *zèbre royal*, qui fait 1,50 m au garrot, est le plus gros. Les *zèbres des steppes* (dont les *zèbres de Burchell*) sont les plus communs. Les *zèbres de montagne* vivent dans les montagnes et les collines sèches et pierreuses du sud-ouest de l'Afrique.

Équidés; Faune africaine; Mammifères; Mimétisme

Les zèbres courent très vite et ont de l'endurance. En fuite, ils peuvent atteindre 70 km/h.

Les petits – Les nouveau-nés se tiennent sur leurs pattes dès la naissance et suivent leur mère. En général, la femelle met bas un seul petit, tous les 11 ou 12 mois.

Pages visuelles

CHAÎNE DE MONTAGE

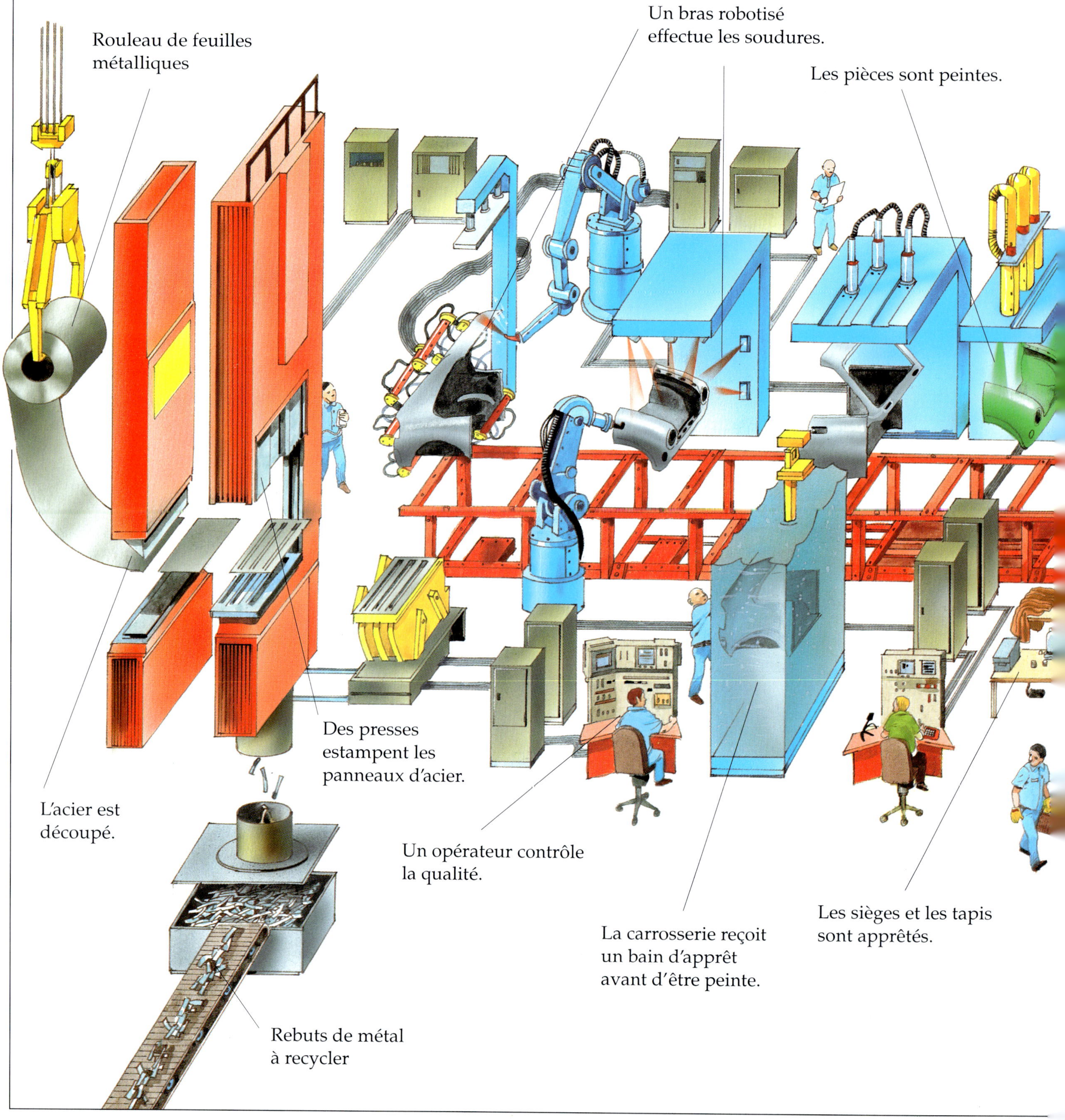

La robotisation – Les robots remplacent l'homme dans les tâches fastidieuses et répétitives, que ce soit le moulage de la carrosserie, la peinture ou le contrôle final.

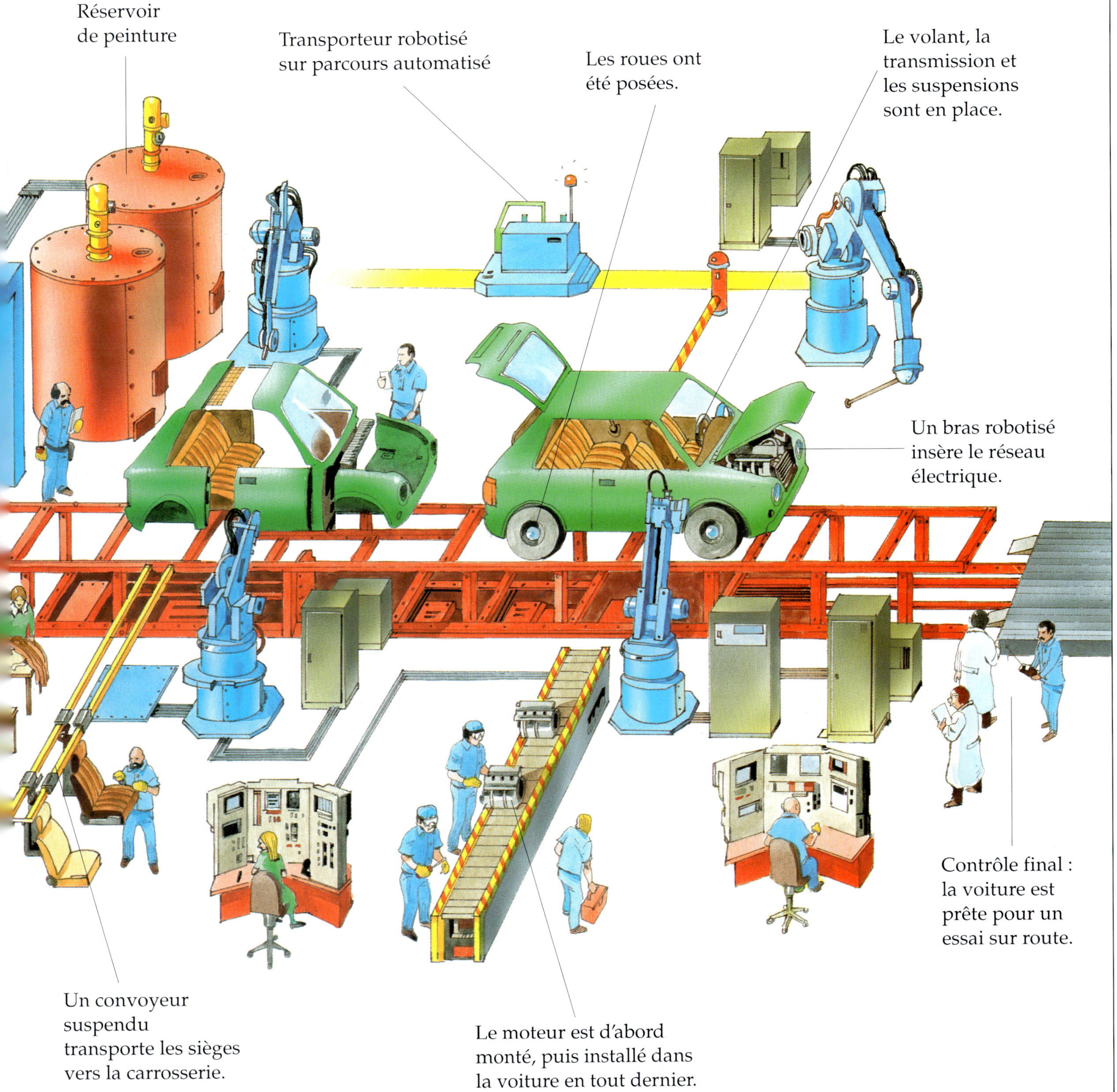

Cathédrale gothique

Le gothique – De la fin du XIIe siècle au XVIe siècle, l'architecture et le décor gothiques se répandirent dans toute l'Europe. On reconnaît l'architecture gothique à son élan vertical, qui s'appuie sur des flèches, des voûtes d'ogives, des arcs brisés ou en lancette, des arcs-boutants. Le décor, dans le style flamboyant, se charge de nombreuses sculptures, de bas-reliefs, de baies et de gâbles décoratifs, ainsi que de vitraux.

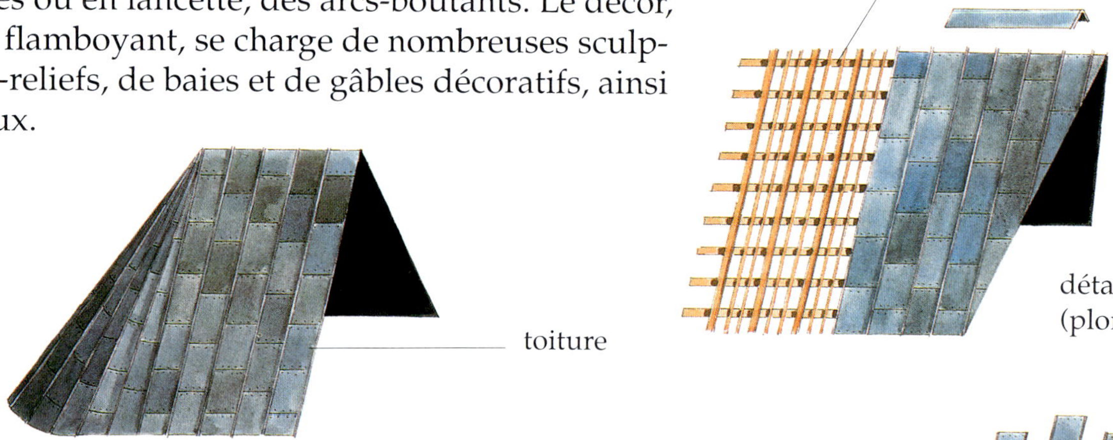

Parmi les cathédrales de style gothique, on retrouve celles de Bourges, de Reims, de Cologne, et de Notre-Dame en France, celle de Salisbury en Angleterre, la cathédrale d'Orvieto et le dôme de Milan en Italie.

Dirigés par le *maître d'œuvre*, de nombreux artisans et ouvriers – *tailleurs de pierres, tâcherons, menuisiers, charpentiers, forgerons* et *vitriers* – travaillaient des dizaines d'années pour ériger une cathédrale.

Les réformes – En 1054, un schisme sépara l'Église de Rome (catholique) et l'Église de Constantinople (orthodoxe). Aujourd'hui, les chrétiens de Grèce, de Russie, du Moyen-Orient et des pays slaves sont *orthodoxes*. Au moment où l'art gothique était en plein essor, l'autorité de l'Église de Rome commença à chanceler. Les Cathares et les Hussites se révoltèrent. En 1517, en Allemagne, le moine Martin Luther (1483-1546) entreprit une *réforme* du christianisme, appelée par la suite *protestantisme*, qui fut à l'origine de la fondation de diverses églises connues dans le nord de l'Europe et en Amérique : anglicane, luthérienne, calviniste (de Calvin, 1509-1564) et méthodiste.

Jean Calvin

Martin Luther

Église romane

Le style roman – Le style roman se développa en Europe occidentale dès la deuxième moitié du Xe siècle, jusqu'au milieu du XIIe siècle. Un très grand nombre d'édifices de cette époque existent encore, principalement des églises et des abbayes.

La tour lanterne
Revêtement extérieur de la coupole.

L'assemblage des chevrons
Structure portante de la toiture, de forme triangulaire, composée de deux poutres inclinées, ou arbalétriers. L'entrait, poutre horizontale, relie la base des albalétriers dont elle maintient l'écartement.

L'abside – Partie de l'église en hémicycle, derrière le chœur, où se dresse l'autel. Une voûte en plein cintre ferme l'abside dans sa partie supérieure.

Autel

Le chœur
Partie à l'avant du maître-autel et autour, réservée au clergé. Il est parfois surélevé et entouré d'une balustrade.

La balustrade – Élément de séparation, elle est formée d'une rangée de colonnettes, ou balustres, supportant une tablette d'appui.

Crypte souterraine

La sobriété – Le style roman est simple et sobre. Les murs sont épais; il peut y avoir une, deux ou trois nefs. Les voûtes élevées sont des voûtes en berceau ou des voûtes d'arête; les arcs sont en plein cintre. Parmi les nombreuses architectures romanes de France, on trouve l'abbatiale de Sainte-Foy à Conques (1050-1130) et l'église de Bagneux (1170-1190).

Les fresques – Peintures murales utilisant des peintures délayées à l'eau sur un enduit de mortier frais.

La chaire – Tribune surélevée, d'où le prêtre adresse ses sermons aux fidèles.

Le pendentif
Partie triangulaire entre les grands arcs qui supportent une coupole, très souvent décoré.

La colonne
Structure portante.

Nef latérale

L'oculus – Grande fenêtre ronde au centre de la façade.

Le narthex
Vestibule distinct du porche.

La nef centrale
Partie allant du chœur au portail, comprise entre deux rangées de colonnes, où se tiennent les fidèles.

Le bénitier
Vasque qui contient l'eau bénite.

Les fonts baptismaux
Bassin destiné à l'eau du baptême.

Constellations

Sagittaire : constellation zodiacale de l'hémisphère austral (1), visible les nuits d'été, à l'horizon; neuvième signe du zodiaque.

Capricorne : constellation zodiacale de l'hémisphère austral (2), visible les nuits d'été; dixième signe du zodiaque.

Verseau : constellation zodiacale au sud de l'équateur céleste (3), visible les nuits d'été et d'automne; onzième signe du zodiaque.

Poissons : constellation zodiacale de l'hémisphère austral (4), visible les nuits d'été et d'automne; douzième signe du zodiaque.

Bélier : constellation zodiacale de l'hémisphère boréal (5), visible les nuits d'automne et d'hiver; premier signe du zodiaque.

Taureau : constellation zodiacale de l'hémisphère boréal (6), visible les nuits d'automne et d'hiver; deuxième signe du zodiaque.

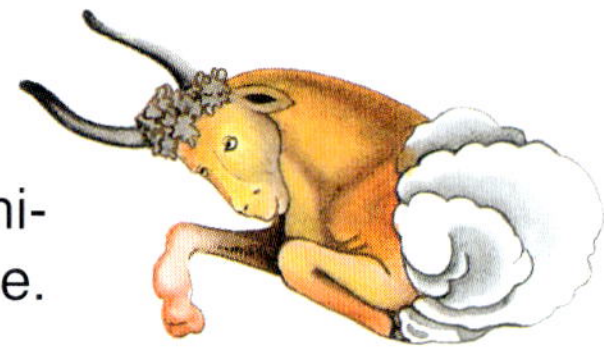

Orion : constellation de la zone équatoriale (7), composée de quatre étoiles dont trois très lumineuses : Bételgeuse, Rigel et Bellatrix.

Cygne : constellation de l'hémisphère boréal (8), dont les étoiles principales dessinent une grande croix en pleine Voie lactée.

Gémeaux : constellation zodiacale de l'hémisphère boréal (9), visible les nuits d'automne et d'hiver; troisième signe du zodiaque.

Cancer : constellation zodiacale de l'hémisphère boréal (10), visible les nuits d'hiver et de printemps; quatrième signe du zodiaque.

Lion : constellation zodiacale de l'hémisphère boréal (11), visible les nuits d'hiver et de printemps; cinquième signe du zodiaque.

Vierge : constellation zodiacale à cheval sur l'équateur céleste (12), visible les nuits de printemps; sixième signe du zodiaque.

Balance : constellation zodiacale de l'hémisphère austral (13), visible les nuits de printemps et d'été; septième signe du zodiaque.

Scorpion : constellation zodiacale de l'hémisphère austral (14), visible les nuits d'été; huitième signe du zodiaque.

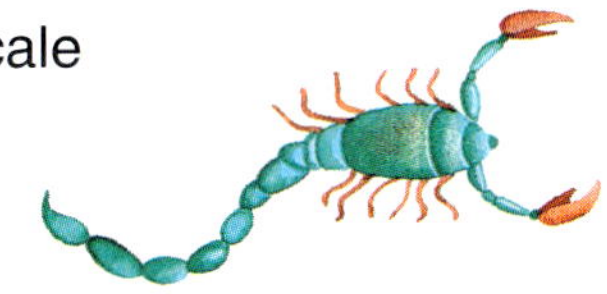

Grande Ourse : les sept étoiles les plus brillantes forment le Grand Chariot (15) dans l'hémisphère boréal; visible toute l'année.

Petite Ourse : les sept étoiles les plus brillantes, dont l'étoile Polaire, forment le Petit Chariot (16) dans l'hémisphère boréal; visible toute l'année.

Gratte-ciel

En béton armé et en acier – Les gratte-ciel sont des immeubles tout en hauteur, qui permettent de mieux exploiter l'espace dans les grandes villes. Ils mesurent au moins 50 mètres (12 ou 15 étages) de haut. Les premiers édifices de ce genre furent construits à Chicago vers 1880, par William le Baron Jenney et Louis Sullivan, qui introduisirent les armatures métalliques. Le plus haut est la *Sears Tower*, à Chicago.

Panorama de New York :

1. Tours jumelles du *World Trade Center*, de 110 étages chacune.
2. Hélicoptère survolant la ville.
3. *Citycorp Center*, quatrième édifice le plus haut de New York. Il prend appui sur d'énormes pylônes de neuf étages; son sommet a la forme d'un bec de flûte.
4. *Chrysler Building*, 77 étages.
5. *Empire State Building*, 102 étages.
6. Bateau de la *Circle Line*, pour le transport des passagers.
7. Des remorqueurs (la ville de New York s'étend en partie sur la terre ferme, en partie sur des îles à l'embouchure du fleuve Hudson).

Locomotive

Les trains à vapeur
Le premier train à vapeur pour passagers apparut en 1831. Il faisait la route entre Liverpool et Manchester. Les trains à vapeur étaient constitués de 8 à 14 wagons. La locomotive était conduite par un chauffeur, accompagné d'un mécanicien; le personnel comprenait un chef de train et un contrôleur. Les cuisiniers et les serveurs s'occupaient des repas. On trouvait souvent un coiffeur à bord, et on pouvait assister à des projections de films. Le personnel du service des postes voyageait aussi par train.

La cheminée – Les gaz chauds s'échappent par la cheminée.

La chaudière – Elle est composée de plaques en acier qui résistent à la forte pression de la vapeur.

Les cylindres – La vapeur surchauffée est dirigée dans les cylindres et exerce une pression sur les pistons. Ceux-ci actionnent les bielles reliées à un arbre qui fait tourner les roues.

Les tubes de surchauffe – La chaudière est alimentée en eau. Les gaz chauds provenant du foyer pénètrent dans un réseau de tubes immergés qui portent l'eau à ébullition et la transforment en vapeur. Celle-ci peut être surchauffée en passant dans des tubes de surchauffe situés dans les tubes d'ébullition.

Le dôme de prise de vapeur – Contient la soupape du régulateur, qui permet de régler la vitesse de la locomotive en variant le débit de vapeur des cylindres.

La cabine de conduite
Poste du chauffeur.

Le foyer – Chambre dans la fournaise où brûle le combustible.

La voûte du foyer en briques réfractaires
Elle permet d'obtenir des températures plus élevées.

Les flammes – Quand la locomotive prend de la vitesse, beaucoup plus d'air entre dans le foyer et les charbons deviennent incandescents.

La porte du foyer – Porte d'environ 0,5 m d'ouverture, par laquelle on alimente le foyer en combustible.

Ci-dessus : écorché d'une locomotive

Ci-contre : locomotive à vapeur de modèle italien

La vitesse – Le feu, dans le foyer, était allumé bien avant le départ, afin de chauffer l'eau de la chaudière, qui se transformait en vapeur. Quand la pression de vapeur était suffisante, le mécanicien ouvrait la soupape du régulateur. La vapeur, en se dilatant, exerçait alors une pression sur les pistons qui actionnaient à leur tour les roues. La locomotive démarrait lentement, puis accélérait peu à peu. Sa vitesse maximale était d'environ 160 km/h.

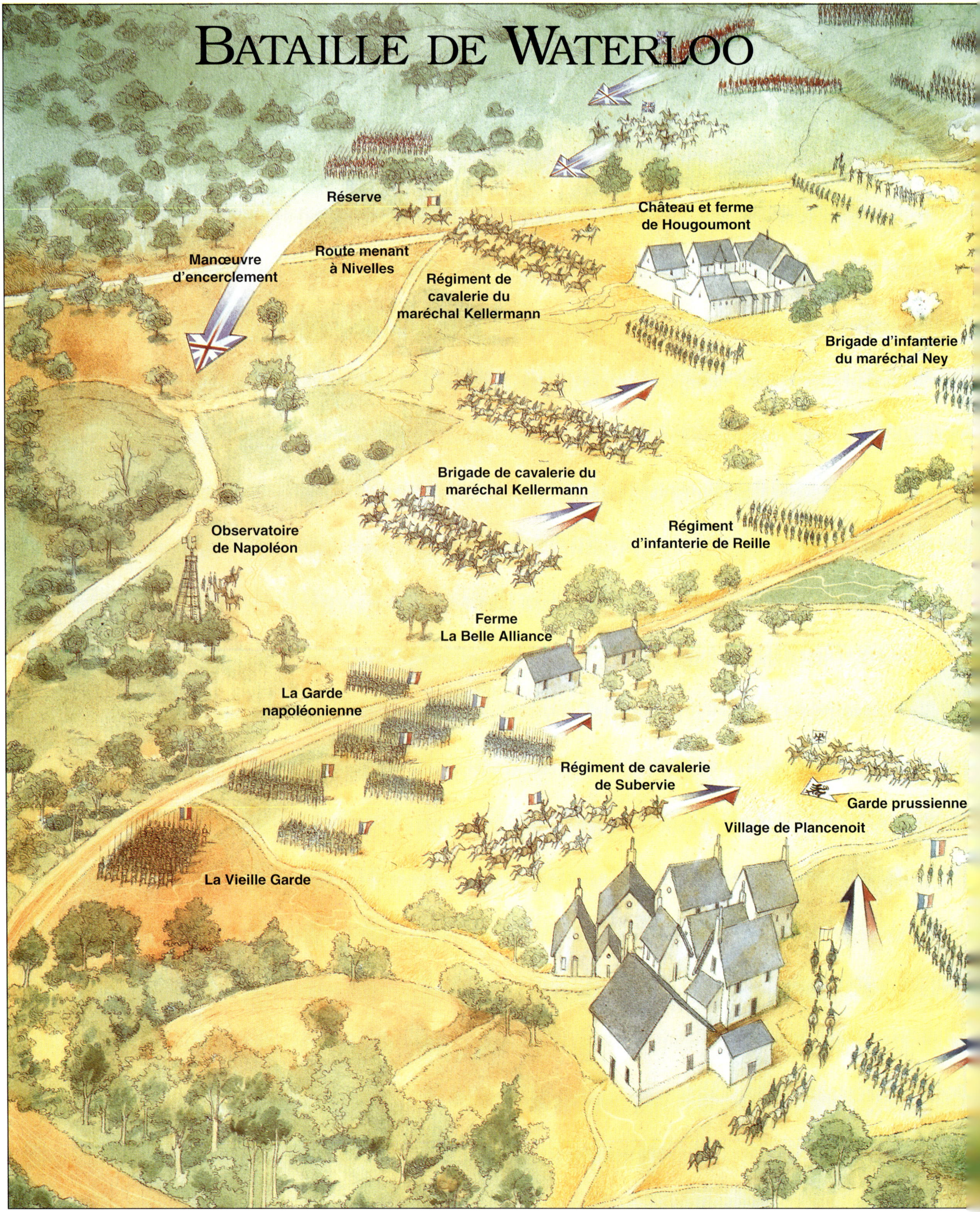
BATAILLE DE WATERLOO
Réserve
Château et ferme de Hougoumont
Manœuvre d'encerclement
Route menant à Nivelles
Régiment de cavalerie du maréchal Kellermann
Brigade d'infanterie du maréchal Ney
Brigade de cavalerie du maréchal Kellermann
Observatoire de Napoléon
Régiment d'infanterie de Reille
Ferme La Belle Alliance
La Garde napoléonienne
Régiment de cavalerie de Subervie
Garde prussienne
Village de Plancenoit
La Vieille Garde

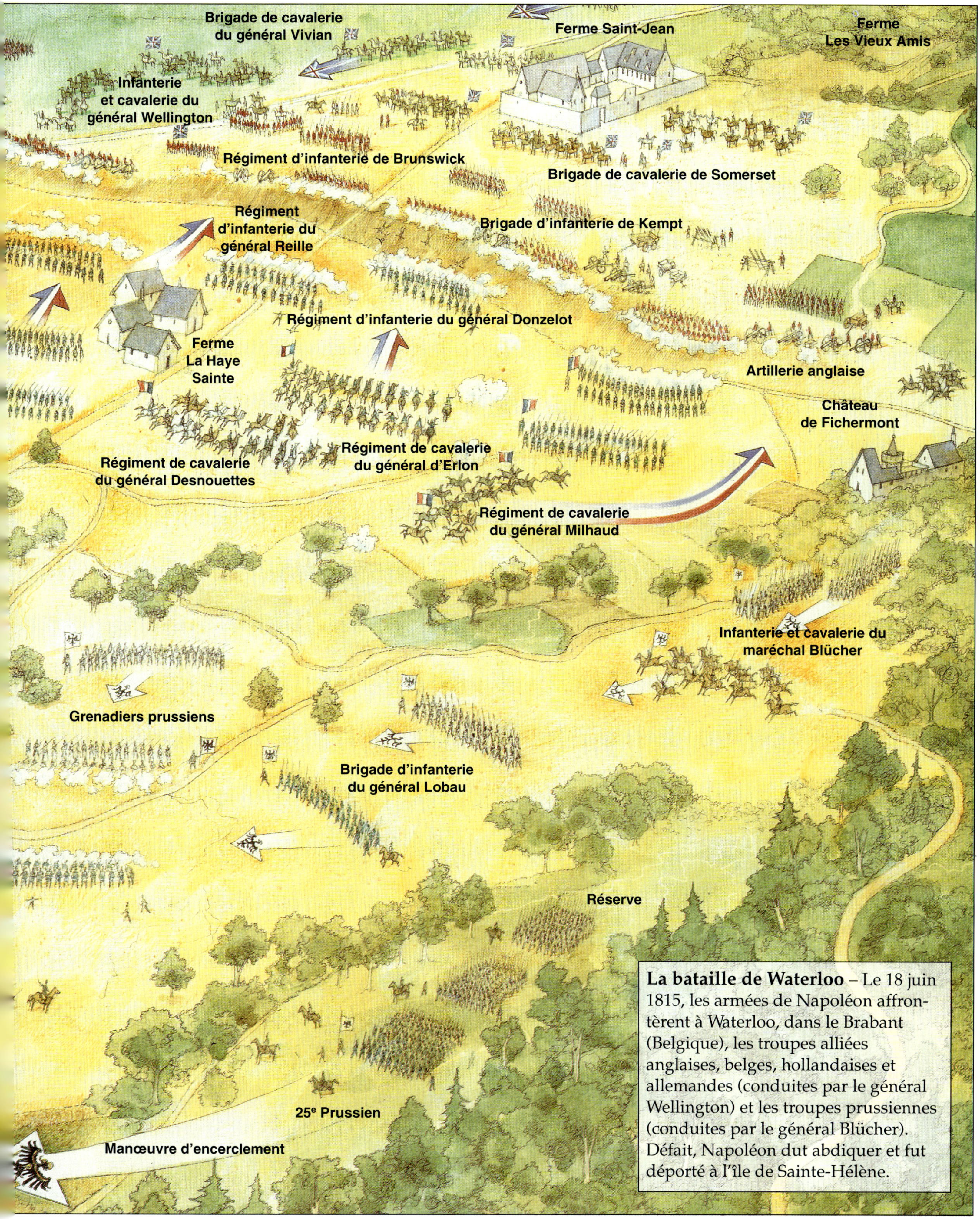

La bataille de Waterloo – Le 18 juin 1815, les armées de Napoléon affrontèrent à Waterloo, dans le Brabant (Belgique), les troupes alliées anglaises, belges, hollandaises et allemandes (conduites par le général Wellington) et les troupes prussiennes (conduites par le général Blücher). Défait, Napoléon dut abdiquer et fut déporté à l'île de Sainte-Hélène.

Grande Muraille

Longue d'environ 6 400 km avec toutes ses ramifications, la Grande Muraille fut construite par tronçons aux IVe et IIIe siècles av. J.-C. Vers 204, le premier grand empereur de Chine, Shih Huang-di, de la dynastie des Ch'in, réunit les tronçons et les prolongea afin de créer une ligne de défense contre les invasions.

1. Drapeau du régiment
2. Tambours pour encourager les troupes
3. Murs crénelés
4. Murs intérieurs
5. Cavalerie des envahisseurs barbares
6. Catapultes pour attaquer les tours
7. Chevaux sous les murs
8. Barbares essayant d'escalader les murs
9. Pigeons voyageurs portant les messages d'un lieu à l'autre
10. Tour crénelée avec meurtrières
11. Garnison qui s'apprête à la défense
12. Défenseurs arrivant du fort
13. Tour d'observation surélevée
14. Signaux de fumée
15. Entrepôts
16. Fort
17. Pagode
18. Caserne et armurerie
19. Habitations de paysans
20. Champs cultivés

20
17
19
14
15
18
16
12
13
7
8
9
10
11

SCIENCE ET ART NAUTIQUES

La science et l'art nautiques – À bord d'un bateau les moindres détails (conception et construction de la coque, équipement, manœuvres) prennent une grande importance. L'art de faire les nœuds est une des premières disciplines à laquelle tout marin doit être initié. Que ce soit pour l'amarrage ou les diverses manœuvres, il existe des nœuds de tous genres (plus de 4 000 ont été répertoriés); certains sont simples, d'autres, très complexes et connus seulement des marins les plus expérimentés.

nœud de forestier (ou de bois)

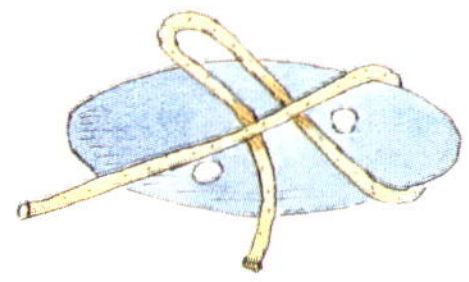
élingue simple

nœud simple (ou boucle)

nœud plat (ou droit)

nœud en huit gansé

tour mort et deux demi-clés

nœud de carrick

nœud de jambe de chien

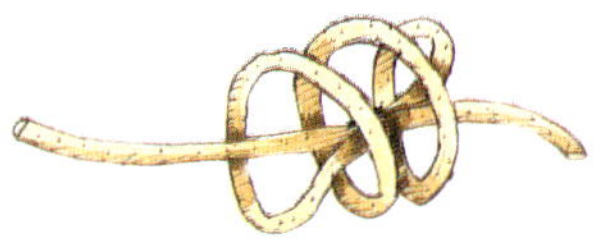
nœud de blocage

nœud de franciscain

nœud d'écoute simple (ou de filet)

nœud d'écoute double

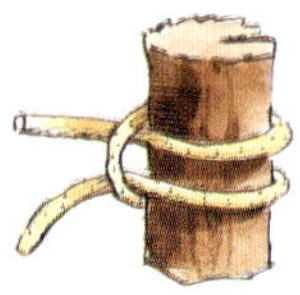
amarrage en demi-clés renversées

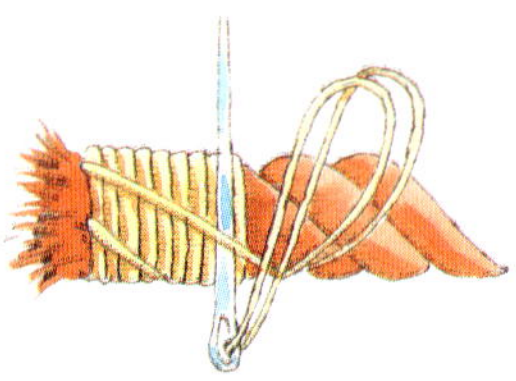
surliure avec aiguille

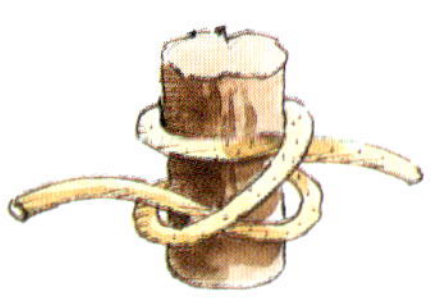
nœud de cabestan

nœud du pêcheur

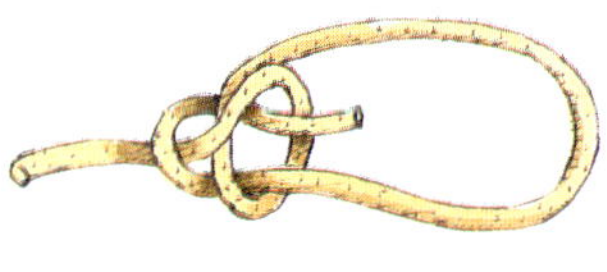
boucle d'échelle

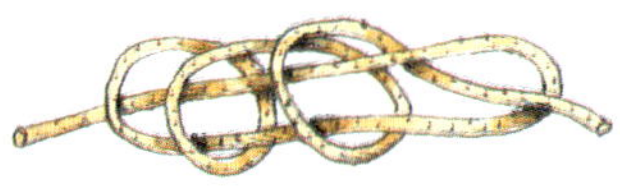
nœud du capucin

nœud d'arrêt

surliure

nœud de chaise double

nœud de croc de palan

La signalisation – Quand il n'y avait pas encore de radio à bord, les marins communiquaient à l'aide de signaux lumineux ou de pavillons. Chaque pavillon, accroché à une vergue, correspondait à un chiffre ou à une lettre de l'alphabet; l'ensemble véhiculait un message codé. Ces techniques de signalisation sont encore employées de nos jours.

May Day – Cette expression, qui signifie *jour de mai* en anglais, provient en réalité du français *M'aidez*. C'est un signal de détresse.

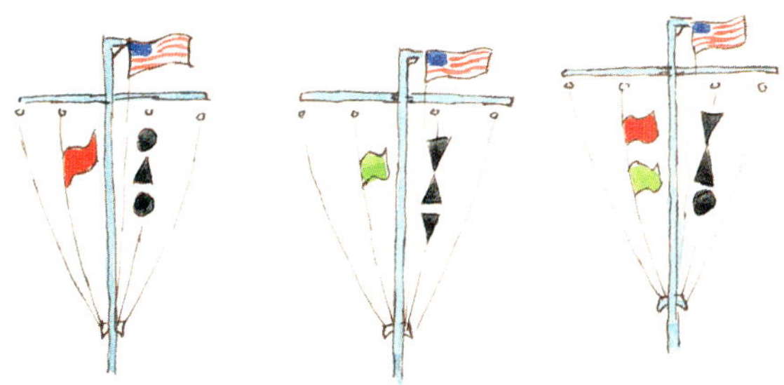

Interdiction d'entrer — Interdiction de sortir — Interdiction d'entrer ou de sortir

NEW YORK

En 1614, les Hollandais construisirent un fort au sud de l'île de Manhattan; ils y établirent, en 1625, la capitale de la colonie, qu'ils appelèrent Neuwe Amsterdam. En 1664, les Anglais s'en emparèrent et la rebaptisèrent New York. Aujourd'hui, elle compte plus de sept millions d'habitants. Elle se divise en cinq districts : *Manhattan*, *Queens*, *Brooklin*, *Bronx* et *Richmond*. Important centre culturel et artistique, cette ville accueille de nombreux instituts de recherche, tels l'*Université Columbia* et la *Fondation Rockefeller*.

On trouve beaucoup de bibliothèques, de galeries d'art et de musées, tels que le *Metropolitan Museum of Art* et le *Museum of Modern Art*, que les New-Yorkais surnomment le MOMA. Le *Metropolitan Opera* et le centre musical C*arnegie Hall* attirent à New York les plus grands musiciens.

New York :

1. New York est une ville cosmopolite où se côtoient diverses communautés : russe, juive, chinoise, italienne, coréenne, portoricaine, afro-américaine, indienne.
2. Marchand ambulant de hot-dogs.
3. Plats typiques de la cuisine new-yorkaise.
4. *Yankee Stadium.*
5. Statue en bronze de *Alice aux pays des merveilles* à Central Park.
6. Affiches et panneaux routiers dans Greenwich Village.
7. Masque chinois dans Chinatown.
8. *Hell's Kitchen*, quartier de la communauté irlandaise (la couleur nationale de l'Irlande est le vert).
9. Statue de la Liberté.
10. Policier à cheval dans Central Park.
11. La Cinquième avenue, une des grandes artères de New York.
12. Mimes se produisant dans les rues.
13. *Rockefeller Center.*
14. Magasin de jouets *FAO Schwarz.*
15. *Empire State Building.*
16. *Central Park* (vue aérienne).
17. Statue de Balto, husky, chien de traîneau dans Central Park.
18. Ouvriers sur un gratte-ciel en construction.
19. *Museum of Natural History.*
20. La clownesse *Cha-u-Kao*, de Henri de Toulouse-Lautrec (*Museum of Modern Art*).
21. Tour de dromadaire, au zoo de l'*International Wildlife Conservation Park.*
22. *Nuit étoilée* (cyprès et village), de Vincent Van Gogh (*Museum of Modern Art*).
23. Automobile Cisitalia (1946), *Museum of Modern Art.*
24. Bateau navette de l'aéroport La Guardia.

OLYMPE

D'après l'arbre généalogique, les dieux descendaient de *Ouranos* (le Ciel) et de *Gaïa* (la Terre). Zeus (dieu de la foudre), fils de Cronos et de Rhéa, était le seigneur de l'Olympe.

Hadès
Perséphone
Amphitrite
Poséidon
Athéna
Zeus
Hestia
Déméter
Rhéa
Héra
Éros
Hébé
Arès
Aphrodite
Héphaïstos
Métis
Thémis
Dioné
Eurynomé
Alcmène
Héraclès
Les portraits reliés par la ligne rouge représentent les mortelles et les déesses desquelles Zeus eut de nombreux enfants.
Pan
Hermès
Maia
Sémélé
Gaïa
Artémis
Apollon
Léto
Dionysos
Perséphone
Déméter

ORCHESTRE

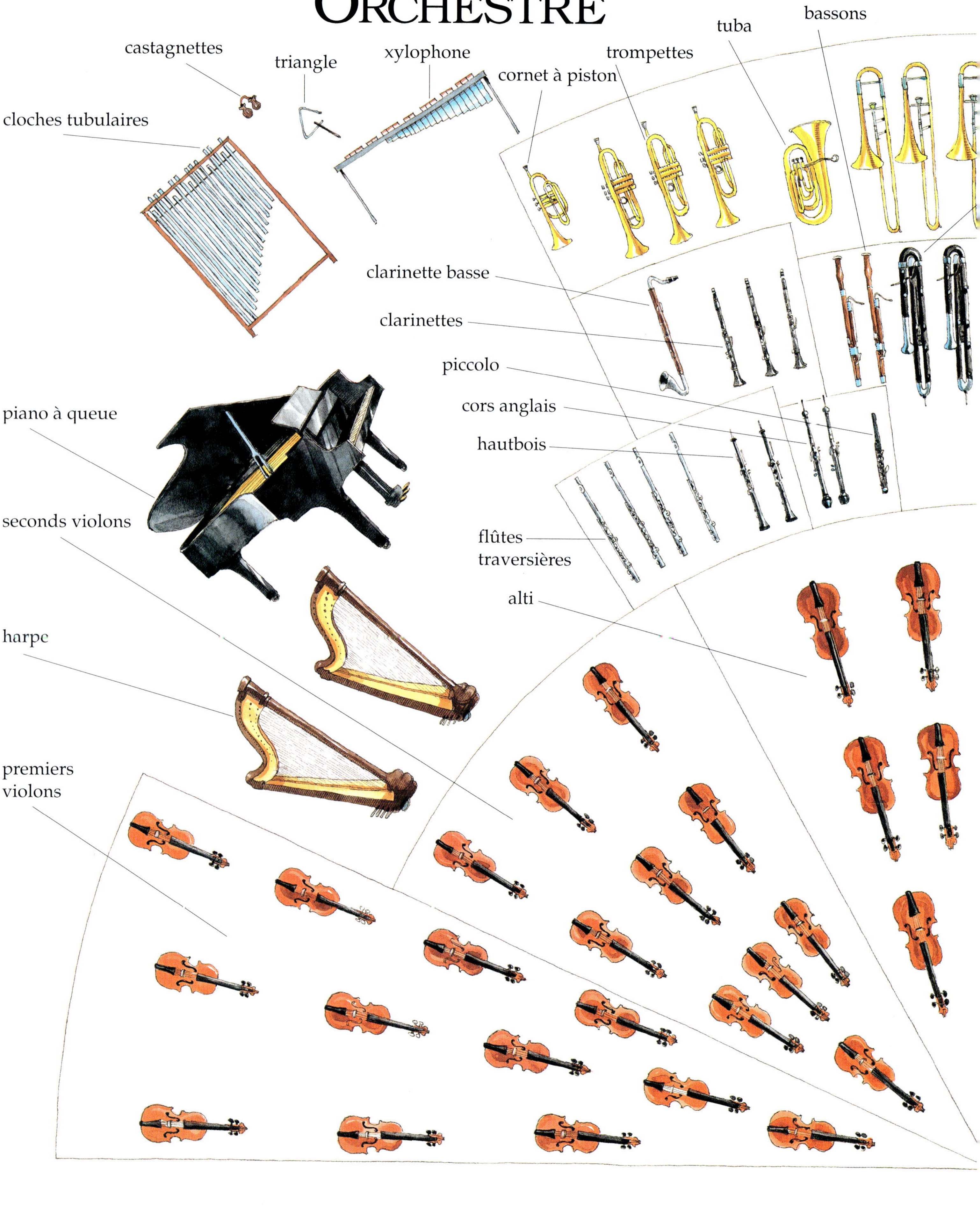
bassons
tuba
trompettes
castagnettes
triangle
xylophone
cornet à piston
cloches tubulaires
clarinette basse
clarinettes
piccolo
piano à queue
cors anglais
hautbois
seconds violons
flûtes
traversières
alti
harpe
premiers
violons

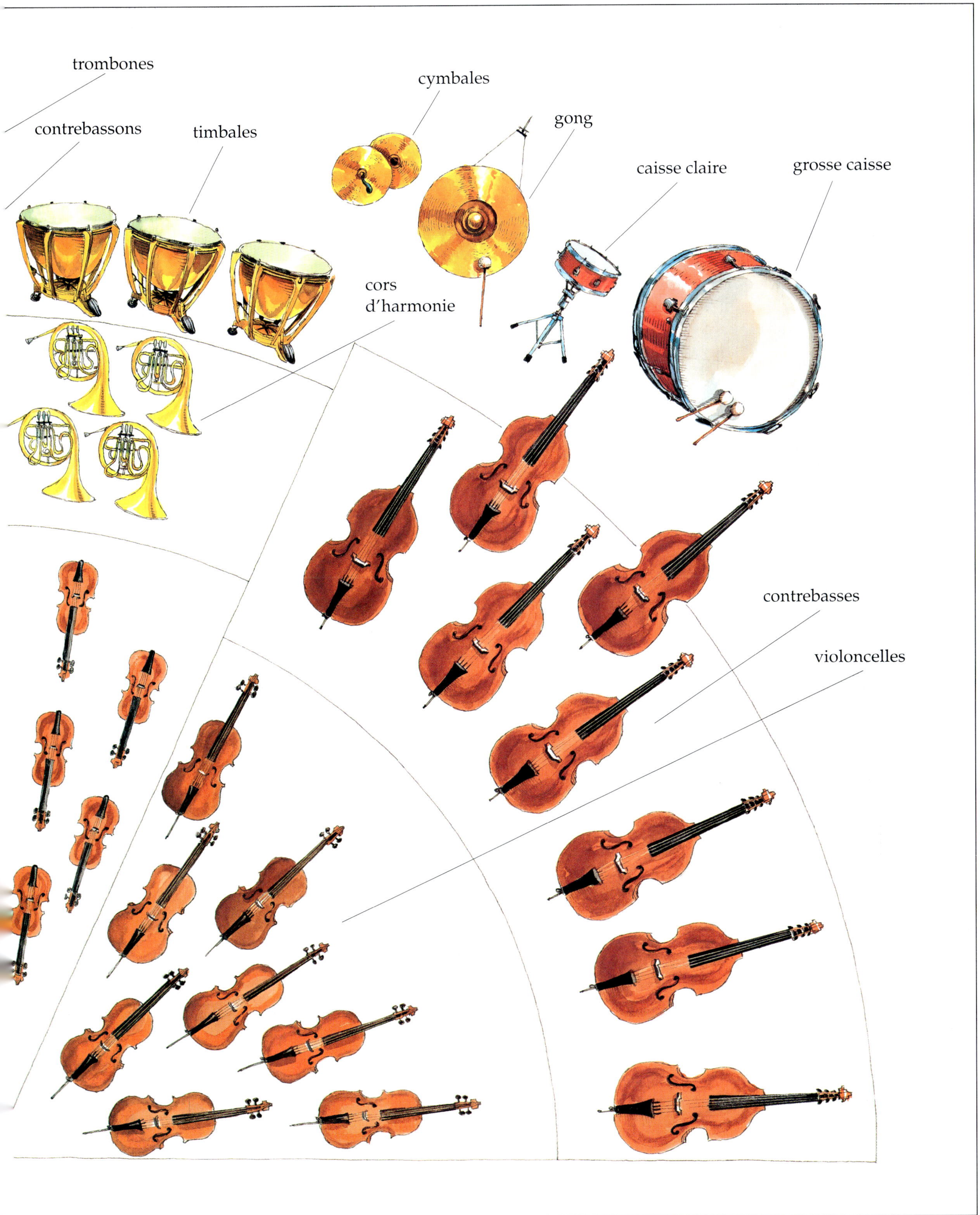
trombones
cymbales
gong
contrebassons
timbales
caisse claire
grosse caisse
cors
d'harmonie
contrebasses
violoncelles

RENAISSANCE

L'épanouissement culturel – La Renaissance, qui correspond au début des Temps modernes, est un vaste mouvement historique et culturel, s'échelonnant du XVe siècle à la fin du XVIe siècle. Les arts, la littérature et la philosophie connurent alors un grand essor.

Les artistes – Parmi les artistes de la Renaissance, on retrouve les peintres Léonard de Vinci, Botticelli et Michel-Ange, les architectes Filippo Brunelleschi et Andrea Palladio, les hommes de lettres Machiavel, Montaigne et Rabelais.

Florence vers 1450, à l'époque de Léonard de Vinci.

1. Clocher de Giotto
2. Corniche
3. Coupole de Brunelleschi
4. Atelier de teinturier : tissus qui sèchent
5. Tours d'édifices privés
6. Gonfalon de la famille Médicis
7. Habitation du Moyen Âge
8. Loggia
9. Palais de la Renaissance
10. Rue pavée
11. Atelier de forgeron, avec forge et soufflet
12. Atelier d'orfèvre
13. Atelier de tailleur
14. Artiste présentant ses œuvres à de riches marchands.
15. Four de fondeur et creusets
16. Atelier de sculpteur, avec statue équestre
17. Écorché d'une maison de cette époque : au rez-de-chaussée, atelier; au premier étage, salle à dîner; au deuxième étage, chambre avec lit à baldaquin; en haut, mansarde.

VOILES À TRAVERS LES SIÈCLES

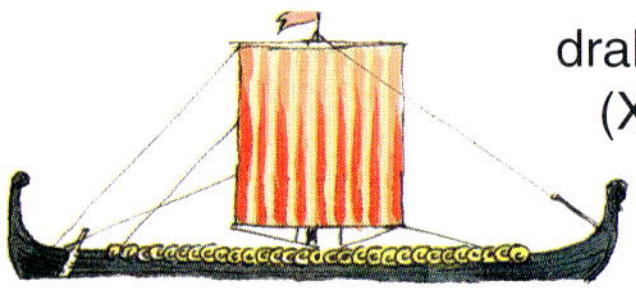

drakkar viking
(Xe siècle)

navire marchand romain
(vers l'an 200)

navire normand
(milieu du XIIIe siècle)

boutre arabe
(bateau pirate de la Méditerranée)

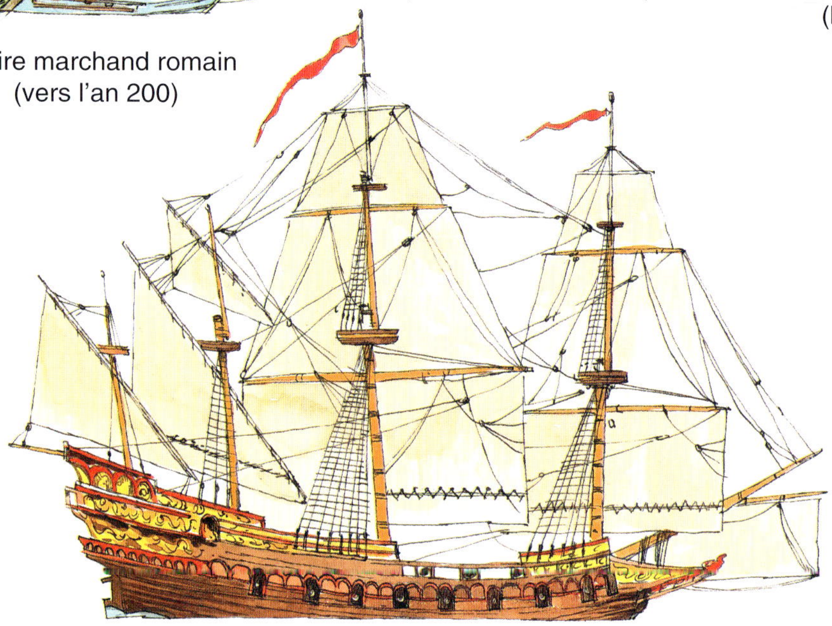

grand galion à quatre-mâts (Europe occidentale,
fin du XVIe siècle)

trois-mâts
(vers 1760)

le « Persistant », brigantin
français à trois mâts (1865)

caraque marchande
à trois mâts (Europe
occidentale, début
du XVIe siècle)

bateau postal suédois
(vers 1690)

le « Göta Lejon », vaisseau
de 72 canons (vers 1746)

goélette américaine
de pêche

barge de la Tamise
(vers 1900)

yack de la Baltique
(1921)

harenguier norvégien
à voile carrée (vers 1881)

ketch suédois de pêche
en haute mer (vers 1881)

chalutier à voile

le « County of Linlithgow », cinq-mâts carré, Glasgow
(vers 1887)

le « Dagny », trois-mâts
suédois (1926)

bateau de sauvetage
anglais (1900)

le « Wyoming »,
goélette franche
américaine à
six mâts (1909)

VILLAGE INUIT

Les Inuit – Ce mot de la langue inuit signifie « êtres humains ». Esquimau, mot officiellement proscrit au Canada, signifiait en langue algonquine *mangeurs de viande crue*. Ce peuple, de souche mongole, serait venu de Sibérie par le détroit de Béring, il y a 10 000 ans. Les ethnies comprenaient de quelques dizaines à quelques centaines d'individus, répartis en clans (ou familles patriarcales) dispersés sur le territoire. Ils se rencontraient de façon saisonnière pour des chasses, des échanges de denrées, des mariages. Les chasseurs, nomades ou semi-nomades, dépendaient essentiellement des produits de la pêche. Ils s'adonnaient aussi à la chasse et à la cueillette.

La chasse – Les proies des chasseurs étaient surtout des ours polaires, des caribous, des morses, des phoques. Ils en utilisaient les os pour façonner armes et outils (harpons, aiguilles, etc.), la fourrure et le cuir, pour se vêtir et pour recouvrir les embarcations et les tentes des migrations d'été. L'hiver, les Inuit vivaient dans des maisons semi-enterrées faites de tourbe et de pierres, ou encore dans des *iglous*, en blocs de glace et de neige.

Les croyances – Les Inuit, animistes, croyaient en *un dieu des animaux*. Le chaman était un prêtre-sorcier, à la fois devin et thérapeute, à qui on attribuait des pouvoirs magiques; les soins étaient principalement à base de potions d'herbes.

Aujourd'hui – À la fin des années 1980, les Inuit étaient environ 120 000 : 45 000 au Groenland, 35 000 en Alaska, 25 000 au Canada et 15 000 en Sibérie.

Un village inuit :

1. Tentes en peau des migrations d'été
2. Maison semi-enterrée de tourbe et de pierres
3. Séchoir à viande
4. Maison en construction
5. Côtes de baleine
6. Femmes cueillant des baies sauvages
7. Chasse aux oiseaux avec des filets
8. Raclage des peaux
9. Couloir d'entrée d'une maison semi-enterrée
10. Chasseurs avec harpon
11. Phoques : tableau de chasse
12. Femme tressant des lanières de cuir
13. Chiens de traîneau
14. Traîneau
15. Réchaud en stéatite
16. Umiak
17. Kayak
18. Glacier

VILLAGE VIKING

Viking – Le mot *viking* dérive probablement de *vik*, ancien terme scandinave qui signifiait *étroite baie*. Au fil de l'histoire, il prit une autre connotation : celle de *pirate*. Entre 800 et 1000, les populations vikings, divisées en clans (groupes familiaux unis par des liens de parenté), habitaient la Scandinavie.

La vie quotidienne – Les habitations, très longues, avaient des murs bas et épais, percés de petites fenêtres, pour mieux protéger du froid. Le toit, en forme de coque de bateau inversée, n'offrait aucune prise au vent.

Les vêtements – Selon la saison, les hommes portaient un pantalon, une tunique en laine, un manteau, un bonnet en laine ou en fourrure. Ils passaient souvent une épée à leur ceinture. Les femmes s'habillaient d'une robe en lin ou en laine, couverte d'une longue casaque souvent décorée de lourds colliers faits de mailles ou de boucles en métal bosselé.

Le village viking :

1. *Thing*, ou maison des assemblées
2. *Knorr*, navire marchand en cale sèche
3. Gros chaudron contenant de la résine destinée au calfatage de la coque des navires
4. Planches utilisées pour construire la coque
5. Système de coins pour débiter les planches
6. *Karv*, navire côtier
7. Voile renforcée avec des lanières de cuir
8. Entrée du fjord
9. *Drakkar*, navire de guerre
10. Tête de dragon ornant la proue du bateau
11. Étambrai taillé à la hache
12. Couples du bateau
13. Chantier
14. Menuisier
15. Bordage du bateau
16. Décoration de la poupe
17. Habitation viking

ZODIAQUE

Les astrologues divisent la sphère céleste dans laquelle se situe la trajectoire apparente du Soleil en douze parties égales, qu'ils appellent *signes du zodiaque*. D'après eux, le ciel de chaque signe influe sur le caractère et le devenir des individus qui sont nés sous ce signe.

L'horoscope – Pour étudier le caractère et le devenir de quelqu'un, l'astrologue analyse l'heure, le lieu et la date de sa naissance, puis la position des planètes.

BÉLIER (21 mars – 20 avril) : signe de feu. Caractère : énergique, courageux, se passionne facilement. Il sous-estime souvent les difficultés.

TAUREAU (21 avril – 20 mai) : signe de terre. Caractère : calme, méditatif, parfois possessif. Il sait faire face aux problèmes.

GÉMEAUX (21 mai – 21 juin) : signe d'air. Caractère : intelligent, curieux, intuitif et plein de fantaisie. Il a tendance à se montrer superficiel et à se disperser.

CANCER (22 juin – 22 juillet) : signe d'eau. Caractère : sensible et affectueux, romantique et créatif, parfois timide et un peu distrait.

LION (23 juillet – 23 août) : signe de feu. Caractère : ambitieux et audacieux, souvent égocentrique. Il sait ce qu'il veut et réussit à charmer.

VIERGE (24 août – 22 septembre) : signe de terre. Caractère : précis, méditatif, fiable, il sait être logique. Il manque parfois de spontanéité.

BALANCE (23 septembre – 23 octobre) : signe d'air. Caractère : idéaliste, charmeur, il aime les belles choses. Il se révèle souvent futile et superficiel.

SCORPION (24 octobre – 22 novembre) : signe d'eau. Caractère : fascinant et mystérieux, il est intelligent et analytique. Il se montre parfois jaloux et possessif.

SAGITTAIRE (23 novembre – 21 décembre) : signe de feu. Caractère : loyal et désintéressé, franc et optimiste. Il perd facilement patience.

CAPRICORNE (22 décembre – 20 janvier) : signe de terre. Caractère : travailleur et tenace, il a le sens du devoir. Il se montre parfois froid et distant.

VERSEAU (21 janvier – 19 février) : signe d'air. Caractère : indépendant et original, il aime la liberté et les idéaux. Il peut se montrer vaniteux.

POISSONS (20 février – 20 mars) : signe d'eau. Caractère : sensible, aimable, affectueux, il a beaucoup de fantaisie. Il se disperse facilement et manque souvent de volonté.

Classification des espèces vivantes

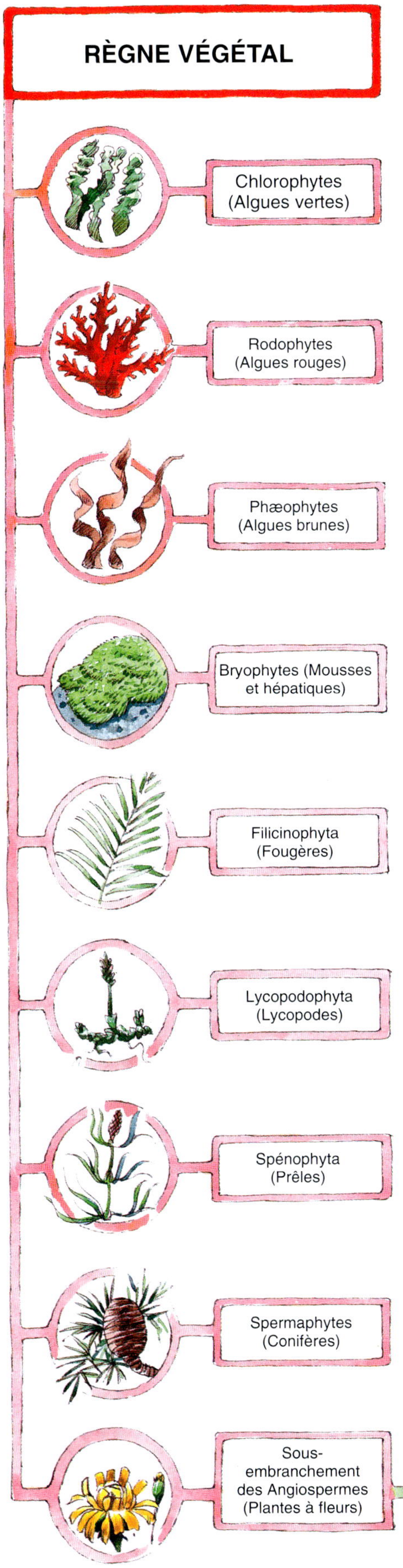

Les règnes – Afin de mieux étudier les êtres vivants, les scientifiques les ont classés en cinq groupes, ou *règnes*. Chacun est réparti en *embranchements* qui sont à leur tour subdivisés en *sous-embranchements*. Ceux-ci sont ordonnés en *classes*, elles-mêmes divisées en *ordres* et *sous-ordres*. Ces derniers sont répartis en *familles*, lesquelles regroupent les représentants des *genres*, puis des *espèces*. La classification présentée dans ces pages a été simplifiée. Elle présente les règnes (en rouge), puis les embranchements (en rose). Les encadrés verts regroupent des espèces appartenant à deux classes d'angiospermes. Les encadrés jaunes regroupent des classes du règne animal, et les encadrés bruns, des exemples d'espèces appartenant à ces classes. Exceptionnellement, certains ordres ont été inclus dans les encadrés bruns; ils sont identifiés par un astérisque*.

Séquoia géant :
cet arbre peut vivre 6 000 ans.

L'invention du premier système méthodique de classification des organismes remonte à 1758, quand le Suédois Carl von Linné fonda sa classification des êtres vivants connus alors d'après leur *morphologie*, c'est-à-dire selon leur structure externe et leur anatomie. Par la suite, on développa de nouvelles méthodes de classification basées sur d'autres critères, l'histoire évolutive des organismes (phylogenèse), par exemple. Encore aujourd'hui, de nouvelles espèces sont découvertes, alors que d'autres sont en voie d'extinction ou déjà disparues.

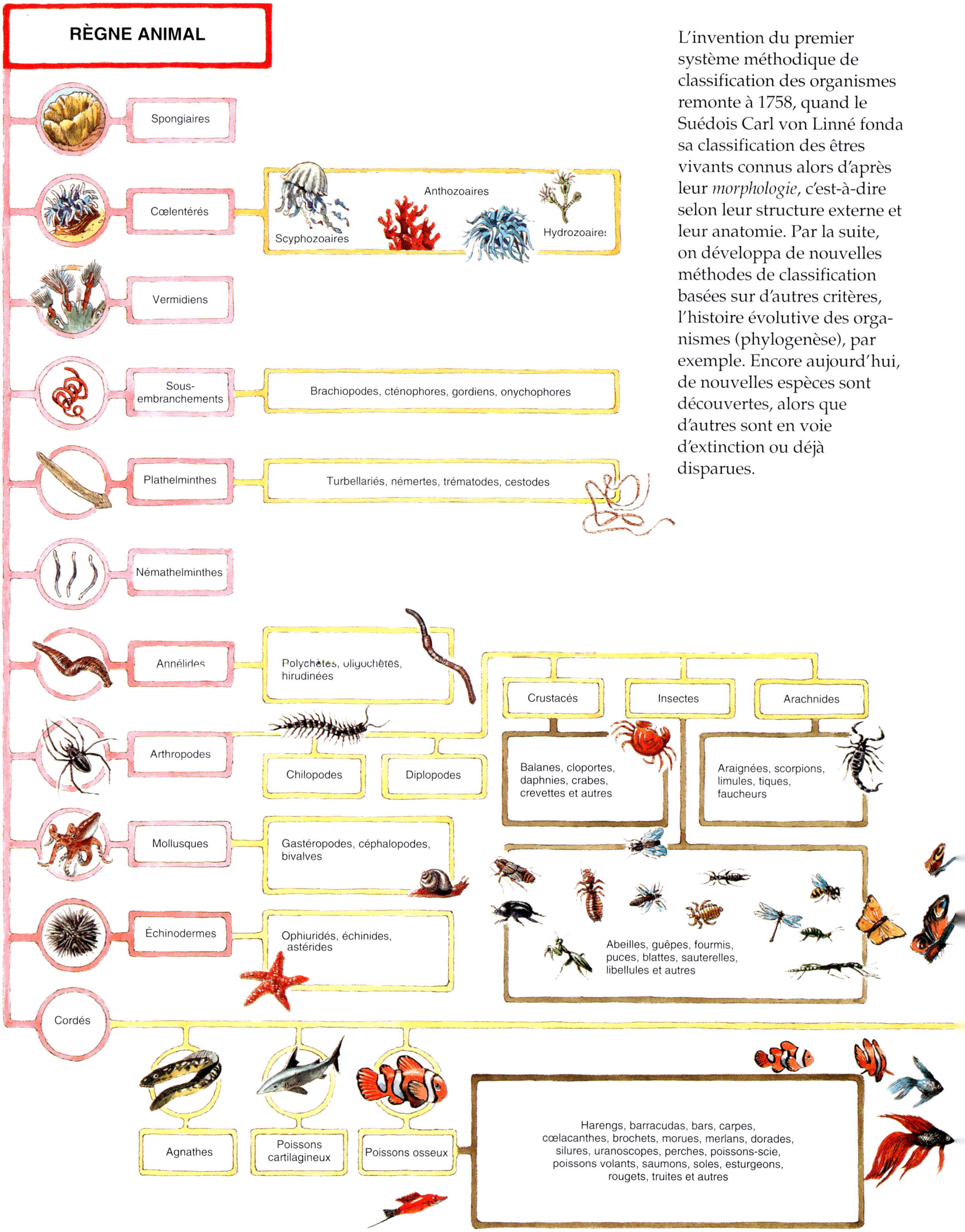

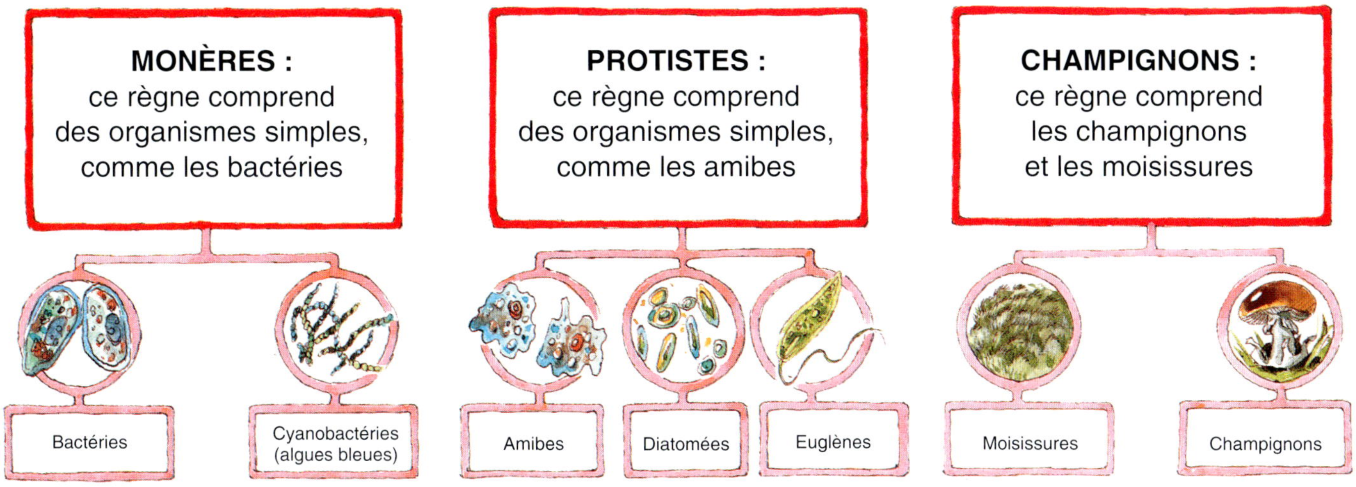

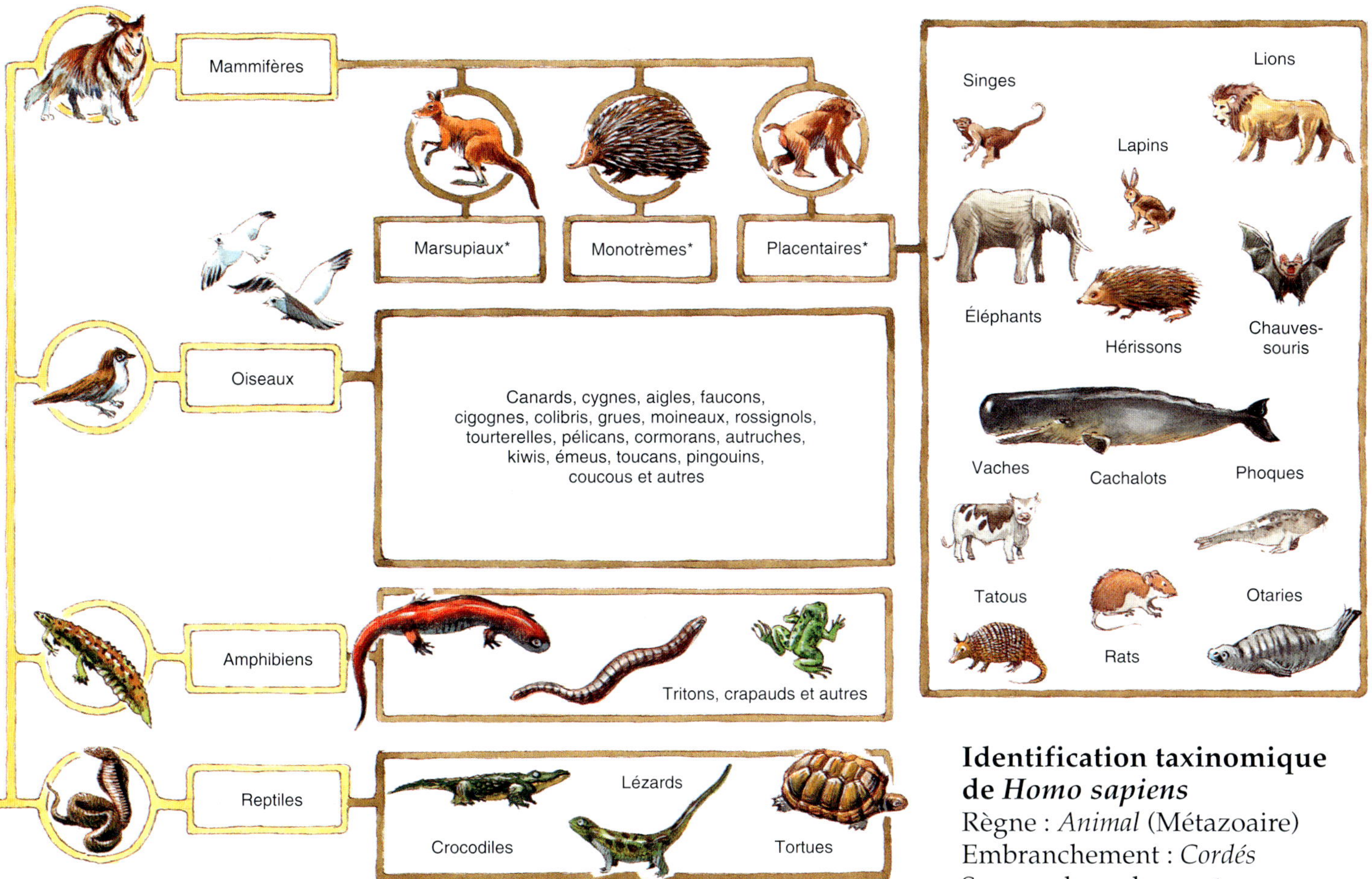

Identification taxinomique de *Homo sapiens*

Règne : *Animal* (Métazoaire)
Embranchement : *Cordés*
Sous-embranchement : *Vertébrés*
Classe : *Mammifères*
Ordre : *Primates*
Famille : *Hominidés*
Genre : *Homo*
Espèce : *Homo sapiens*

La France en chiffres

HISTOIRE DE LA FRANCE

430-450 Arrivée des Francs.
481-511 Clovis est roi des Francs.
800-814 Charlemagne est empereur d'Occident.
1337 Début de la guerre de Cent Ans contre l'Angleterre.
1429-1431 Mission de Jeanne d'Arc.
1624-1642 Richelieu est ministre de Louis XIII.
1643-1715 Rayonnement de la France sous Louis XIV.
1789 Prise de la Bastille et Déclaration des droits de l'homme.
1804-1815 Napoléon est empereur.
1852-1870 Second Empire.
1870 Proclamation de la IIIe République.
1887 Création de l'Union indochinoise, englobant la Cochinchine, Annam, le Cambodge, le Tonkin, puis, plus tard (1893), le Lao.
1914-1918 Première Guerre mondiale. La France entre en guerre aux côtés de l'Angleterre, de l'Italie et de la Russie.
1939 La France, conjointement avec l'Angleterre, déclare la guerre à l'Allemagne, à la suite de l'invasion de la Pologne.
1940 Signature de l'armistice; Pétain est à la tête du gouvernement de Vichy.
1944 Gouvernement provisoire, sous la présidence du général de Gaulle.
1945 Membre de l'Organisation des Nations unies (O.N.U.).
1946-1954 Guerre d'Indochine.
1949 La France est un des membres fondateurs de l'Organisation du traité de l'Atlantique Nord (O.T.A.N.).
1956 Affaire de Suez.
1957 La France devient un des membres fondateurs de la Communauté économique européenne (C.E.E.), ou Marché commun.
1958 De Gaulle est élu chef du gouvernement.
1958-1962 Guerre d'Algérie.
1968 Événements de mai et juin; crise sociale, économique, politique et culturelle; contestation née dans le mouvement étudiant.
1981 Le socialiste François Mitterrand est élu président.
1991 La France s'engage dans la guerre du Golfe.
1994 Inauguration de l'Eurotunnel.

1792 Première République.
1799 Le Consulat.
1804 L'Empire.
1815 La Restauration et la monarchie de Juillet.
1848 La Révolution (IIe République) et le Second Empire.
1870-1940 IIIe République.
1944-1958 IVe République.
1958 Ve République

PRÉSIDENTS DE LA Ve RÉPUBLIQUE FRANÇAISE

Charles de Gaulle (1958-1969)
Georges Pompidou (1969-1974)
Valérie Giscard d'Estaing (1974-1981)
François Mitterand (1981-1995)
Jacques Chirac (1995-)

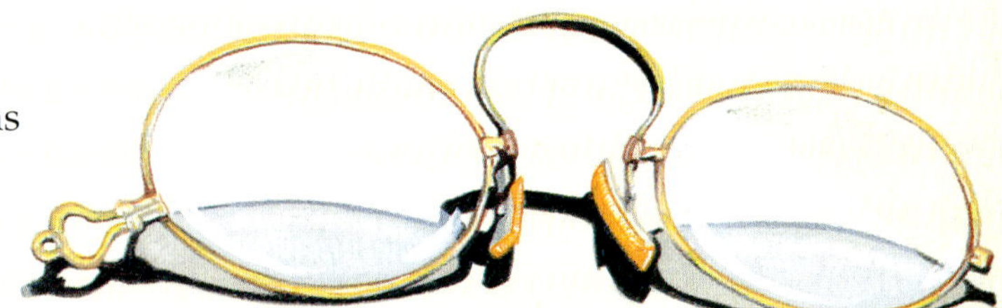

L'Assemblée nationale constituante de 1789 mit fin au pouvoir absolu du roi et transforma la France en une monarchie constitutionnelle.

GÉOGRAPHIE DE LA FRANCE

Superficie de la France métropolitaine :
551 695 km^2
Superficie de la France d'outre-mer :
122 000 km^2
Côtes : 3 200 km

Les fleuves :
Loire 1 012 km
Seine 772 km
Rhône 522 km (en France)
Garonne 575 km

Les lacs :
Lac d'Annecy 27 km^2
Lac du Bourget 45 km^2
Lac Léman 582 km^2 (348 km^2 en Suisse)

Les montagnes :
Les Alpes
Les Pyrénées
Le Massif central
Les Vosges
Le Jura

Les plus hauts sommets :
Mont Blanc (Haute-Savoie) 4 807 m
Aiguille des Grandes Jorasses (Haute-Savoie) 4 208 m
Barre des Écrins (Isère) 4 102 m
Pelvoux (Hautes-Alpes) 3 955 m
Pic de Vignemale (Hautes-Pyrénées) 3 298 m
Pic de Marboré (Hautes-Pyrénées) 3 253 m

Population de la France : 58 109 160 habitants (estimation juillet 1995)

Les 22 régions :
Alsace
Aquitaine
Auvergne
Bourgogne
Bretagne
Centre
Champagne-Ardenne
Corse
Franche-Comté
Île-de-France
Languedoc-Roussillon
Limousin
Pays de la Loire
Lorraine
Midi-Pyrénées
Nord-Pas-de-Calais
Basse Normandie
Haute Normandie
Picardie
Poitou-Charentes
Provence-Alpes-Côte d'Azur
Rhône-Alpes

Départements d'outre-mer (DOM) :
Guadeloupe, Guyane, Martinique, Réunion, Saint-Pierre-et-Miquelon

Territoires d'outre-mer (TOM) :
Mayotte, Wallis et Futuna, Polynésie française, Nouvelle-Calédonie et dépendances

Formules mathématiques

Quelques appareils et unités de mesure

La température se mesure avec un thermomètre, en degrés Celsius ou en degrés Fahrenheit. L'eau gèle à 0 °C et bout à 100 °C. Le goniomètre et le rapporteur d'angles servent à mesurer les angles en degrés. La vitesse des navires et des avions se calcule en nœuds, c'est-à-dire en milles marins à l'heure. Il y a 24 heures dans un jour, 60 minutes dans une heure, 60 secondes dans une minute. La pression atmosphérique se mesure avec un baromètre. La puissance mécanique ou électrique se calcule en watts, les grandes distances entre les corps célestes, en années-lumière.

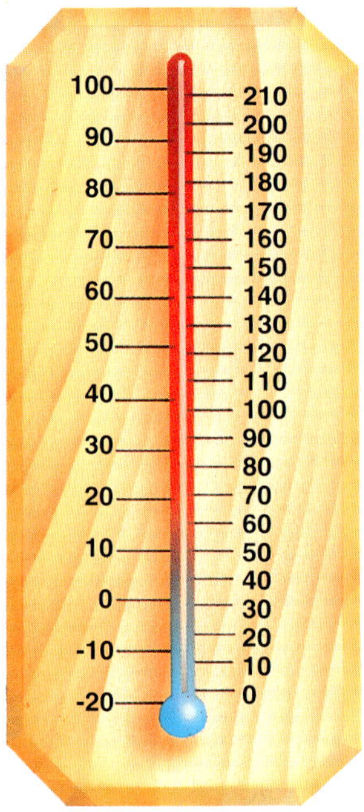

Celsius (°C) **Fahrenheit (°F)**

Chiffres romains

1	I	18	XVIII	70	LXX
2	II	19	XIX	80	LXXX
3	III	20	XX	90	XC
4	IV	21	XXI	100	C
5	V	22	XXII	101	CI
6	VI	23	XXIII	150	CL
7	VII	24	XXIV	200	CC
8	VIII	25	XXV	300	CCC
9	IX	26	XXVI	400	CD
10	X	27	XXVII	500	D
11	XI	28	XXVIII	1000	M
12	XII	29	XXIX		
13	XIII	30	XXX		
14	XIV	40	XL		
15	XV	49	XLIX		
16	XVI	50	L		
17	XVII	60	LX		

Ces chiffres romains servent à écrire, entre autres, le nom des empereurs, des rois, des papes (ex. Charles V, le pape Paul VI).

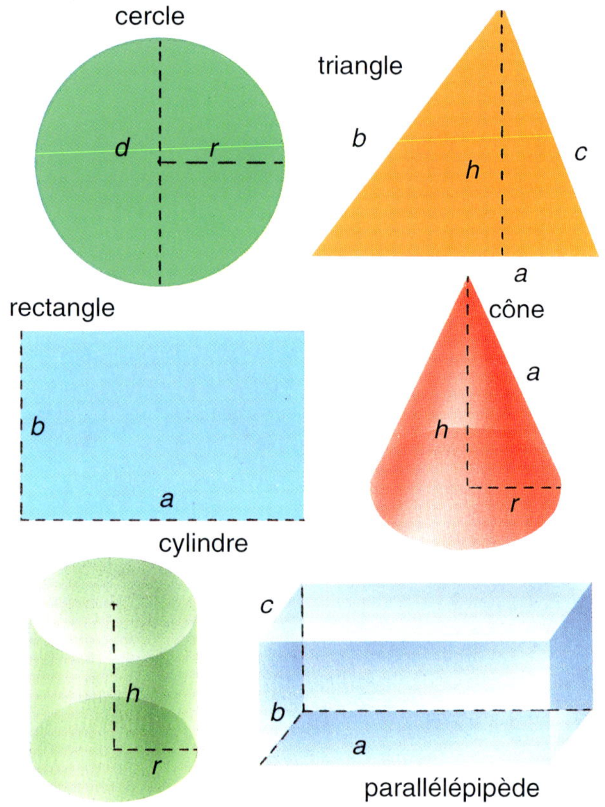

Aires et volumes

Carré :
Côté c
Périmètre = 4 c
Aire = c^2

Rectangle :
Côtés a, b
Périmètre = 2 x (a + b)
Aire = a x b

Cube :
Côté c
Superficie = 6 x c^2
Volume = c^3

Parallélépipède :
Côtés a, b, c
Superficie =
2 x (a x b) + (b x c) + (a x c)
Volume = a x b x c

Triangle :
Hauteur h; côtés a, b, c
Périmètre = a + b + c
Aire = 1/2 x a x h

Cône :
Hauteur h; rayon r, apothème a
Superficie latérale = π x r x a
Volume = π/3 x r^2 x h

Pyramide :
Hauteur h
Volume = 1/3 x (aire de la base) x h

Cercle :
Rayon r
Diamètre d = r x 2
Circonférence = r x 2 x π
Aire = π x r^2

Sphère :
Rayon r
Superficie = 4 x π x r^2
Volume = 4/3 x π x r^3

Cylindre :
Hauteur h, rayon r
Superficie latérale = 2 x π x r x h
Volume = π x r^2 x h

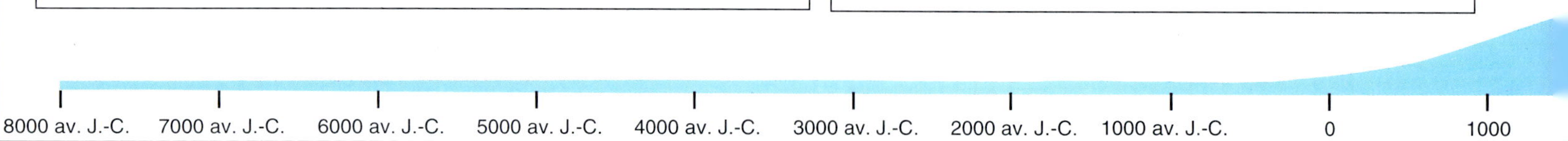

Le système binaire

En informatique, ce système numérique permet de ramener toute information à une longue séquence de nombres binaires. Le système binaire n'utilise que deux chiffres, le **0** et le **1**. Dans les circuits de l'ordinateur, **0** (zéro) signifie **OFF**, c'est-à-dire *éteint*, et **1** (un) signifie **ON**, c'est-à-dire en *fonction*.

Système décimal	Système binaire
0	1
1	10
2	11
3	100
4	101
5	110
6	111
7	1000
8	1001
9	1010
	1011
	1100

Symboles mathématiques

+	plus
−	moins
±	plus ou moins
x	multiplié
÷	divisé
=	égal
≠	différent
≈	plus ou moins égal
>	plus grand
<	plus petit
≥	plus grand ou égal
≤	plus petit ou égal
%	pourcentage
√	racine carrée
π	pi grec (3,1416)
°	degré
'	minute
"	seconde

Multiples et sous-multiples

1 tonne = 1 000 kg
1 quintal = 100 kg
1 kilogramme = 1 000 g
1 hectogramme = 100 g
1 décagramme = 10 g
1 décigramme = 0,1 g
1 centigramme = 0,01 g
1 milligramme = 0,001 g

1 kilomètre = 1 000 m
1 hectomètre = 100 m
1 décamètre = 10 m
1 décimètre = 0,1 m
1 centimètre = 0,01 m
1 millimètre = 0,001 m

1 m^3 = 1 000 dm^3
1 dm^3 = 1 litre
1 dl = 0,1 litre
1 cl = 0,01 litre
1 ml = 1 cm^3 = 0,001 litre

La croissance démographique

Depuis l'apparition de l'homme sur terre jusqu'aux environs de 1800, la croissance de la population fut limitée par la mortalité infantile, les épidémies et les guerres. Par la suite, grâce à l'amélioration de la qualité de vie (progrès sociaux, échanges commerciaux, avancement de la médecine, meilleure hygiène), la croissance démographique devint continue. Aujourd'hui, la population mondiale a presque atteint 6 milliards d'individus, et elle augmente à un rythme *exponentiel*, c'est-à-dire rapide et continu, surtout dans les pays en voie de développement (Afrique et Asie). Par contre, certains pays européens atteignent une *croissance zéro* (le nombre des décès est égal à celui des naissances).

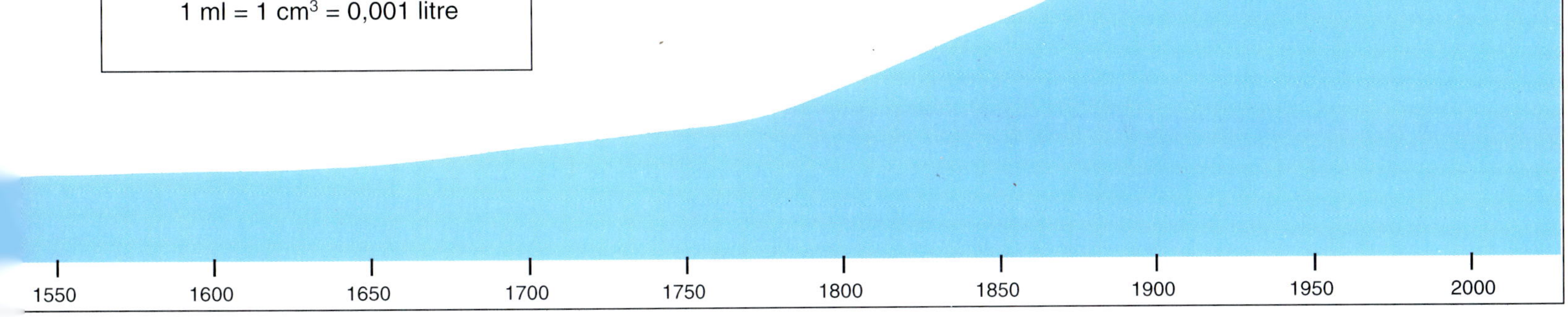

La Terre en chiffres

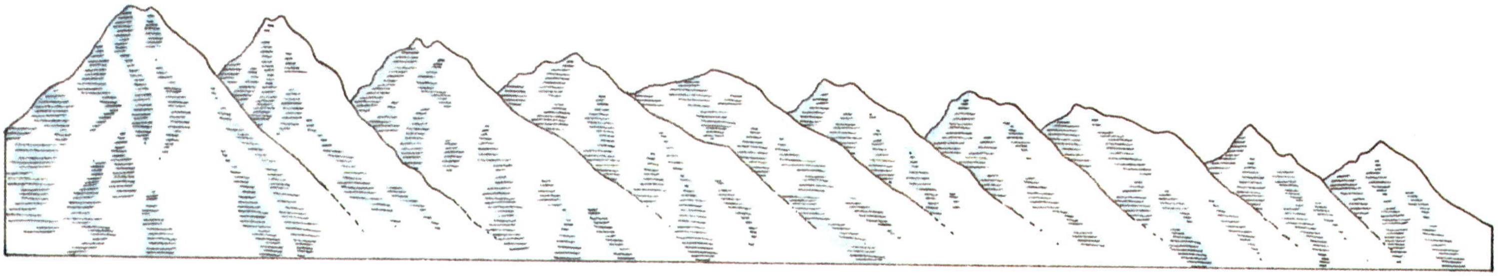

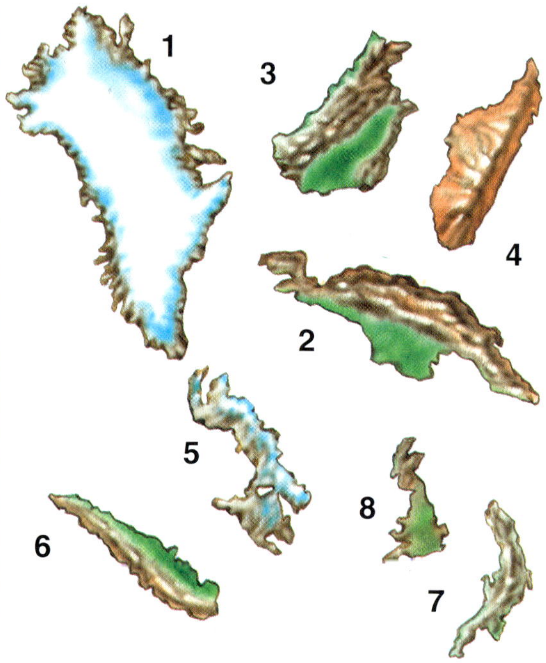

Les îles* les plus grandes de la Terre :
1. Groenland (2 175 600 km²)
2. Nouvelle-Guinée (792 500 km²)
3. Bornéo (725 500 km²)
4. Madagascar (587 000 km²)
5. Terre de Baffin (507 500 km²)
6. Sumatra (427 300 km²)
7. Honshu (230 000 km²)
8. Grande-Bretagne (229 885 km²)
9. Victoria (217 300 km²)
10. Terre d'Ellesmere (196 200 km²)

*L'Australie est considérée comme un continent.

Les fleuves les plus longs :
Nil (6 671 km)
Amazone (6 570 km)
Yangzi Jiang (Yang-Tzê Kiang) (5 980 km)
Mississipi-Missouri-Red Rock (5 970 km)
Le fleuve le plus long d'Europe est la Volga (3 690 km), en Russie
Le fleuve le plus long de France est la Loire (1 012 km)

La surface des océans :

Océan Pacifique
(166 241 000 km²)

Océan Atlantique
(86 557 000 km²)

Océan Indien
(73 427 000 km²)

Les montagnes les plus hautes des continents :
1. Everest, Asie (8 846 m)
2. K2 (Dapsang), Asie (8 611 m)
3. Kanchenjunga, Asie (8 598 m)
4. Lhotse, Asie (8 501 m)
5. Makalu 1, Asie (8 470 m)
6. Dhaulagiri 1, Asie (8 172 m)
7. Aconcagua, Amérique du Sud (6 990 m)
8. Ojos del Salado, Amérique du Sud (6 870 m)
9. McKinley, Amérique du Nord (6 190 m)
10. Kibo, Afrique (5 890 m)

Le sommet le plus élevé d'Europe est l'Elbrous (5 630 m), dans le Caucase.

La déforestation dans le monde :
1. Zones couvertes de forêts pluviales jusqu'aux environs de 1900.
2. Zones actuellement couvertes de forêts (la forêt amazonienne a été particulièrement décimée).

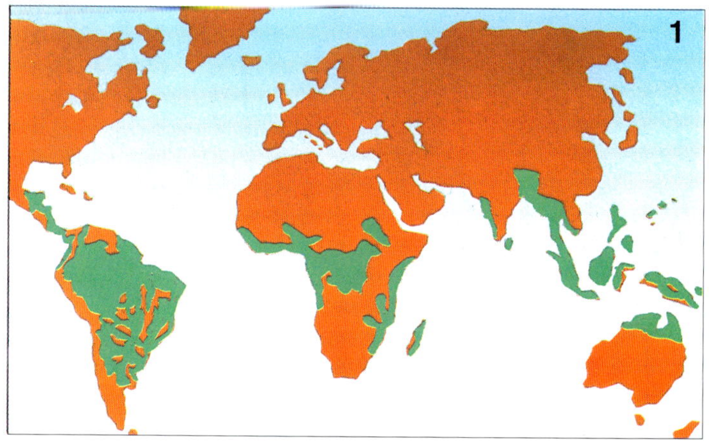

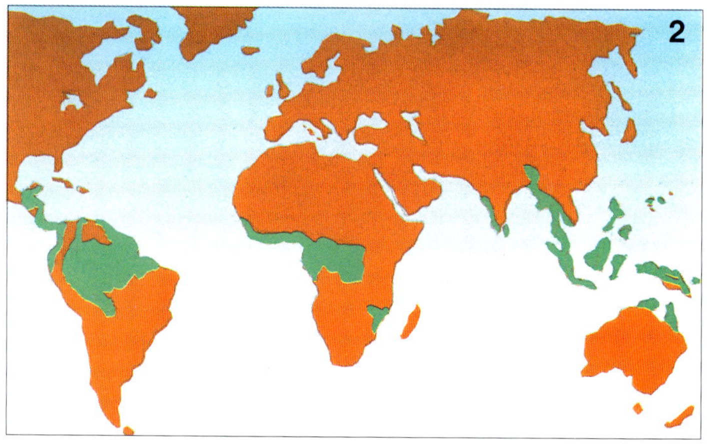

Lexiques

Dinosaures et préhistoire

Adasaure ***(reptile démon)*** : *(crétacé supérieur, Mongolie, 2 m de long, carnivore)*. Prédateur agile et léger possédant à chaque pied une griffe rétractile pour lacérer les chairs.

Albertosaure ***(reptile de l'Alberta)*** : *(crétacé, Amérique du Nord et Amérique centrale, 8 m de long, carnivore)*. Dinosaure de la famille du Tyrannosaure mais plus petit, possédant une immense gueule et des dents recourbées vers l'arrière.

Algues : dès le précambrien, les algues marines et d'eau douce se développent. La flore terrestre prolifère au carbonifère.

Stégosaure (reptile à toit) : *jurassique inférieur.*

Allosaure ***(étrange reptile)*** : *(jurassique supérieur, Afrique, Amérique du Nord, Chine et Australie, 12 m de long, carnivore)*. Dinosaure bipède qui capturait ses proies avec ses pattes de devant armées de 3 griffes acérées.

Ammonites : *(mésozoïque)*. Mollusques fossiles présents dans la mer, se nourrissant de micro-organismes marins, protégés par une coquille en colimaçon.

Ankylosaure ***(reptile enserré)*** : *(crétacé supérieur, Amérique du Nord, 10 m de long, herbivore)*. Dinosaure à la tête et au dos couverts de plaques osseuses hérissées de piques triangulaires acérées; il avait au bout de la queue une formation osseuse semblable à une énorme massue. Son museau se terminait par un bec corné.

Chirostenotes (mains étroites) : *crétacé supérieur.*

Aragosaure : *(crétacé inférieur, Espagne, herbivore)*. Énorme quadrupède de taille massive, à la queue et au cou très longs. Son squelette fut découvert en 1987.

Archæornithomimus ***(ancien imitateur d'oiseau)*** : *(crétacé moyen, Chine et Amérique du Nord, 4 m de long, omnivore)*. Dinosaure ressemblant à une autruche, aux pattes postérieures robustes et aux pattes antérieures se terminant par trois doigts crochus armés de griffes recourbées.

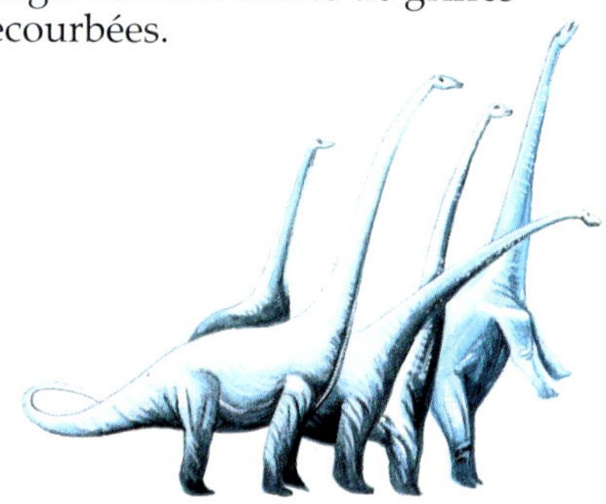

Brachiosaure (reptile à bras) : *jurassique moyen.*

Diplodocus (double poutre) : *jurassique moyen.*

Archéoptéryx ***(aile ancienne)*** : *(jurassique supérieur, Allemagne, 30 à 60 cm de long)*. Reptile-oiseau ancêtre des oiseaux actuels, couvert de plumes; il volait sans planer, en battant des ailes.

Archéosigillaires : parmi les plus hautes plantes du carbonifère.

Avimimus ***(qui imite l'oiseau)*** : *(crétacé supérieur, Mongolie, 1,5 m de long, insectivore)*. Dinosaure ressemblant le plus aux oiseaux : bipède, il avait la queue et le cou longs, la tête petite, le bec sans dents, et peut-être les ailes couvertes de plumes.

Brachilophosaure ***(reptile à tête courte)*** : *(crétacé supérieur, Amérique du Nord, 7 m de long, herbivore)*. Dinosaure à bec de canard présentant, du museau jusqu'au sommet de la tête, un bouclier osseux terminé par une courte pointe.

Brachiosaure ***(reptile à bras)*** : *(jurassique moyen, Amérique du Nord et Afrique, 25 m de long, herbivore)*. Dinosaure à la queue et au cou très longs, pouvant peser jusqu'à 60 tonnes.

Combat entre un tyrannosaure et un stégosaure, lequel se défend avec sa longue queue couverte de plaques osseuses et hérissée de piquants.

ÉCHELLE DES TEMPS GÉOLOGIQUES

En millions d'années	Formation de la Terre
CÉNOZOÏQUE	
2	Quaternaire
65	Tertiaire
MÉSOZOÏQUE	
135	Crétacé (supérieure et inférieure)
190	Jurassique
220	Trias
PALÉOZOÏQUE	
280	Permien
350	Carbonifère
400	Dévonien
440	Silurien
500	Ordovicien
580	Cambrien
PRÉCAMBRIEN	
±4500	

Brontosaure ***(reptile tonnerre)*** : *(crétacé inférieur, Amérique du Nord, 21 m de long, herbivore).* Quadrupède doté d'une petite tête et d'un long cou, et pouvant peser plus de 20 tonnes. Il fut rebaptisé apatosaure (reptile trompeur).

Brontothérium ***(bête tonnerre)*** : *(oligocène, Amérique du Nord, 2,5 m au garrot, herbivore).* Mammifère, ancêtre du rhinocéros. Son corps était couvert d'une peau dure comme une cuirasse et une corne fourchue ornait son museau.

Avimimus (qui imite l'oiseau) *: crétacé supérieur.*

Calamites : plantes du mésozoïque, dont les dinosaures se nourrissaient.

Camptosaure ***(lézard courbé)*** : *(du jurassique supérieur au crétacé inférieur, Amérique du Nord et Europe, 7 m de haut, herbivore).* Bipède-quadrupède aux pattes postérieures très développées par rapport à celles de devant. Il avait 4 orteils munis de griffes ressemblant à des sabots.

Cénozoïque : quatrième ère géologique de la Terre (périodes tertiaire et quaternaire), entre 67 millions et 2 millions d'années avant notre ère, au cours de laquelle les continents et les mers prirent leur apparence actuelle. Quatre grandes glaciations se succédèrent. Les grands mammifères apparurent, puis l'homme.

Polacanthus (nombreuses piques) *: crétacé.*

Cératosaure ***(reptile cornu)*** : *(jurassique supérieur, Amérique du Nord et Afrique, 7 m de long, carnivore).* Bipède à la queue épaisse et aux pattes robustes, muni de dents acérées et recourbées, et de longues griffes crochues. C'était le seul carnivore portant une corne sur le nez.

Tyrannosaure rex (roi des reptiles tyrans) *: crétacé.*

Chassternbergia : *(crétacé, Amérique du Nord, herbivore).* Gros dinosaure quadrupède cuirassé.

Chirostenotes ***(mains étroites)*** : *(crétacé supérieur, Amérique du Nord, 2 m de long, omnivore).* Dinosaure de constitution légère, aux longues pattes postérieures, ressemblant à l'oviraptor. Il avait 3 longs doigts armés de griffes acérées et un grand bec dépourvu de dents.

Cœlacanthe ***(fossile vivant)*** : poisson vertébré apparu au Carbonifère, avant les dinosaures. Il en existe encore certains spécimens, observés au large des côtes orientales de l'Afrique.

Cœlophysis ***(forme creuse)*** : *(trias supérieur, Amérique du Nord, 3 m de long, carnivore).* Coureur au squelette délicat, il avait une petite tête, un cou de serpent, une longue queue, des dents acérées et 3 griffes à chaque patte.

Compsognathus ***(jolie mâchoire)*** : *(jurassique supérieur, Europe, 80 cm de long, carnivore).* Dinosaure rapide, aux dents acérées, à la queue et au cou très longs. C'est l'un des plus petits dinosaures que l'on connaisse.

Conchoraptor ***(voleur de coquilles)*** : *(crétacé supérieur, Mongolie, 1,5 m de long, omnivore).* Bipède ressemblant à un oiseau, dont la tête petite et robuste était dotée de grands yeux et d'un bec corné recourbé très solide.

Ankilosaure (reptile enserré) *: crétacé supérieur.*

Corythosaure ***(reptile à casque corinthien)*** : *(crétacé supérieur, Amérique du Nord, 10 m de long, herbivore).* Bipède-quadrupède au bec de canard corné et aiguisé, qui possédait une haute crête étroite ressemblant à un casque grec antique.

Crocodile : reptile aquatique carnivore, apparenté aux dinosaures, apparu au trias. Ses pattes sont en position latérale par rapport au corps. Il existe toujours.

Brachylophosaure (reptile à tête courte) *: crétacé supérieur.*

Cycadale : plante très répandue à l'époque des dinosaures, qui existe encore aujourd'hui.

Deinonychus ***(griffe terrible)*** : *(crétacé inférieur, Amérique du Nord, 4 m de long, carnivore).* Dinosaure muni d'une griffe acérée de 12 cm sur l'orteil central de ses pattes postérieures, qui lui servait à tuer et à lacérer les proies.

Dimorphodon ***(dents à deux formes)*** : *(jurassique inférieur, Angleterre, carnivore).* Forme primitive de ptérosaure. Ce reptile volant de grande dimension avait le cou et le museau courts, des dents acérées et une longue queue.

Dinosaures : nom inventé en 1841 à partir des termes grecs *deinos* (terrible) et *sauros* (lézard). Reptiles exclusivement terrestres, se divisant en deux sous-ordres : les saurischiens (avec bassin de reptile) et les ornithischiens (avec bassin d'oiseau).

Saltopus (pied bondissant) *: trias supérieur.*

Diplodocus ***(double poutre)*** : *(jurassique moyen, Amérique du Nord, 27 m de long, herbivore).* Ce quadrupède au très long cou et à la queue en fouet était le plus long de tous les dinosaures. Il doit son nom aux os doubles de ses vertèbres.

Dodo : grand oiseau coureur découvert en 1500 sur l'île Maurice, dans l'océan Indien, et disparu au XVIIIe siècle. Il

Apatosaure (reptile trompeur) *: jurassique supérieur.*

avait des ailes courtes, un bec crochu, pesait jusqu'à 12 kilos et ne pouvait pas voler.

Dromæosaure ***(reptile coureur)*** : *(crétacé supérieur, Amérique du Nord, 1,8 m de long, carnivore).* Dinosaure muni d'une longue queue effilée, de 3 doigts griffus, d'une énorme griffe rétractile au deuxième orteil pour éventrer les proies; il chassait en groupe.

Echinodon : *(jurassique supérieur et crétacé inférieur, Europe, 60 cm de long, herbivore).* Très petit dinosaure herbivore.

Syntarsus (cheville fuselée) *: trias supérieur.*

Empreintes fossiles : témoignages de la présence d'animaux disparus dans une zone donnée, elles permettent d'imaginer la forme de leurs pattes ou leur façon de marcher, et même de reconstituer leurs habitudes de vie.

Eohippus, ou hyracotherium ***(cheval de l'aube)*** : *(miocène et pliocène, Amérique du Nord et Angleterre, 50 cm de long, herbivore).* Mammifère, ancêtre du cheval.

Ère : période de longue durée (dizaines ou centaines de millions d'années), division la plus grande des temps géologiques de la Terre. Le précambrien, le paléozoïque, le mésozoïque et le cénozoïque sont les 4 ères géologiques de la Terre.

Eucentrosaure, ou centrosaure ***(reptile bien cornu)*** : *(crétacé supérieur, Amérique du Nord, 6 m de long, herbivore).* Dinosaure possédant une longue corne sur le nez et une collerette osseuse hérissée de 2 cornes en crochet.

Euparkeria ***(celui du vrai Parker)*** : *(trias inférieur, Afrique du Sud, 1 m de long, carnivore).* Peut-être le premier petit thécodonte à pouvoir marcher sur deux pattes.

Évolution : transformation progressive d'espèces vivantes, animales ou végétales, aboutissant à la constitution d'espèces nouvelles.

Extinction : disparition d'une espèce animale ou végétale de la surface de la Terre. Il y aurait eu extinction massive de 95 % des êtres vivants à la jonction

Compsognathus (jolie mâchoire) *: jurassique supérieur.*

des ères primaire et secondaire, et extinction des dinosaures et d'autres espèces à la jonction des ères secondaire et tertiaire.

Fossiles : vestiges d'êtres vivants, animaux ou végétaux, ayant vécu il y a des millions d'années, intégrés aux couches géologiques.

Fougères : *(apparues au carbonifère).* Au temps des dinosaures, les fougères avaient une taille remarquable.

Ginkgo biloba : *(apparu dès le permien, très répandu à partir du trias, Asie, 30 m de haut).* Plante aux feuilles en éventail, aujourd'hui considérée comme un fossile vivant.

Parasaurolophus (reptile à crête en cloisons parallèles) *: crétacé supérieur.*

Glyptodon ***(dent sculptée)*** : *(pléistocène, Amérique du Sud, 3 m de long, herbivore).* Mammifère géant, cousin du tatou, ayant survécu longtemps malgré l'invasion des

Plateosaure (reptile plat) *: trias supérieur.*

carnivores venus d'Asie. Il possédait une énorme carapace sur le dos et un casque osseux protégeait son petit cerveau.

Hominidés : famille de primates (hominoïdes) comprenant les hommes fossiles et les hommes actuels. Ils se sont probablement séparés des grands singes il y a 4 à 10 millions d'années. La bipédie remonterait au moins à 3,75 millions d'années. Les premiers fossiles d'hominidés datent du pliocène, il y a de 3,5 à 4 millions d'années.

Homme de Cro-Magnon : *(paléolithique supérieur, 30 000 av. J.-C.).* Premier représentant, en Europe, de *Homo sapiens.* Les fossiles furent découverts à Cro-Magnon, site préhistorique de Dordogne, en France.

Homme de Néandertal : *(paléolithique moyen, de 150 000 à 35 000 av. J.-C.).* Type

Allosaure (étrange reptile) *: jurassique supérieur.*

d'hominidé tout à fait distinct, découvert à Néandertal, vallée d'Allemagne, puis en divers endroits d'Europe. Il mesurait moins de 1,5 m et avait des traits simiesques.

Homo sapiens : « homme moderne » apparu il y a environ 40 000 ans, après *Homo habilis* et *Homo erectus*; il s'en distingue par son cerveau très développé, un langage parlé complexe, une station debout et des poils épars.

Ichtyosaure ***(poisson reptile)*** : *(du trias au crétacé, 8 à 15 m de long)*. Reptile marin au corps fuselé, semblable à celui des dauphins mais à la queue verticale.

Iguanodon ***(dent d'iguane)*** : *(crétacé inférieur, Amérique du Nord, Afrique du Nord, Europe et Mongolie, 10 m de long, herbivore)*. Il possédait une caractéristique jamais vue auparavant : le pouce de chaque patte antérieure était devenu un éperon de 20 cm de long.

Corythosaure (reptile à casque corinthien) *: crétacé supérieur.*

Maiasaura ***(bonne maman lézard)*** : *(crétacé supérieur, Amérique du Nord, 9 m de long et 3 m de haut, herbivore)*. Dinosaure à bec de canard qui creusait des nids et y déposait ses œufs. Son fossile a été retrouvé près de ceux de ses petits.

Mammouth ***(fouisseur)*** : *(pliocène et pléistocène, Europe, Asie et Amérique du Nord, jusqu'à 4,5 m de long, herbivore)*. Il faisait partie de la même lignée que l'éléphant d'Afrique, mais il n'était pas son ancêtre. Il était couvert d'une épaisse toison et avait de longues défenses recourbées qui devaient lui servir à découvrir mousses et lichens en fouillant dans la neige. Il disparut à la fin des glaciations, il y 12 000 ans.

Mégathérium ***(grande bête)*** : *(pliocène supérieur et pléistocène, Amérique du Sud, 6 m de long, herbivore)*. Mammifère plantigrade couvert de fourrure, aux pattes armées de longues griffes recourbées et aux pattes antérieures préhensiles.

Chassternbergia (de Charles Sternberg) *: crétacé supérieur.*

Mésozoïque : ère secondaire, qui s'étend entre 245 millions et 65 millions d'années avant notre ère. Elle se divise en trois périodes : trias, jurassique et

Archéoptérix (aile ancienne) *: jurassique supérieur.*

crétacé. Elle voit l'apparition et l'extinction des dinosaures, l'apparition des premiers mammifères, des premiers oiseaux, des premiers primates et des premières plantes à fleurs.

Minmi : *(crétacé inférieur, Australie, 2 m de long, herbivore)*. Quadrupède cuirassé tirant son nom de Minmi Crossing (province du Queensland), lieu où il a été découvert.

Ornithischien ***(au bassin d'oiseau)*** : *(du trias supérieur au crétacé, sur tous les continents, herbivore)*. Sous-ordre des

Déinonychus (terrible griffe) *: crétacé inférieur.*

dinosaures à bassin d'oiseau doté d'un bec corné. Certains marchaient sur 2 pattes (Hypsylophodon), d'autres sur 4 (Tricératops).

Ouranosaure ***(reptile courageux)*** : *(crétacé inférieur, Afrique, 7 m de long, herbivore)*. Ce dinosaure à bec de canard, bipède-quadrupède, était muni d'une voile de peau courant le long du dos jusqu'à la queue, supportée par une barrière de piquants osseux.

Oviraptor ***(voleur d'œufs)*** : *(crétacé, Mongolie, 1,8 m de long, carnivore)*. Dinosaure-autruche aux fortes mâchoires et au bec corné, muni à

Mammouth : mammifère fossile proboscidien du quaternaire, semblable à l'éléphant.

chaque main de trois doigts aux longues griffes recourbées et acérées.

Paléozoïque : ère primaire qui s'étend entre 530 millions et 245 millions d'années avant notre ère. Elle se divise en 6 périodes : cambrien, ordovicien, silurien, dévonien, carbonifère et permien. Elle se caractérise par l'émergence de formations rocheuses imposantes, les phénomènes volcaniques, le peuplement des fonds marins, l'émergence de terres. Les mers s'étendent puis se retirent. Les premiers poissons apparaissent, puis les premiers amphibiens et les premières plantes vasculaires terrestres.

Pangée : au trias (période de l'apparition des dinosaures et des premiers mammifères), les terres émergées étaient réunies en un seul continent qu'on appelait Pangée (toute la Terre).

Parasaurolophus ***(reptile à crête en cloisons parallèles)*** : *(crétacé supérieur,*

Ouranosaure (reptile courageux) *: crétacé inférieur.*

Amérique du Nord, 10 m de long, herbivore). Bipède-quadrupède qui possédait une crête tubulaire repliée en arrière, plus longue que le crâne, servant probablement à amplifier les sons.

Pithécanthrope : un des plus anciens représentants des hominidés *(Homo erectus)*, vivant au quaternaire il y a environ 500 000 ans. Son cerveau était plus évolué que celui des singes. Bipède omnivore, il s'abritait dans des cavernes, se servait d'outils de pierre et utilisait le feu.

Plaques osseuses : protubérances aplaties qui cuirassaient le dos de certains dinosaures, leur servant soit de moyen de défense, soit à capter la chaleur du soleil.

Précambrien : première ère géologique allant d'il y a 3,8 milliards à 570 millions d'années. Elle se divise en 2 périodes : archéozoïque et protérozoïque. La base des continents se forme; les premiers organismes vivants unicellulaires (algues bleues, radiolaires, etc.) apparaissent.

Préhistoire : histoire des faits et événements concernant l'humanité, avant l'apparition de l'écriture. Les divisions de la préhistoire sont établies d'après le climat, la géologie, la paléontologie humaine et l'anthropologie.

Thécodonthes (dents creuses) *: du permien au trias.*

Prêle : plante qui atteignait des proportions gigantesques au jurassique. Elle existe toujours, mais elle est beaucoup plus petite.

Primates : ordre de mammifères placentaires apparus au pliocène de l'ère cénozoïque, à dentition complète et à mains préhensiles. Ils comprennent les lémuriens, les tarsiens, les simiens et les hominiens.

Protocératops *(première tête à corne)* : *(fin du jurassique, début du crétacé, Mongolie, 1,8 m de long, herbivore).* Quadrupède doté d'une large collerette osseuse autour de la tête et d'un bec de perroquet. C'est l'un des dinosaures à cornes les plus primitifs.

Ptéranodon (ailé et sans dents) *: crétacé supérieur.*

Eucentrosaure (reptile bien cornu) *: crétacé supérieur.*

Ptéranodon *(ailé et sans dents)* : *(crétacé supérieur, Amérique du Nord, envergure de 7 m, carnivore).* Reptile volant au long bec, orné d'une étroite crête osseuse triangulaire à l'arrière de la tête.

Ptérosaures : *(jurassique inférieur).* Groupe de reptiles volants comprenant 85 espèces. Certains étaient aussi petits que des moineaux, d'autres atteignaient 8 m d'envergure. Une membrane s'étendant du quatrième doigt des membres supérieurs à la queue formait les ailes.

Saltopus *(pied bondissant)* : *(trias supérieur, Écosse, 60 cm de long, carnivore).* Bipède pesant moins de 1 kg, probablement le plus ancien dinosaure européen connu.

Denversaurus (reptile de Denver) *: crétacé supérieur.*

Saurischiens *(au bassin de reptile)* : *(du trias supérieur au crétacé).* Sous-ordre des dinosaures, herbivores (comme le diplodocus) ou carnivores (comme le tyrannosaure rex), à bassin de reptile.

Stégosaure *(reptile à toit)* : *(jurassique supérieur, Amérique du Nord, Asie, Europe et Afrique, 9 m de long, herbivore).* Avec sa double rangée de plaques osseuses sur le dos et sa queue hérissée de piquants, ce quadrupède était remarquablement bien armé.

Thécodontes *(dents creuses)* : *(du permien au trias, sur tous les continents, herbivores).* Petits animaux à l'origine des ptérosaures, des crocodiles et des dinosaures.

Tricératops *(tête à trois cornes)* : *(crétacé supérieur, Amérique du Nord, 9 m de long, herbivore).* Dinosaure possédant une collerette osseuse, une courte corne nasale et deux autres cornes plus longues au-dessus des orbites.

Cœlophysis (forme creuse) *: trias supérieur.*

Tyrannosaure rex *(roi des reptiles tyrans)* : *(crétacé supérieur, Amérique et Asie, 15 m de long, carnivore).* Redoutable prédateur aux dents tranchantes et aux griffes acérées.

Vélociraptor *(voleur véloce)* : *(crétacé, Mongolie, 1,8 m de long, carnivore).* Bipède agressif, petit et agile, aux 2 membres antérieurs ridiculement réduits, terminés par 2 doigts dont l'un est armé d'une griffe en forme de crochet.

Adasaure (reptile démon) *: crétacé supérieur.*

LITTÉRATURE MERVEILLEUSE

Afanassiev, A. Nikolaïevitch (1826-1871) : auteur des *Contes populaires russes*.

Aladin : personnage des contes des *Mille et Une Nuits*. Guidé par un sorcier, Aladin trouve une lampe magique. En la frottant, il fait apparaître un génie qui exauce tous ses désirs.

Ali Baba : personnage des contes des *Mille et Une Nuits*. Ayant découvert la phrase magique («Sésame, ouvre-toi!») qui permet d'ouvrir la caverne où 40 voleurs ont entassé leur trésor, Ali Baba y pénètre et s'empare d'une partie des richesses.

Alice au pays des merveilles : conte de Lewis Carroll (1865). Alice, tombée dans le terrier d'un lapin, arrive au pays des merveilles où elle fait la rencontre du Lapin blanc, du Chapelier fou et de la terrible Reine de Cœur.

Les dragons gardent souvent des trésors; ils sont ailés et crachent des flammes.

Andersen, Hans Christian (1805-1875) : écrivain danois, auteur de nombreux contes célèbres, dont *La Princesse et les Petits Pois, La Petite Sirène, Le Petit Soldat de plomb, Le Vilain Petit Canard, Les Habits neufs de l'empereur*.

Artus (Arthur) : roi légendaire des Bretons du sud de l'Écosse, cité dans le cycle arthurien (ou cycle breton), formé d'œuvres diverses écrites à partir du XIe siècle, et reprises entre autres par Chrétien de Troyes, au XIIe siècle. Fils du roi Uter Pendragon, Artus accède au trône avec l'aide de Merlin l'enchanteur, et épouse Guenièvre. Il réunit ses meilleurs chevaliers dans son château de Camelot, autour d'une Table ronde où chacun a sa place marquée, sans ordre de préséance. Tous se vouent à la recherche du Saint-Graal.

Tapis volant magique des Mille et Une Nuits.

Blanche Neige et les Sept Nains : conte des frères Grimm. Une princesse au teint plus blanc que neige vit avec une méchante reine. Celle-ci demande chaque jour à son miroir magique : «Miroir, oh miroir, suis-je la plus belle du royaume?» Un jour, le miroir lui répond que Blanche Neige est beaucoup plus belle qu'elle. La reine, jalouse, ordonne à un valet d'amener Blanche Neige dans les bois, de la tuer et de lui ramener son cœur. Le valet, pris de pitié, libère Blanche Neige et ramène à la marâtre le cœur d'une biche. Pendant ce temps, la jeune fille se réfugie dans la maison des Sept Nains qui l'invitent à vivre avec eux. Malheureusement, la méchante reine la retrouve et lui fait manger une pomme empoisonnée. Les nains, désespérés, déposent Blanche Neige dans un cercueil de verre. Un jeune et beau prince passant par là tombe amoureux d'elle, l'embrasse et la tire ainsi de son profond sommeil. Peu après, ils se marient.

Jacques grimpe au haut de la tige du haricot magique et découvre le château de l'ogre.

Capitaine Crochet : méchant pirate, ennemi de Peter Pan (personnage de plusieurs œuvres de James Matthew Barrie). Un crocodile lui ayant dévoré une main, il l'avait remplacée par un gros crochet.

Le baiser d'un prince tire la Belle au bois dormant de son sommeil magique.

Carrol, Lewis : pseudonyme de l'auteur anglais Charles Lutwidge Dodgson (1832-1898). Il écrivit entre autres *Alice au pays des merveilles* et *De l'autre côté du miroir*.

« Alerte ! Alerte ! Un géant ! » s'écrie le gnome. Tout le monde s'enfuit.

Les règles de la chevalerie étaient la bravoure, la courtoisie, la loyauté et la protection des faibles.

Cendrillon : conte de Charles Perrault. Une jeune fille, Cendrillon, est persécutée par une marâtre et par ses trois méchantes demi-sœurs. Un jour, le prince, désirant trouver une épouse, invite toutes les jeunes filles du royaume à un bal. Comme Cendrillon ne peut s'y rendre pieds nus et en haillons, la fée sa marraine la revêt d'une robe somptueuse et transforme une citrouille en carrosse. Mais l'enchantement prend fin à minuit et Cendrillon doit rentrer avant le douzième coup de minuit. En la voyant, le prince tombe éperdument amoureux de Cendrillon. Lorsqu'elle s'enfuit, à minuit, elle perd une de ses pantoufles. Le prince parcourt alors le royaume pour retrouver la jeune fille, la seule à pouvoir chausser la délicate pantoufle. Il la retrouve enfin et l'épouse.

Charme : ce qui a un pouvoir magique : sortilège, enchantement, ensorcellement, etc.

Chevaliers de la Table ronde : personnages du cycle arthurien, œuvres diverses écrites dès le XIe siècle. Le roi Artus réunissait ses chevaliers autour de la Table ronde afin que tous puissent discuter des affaires du royaume sans ordre de préséance. Parmi eux, on retrouve le célèbre Lancelot du Lac.

Les ogres dévorent les humains; les géants, par contre, peuvent être bienfaisants ou malveillants.

Contes : récits de fiction d'origine populaire dans lesquels les hommes côtoient des êtres surnaturels, magiciens, fées, gnomes, etc.

Cooper, James Fenimore (1789-1851) : romancier américain, auteur de plusieurs œuvres, dont *Le Dernier des Mohicans*.

Le petit soldat de plomb est amoureux d'une ballerine.

David Copperfield : roman autobiographique de Charles Dickens racontant l'enfance difficile d'un jeune Anglais orphelin pendant la révolution industrielle.

Dickens, Charles (1812-1870) : romancier anglais, auteur de plusieurs romans dont *Les Aventures d'Oliver Twist*, *David Copperfield*, *Les Contes de Noël*, *Les Aventures de M. Pickwick*.

Dans L'Île au trésor, *Jim trouve une carte mystérieuse et part à l'aventure.*

Don Quichotte : roman de Miguel de Cervantes Saavedra (1547-1616). Le héros, Don Quichotte, « chevalier errant à la Triste Figure », accompagné de son fidèle écuyer Sancho Pança, entreprend un voyage fou et tragique à travers les déserts de Castille afin que règnent l'amour, l'honneur et la justice. Il se bat contre des moulins à vent et s'évade dans l'imaginaire.

Dragon : animal fabuleux, le dragon, comme le nain, est le gardien de trésors cachés. Il est souvent représenté avec des ailes, des griffes et une queue de serpent, et crache des flammes. Selon la légende, saint Georges et saint Michel terrassent tous deux un dragon.

Elfe : dans la mythologie scandinave, génie de l'air. Dans les mythologies celtique, gauloise et germanique, on les appelle sylphes.

Ésope : fabuliste grec qui aurait vécu au VIe siècle av. J.-C. Esclave affranchi, il était difforme et bègue. Ses fables mettent en scène des animaux portant les principaux caractères de l'être humain, et se terminent par une morale. Les plus connues sont *Le Renard et le Corbeau*, *Le Renard et les Raisins*, *Le Rat de ville et le Rat des champs*, *Le Paysan et ses Fils*, *Le Chêne et le Roseau*.

Fable : court récit de fiction, en prose ou en vers, mettant en scène des animaux qui portent les vices et les vertus des êtres humains, afin d'exprimer une vérité générale et d'en tirer un enseignement moral.

Seul le doux baiser d'une jeune fille pourra rompre le charme qui envoûte le prince grenouille...

Fantôme : apparition surnaturelle d'une personne morte qui revient sur Terre pour régler certaines situations. Souvent transparent et vêtu d'un long suaire blanc, il traîne parfois des chaînes et peut traverser les murs. Ses lieux de prédilection sont les vieux châteaux, dits hantés à cause de présences indéfinissables et de bruits qui glacent le sang.

Fée : créature imaginaire de forme féminine, souvent très belle, ayant des pouvoirs magiques et une influence sur la destinée des humains. Elle peut être bienveillante ou méchante et revêche (la différence entre une fée cruelle et une sorcière est alors très mince).

Frankenstein : héros et titre d'un roman de Mary Shelley (1797-1851). Un savant, le docteur Victor Frankenstein, crée un monstre à partir d'organes de différents cadavres; ce monstre, conscient, est incapable d'amour, mais souffre de la peur qu'il inspire. Condamné à la solitude, il se venge sur les proches du savant.

Géant : être ayant une taille anormalement grande et une force extraordinaire.

Il inspire la crainte, mais n'est pas toujours malfaisant. On le retrouve dans la mythologie grecque, la Bible, certains poèmes épiques, les contes et les légendes.

Les lutins, espiègles et malicieux, habitent souvent dans la forêt.

Gnome : petit vieillard parfois laid et difforme, portant une longue barbe. Bienveillant envers les humains, il devient méchant lorsqu'on le vexe. Il peut se rendre invisible, prédit l'avenir et travaille le métal.

Grimm, Jacob et Wilhelm (1785-1863; 1786-1859) : romanciers allemands, ils écrivirent entre autres *Contes d'enfants et du foyer* (1812), parmi lesquels *Hänsel et Gretel* et *Blanche Neige et les Sept Nains.*

Gulliver : dans son roman satyrique *Les Voyages de Gulliver*, le romancier irlandais Jonathan Swift (1667-1745) raconte les aventures de Samuel Gulliver qui fait naufrage sur l'île de Lilliput

Merlin l'enchanteur s'éprend de Viviane, qui devient fée grâce à lui : il lui enseigne l'art de pratiquer des charmes.

peuplée d'êtres minuscules et déplaisants. Au cours d'un deuxième voyage, il arrive dans l'île des géants de Brobdingnag. Puis il visite l'île de Maputa où vivent d'étranges savants et enfin, le paradis des Houyhnhnms, bons et vertueux chevaux.

Hänsel et Gretel : conte des frères Grimm. Hänsel et sa sœur Gretel sont abandonnés dans la forêt par leurs parents qui ne peuvent plus les nourrir. Ils y trouvent une maisonnette faite de gaufrettes, de chocolat et de friandises, et s'empressent de la grignoter. Une vieille dame, qui est en fait une sorcière, les invite à entrer et les fait prisonniers dans le but de les engraisser pour les manger. Après maintes péripéties, Gretel réussit à pousser la sorcière dans le four et les deux enfants rentrent chez eux avec son trésor.

Jacques et le Haricot magique (auteur anonyme). Jacques vit dans une masure avec sa mère. Ayant reçu un haricot magique, il le sème; le lendemain, la tige touche les nuages. Jacques y grimpe et, tout en haut, il aperçoit le château d'un ogre. Il parvient à voler à l'ogre une bourse de pièces d'or, une poule aux œufs d'or et une harpe douée de la parole. Poursuivi par l'ogre, Jacques dégringole le long de la tige, se

D'un coffret magique peuvent très bien surgir les personnages d'un conte !

saisit d'une hache et coupe le plant qui entraîne le géant dans sa chute.

Kipling, Rudyard (1865-1936) : romancier et poète anglais, issu d'une famille anglo-indienne très cultivée, il travailla comme journaliste. Il écrivit entre autres *Kim, Les Histoires comme ça pour les enfants, Capitaines courageux* et *Le Livre de la jungle.*

Kobold : esprit familier des contes allemands, il ressemble à un gnome et garde les métaux précieux enfouis sous terre.

La Belle au bois dormant : conte de Charles Perrault. Lorsque la princesse Aurore naît, ses parents lui donnent six fées pour marraines et les invitent au baptême. Mais la vilaine fée Carabosse a été oubliée. Furieuse, elle jette un sort à l'enfant. Aurore, à la veille de ses 16 ans, se piquera avec un fuseau et en

Pour accomplir ses charmes, la fée se sert de sa baguette magique.

mourra. La fée Lilas atténue cette malédiction : Aurore tombera dans un profond sommeil et seul le baiser d'un prince pourra la réveiller.

La Belle et la Bête : conte de Charles Perrault. Belle décide de vivre au château de la Bête, à la place de son père qui y est gardé prisonnier. Malgré l'aspect repoussant de la Bête, Belle, émue par sa gentillesse, tombe amoureuse d'elle. La Bête se transforme alors en un très beau prince.

La Fontaine, Jean de (1621-1695) : poète français, connu grâce à 12 livres de Fables. Il s'inspira des fables d'Ésope, de Phèdre et de la sagesse hindoue. Les personnages sont surtout des animaux qui portent les caractères des humains. Chaque fable se termine par une morale.

Lancelot du Lac : personnage du cycle arthurien, chevalier de la Table Ronde, amoureux de la reine Guenièvre (épouse du roi Artus). Son fils Galaad obtiendra l'honneur de conquérir le Graal.

La Petite Sirène : conte d'Andersen. Une petite sirène, fille du roi de la mer, tombe amoureuse d'un prince qu'elle a sauvé du naufrage. Afin de pouvoir le revoir, elle cède sa douce voix à une sorcière. Transformée en jeune fille, elle part à la recherche du prince sur la terre ferme. Cependant, elle sera changée en

Cendrillon se rend au bal dans une citrouille transformée en carrosse.

Gnomes, elfes, lutins, kobolds sont des êtres fantastiques doués de pouvoirs magiques.

écume de mer si elle ne réussit pas à se faire aimer du jeune homme. Le prince épouse une autre princesse, croyant avoir été sauvé par cette dernière. Alors qu'elle est sur le point de se transformer en écume, la petite sirène, qui n'avait écouté que son cœur et qui avait enduré mille souffrances, est emmenée par des fées bienveillantes.

La Princesse et les Petits Pois : conte d'Andersen. Un prince désire épouser une véritable princesse. Mais comment la reconnaître ? Lorsqu'une jeune fille se présente à la porte du château, affirmant être une authentique princesse, la reine-mère lui offre le gîte. Elle cache trois petits pois dans le lit, puis empile par-dessus vingt matelas et vingt édredons de plumes. Le lendemain, la jeune fille se plaint d'avoir été gênée par quelque chose d'énorme et de dur dans le lit et de n'avoir pu fermer l'œil de la nuit. La reine-mère sourit : seule une vraie princesse pouvait être aussi délicate.

Déguisée en mendiante, la méchante marâtre offre à Blanche Neige une pomme empoisonnée.

Le Chat botté : conte de Charles Perrault. Le benjamin d'un pauvre meunier reçoit un chat en héritage. Grâce à différentes ruses, l'astucieux animal fait passer son jeune maître pour le marquis de Carabas et réussit à lui faire épouser la fille du roi.

Légende : récit populaire traditionnel, plus ou moins merveilleux, reposant sur un fond de vérité.

Le Joueur de flûte de Hamelin : conte de Robert Browning (1812-1889), poète anglais. Un joueur de flûte arrive dans la ville de Hamelin infestée de rats et offre ses services aux bourgeois. Jouant de sa flûte magique, il entraîne les rongeurs jusqu'à une rivière, où ils se noient. Mais les bourgeois refusent de lui donner son dû. Le musicien reprend alors sa flûte et entraîne avec lui tous les enfants de la ville. Personne ne les reverra.

Le Magicien d'Oz : personnage du roman *Le fantastique magicien d'Oz*, de l'auteur américain L. Frank Baum (1856-1919). Une jeune fille, Dorothy, se fait transporter avec son chien, Toto, du Kansas jusqu'au pays d'Oz. Là, elle rencontre un épouvantail qui aimerait devenir intelligent, un lion peureux qui voudrait être courageux, et un bûcheron en fer-blanc qui veut un cœur.

Simbad raconte ses aventures au calife de Bagdad.

Le Petit Chaperon rouge : conte de Charles Perrault. Une fillette, le Petit Chaperon rouge, va rendre visite à sa grand-mère malade. En traversant les bois, elle rencontre un méchant loup qui s'empresse d'aller dévorer la grand-mère et de prendre sa place. Lorsque le Petit Chaperon rouge arrive, elle est reçue par le loup qui la mange à son tour. Un chasseur passant par là tue le loup, puis lui ouvre le ventre. La grand-mère et sa petite fille en sortent saines et sauves.

Le Petit Soldat de plomb : conte de H. C. Andersen. Un petit soldat de plomb tombe amoureux d'une ballerine en bois. Un jour, un violent coup de vent l'emporte par la fenêtre. Il se retrouve en pleine mer, à bord d'un bateau de papier, et il est avalé par un poisson. Celui-ci est pêché et, par un heureux hasard, rapporté à la maison du petit soldat. Ce dernier retrouve sa ballerine. Cependant, un autre coup de vent les jette, lui et la ballerine, dans le feu.

Le Prince grenouille : à la suite d'un maléfice, un beau prince a été métamorphosé en grenouille. Seule une jeune fille qui tombera amoureuse de lui et l'embrassera pourra rompre le charme.

« ...ils vécurent heureux et eurent beaucoup d'enfants ! » : voilà l'heureux dénouement de nombreux contes.

Le Tour du monde en quatre-vingts jours : roman de Jules Verne. Gentilhomme anglais, Phileas Fogg parie qu'il peut faire le tour du monde en 80 jours. Il vit mille aventures avec le fidèle Passe-partout, puis rentre à Londres, à temps pour gagner son pari.

Le Vilain Petit Canard : conte d'Andersen. D'un œuf étrange parmi la couvée d'une cane sort un caneton laid et gauche, différent des autres. Le pauvre caneton, qui est la risée de tous les habitants de la ferme, décide de s'enfuir. Partout où il va, il se heurte aux mêmes sarcasmes. Au printemps, après un hiver froid très pénible, le petit canard s'est métamorphosé en un magnifique cygne blanc, et les autres cygnes l'accueillent parmi eux.

Les Habits neufs de l'empereur : conte d'Andersen. Deux escrocs proposent à un empereur vaniteux de lui confectionner un vêtement dans un tissu invisible aux sots. L'empereur est enthousiasmé par cette idée, car il pourra enfin distinguer, parmi ses sujets, les intelligents des sots ! Les deux escrocs installent leur métier à tisser et font semblant de travailler. Les courtisans

Poucette, au terme de son voyage, épouse le roi des Elfes.

Dans une des fables de La Fontaine, une poule magique pond des œufs en or.

s'empressent de faire l'éloge du tissu; personne n'ose dire mot, de peur de passer pour sot. Après des semaines de travail, les deux escrocs présentent au roi l'habit imaginaire. Le roi l'enfile et, pressé de se faire admirer, parcourt les rues de la ville. Un enfant, innocent et franc, s'écrie alors : « Mais ! Le roi est nu ! ».

Les Mille et Une Nuits : recueil de contes arabes, œuvre anonyme probablement élaborée au départ par des générations de conteurs populaires. Parmi ces contes, *Ali Baba*, *Aladin et la Lampe merveilleuse*, *Simbad le marin*.

Les Trois Petits Cochons : conte d'un auteur anonyme. Trois petits cochons veulent se mettre à l'abri des dents du grand méchant loup. Le premier, un peu paresseux, se bâtit une maison en

Les magiciens lisent souvent l'avenir dans des boules de cristal.

paille; le deuxième, ne voulant pas perdre trop de temps, en bâtit une en bois; le troisième, beaucoup plus sage, construit la sienne en briques. Le loup, tour à tour, détruit les maisons des deux premiers petits cochons, qui se réfugient chez leur frère. Le loup arrive et souffle de toutes ses forces sur la maison de briques qui ne bouge pas. Il décide alors de descendre par la cheminée, mais il tombe dans une grosse marmite d'eau bouillante.

Licorne : animal fabuleux, semblable au cheval, qui porte une corne au milieu du front. On retrouve la licorne dans les traditions grecque, romaine, juive, chinoise, persane, indienne. Elle orne de nombreuses tapisseries du Moyen Âge, ainsi que le blason de la famille royale d'Angleterre.

L'Île au trésor : roman d'aventures de R. L. Stevenson (1883). Au XVIIe siècle, Jim Hawkins, jeune, audacieux et honnête, découvre la carte d'un trésor. Accompagné du docteur Livesey et du capitaine Smollet, il part en mer à la

Le génie de la lampe exauce tous les désirs d'Aladin.

recherche de l'île mystérieuse. Long John Silver, un vieux forban à la jambe de bois, provoque une mutinerie parmi l'équipage et réussit à s'emparer d'une partie du trésor.

London, Jack (1876-1916) : pseudonyme de John Griffith London, romancier américain. Il écrivit plusieurs œuvres d'aventures, dont *L'Appel de la forêt*, *Croc-Blanc*, *Le Loup de mer*, *Martin Eden*.

Loup-garou : dans les légendes et les mythes, homme qui, dès que la lune paraît, se métamorphose en loup et erre dans les campagnes.

Geppetto, le papa de Pinocchio, aime bien son fils malgré tous les tracas qu'il lui donne.

Lutin : petit démon espiègle et malicieux, haut de quelques centimètres, parfois représenté sur un cheval blanc dont la crinière est garnie de clochettes.

Magicien : expert en magie, il pratique des enchantements, le plus souvent dans un but bénéfique.

Magie : pouvoir de changer les objets et la réalité qui nous entoure. La magie blanche est utilisée pour faire le bien sans maléfice, la magie noire, pour nuire, en attirant les mauvais esprits. Magiciens et fées, sorcières et sorciers jettent des charmes et des sortilèges.

Maléfice : sortilège malfaisant, enchantement maléfique.

Melville, Herman (1819-1891) : poète et romancier américain. Il voyagea longtemps dans les mers du Sud, et puisa son inspiration dans la vie des marins. Il est l'auteur, entre autres, de *Moby Dick*.

Moby Dick : roman de Herman Melville. Le capitaine Achab poursuit sans répit la baleine blanche, Moby Dick, qui lui a dévoré une jambe. Le narrateur, Ismaël, est présent à bord en tant que baleinier.

Morale : conclusion en forme de leçon qu'on retrouve souvent à la fin des fables.

Mythe : récit fantastique, fabuleux, qui, sous forme symbolique, se veut l'explication des forces de la nature et de la condition humaine.

Le Rat de ville et le Rat des champs *est une fable de La Fontaine.*

Ogre : géant des contes de fées qui se nourrit de chair humaine et apprécie particulièrement celle des enfants.

Oliver Twist : héros d'un roman de Charles Dickens, *Les Aventures d'Oliver Twist*. Abandonné par ses parents, Oliver s'enfuit à Londres. Il est obligé de travailler en usine, et devient la proie de malfaiteurs qui veulent l'entraîner dans le crime. Il apprend le secret de sa naissance, illégitime mais noble, et finit par retrouver sa famille.

Perrault, Charles (1628-1703) : écrivain français. Ses Histoires ou *Contes du temps passé* (appelés aussi *Contes de ma mère l'Oye*) le rendirent célèbre. Parmi eux, *Le Petit Chaperon rouge, La Belle au bois dormant, Le Chat botté, Cendrillon, Le Petit Poucet.*

Peter Pan : œuvre d'un romancier écossais, James Matthew Barrie (1860-1937). Peter Pan, une semaine après sa naissance, décide de ne pas grandir. Il se détache des siens et vit au Pays imaginaire avec la fée Clochette et les garçons perdus. Son ennemi juré est le Capitaine Crochet, un méchant pirate.

Phèdre (15 av. J.-C.–50 ap. J.-C. environ) : fabuliste latin, esclave originaire de Thrace. Il écrivit 123 fables imitées d'Ésope; les animaux s'y conduisent comme des humains, et chaque fable se termine par une morale.

Au pays des merveilles, Alice rencontre la méchante Reine de Cœur.

Pinocchio : conte écrit par Carlo Lorenzini, dit Collodi (1826-1890). Pinocchio, une marionnette en bois, veut devenir un vrai petit garçon. Après une extraordinaire succession d'aventures malheureuses, son rêve sera exaucé.

Poucette : conte d'Andersen. Poucette est une petite fille pas plus grande que le pouce. Enlevée par un crapaud, elle est délivrée par une taupe qui lui demande sa main. Poucette se voit obligée d'accepter. Heureusement, juste avant son mariage, elle sauve d'une mort certaine une hirondelle blessée. L'oiseau la fait grimper sur son dos et l'emmène dans un pays tout fleuri. Poucette y rencontre le roi des Elfes, l'épouse, et devient la reine des fleurs.

La petite sirène tombe amoureuse d'un prince qu'elle a sauvé du naufrage.

Robin des bois : roman de Walter Scott. Le héros légendaire saxon est basé sur un personnage historique ayant vécu aux environs de 1160-1247. Archer proscrit par les Normands, il s'était réfugié dans la forêt de Sherwood. Le récit relate cette époque. Robin vit dans la forêt avec sa bande, dont font partie le frère Tuck et Petit Jean. Luttant contre l'infâme Jean sans Terre, ils volent les nobles et les riches pour donner aux pauvres.

Robinson Crusoé : œuvre du romancier anglais Daniel Foe, dit Defoe (1660-1731). Robinson, un marin anglais, fait naufrage sur une île déserte et devra y vivre de longues années. Après un an de solitude, il sauve un jeune sauvage, Vendredi, voué à être dévoré par des cannibales. Tous deux deviendront inséparables.

Grâce à une paire de bottes magiques, le Petit Poucet parcourt sept lieues à chaque pas.

Rumpelstiltskin : conte des frères Grimm. Un gnome aide une jeune fille à changer de la paille en or, en échange de quoi elle devra lui confier son premier enfant. Le roi épouse la jeune fille et, à la naissance de leur premier enfant, le gnome exige son dû. Il accepte d'y renoncer si la jeune femme réussit à deviner son nom.

Scott, Walter (1771-1832) : romancier écossais, auteur de plusieurs récits historiques. Le plus connu, *Ivanhoé*, se passe en Angleterre alors que l'hostilité gronde entre Saxons et Normands. Ivanhoé, qui rentre de la croisade, aide Richard Cœur de Lion à reprendre le trône usurpé par son frère Jean sans Terre.

Simbad le marin : personnage des contes des *Mille et Une Nuits*, qui fait sept fois le tour du monde et vit maintes aventures.

Sirène : dans la mythologie grecque, elles sont femmes-oiseaux. Vivant sur une île de la Méditerranée, elles

Le grillon donne de sages conseils à Pinocchio.

séduisent les marins par leur chant très doux et les entraînent inexorablement sous les eaux. Souvent, les navires se fracassent contre les rochers de l'île. Depuis Homère, devenues femmes-poissons, elles ont hanté toutes les mers du monde et bien des légendes. Elles ont un buste de femme et une queue de poisson.

Sorcier : comme le magicien, il pratique la magie, mais une magie secrète et souvent maléfique. Il évoque les esprits du mal et fait grand usage de talismans.

Le renard flatte le corbeau afin de s'emparer du fromage qu'il tient dans son bec.

Sorcière : souvent en relation avec les esprits diaboliques, elle pratique une magie puissante et peut métamorphoser animaux et objets. Dans les légendes, sorcières et sorciers se réunissent en sabbat les nuits de pleine lune.

La princesse ne dort pas de la nuit à cause de trois petits pois placés sous une pile de matelas.

Sortilège : charme, artifice de sorcellerie qui peut être bienveillant ou malfaisant.

Stevenson, Robert Louis Balfour (1850-1894) : romancier écossais, il écrivit entre autres *L'Île au trésor* et *La Flèche noire*.

Le chat botté fait en sorte que son maître épouse la fille du roi.

Super-héros : personnages de bandes dessinées, dont certains inspirèrent le scénario et la réalisation de films. Ils jouissent de pouvoirs supérieurs qu'ils utilisent pour aider l'humanité ou la détruire. Les plus connus sont : *Superman, Batman, Spiderman, Wonder Woman*.

Superman : héros de bandes dessinées, qui a inspiré plusieurs réalisations cinématographiques. Il est doué d'une force exceptionnelle et de pouvoirs surhumains (par exemple celui de voler à une vitesse supersonique); il les utilise au service du bien et de la justice. La seule chose qui puisse le rendre vulnérable, c'est la Kryptonite, un minerai verdâtre qui vient de Krypton, sa lointaine planète d'origine. Sur la Terre, il se cache sous l'identité de Clark Kent.

Talisman : image ou formule magique gravée sur un objet, qui protège des forces du mal.

Tarzan : héros d'une série de romans écrits par Edgar Rice Burroughs (1875-1950), popularisés par le cinéma et les bandes dessinées. Abandonné tout jeune dans la brousse africaine, Tarzan est élevé par une guenon et devient l'ami de toutes les bêtes. Adulte, il devient un héros généreux qui se bat contre les injustices.

Tolkien, J.R.R. (1892-1973) : romancier anglais, auteur de *Bilbo le hobbit* et d'une trilogie, *Le Seigneur des anneaux*.

Tom Sawyer : personnage principal du roman de Mark Twain, *Les Aventures de Tom Sawyer*. Tom est un jeune garçon qui s'attire toujours des ennuis à cause de sa trop grande vivacité.

Twain, Mark (1835-1910) : pseudonyme de Samuel Langhorne Clemens. Romancier américain, il écrivit entre autres *Les Aventures de Huckleberry Finn* et *Les Aventures de Tom Sawyer*.

Le plus sage des trois petits cochons construit sa maison avec des briques.

Vampire : être quasi-immortel qui sort la nuit de son cercueil pour s'abreuver de sang humain. Le vampire le plus célèbre est le comte Dracula, qui habite un château en Transylvanie (Roumanie).

Verne, Jules (1828-1905) : écrivain français, auteur d'une soixantaine de romans inspirés par le progrès technologique, il fut l'initiateur du roman d'anticipation scientifique. Parmi ses œuvres : *Voyage au centre de la Terre, De la Terre à la Lune, Vingt Mille Lieues sous les mers, Le Tour du monde en quatre-vingts jours, L'Île mystérieuse, Les Enfants du capitaine Grant, Michel Strogoff*.

Les sept nains accueillent Blanche Neige dans leur minuscule maison.

Pendant la fête du sabbat, les sorcières dansent dans la forêt.

Winnie l'ourson : personnage de nombreux livres écrits par le romancier anglais Alan Alexander Milne (1882-1956).

Animaux de la forêt, gnomes, fées et sorcières ont organisé un concert pour l'anniversaire du Gnome Magicien...

MÉDECINE

Abcès : accumulation de pus, souvent causée par une infection microbienne.

Abdomen : partie inférieure du tronc, comprise entre le thorax et le bassin. Le diaphragme (un muscle) le sépare de la cavité thoracique. La cavité abdominale est tapissée d'une membrane, le péritoine.

Accouchement : sortie du fœtus du ventre de la mère, à la fin de la grossesse.

Acné : inflammation des glandes sébacées de la peau, qui se manifeste par des pustules et des comédons. L'acné juvénile est causée par un déséquilibre hormonal typique de l'adolescence.

Les viandes blanches (poulet, veau, lapin) sont plus maigres et plus faciles à digérer que les viandes rouges (bœuf et porc).

Alcoolisme (ou éthylisme) : abus de boissons alcoolisées.

Allergie : hypersensibilité à une substance inoffensive en soi (poussière, pollen, aliment particulier, etc.) qui provoque divers symptômes (urticaire, asthme, fièvre des foins et autres).

Amnésie : perte totale ou partielle de la mémoire.

Amygdales : deux organes situés sur la paroi latérale du larynx. L'amygdalite est une inflammation des amygdales.

Analgésique : médicament qui atténue ou supprime la douleur.

Anémie : maladie du sang. Celui-ci, ne produisant plus assez d'hémoglobine, ne peut plus transporter assez d'oxygène dans les divers tissus de l'organisme.

Anesthésie : suppression de la sensibilité qui permet d'effectuer une intervention chirurgicale sans causer de douleur. L'anesthésiologie est la branche de la médecine qui traite de l'anesthésie et de la réanimation.

Anorexie : perte d'appétit. L'*anorexie mentale* est le refus de se nourrir à cause d'une peur irraisonnée de grossir. Elle se rencontre surtout chez les adolescentes.

Après avoir mangé des sucreries, il faut bien se brosser les dents pour éviter les caries.

Antibiotique : médicament qui empêche le développement de certaines bactéries causant des infections. Au début, les antibiotiques étaient d'origine végétale (par exemple les moisissures, comme la pénicilline); aujourd'hui, ce sont surtout des produits de synthèse.

Anticorps : agent produit par les globules blancs pour combattre une infection ou une substance étrangère. L'anticorps se combine à l'envahisseur pour le neutraliser ou le détruire.

Aorte : artère principale du corps humain, d'où partent les rameaux des artères qui se prolongent dans l'organisme tout entier. Elle prend naissance à la base du ventricule gauche du cœur.

Une trop grande exposition aux rayons du soleil peut entraîner un cancer de la peau.

Appendice vermiforme : étroite protubérance située près de l'endroit où l'intestin grêle rencontre le gros intestin. L'appendicite est une inflammation de l'appendice; elle provoque des douleurs à l'abdomen (surtout du côté droit), de la fièvre et des vomissements.

Les mouvements de notre corps sont commandés par le cerveau.

Les cinq sens sont le toucher, le goût, l'ouïe, l'odorat et la vue.

Artère : vaisseau sanguin qui amène le sang du cœur dans tout l'organisme. Seules les artères pulmonaires amènent du sang non oxygéné du cœur aux poumons. Les autres artères amènent du sang riche en oxygène. Elles portent souvent le nom des parties du corps qu'elles nourrissent : par exemple, l'artère fémorale longe le fémur.

Artériosclérose : épaississement et durcissement de la membrane interne des artères, provoquant une perte d'élasticité. Elle peut être causée par l'hypertension et le vieillissement.

Arthrite : inflammation des articulations.

Articulation : ensemble des parties qui lient les os entre eux.

Asthme : problème respiratoire causé par le resserrement et l'obstruction des bronchioles (petites ramifications au bout des bronches). L'asthme est caractérisé par une expiration prolongée et sifflante.

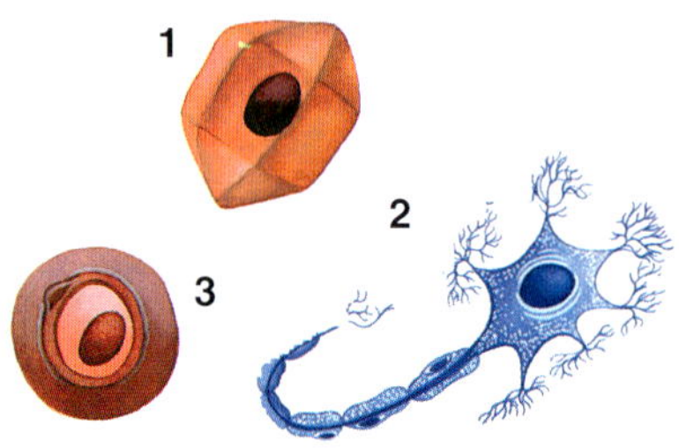

1. *cellule de l'épiderme;* **2.** *cellule nerveuse;* **3.** *ovule.*

Astigmatisme : défaut de la vue qui entraîne la déformation des images (la rétine ne met pas au point l'image à cause d'un défaut de courbure de la cornée).

Bactérie : micro-organisme unicellulaire. Les bactéries sont les plus anciens êtres vivants : on en a retrouvé dans des fossiles qui remontent à plus de 3 milliards d'années. On les classe entre autres d'après leur forme : sphérique (microcoques), arquée (vibrions), en bâtonnet (bacilles), en spirale (spirilles). Enfermées dans des spores, elles peuvent survivre à des températures très basses où très élevées, et même à la déshydratation. Présentes dans la terre, l'eau et l'air, elles peuvent être porteuses de maladies, mais certaines sont utilisées dans l'industrie (par exemple le lactobacille, dont on se sert pour faire fermenter le lait).

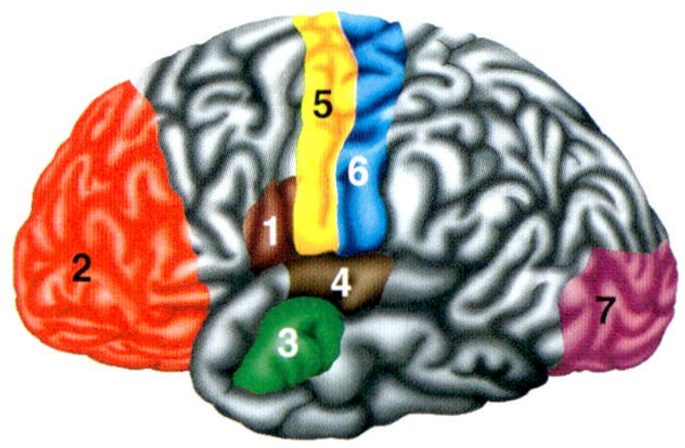

1. *aire de la parole;* **2.** *fonctions intellectuelles supérieures (intelligence biologique);* **3.** *aire olfactive;* **4.** *aire auditive;* **5.** *aire motrice;* **6.** *aire sensitive générale;* **7.** *aire visuelle.*

Bilan de santé : série d'examens qui permettent de vérifier l'état général de santé d'un individu.

Bile : liquide sécrété par le foie, qui s'accumule dans la vésicule biliaire. Au moment de la digestion, la bile est déversée dans le duodénum (début de l'intestin grêle); elle aide à absorber les graisses.

Biopsie : prélèvement d'un fragment de tissu ou d'organe pour en faire l'analyse .

Boulimie : augmentation pathologique de la sensation de la faim. Elle implique parfois une absence totale de la sensation de satiété, et peut alterner avec des crises d'anorexie.

Bronchite : inflammation de la membrane des bronches qui rend la respiration difficile et provoque une toux sèche.

Brûlure : lésion des tissus causée par la chaleur, l'électricité, les acides ou certains produits chimiques. Selon sa gravité, on dit qu'une brûlure est du premier, du deuxième ou du troisième degré.

Cancer : prolifération anormale et maligne des cellules (souvent sous forme de tumeur) qui ont tendance à détruire les tissus voisins, à s'étendre et à développer d'autres tumeurs, ou métastases.

Le pain, le riz et les pâtes sont des aliments énergétiques, riches en glucides.

Capillaires : petits vaisseaux très minces à partir desquels l'oxygène du sang est distribué aux cellules des tissus. Celles-ci rejettent alors dans le sang les déchets et le gaz carbonique qu'elles ont accumulés.

Carie : lésion qui détruit progressivement les tissus osseux de la dent (émail et dentine).

Cartilage : tissu résistant et élastique, qui recouvre l'extrémité des os dans les articulations et qui constitue la charpente de certains organes (comme le nez). Il ne contient ni nerfs, ni vaisseaux sanguins.

Cellule : unité de base des organismes vivants qui peut s'auto-reproduire; elle est formée en général d'un noyau entouré d'un cytoplasme limité par une membrane périphérique.

Cerveau : partie la plus volumineuse de l'encéphale, composée de deux

Les anciens Égyptiens soignaient les fractures en immobilisant le membre avec des attelles de bois entourées de bandes de tissu.

hémisphères, le droit et le gauche, unis par une bande de tissu, le corps calleux. Il occupe presque complètement la boîte crânienne.

Césarienne : intervention chirurgicale qui consiste à ouvrir la paroi abdominale et l'utérus de la mère pour en extraire le fœtus.

Cheveux : poils qui couvrent le crâne de l'être humain. Ils sont différents d'un individu à l'autre, poussent d'environ 12 cm par année et se renouvellent tous les 2 à 6 ans.

Cholestérol : molécule présente dans les graisses animales et dans la plupart des tissus et liquides de l'organisme, surtout dans le cerveau, le plasma sanguin, la bile et les surrénales. Il intervient entre autres dans la formation des hormones sexuelles.

Les légumes contiennent de la cellulose qui aide l'intestin à expulser les selles.

Cirrhose du foie : maladie chronique du foie.

Cœur : muscle situé entre les deux poumons, au milieu de la cage thoracique. Il se compose d'une couche de muscles (myocarde), recouverte d'une membrane interne (endocarde) et d'une membrane externe (péricarde). Il se divise en deux cavités supérieures (les oreillettes) et deux inférieures (les ventricules), séparées par des valves. Irrigué par les artères coronaires, il fonctionne comme une pompe : il aspire le sang et le fait circuler dans tout l'organisme.

Les sons trop violents endommagent les tympans et diminuent l'acuité auditive.

Colique : douleur abdominale causée par une violente contraction du côlon.

Côlon : portion principale du gros intestin. Il reçoit l'eau et les résidus non digérés venus de l'intestin grêle. L'eau est réabsorbée et les déchets passent dans le rectum.

Colonne vertébrale (épine dorsale ou rachis) : structure osseuse, articulée, qui soutient l'ensemble du squelette et protège la moelle épinière. Elle se compose d'une suite de segments osseux (33 vertèbres) qui se chevauchent : sept vertèbres cervicales, douze dorsales, cinq lombaires, cinq sacrées et quatre coccygiennes.

Coma : état caractérisé par la perte de conscience et de sensibilité, qui entraîne un manque de réaction aux stimuli. Les fonctions vitales essentielles (respiratoire et circulatoire) sont conservées.

Conjonctivite : inflammation de la conjonctive (membrane qui recouvre l'intérieur des paupières et une partie du blanc de l'œil).

Contagion : transmission d'une maladie infectieuse d'un individu à l'autre, de façon directe ou indirecte.

Coqueluche (ou toux convulsive) : maladie infantile contagieuse, qui frappe les voies respiratoires.

Cornée : membrane transparente qui recouvre la partie colorée de l'œil. Par sa forme incurvée, elle contribue à focaliser les rayons lumineux. La kératoplastie est une intervention chirurgicale qui permet de remplacer, par greffe, un fragment de cornée malade.

Coronaires : artères et veines qui irriguent le cœur. Les artères partent de l'aorte, se ramifient, à droite et à gauche, en artères conduisant à différents organes, puis en artérioles et en capillaires afin d'irriguer tous les tissus. Les veines ramènent le sang désoxygéné au cœur et le déversent dans l'oreillette droite. Elles suivent en général le trajet des artères, en sens inverse.

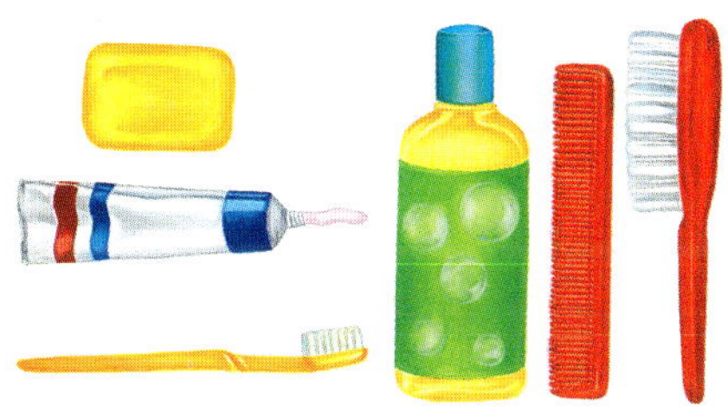

L'hygiène est l'ensemble des normes qui concernent les soins de la personne et la salubrité du milieu.

L'eau représente plus de 65 % du poids de l'organisme humain.

Crampe : contraction violente et douloureuse d'un muscle, souvent due à un effort prolongé.

Dent : organe de la bouche implanté dans l'os de la mâchoire. La dent se compose de pulpe (où circulent les vaisseaux et les nerfs), de dentine et d'émail (partie externe).

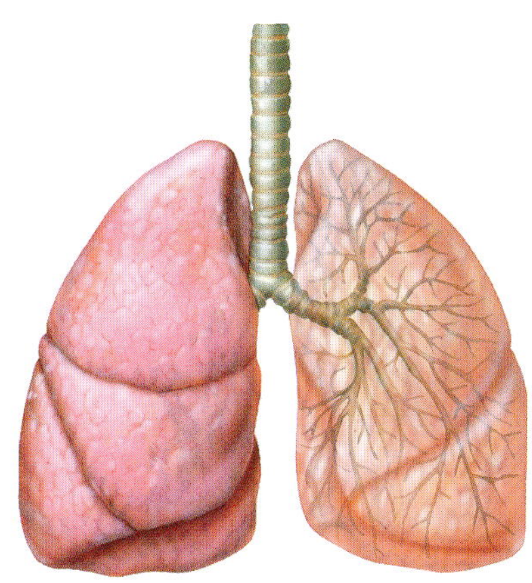

L'air pollué des grandes villes peut être nuisible aux poumons.

Diabète : maladie caractérisée par une production ou une utilisation insuffisante d'insuline (hormone qui permet l'assimilation des sucres du sang par les cellules). Lorsqu'il n'y a pas assez d'insuline dans l'organisme, les sucres s'accumulent dans le sang, privant ainsi les cellules d'une source d'énergie.

L'enfance est la période de la vie comprise entre la naissance et 12 ans.

Digestion : dégradation de la nourriture en molécules suffisamment petites pour pouvoir traverser les membranes cellulaires. Dans la bouche, la salive se mélange à la nourriture, qui descend ensuite dans l'estomac (déglutition). Là, les sucs gastriques transforment les aliments en un genre de bouillie, le chyme. La digestion se termine dans l'intestin.

Drogue : substance qui peut modifier l'état de conscience. Les drogues dures (héroïne, cocaïne, etc.) peuvent être euphorisantes, stimulantes ou hallucinogènes; elles engendrent une dépendance physique et psychique et peuvent causer des dommages irréversibles au cerveau. Les drogues douces (marijuana, haschich, etc.) n'entraînent pas nécessairement d'accoutumance. Par extension, le tabac, l'alcool, les somnifères sont comparés à des drogues.

Dysenterie : maladie infectieuse contagieuse caractérisée par une inflammation de la muqueuse du gros intestin, qui provoque des diarrhées, parfois accompagnées de sang, de mucosités, de pus.

Le sang est composé d'un liquide jaunâtre (le plasma) dans lequel nagent des globules blancs, des globules rouges et des plaquettes.

Dyslexie : difficulté du cerveau à identifier, comprendre et reproduire les symboles écrits.

Échographie : méthode d'exploration médicale utilisant les ultra-sons. Ceux-ci, en se reflétant sur les parties internes du corps, permettent de les visualiser et de diagnostiquer certaines maladies ou anomalies. On l'utilise notamment pour surveiller l'évolution de la grossesse.

Électrocardiogramme (ECG) : enregistrement, à l'aide d'un électrocardiographe, des courants électriques qui accompagnent les contractions du cœur. Il permet de déceler certains problèmes cardiaques.

Électro-encéphalogramme (EEG) : enregistrement, à l'aide d'un électro-encéphalographe, de l'activité électrique du cerveau.

Embolie : obstruction soudaine d'un vaisseau par un corps étranger (caillot de sang, bulle de gaz, amas de cellules, etc.) entraîné par la circulation.

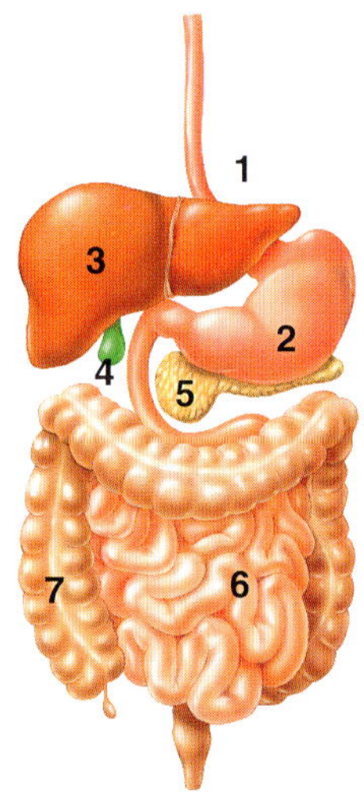

1. *œsophage;* **2.** *estomac;* **3.** *foie;* **4.** *vésicule biliaire;* **5.** *pancréas;* **6.** *intestin grêle;* **7.** *gros intestin.*

Épilepsie : trouble neurologique caractérisé par des convulsions accompagnées de perte de connaissance.

Estomac : organe de l'appareil digestif en forme de sac, entre l'œsophage et l'intestin grêle. La nourriture (bol alimentaire) passe de l'œsophage dans l'estomac; elle se mélange au suc gastrique (acide chlorhydrique et enzymes digestives) pour former une bouillie, le chyme, que le pylore (muscle circulaire qui isole l'estomac de l'intestin grêle) relâche peu à peu dans l'intestin.

Fièvre : réaction défensive de l'organisme, qui fait augmenter la température du corps.

Fœtus : chez l'être humain, produit de la conception à partir du troisième mois du développement jusqu'à la naissance.

Les épinards contiennent beaucoup de fer, très important pour l'organisme. Une carence en fer provoque l'anémie.

Foie : plus gros organe du corps après la peau, et glande la plus lourde (1,4 kg chez l'adulte moyen). Il est situé dans l'abdomen, au-dessus de l'estomac et le long de celui-ci, immédiatement sous le diaphragme. Les nutriments, absorbés dans le sang à partir des intestins, se rendent au foie par la veine porte. Le foie modifie leur concentration et leur structure chimique avant qu'ils ne soient distribués, synthétise les protéines, produit de la bile nécessaire à l'émulsion et à l'absorption des sucres et des graisses, et élimine les toxines.

Foulure : déchirure des ligaments d'une articulation.

Les céréales (seigle, blé, riz, maïs, orge, avoine) sont riches en amidon et en substances protéiques.

Gastrite : inflammation de la muqueuse de l'estomac, causée par certains agents chimiques ou par une trop grande sécrétion de suc gastrique.

Germe : micro-organisme (virus, bactérie, etc.) pouvant engendrer une maladie.

Glande : organe sécrétant des substances utiles à l'organisme. Les **glandes endocrines** (par exemple, le foie) déversent leur produit ou hormones directement dans le sang et la lymphe. Les **glandes exocrines** (par exemple, les glandes sudoripares) déversent leur produit à la surface de la peau ou d'une muqueuse.

Glaucome : maladie de l'œil caractérisée par une pression interne trop élevée. Elle peut endommager le nerf optique et provoquer une diminution de l'acuité visuelle et même la cécité.

Greffe : implantation d'un organe ou d'une portion de tissu de l'organisme d'un individu (donneur) sur une autre partie du corps (autogreffe) ou sur un autre individu (receveur).

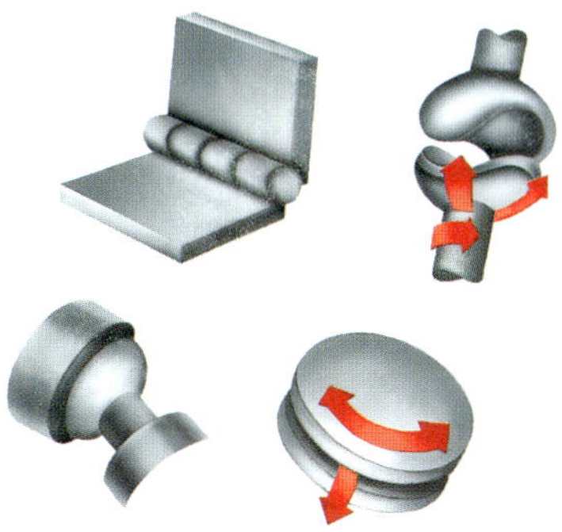

Les articulations permettent le mouvement et la rotation des membres.

Grippe : infection virale des voies respiratoires. Ses symptômes les plus courants sont la fièvre, le mal de gorge, des douleurs musculaires, le mal de tête, les nausées, l'écoulement nasal et la toux.

Grossesse : période, chez la femme, qui va de la conception à l'accouchement (environ 280 jours). Le zygote (œuf fécondé) se niche dans la paroi de l'utérus et il s'y développe, protégé par le placenta.

Groupe sanguin : classification des individus selon la présence ou l'absence d'antigènes et d'anticorps spécifiques des globules rouges et du sérum. Il existe 4 groupes sanguins : A, B, AB et O. En cas de transfusion, les globules rouges du donneur doivent être compatibles avec les anticorps du receveur. Par exemple, B peut recevoir le sang de B ou de O; A peut recevoir le sang de A ou de O; AB peut recevoir le sang de n'importe qui; O peut donner son sang à n'importe qui. D'autres études sur le sang ont mis en évidence le facteur

Le poisson est plus maigre que la viande. Il est aussi riche en phosphore, un élément bon pour la mémoire.

héréditaire Rhésus, une substance présente ou non dans les globules rouges (RH positif ou RH négatif).

Hématome : accumulation de sang dans un tissu, causée par le bris de vaisseaux à la suite d'un choc.

Hémoglobine : substance contenue dans les globules rouges du sang, qui permet à celui-ci de transporter l'oxygène dans tout l'organisme. C'est elle qui donne sa couleur au sang.

Hémorragie : perte importante de sang.

Hémorroïde : dilatation des veines du sphincter anal qui résulte en une tumeur à l'anus et au rectum. Elle peut provoquer des élancement ainsi qu'une douleur et un saignement lors de la défécation.

Lorsqu'il fait une visite à domicile, le médecin apporte avec lui une trousse contenant les principaux instruments dont il peut avoir besoin et quelques médicaments.

Hépatite : affection inflammatoire du foie, d'origine infectieuse ou toxique. Il existe plusieurs types d'hépatite, dont le type A (contagieuse, contractée par l'ingestion d'aliments contaminés par un virus) et le type B (contractée lors d'une transfusion de sang infecté, ou de l'utilisation d'aiguilles contaminées).

Herpès : maladie virale qui provoque des lésions sur la peau (petites ampoules transparentes en grappes). Dans le cas d'un *zona*, les ampoules font éruption sur le trajet des nerfs sensitifs.

Hormone : substance chimique élaborée et sécrétée par les glandes. Elles règlent une grande partie des fonctions de certains organes et tissus.

Hypophyse (glande pituitaire) : minuscule glande située à la base du crâne, près de l'hypothalamus. Elle sécrète

Les cordes vocales, situées dans le pharynx, vibrent comme les cordes d'une guitare.

plusieurs hormones qui agissent sur le fonctionnement d'autres glandes (comme la thyroïde et les glandes surrénales). C'est elle qui commande la croissance.

Immunité : propriété de l'organisme de lutter contre certaines maladies. Elle peut être spontanée (naturelle ou par accoutumance) ou provoquée (vaccination).

Infarctus : lésion du cœur ou destruction plus ou moins étendue d'un tissu ou d'un organe, provoquée par l'obstruction de l'artère qui en assure l'irrigation.

Plusieurs muscles fonctionnent par paire : quand l'un se contracte, l'autre se détend.

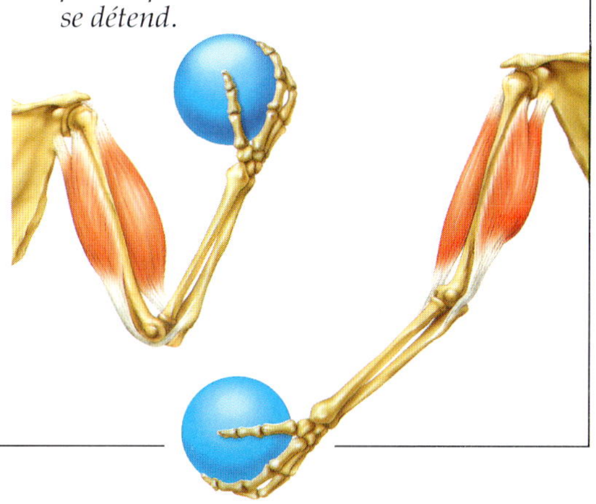

Infection : altération de l'organisme par un virus, une bactérie, etc. Le système immunitaire de l'organisme est l'ensemble des moyens de défense mis en œuvre contre de telles agressions.

Inflammation : réactions de l'organisme – rougeur, chaleur, tuméfaction, douleur – qui se produisent au point irrité par un agent pathogène.

Les agrumes (citrons, oranges, pamplemousses) sont riches en vitamine C; celle-ci contribue à renforcer les défenses de l'organisme.

Insomnie : trouble du sommeil qui peut avoir des causes physiques ou psychologiques.

Insuline : hormone sécrétée par le pancréas, qui active l'utilisation du glucose dans l'organisme et influence sa concentration dans le sang (glycémie). Un manque d'insuline se traduit par la présence de sucre dans le sang et dans les urines (diabète).

Intestin : partie de l'appareil digestif entre le pylore et l'orifice anal. Tube d'environ 7 m de long, serpentant à travers les parties inférieure et centrale de la cavité abdominale. Il comprend l'intestin grêle (composé du duodénum, où convergent la bile et le suc pancréatique utiles à la digestion, du jéjunum et de l'iléon), où se produit l'absorption des nutriments et des liquides, et le gros intestin (composé du cæcum, du côlon, où se forment les selles, et du rectum, qui permet leur expulsion).

Le pain de blé entier (riche en fibres) aide à combattre la constipation.

Jugulaires : trois paires de veines (jugulaires internes, externes et vertébrales) qui drainent le sang veineux en provenance de la tête et l'envoie dans la veine cave supérieure.

Kyste : excroissance contenant une substance liquide ou molle.

Larynx : dans l'appareil respiratoire, court passage reliant le pharynx à la trachée.

Leucémie : cancer du sang causé par la prolifération des globules blancs.

Leucocytes : globules blancs du sang qui défendent l'organisme contre les agents pathogènes.

Ligament : bande de tissu fibreux reliant entre eux les éléments d'une articulation ou les os.

Lymphatique (système) : partie du système circulatoire qui récupère et draine la lymphe (liquide transportant les mécanismes de défense vers les organes infectés) et la déverse peu à peu dans le sang. Les ganglions lymphatiques, situés le long du parcours des vaisseaux lymphatiques, jouent un rôle important dans la défense de l'organisme contre la maladie.

Le cèpe est un champignon comestible. Cependant, d'autres sortes de champignons peuvent être nocifs pour la santé.

Mélanome : tumeur de la peau.

Membrane : mince couche de tissu qui couvre ou enveloppe les organes et délimite les cavités.

Méningite : inflammation des méninges, d'origine infectieuse, virale ou bactérienne, pouvant être contagieuse.

Les produits laitiers contiennent des protéines, des lipides, des sels minéraux (surtout du calcium) et des vitamines.

Ménopause : arrêt permanent des menstruations, entre 45 et 55 ans. Elle correspond à la cessation de l'activité ovarienne.

Menstruation : écoulement de sang (pendant environ 5 jours) qui se produit en moyenne tous les 28 jours (cycle menstruel) pendant la période fertile de la femme. La muqueuse utérine (endomètre), stimulée par les hormones, épaissit afin d'accueillir l'ovule fécondé. Si la fécondation n'a pas lieu, la surface de l'endomètre dépérit et se détache. Les vaisseaux sanguins qui se brisent alors provoquent une petite hémorragie. La première menstruation, entre 10 et 15 ans, se nomme ménarche.

Muqueuse : tissu qui tapisse une cavité de l'organisme s'ouvrant sur l'extérieur, et qui est lubrifié par la sécrétion de mucus.

Muscle : organe composé de parties fibreuses et charnues. Il en existe 3 types : *lisses* (involontaires), *striés* (volontaires) et *cardiaque* (involontaire et strié). Les fibres des muscles striés, stimulées par les nerfs moteurs, se contractent et produisent le mouvement. Les muscles involontaires permettent à l'organisme d'accomplir diverses fonctions vitales (la respiration et la digestion, par exemple).

Les infusions de fleurs et de feuilles de mauve servent à calmer la toux.

Myopie : trouble de vision, souvent héréditaire. L'œil a de la difficulté à distinguer les images éloignées, à cause de la longueur excessive du globe oculaire ou de la courbure anormale du cristallin.

Avant que la pharmacologie ne se développe, les herboristes soignaient les maladies à l'aide de plantes (feuilles, fleurs, racines).

Nerf : faisceau de fibres nerveuses qui transmettent les messages sous forme de minuscules signaux électriques. Ce sont eux qui contrôlent et coordonnent la plupart des actions du corps.

Optométrie : étude de la vision. L'optométriste prescrit des verres correcteurs lorsque c'est nécessaire.

Oreillons : maladie infantile causée par un virus, au cours de laquelle les glandes salivaires gonflent.

Organe : structure composée de cellules organisées, exerçant une fonction déterminée, coordonnée avec celle des autres structures de l'organisme. Le cœur et la peau sont des organes.

Organes génitaux : organes sexuels de la reproduction.

Os : chacune des pièces rigides constituées de tissu osseux, qui composent le squelette. Ils sont constitués de 25 % d'eau, de 25 % de fibres collagènes organiques (osséine) et de 50 % de sels minéraux (surtout du phosphate de calcium). Certains sont courts (os du poignet), d'autres longs (fémur), plats (os crâniens) ou irréguliers (vertèbres et certains os de la face).

Les jus d'agrumes aident à combattre le rhume et la grippe.

Otite : infection du conduit auditif, provoquant une douleur.

Ovaires : deux glandes génitales femelles situées dans la partie inférieure de l'abdomen, qui produisent les ovules et les hormones sexuelles. Ils forment l'organe de reproduction de la femme. Chaque ovaire contient environ 200 000 ovules immatures, qui diminueront en nombre, de la puberté à la ménopause.

Ovulation : l'ovulation a lieu vers le milieu du cycle menstruel, au quatorzième jour à partir du premier jour des menstruations. Un follicule de l'ovaire, parvenu à maturité, se rompt et libère un ovule. Celui-ci se dirige vers l'utérus en passant par la trompe de Fallope. L'ovule peut être fécondé jusqu'à 24 heures après l'ovulation.

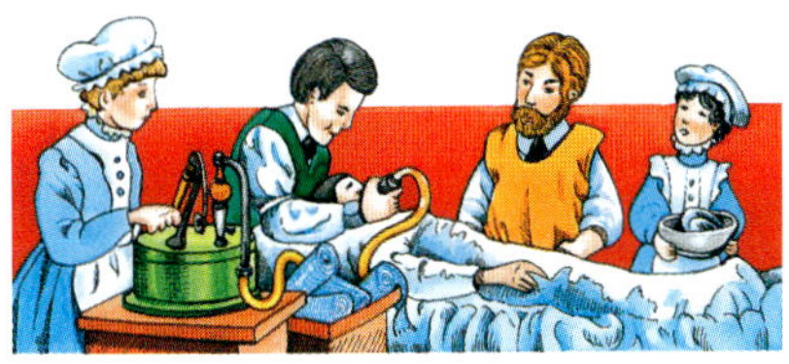

Les premières interventions chirurgicales sous anesthésie eurent lieu en 1842, avec la découverte de l'éther.

Pancréas : glande aplatie, oblongue, d'environ 12,5 cm de long et 2,5 cm d'épaisseur, située derrière l'estomac. Il sécrète le suc pancréatique qui permet la digestion des graisses et des protéines, et aussi certaines hormones (dont l'insuline).

Pathogène : qui peut causer une maladie.

Peau : enveloppe extérieure du corps, organe le plus étendu. Elle se compose de trois parties : l'épiderme , le derme et l'hypoderme. La peau protège l'organisme contre les germes pathogènes, garde sa température constante grâce aux poils et à la transpiration, remplit une fonction sensorielle (le toucher) et sécrétrice.

Pelvis : bassin osseux qui forme la base du tronc, constitué par les 2 os iliaques réunis devant par la symphyse pubienne et derrière par le sacrum et le coccyx.

Le thé et le café sont des stimulants. Les infusions de camomille, au contraire, calment et favorisent le sommeil.

Pénicilline : antibiotique, produit par une moisissure, découvert par Sir Alexander Fleming en 1928, et introduit en thérapeutique en 1941.

Pénis : organe externe de l'appareil urogénital masculin. Il contient l'urètre, canal par où passent l'urine et le sperme.

Phalanges : chacun des os des doigts et des orteils.

Pharynx : conduit musculo-membraneux où se croisent les voies digestives et respiratoires, entre la bouche et l'œsophage d'une part, les fosses nasales et le larynx d'autre part.

Phobie : peur irraisonnée et excessive de certaines situations ou de certains objets (claustrophobie : peur des lieux clos; arachnophobie : peur des araignées).

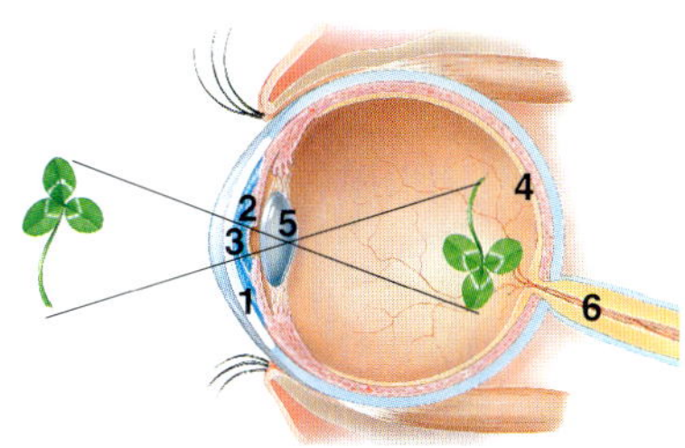

Les images enregistrées par l'œil se forment à l'envers sur la rétine. Parties de l'œil : **1.** *la cornée;* **2.** *l'iris;* **3.** *la pupille;* **4.** *la rétine;* **5.** *le cristallin;* **6.** *le nerf optique.*

Physiothérapie : traitements thérapeutiques utilisant des agents naturels (eau, lumière, massage, etc.) pour la réhabilitation (à la suite, par exemple, de problèmes musculaires).

L'estomac doit se reposer. C'est pourquoi il est préférable d'espacer les repas.

Placenta : organe vasculaire qui relie le fœtus à la cavité utérine. Il permet la diffusion de l'oxygène et des nutriments du sang de la mère à celui du fœtus. Le placenta et le fœtus sont reliés par le cordon ombilical. Le placenta se détache de l'utérus à la naissance.

Plaquettes *(ou thrombocytes)* : cellules sanguines sans noyau, incolores, en forme de disque. On en retrouve 250 000 à 400 000 dans 1 mm^3 de sang. Elles jouent un rôle important dans la coagulation du sang.

Plasma : partie liquide du sang, dans lequel flottent les globules rouges, les globules blancs et les plaquettes. Il se compose d'eau (91,5 %), de protéines plasmatiques et d'autres solutés. Il contient aussi des nutriments, des vitamines, des enzymes et des hormones, des gaz et des électrolytes.

On a longtemps fait croire aux enfants que c'était la cigogne qui apportait les bébés.

Pouls : battement régulier d'une artère superficielle, correspondant au battement du cœur. Le cœur d'un adulte bat 60 à 80 fois par minute.

Poumons : organes pairs de la respiration situés dans la cavité thoracique et protégés par une membrane séreuse. Le poumon droit est composé de trois lobes, le gauche de deux. Les bronches et les bronchioles aboutissent à des cavités (alvéoles), où se produisent les échanges gazeux. Une pneumonie est une inflammation des poumons causée par une infection virale ou par la présence d'une substance étrangère dans les poumons.

Presbytie : défaut de la vision qui fait que l'on distingue mal les objets rapprochés.

Les odeurs et les parfums sont composés de minuscules particules chimiques qui se répandent dans l'air.

Pronostic : jugement que porte le médecin, après diagnostic, sur l'éventuelle évolution de la maladie.

Prostate : glande en forme de châtaigne de l'appareil génital masculin, située au-dessous de la vessie. Elle sécrète une des composantes du sperme.

Psoriasis : affection de la peau. Les parties touchées (cuir chevelu, coudes, genoux et sacrum) se couvrent de plaques rouges recouvertes de squames blanchâtres qui démangent beaucoup.

Puberté : période de l'adolescence, qui coïncide avec la maturité sexuelle. Chez la fille (à 10-12 ans), la puberté se caractérise par l'apparition de poils pubiens, le grossissement des seins et le premier cycle ovarien. Chez le garçon (à 12-13 ans), elle se caractérise par l'apparition de poils sur le corps, le grossissement des testicules et une voix plus grave.

Pupille : orifice central de l'iris. Elle règle l'entrée de la lumière dans l'œil (contre la rétine). Son diamètre peut soit s'accroître (dilatation), soit se contracter (constriction).

Q.I. (Quotient intellectuel) : indice du développement mental individuel. Il se calcule en faisant le rapport de l'âge mental à l'âge réel, multiplié par 100.

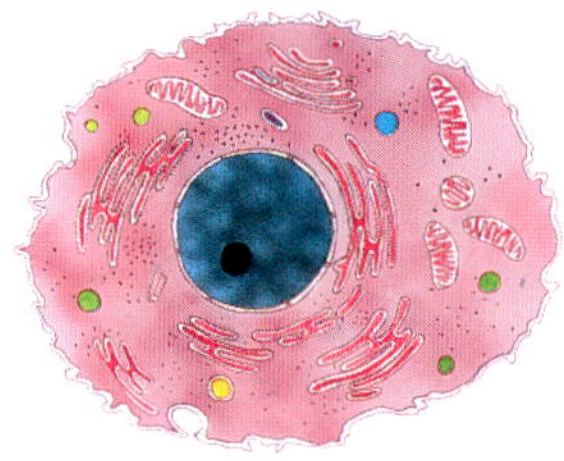

La cellule est l'unité morphologique et fonctionnelle élémentaire de chaque organisme vivant. Seuls les virus sont acellulaires.

Rachitisme : maladie infantile (période de croissance), due à une carence en vitamine D. Il provoque des déformations du squelette.

Radiographie : technique radiologique qui utilise les rayons X pour photographier la structure interne du corps. On obtient ainsi un négatif qui permet de déceler des malformations, des fractures, etc.

Rate : organe de forme ovale, mesurant 12 cm de long et pesant environ 200 g, situé sous la partie gauche du diaphragme. La rate joue un rôle immunitaire important, permettant la formation d'anticorps et absorbant les bactéries, les globules rouges endommagés ou usés et les plaquettes. De plus, elle emmagasine du sang et le libère en cas de besoin.

Il est fortement recommandé de bien laver les fruits avant de les consommer.

Reins : deux organes en forme de haricot, d'environ 12 cm de long, situés dans la région lombaire. Ils règlent la composition, le volume et la pression du sang, et évacuent les déchets en fabriquant l'urine.

Rejet : réflexe immunitaire qui pousse l'organisme à se défendre contre un greffon (fragment de tissu ou organe transplanté) reconnu comme étranger; il produit alors des anticorps pour le détruire.

Rétine : membrane nerveuse interne du globe oculaire, qui tapisse les trois quarts du fond de l'œil. Elle est reliée par le nerf optique au cerveau, lequel interprète les données visuelles.

Rhumatisme : inflammation des structures de soutien (muscles, os, articulations, ligaments, tendons), qui cause de la douleur.

L'extrait de réglisse est utilisé en pâtisserie, mais aussi en pharmacie.

Rougeole : maladie infantile d'origine virale, infectieuse, aiguë et contagieuse. Elle entraîne des troubles respiratoires et se caractérise par de petites taches rouges cutanées peu saillantes, plus ou moins étendues. Il existe un vaccin contre la rougeole.

Rubéole : maladie infantile virale, infectieuse, contagieuse et éruptive. Bien que bénigne, elle peut, si elle est contractée pendant la grossesse, entraîner des malformations du fœtus.

Salive : liquide sécrété par les glandes salivaires. Elle se compose d'eau (99,5 %) et de diverses substances (dont des enzymes). Elle dissout les aliments pour qu'ils puissent être goûtés, déclenche les réactions digestives et détruit les bactéries.

Sang : tissu fluide composé de plasma, de globules rouges (érythrocytes), de globules blancs (lymphocytes) et de plaquettes.

Scanographie : technique radiologique qui permet d'explorer une partie donnée du corps humain, par exemple le cerveau, par balayage d'un faisceau de rayons X, et d'en obtenir des images par tranches d'épaisseurs déterminées. Un ordinateur reconstitue sur écran les données obtenues.

Les agents de conservation utilisés dans la préparation des aliments en conserve peuvent nuire à la santé.

Scarlatine : maladie contagieuse infantile, qui se manifeste par une fièvre éruptive et une rougeur cutanée généralisée.

Scoliose : incurvation latérale anormale de la colonne vertébrale.

SIDA (syndrome d'immunodéficience acquise) : maladie grave due au virus VIH (virus d'immunodéficience humaine), qui se caractérise par une chute brutale des défenses immunitaires. Elle se transmet par voie sexuelle ou sanguine (transfusion de sang infecté, ou utilisation de seringues infectées), et est mortelle.

Spermatozoïdes : cellules reproductives masculines produites par les testicules au cours d'un processus appelé spermatogenèse.

Squelette : ensemble des os et des cartilages qui composent la charpente du corps.

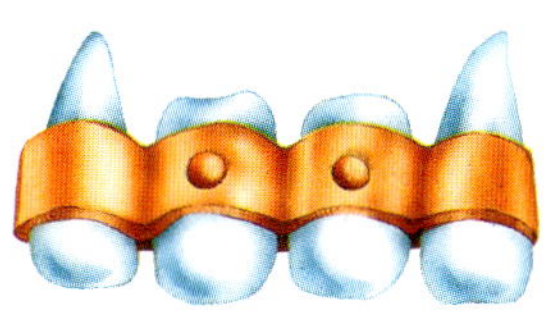

Les dentistes étrusques préparaient des prothèses dentaires en or et en ivoire.

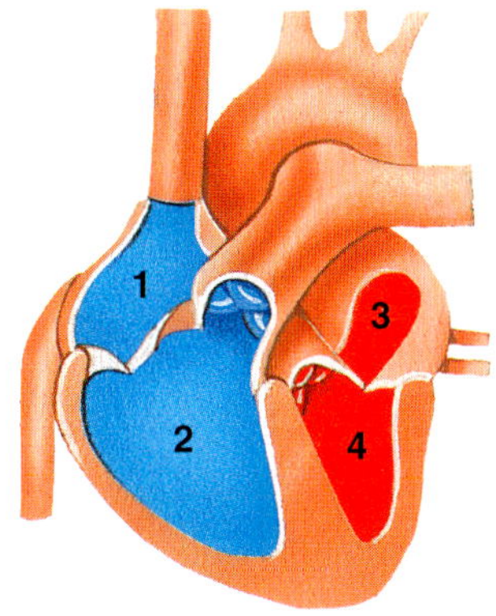

Parties du cœur : **1.** *oreillette droite;* **2.** *ventricule droit;* **3.** *oreillette gauche;* **4.** *ventricule gauche.*

Stérilisation : élimination de tous les micro-organismes vivants pour éviter la contamination. Différents moyens sont utilisés pour stériliser les instruments : le chauffage (autoclaves, étuves, stérilisateurs), l'ébullition, les antiseptiques, le flambage, etc.

Stérilité : impossibilité de procréer.

Stimulateur cardiaque : appareil électronique implanté dans l'organisme pour stimuler le muscle cardiaque.

Stress : terme anglais signifiant « tension ». Ensemble des réactions d'un organisme soumis à diverses agressions, physiques, psychiques ou chimiques.

Sueur : substance produite par les glandes sudoripares. Elle se compose d'eau (99 %), de sels et de déchets (urée,

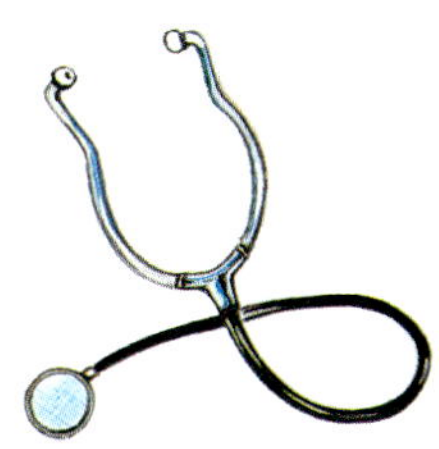

Le stéthoscope est utilisé pour ausculter les bruits produits par les organes du corps, le cœur par exemple.

ammoniac, etc.). Elle élimine donc certains déchets de l'organisme mais, avant tout, elle aide le corps à maintenir une température constante.

Symptôme : manifestation qui indique la présence d'une maladie ou d'un trouble de l'organisme, et permet parfois de poser un diagnostic (fièvre, nausées, démangeaison, évanouissement, douleur, etc.).

Tartre : dépôt calcifié de matières organiques, de phosphates et de carbonates, qui se forme sur les dents et constitue la plaque dentaire.

Tension sanguine (ou artérielle) : pression du sang sur la paroi des artères. L'hypotension est une diminution de la pression artérielle; l'hypertension, une augmentation de la pression.

L'homme est omnivore : ses aliments sont d'origine animale et végétale.

Testicules : organes sexuels masculins situés dans le scrotum, qui sécrètent les spermatozoïdes et les hormones sexuelles mâles.

Tétanos : maladie infectieuse causée par un bacille présent dans la terre, le métal rouillé, etc. Ce bacille s'introduit dans l'organisme par une blessure souillée et produit une toxine agissant sur le système nerveux.

Thyroïde : glande située sous le larynx. Elle sécrète des hormones qui agissent sur les métabolismes, le système nerveux, la croissance physique et le développement mental.

Trachée : tube par lequel l'air, entré par le nez ou la bouche, se rend aux poumons.

Le blanc d'œuf est riche en matières protéiques; le jaune contient des protéines, des lipides, des vitamines et des sels minéraux.

Les sucres (glucides) sont importants pour l'organisme : ils constituent une source d'énergie rapidement utilisable. Cependant, en abuser peut nuire à la santé.

Transfusion : transfert de sang complet, de composants du sang (transfusion sanguine) ou de moelle osseuse (transfusion intramédullaire) dans le circuit sanguin d'un patient. Elle est nécessaire en cas d'hémorragie ou d'anémie. Le sang transfusé ne doit contenir aucun germe pathogène, et il doit être compatible avec le sang du receveur.

Traumatisme : lésion (contusion, blessure, plaie, etc.) et/ou perturbation psychique causées par une force extérieure violente (accident, coup, choc émotionnel).

Tuberculose : maladie pulmonaire infectieuse et contagieuse, due au bacille de Koch. Aujourd'hui, elle sévit surtout dans les pays en voie de développement.

Tumeur : croissance excessive d'un tissu, causée par une multiplication anormale des cellules.

Ulcère : plaie qui ne cicatrise pas et qui suit une évolution chronique.

Urine : liquide organique clair qui se forme dans les reins et permet d'éliminer les déchets de l'organisme. L'urine s'accumule dans la vessie avant d'être évacuée par l'urètre.

Utérus : organe musculaire creux du système génital de la femme, situé dans la cavité pelvienne, entre la vessie et le rectum. Il est destiné à recevoir l'ovule fécondé jusqu'à son développement complet.

Vaccin : solution préparée à partir de microbes, virus ou parasites (tués, inactivés ou atténués). Généralement injecté dans l'organisme, il permet à celui-ci de développer des anticorps et de résister aux maladies. De nos jours, les vaccins sont fortement recommandés pour éviter des maladies infectieuses et contagieuses graves, comme la poliomyélite ou la tuberculose.

Vagin : organe musculaire membraneux de l'appareil génital de la femme, qui s'étend de l'utérus à la vulve, entre la vessie et le rectum.

Varicelle : maladie infantile contagieuse, d'origine virale. Elle est caractérisée par une éruption de petites ampoules qui se flétrissent et se couvrent de croûtes au bout de quelques jours. Si elles sont arrachées, les croûtes peuvent laisser des cicatrices.

Veine : vaisseau sanguin qui transporte le sang des tissus au cœur, après leur avoir cédé les nutriments et l'oxygène, et s'être chargé de gaz carbonique.

Verrue : tumeur bénigne de la peau, sous forme de petite excroissance, due à un virus.

Pour prévenir la carie, il faut se brosser les dents trois fois par jour, après chaque repas, et visiter régulièrement le dentiste.

Vertèbre : chacun des 33 os de la colonne vertébrale. Les vertèbres sont séparées entre elles par des disques intervertébraux, articulations qui permettent divers mouvements de la colonne vertébrale et absorbent les chocs.

Virus : le plus petit des microbes, se reproduisant à partir de son propre matériel génétique. Il n'est visible qu'au microscope électronique. Il est responsable des infections virales, comme la grippe.

La circulation sanguine ressemble à ce circuit de chemin de fer. Les rails représentent les veines et les artères. Les gares remplacent les différents organes du corps.

MYTHOLOGIE

Ce lexique indique généralement le nom grec des personnages mythologiques. Leur équivalent romain, s'il y a lieu, est mis entre parenthèses.

Achille : fils de Pélée et de Thétis (fille de Nérée, le Vieil Homme de la Mer), il est le plus important des héros grecs de l'*Iliade*. L'eau du Styx, ou fleuve infernal, rendant invulnérable tout être qui y était plongé, Thétis y trempa son fils dès sa naissance, en le retenant par un talon. Plus tard, Pâris tua Achille en l'atteignant d'une flèche empoisonnée au talon, seul point vulnérable de son corps.

Adonis : très beau jeune homme aimé d'Aphrodite et de Perséphone qui l'avait élevé. Selon un jugement rendu par Zeus, il passait une partie de l'année avec Perséphone, l'autre avec Aphrodite. Il mourut sous la charge d'un sanglier, vengeance qui aurait été suscitée par la jalousie d'Arès, amant d'Aphrodite.

Æétès : fils d'Hélios et de l'Océanide Perséis; frère de la magicienne Circé; roi de Colchide et père de Médée. Il était le gardien de la Toison d'Or.

Agamemnon : frère de Ménélas; roi d'Argos et de Mycènes, chargé du commandement de l'armée achéenne destinée à attaquer Troie.

Ajax : nom de deux héros grecs qui se battirent pendant le siège de Troie. Le premier arracha Cassandre du temple d'Athéna pendant la prise de Troie, en fut puni par la déesse et mourut noyé. Le deuxième, le «Grand Ajax», revendiqua les armes d'Achille à sa mort. Mais elles furent remises à Ulysse. Pendant la nuit, Ajax devint fou et massacra les troupeaux destinés à nourrir les Grecs. Le lendemain, désespéré, il se tua.

Alcmène : reine de Tirynthe. Elle engendra Héraclès, fils de Zeus, et Iphiclès, fils d'Amphitryon.

Amazones : peuple de femmes guerrières à cheval, descendant du dieu Arès et de la nymphe Harmonie. Leur reine, Penthésilée, se battant à Troie aux côtés de Priam, fut tuée par Achille.

Amphitrite : Néréide, fille du dieu marin Nérée, elle épousa Poséidon, le dieu de la mer.

Anchise : amant d'Aphrodite et père d'Énée. Son fils le porta sur ses épaules pour le sauver de Troie en flammes, et du massacre.

Andromaque : fille d'Eetion, roi de Thèbes, belle-fille de Priam et fidèle épouse d'Hector dont elle eut un fils, Astyanax.

Andromède : fille de Cassiopée et de Céphée, roi d'Éthiopie. Celui-ci l'attacha à un rocher pour la sacrifier à un horrible serpent, monstre marin qui ravageait la région. Le courageux Persée, qui regagnait sa patrie après avoir décapité Méduse, se porta au secours de la princesse. Il trancha la tête du serpent comme il l'avait fait pour Méduse, libéra Andromède et la demanda en mariage.

Antée : géant habitant la Libye, fils de Poséidon et de Gaïa, la Terre. Antée était invulnérable tant qu'il restait en contact avec sa mère, c'est-à-dire les pieds sur terre. Héraclès, passant en Lybie à la recherche des Pommes d'Or des Hespérides, souleva Antée de terre et l'étrangla.

Antigone : fille d'Œdipe et de Jocaste, elle accompagna son père aveugle en exil.

Aphrodite (Vénus) : déesse de l'amour et de la fécondité, née de l'écume de la mer. Elle était l'épouse d'Héphaïstos, dieu du feu, mais aimait Arès, le dieu guerrier, de qui elle eut Éros, Deimos, Phobos, et Harmonie. Elle aima aussi d'autres mortels et dieux, entre autres Anchise, Dionysos et Poséidon. De son union avec Hermès naquit Hermaphrodite.

Achille

Hadès

Adonis

Antée

Arès

Ariane

Poséidon fit présent du cheval
à la ville d'Athènes. Athéna y fit
pousser l'olivier qui, depuis, est
devenu le symbole de la paix.

Apollon, appelé aussi Phébus : dieu de la musique et de la divination, fils de Zeus et de Léto, frère d'Artémis. Son oracle à Delphes était très connu; la prêtresse d'Apollon, la Pythie, y révélait ses prophéties.

Arachné : élève d'Athéna (déesse des tisserandes), experte dans l'art de tisser, elle défia la déesse qui, jalouse de son habileté, la changea en araignée.

Arès (Mars) : dieu de la guerre, fils de Zeus et de Héra. Pendant la guerre de Troie, il combattit aux côtés des Troyens, tandis que sa sœur Athéna défendait les Grecs.

Argonautes : héros qui partirent en Colchide sur le navire Argo et prirent part avec Jason à la conquête de la Toison d'Or.

Argos : monstre aux cent yeux qui, par ordre d'Héra, gardait Io changée en génisse. Zeus ordonna de libérer Io et fit tuer Argos par Hermès.

Ariane : fille de Minos, roi de Crète, elle tomba amoureuse de Thésée, héros arrivé d'Athènes pour tuer le Minotaure. Elle lui donna une épée pour tuer le monstre, et une pelote de fil pour qu'il puisse sortir du Labyrinthe.

Artémis (Diane) : fille de Zeus et de Léto, sœur jumelle d'Apollon, elle était déesse de la Lune et de la chasse. Le fameux temple d'Artémis à Éphèse était l'une des sept merveilles du monde.

Ascagne : fils du héros troyen Énée et de Créüse. Fuyant Troie, il suivit son père dans son long voyage vers l'Italie où il fonda Albe la Longue.

Asclépios (Esculape) : dieu de la médecine, fils d'Apollon et de Coronis, il avait reçu de son père, patron des médecins, le don de guérir. Le serpent devint son symbole.

Astyanax : fils d'Hector (défenseur de la ville de Troie) et d'Andromaque. Lors de la prise de Troie, il était encore enfant. Ménélas le précipita du haut des murailles, Ulysse ayant ordonné de n'épargner aucun des descendants mâles de Priam.

Atalante : abandonnée par son père qui ne voulait pas de fille, elle fut élevée par une ourse et devint une grande chasseresse. Elle fut la seule femme à participer à la chasse au terrible sanglier de Calydon, organisée par Méléagre, et blessa le fauve. Après cet épisode, son père la reconnut pour sa fille. Ayant fait vœu de virginité, elle promit à son père d'épouser celui qui la battrait à la course. Mélanion réussit l'exploit en laissant tomber pendant la course trois pommes d'or qu'Aphrodite lui avait données. Atalante s'arrêta pour les ramasser et fut battue.

Athéna (Minerve) : déesse de la Guerre, ainsi que de plusieurs professions et arts, elle naquit de Zeus et de Métis. Zeus ayant avalé Métis enceinte, Héphaïstos lui fendit le crâne. Athéna en sortit déjà adulte et tout armée. Son animal préféré était la chouette, symbole de la sagesse. Elle accorda sa protection aux Grecs pendant la guerre de Troie, et aida Ulysse, qu'elle aimait profondément, à revenir chez lui, à Ithaque.

Atlas : Titan, fils de Japet et de Clyméné. Pour le punir d'avoir combattu les dieux aux côtés des Géants, Zeus le condamna à soutenir la voûte céleste sur ses puissantes épaules.

Atrée : père d'Agamemnon et de Ménélas (les Atrides), les chefs de l'expédition grecque contre Troie.

Baucis : épouse de Philémon, humble paysan. Avant d'envoyer le déluge sur terre pour punir les humains de leur méchanceté, Hermès et Zeus se déguisèrent en voyageurs. Seuls Philémon et Baucis leur offrirent l'hospitalité. Les dieux les amenèrent sur une montagne pour les sauver des eaux, leur construisirent un temple et, à leur mort, les changèrent en chêne et en tilleul.

Bellérophon : fils de Poséidon et d'Eurynomée, il accomplit maints exploits monté sur Pégase, le cheval ailé que lui seul avait pu dompter. Poussé par l'orgueil, il voulut rivaliser avec les dieux en montant jusqu'à l'Olympe avec Pégase. Zeus envoya un taon piquer le cheval et Bellérophon fut désarçonné. Il survécut à sa chute, mais resta estropié.

Briséis : prisonnière d'Achille lors de la guerre de Troie, elle devint sa favorite. Lorsque Agamemnon, selon le désir d'Apollon, dut la rendre à son père, Achille, par vengeance, refusa de continuer à se battre. Mais lorsque son ami Patrocle mourut, il reprit les armes et Briséis lui fut rendue.

Cadmos : fils d'Agénor (roi de Tyr) et frère d'Europe, jeune fille enlevée par Zeus; fondateur de Thèbes. L'oracle lui dit un jour d'oublier sa sœur, de trouver une vache marquée au flanc par le signe de la lune, et de bâtir une ville là où elle se reposerait. Mais les hommes de Cadmos furent tués par un dragon alors qu'ils préparaient la construction de la ville. Cadmos attaqua le monstre et le tua. Athéna lui conseilla alors de semer les dents du dragon. De la terre surgirent des hommes armés qui se battirent entre eux. Les cinq survivants devinrent fondateurs de la noblesse thébaine. Cadmos épousa Harmonie, fille d'Arès et d'Aphrodite. Ils eurent de nombreux enfants, dont Ino et Sémélé.

Harpyes

Artémis

Atalante

Athéna

Bellérophon

Calchas

À leur mort, ils furent changés par Arès en de grands et inoffensifs serpents.

Calchas : prêtre d'Apollon, devin de l'armée grecque pendant la guerre de Troie. Il prédit, entre autres, la durée de la guerre et conseilla aux Grecs de construire le cheval de Troie.

Cassandre : fille du roi troyen Priam et d'Hécube. Apollon tomba amoureux d'elle et lui apprit l'art de la divination, mais Cassandre se refusa à lui. Il la condamna à conserver ses pouvoirs de prophétie, sans jamais être crue.

Cassiopée : reine veine et sotte d'Éthiopie, fille d'Arabos. Sa fille Andromède fut enlevée par les dieux et libérée par Persée, qui avait tué Méduse. Après une longue vie, Cassiopée fut changée en constellation.

Castor : un des Dioscures, fils de Zeus et de Léda, frère jumeau de Pollux. Castor et Pollux sont considérés comme les protecteurs des marins.

Centaures : êtres monstrueux, mi-hommes mi-chevaux, fils de l'union illusoire d'Ixion et d'Héra. À l'exception de Chiron et de Pholos, ils se nourrissaient de chair crue et avaient des mœurs brutales et paillardes.

Charités (Grâces) : divinités mineures, filles de Zeus et d'Eurynomé, compagnes d'Aphrodite. Toutes trois, Aglaé, Euphrosyne et Thalie, personnifient la beauté, la douceur et l'amitié.

Charon : fils d'Érèbe (les Ténèbres) et de Nyx (la Nuit). Moyennant une obole, il faisait passer les âmes des morts sur l'autre rive de l'Achéron. C'est pour cette raison que les Grecs enterraient leurs morts avec une pièce de monnaie dans la bouche.

Chimère : produit de l'union de Typhon et d'Échidna. Monstre à tête de lion, à corps de chèvre et à queue de serpent, qui soufflait des flammes. Bellérophon, monté sur Pégase, la cribla de flèches et la tua.

Chiron : fils de Cronos et de Philyra. Le plus sage des Centaures, il enseignait la musique et la médecine. Il fut le tuteur de plusieurs héros, dont Achille et Jason. Il fut tué par une flèche trempée dans le sang de l'Hydre de Lerne, après l'attaque d'Héraclès contre les Centaures.

Circé : fille d'Hélios et de Persé. Magicienne puissante de l'île d'Æaea. Elle transforma les compagnons d'Ulysse en pourceaux, à l'exception d'Euryloque.

Clyméné : une des Océanides, épouse du Titan Japet, mère d'Atlas, de Prométhée et d'Épiméthée. De son union avec Hélios naquirent Phaéton et les Héliades.

Clytemnestre : sœur d'Hélène de Troie, de Castor et de Pollux. Elle épousa Agamemnon et donna naissance à Oreste, Iphigénie, Électre, et Chrysothémis. Avec Égisthe, son amant, elle tua Agamemnon et Cassandre, sa concubine.

Cœos : géant de la race des Titans, fils d'Ouranos et de Gaïa.

Cronos (Saturne) : Titan, fils d'Ouranos et de Gaïa, père de Zeus. Après avoir vaincu son père, il devint maître du monde et épousa Rhéa. Afin d'éviter que l'un de ses fils ne le détrône à son tour, il les dévorait à la naissance. Rhéa sauva Zeus qui, une fois adulte, vainquit Cronos et lui fit vomir les cinq enfants dévorés auparavant, toujours vivants.

Cyclopes : géants ayant un seul œil au milieu du front. Serviteurs de Zeus, ils fabriquaient la foudre. Le plus connu d'entre eux, Polyphème, fut aveuglé par Ulysse.

Danaé : fille d'Acrisios, roi d'Argos. Zeus s'unit à elle sous forme d'une pluie d'or; de cette union naquit Persée. L'oracle ayant prédit que le fils de Danaé provoquerait la mort d'Acrisios, celui-ci enferma Danaé et son jeune fils dans un coffre et les abandonna en mer. Ils furent sauvés par Polydectès, roi de l'île de Sériphos.

Danaos : de diverses femmes, il eut cinquante filles avec lesquelles il s'enfuit de Libye, craignant son frère Égyptos et ses cinquante fils. Il toucha terre à Argos et en devint roi.

Daphné : fille du fleuve Pénée, en Thessalie. Nymphe et vierge chasseresse aimée d'Apollon, elle essaya de le fuir. Arrivée aux rives du Pénée, elle pria le dieu du fleuve de la sauver; celui-ci la changea en laurier.

Dédale : habile artisan athénien, il tua son neveu Talos, celui-ci s'étant montré encore plus ingénieux que lui. Il se réfugia en Crète et y construisit le Labyrinthe, où Minos enferma le Minotaure. Après avoir fabriqué le fil qui permit à Thésée de s'en échapper (avec l'aide d'Ariane), il y fut enfermé à son tour avec son fils Icare.

Déjanire : seconde épouse d'Héraclès, elle fut enlevée par le Centaure Nessos. Blessé à mort par Héraclès, Nessos donna un peu de son sang à Déjanire, lui disant que ce sang lui assurerait l'amour de son mari s'il venait à décliner. Lorsque Déjanire revêtit Héraclès d'une tunique imprégnée du sang du Centaure, le héros fut brûlé à mort. Déjanire se tua de désespoir.

Charon

Cassandre

Circé

Cronos

Déjanire

Déméter

Delphes : ville abritant le temple d'Apollon où la prêtresse Pythie, inspirée par le dieu, entrait en transes et proférait des paroles et des cris interprétés par les prêtres comme la réponse d'Apollon.

Déméter (Cérès) : fille de Cronos et de Rhéa, sœur de Zeus, déesse de la Terre et divinité de la fertilité. Hadès, roi des enfers, lui enleva sa fille Perséphone, qu'elle avait eue de Zeus. Ne pouvant la faire revenir, Déméter obtint de Zeus que Perséphone revint sur terre le printemps et l'été de chaque année.

Didon : fille de Mutto, roi de Tyr. Après que son frère Pygmalion eut tué son époux, elle s'enfuit jusqu'en Afrique où elle fonda Carthage. Lorsque Énée y aborda, elle tomba amoureuse de lui, mais ne put le retenir. Après son départ, elle se suicida.

Dionysos (Bacchus) : fils de Zeus et de Sémélé, dieu de la force vitale, du vin et de l'extase libératrice. Sa mère mourut, consumée par le feu divin, parce qu'elle avait voulu voir Zeus dans toute sa splendeur. Poursuivi par Héra, l'épouse de Zeus, Dionysos erra en Afrique et en Asie. Maints fidèles le suivaient, surtout des femmes, en processions tumultueuses.

Dioscures : les jumeaux Castor et Pollux, fils de Zeus et de Léda. Ils enlevèrent Phoebé et Hilaera, filles de leur oncle Leucippos, déjà fiancées à deux de leurs cousins. Pendant le conflit qui s'ensuivit, Castor fut tué. Les dieux permirent aux deux frères inséparables de passer, chacun à son tour, un jour au palais d'Hadès, un jour sur l'Olympe.

Égée : roi d'Athènes qui, au cours d'un voyage, connut et aima Aethra, fille du roi de Trézène. Lorsqu'il sut qu'Aethra portait un enfant, il cacha une épée et une paire de sandales sous un rocher et demanda que son fils vienne le rejoindre lorsqu'il pourrait soulever ce rocher. L'enfant fut appelé Thésée. Plus tard, l'ayant reconnu, Égée envoya Thésée tuer le Minotaure en lui faisant promettre de remplacer les voiles noires de son navire par des blanches s'il réussissait. Le jeune homme tua le monstre mais, à son retour, oublia de changer les voiles. Égée, voyant les voiles noires, crut que son fils était mort, et se jeta dans la mer du haut de la falaise. Depuis, cette mer porte son nom.

Égérie : nymphe romaine, d'abord déesse des sources, elle devint déesse des femmes et des esclaves.

Électre : fille d'Agamemnon et de Clytemnestre. Après la mort de son père, assassiné par sa mère Clytemnestre et son amant Égisthe, elle aida son frère Oreste à le venger.

Endymion : fils d'Aethlios (lui-même fils de Zeus) et de Calycé (fille d'Éole). Il était si beau que Séléné, déesse de la Lune, tomba amoureuse de lui et lui donna cinquante filles. Ne pouvant supporter l'idée de sa mort, elle le fit dormir d'un sommeil éternel. Dès lors, il reposa dans une grotte du mont Latmos, en Carie.

Énée : fils d'Anchise, un mortel, et de la déesse Aphrodite. Il participa à la guerre de Troie et conduisit les survivants en Italie, guidé par sa mère. Après maintes aventures, racontées par Virgile dans l'*Énéide*, il aborda dans le Latium, où il épousa Lavinia, la fille du roi Latinus. Sa descendance est à l'origine du peuple romain.

Éole : dieu des vents, il les gardait enfermés dans une grotte des îles Éoliennes, et pouvait les libérer comme il voulait, ou à la demande des dieux.

Érinyes (Furies) : terribles divinités des enfers, esprits femelles de la justice et de la vengeance, nées des gouttes de sang d'Ouranos qui tombèrent sur Gaïa. Elles persécutaient ceux qui attentaient aux lois de la nature et aux droits de parenté (parricide ou meurtre d'un frère ou d'un allié).

Éris : déesse de la discorde, fille de Nyx (la Nuit). Lors du mariage de Thétis et de Pélée, elle lança une pomme d'or au milieu de la foule, promise à la plus belle. Le jugement rendu fut à l'origine de la guerre de Troie.

Éros (Cupidon) : dieu de l'amour, fils d'Aphrodite et de son amant, Arès. Il est représenté comme un très beau jeune homme, fort et musclé, ou encore comme un enfant ailé portant un carquois rempli de flèches. Il pouvait inspirer l'amour ou le décevoir, chez les dieux comme chez les mortels.

Europe : fille du roi de Phénicie, sœur de Cadmos. Elle fut enlevée par Zeus, transformé en beau taureau blanc. De leur union naquirent Minos, Rhadamante et Sarpédon.

Eurydice : une des Dryades (nymphes des arbres), épouse d'Orphée.

Eurynomé : fille d'Océan et de Thétys, elle s'unit à Zeus et conçut les Charités.

Eurysthée : roi de Mycènes, il dicta les douze travaux qu'Héraclès devait accomplir.

Gaïa : née du Chaos primordial, elle représente la Terre. Elle donna naissance à Ouranos (le Ciel), Pantos (le Flot) et aux montagnes. Elle s'unit à Ouranos et donna naissance aux Titans.

Didon

Dionysos

Dioscures

Œdipe

Héphaïstos

Hélène

Galatée : une des Néréides, fille de Nérée et de Doris, aimée du cyclope Polyphème.

Ganymède : prince troyen légendaire d'une extraordinaire beauté. Zeus, se changeant en aigle, l'enleva et l'emporta sur l'Olympe pour en faire son échanson.

Géants : fils de Gaïa et d'Ouranos. Monstres d'aspect effroyable, ils déclarèrent la guerre aux dieux de l'Olympe, mais furent vaincus.

Gorgones : Sthéno, Euryalé et Méduse. Elles avaient une chevelure de serpents, des défenses de sanglier et des ailes d'or. Elles changeaient en pierre quiconque les regardait. Seule Méduse était mortelle.

Grées : inquiétantes sœurs des Gorgones. Leur nom signifie « vieilles femmes »; elles étaient aveugles, édentées, et ne possédaient qu'un seul œil et une seule dent qu'elles se partageaient. Elles vivaient dans une grotte, sur les flancs de l'Atlas, là où le soleil ne brille jamais.

Hadès (Pluton) : fils de Cronos et de Rhéa, il mena, avec ses frères Zeus et Poséidon, une lutte contre les Titans (dont son père). Il devint ainsi dieu des morts et des Enfers. Il enleva Perséphone et l'épousa.

Harmonie : fille d'Arès et d'Aphrodite, elle épousa Cadmos, roi de Thèbes. Tous les dieux assistèrent à leur mariage. Les cadeaux offerts par Cadmos (robe et collier) allaient porter malheur à leurs descendants.

Harpyes : monstres (trois ou quatre) au corps de rapace, à tête et buste de femme. Elles étaient des « ravisseuses » d'enfants et d'âmes.

Hébé : fille de Zeus et d'Héra, elle servait le nectar aux dieux de l'Olympe. Symbole de l'éternelle jeunesse, elle fut la compagne céleste d'Héraclès lorsque celui-ci mourut et regagna l'Olympe.

Hector : fils de Priam et d'Hécube, époux d'Andromaque, le plus courageux des défenseurs de Troie. Il fut tué par Achille.

Hécube : épouse de Priam, roi de Troie. Elle lui donna dix-neuf enfants, dont Pâris, Hector et Cassandre.

Hélène : fille de Zeus et de Léda, et épouse de Ménélas, roi de Sparte. Elle était considérée comme la plus belle femme du monde. Son enlèvement par le Troyen Pâris fut à l'origine de la guerre de Troie.

Hélios : divinité personnifiant le Soleil, fils d'Hypérion et de Théia.

Héphaïstos (Vulcain) : dieu du feu, maître des forges, fils de Héra qui l'avait engendré sans intervention masculine, époux d'Aphrodite. Il était boiteux, mais très habile, et forgeait les foudres de Zeus, ainsi que les armes des dieux et des héros.

Héra (Junon) : fille de Cronos et de Rhéa, unique épouse légitime de Zeus et reine du ciel. Elle personnifiait le mariage. Elle engendra Arès, Héphaïstos, Hébé et Ilithye. Offensée du jugement de Pâris qui lui préféra Aphrodite, elle prit parti pour les Grecs pendant la guerre de Troie.

Héraclès (Hercule) : fils de Zeus et d'Alcmène. Dans un moment de folie provoqué par Héra, il tua sa femme et ses enfants. Afin d'expier son crime, il dut accomplir douze travaux imposés par Eurysthée, roi de Mycènes : 1) tuer le lion de Némée; 2) supprimer l'Hydre de Lerne, monstre à plusieurs têtes; 3) faire prisonnière la biche de Cérynie; 4) capturer le sanglier d'Erymanthe; 5) nettoyer les écuries du roi Augias; 6) abattre les oiseaux du lac Stymphale; 7) capturer le taureau de Crète; 8) s'emparer des juments de Diomède; 9) conquérir la ceinture de la reine des Amazones; 10) capturer les troupeaux de bœufs de Géryon; 11) voler les pommes d'or des Hespérides; 12) descendre aux Enfers et en ramener le chien Cerbère. Le héros mena ces travaux à bien, mais mourut brûlé en enfilant une tunique trempée par sa femme Déjanire dans le sang du Centaure Nessos.

Hermès (Mercure) : fils de Zeus et de Maia. Messager de Zeus. Il est représenté avec des sandales ailées; il était guide des voyageurs et conducteur des âmes des morts, dieu du vol et du mensonge, patron des orateurs et des commerçants, dieu berger et dieu de la santé.

Hespérides : filles de la Nuit et d'Atlas, elles étaient les nymphes du Couchant. Elles habitaient le jardin magique des dieux et gardaient, avec l'aide du dragon Ladon, l'arbre qui portait les pommes d'or.

Hestia (Vesta) : fille de Cronos et de Rhéa, sœur de Zeus, elle était la déesse du foyer, incarnait la stabilité religieuse et sociale, la continuité de la civilisation.

Homère : plus grand poète mythique à qui on attribue l'*Iliade* et l'*Odyssée*, qui furent écrits aux environs de 850 av. J.-C., peut-être dans la ville de Smyrne. On a longtemps mis en doute son existence : les poèmes qu'on lui attribuait pouvaient être de différents auteurs. La critique moderne admet que ces deux œuvres soient d'un même auteur qui aurait transmis les apports disparates de la tradition.

Éole

Héraclès

Érinyes

Hermès

Hector

Europe

Hyperboréens : peuple bienheureux qui vivait au-delà du Nord le plus lointain. Apollon, adulte à 7 jours, s'y rendit sur un char attelé à des cygnes, y instaura son culte, puis retourna en Grèce. Les Hyperboréens ne connaissaient ni la maladie ni la mort.

Hypérion : Titan, fils d'Ouranos et de Gaïa, il épousa sa sœur Théia avec qui il engendra Hélios (le Soleil), Eos (l'Aurore) et Séléné (la Lune).

Icare : fils de Dédale (constructeur du Labyrinthe où était enfermé le Minotaure). Furieux que Thésée ait pu s'enfuir après avoir tué le Minotaure, Minos (roi de Crète) s'en prit à Dédale et l'enferma dans le Labyrinthe avec son fils. Pour fuir, Dédale fabriqua des ailes avec de la cire et des plumes. Tous deux s'envolèrent vers la Sicile. Dédale y arriva sain et sauf, mais Icare s'approcha trop du soleil; la cire fondit et il fut précipité dans la mer où il se noya.

Io : fille d'Inachos et de Mélia; princesse d'Argos et prêtresse d'Héra. Zeus l'aima, puis la changea en génisse pour la sauver de la vengeance de Héra. Mais celle-ci ne se laissa pas tromper et la confia à la garde d'Argos, monstre aux cent yeux. Hermès la libéra et elle s'enfuit en Asie par le détroit du Bosphore, ou «passage de la vache».

Iphigénie : fille d'Agamemnon et de Clytemnestre. Lorsque la guerre de Troie tourna en faveur des Troyens, la déesse Artémis demanda le sacrifice d'Iphigénie afin qu'elle favorise l'armée grecque. Agamemnon dut accepter. Artémis eut pitié de la jeune fille et lui substitua une biche; elle transporta Iphigénie en Tauride, où elle en fit sa prêtresse.

Iris : déesse, fille du Titan Thaumas et de l'Océanide Électre. Messagère des dieux, elle symbolise l'arc-en-ciel qui relie le Ciel et la Terre.

Janus : dieu romain à deux visages, lesquels indiquaient l'entrée et la sortie sur les portes. Son temple, à Rome, possédait 2 entrées fermées en temps de paix, ouvertes en temps de guerre. Il ouvre l'année (mois de janvier).

Japet : fils d'Ouranos et de Gaïa, il épousa Clyméné, une Océanide, qui lui donna les Titans Atlas, Prométhée, Épiméthée et Ménoetios.

Jason : fils d'Aeson, roi de Iolcos, en Thessalie. À la mort de son père, son oncle Pélias usurpa le trône, et Jason grandit loin du palais royal, auprès du centaure Chiron. Adulte, il retourna à Iolcos et revendiqua le trône; Pélias lui promit de le lui restituer s'il rapportait la Toison d'Or. L'entreprise était difficile, mais Jason la mena à bien grâce à l'aide de ses compagnons (les Argonautes) et de la magicienne Médée. Il retourna à Iolcos et tua l'usurpateur.

Jocaste : épouse de Laïos, roi de Thèbes, dont elle eut un fils, Œdipe, qui fut élevé loin d'elle. Devenue veuve, elle épousa l'étranger qui avait libéré Thèbes du Sphinx. Apprenant que son nouvel époux n'était autre que son fils et que celui-ci était aussi l'assassin de Laïos, Jocaste se pendit.

Ladon : dragon qui gardait les pommes d'or du Jardin des Hespérides. Il fut tué par Héraclès.

Laerte : père d'Ulysse.

Laïos : fils de Labdacos et roi de Thèbes, il fut tué par son fils Œdipe qui ne l'avait pas reconnu.

Lapithes : peuple de Thessalie dont le roi, Pirithoos, était grand ami de Thésée. Pendant les noces de Pirithoos et d'Hippodamie, un combat acharné se déclencha entre les Lapithes et les Centaures, ces derniers ayant voulu enlever la mariée et ses suivantes. La victoire revint aux Lapithes.

Lares : dieux romains, adolescents portant une corne d'abondance. À Rome, ils veillaient sur les carrefours et protégeaient les foyers.

Léda : épouse de Tyndare, roi de Perse, elle eut de lui Clytemnestre et Castor, et de Zeus, Pollux et Hélène.

Léto : descendante des Titans, aimée de Zeus dont elle eut Artémis et Apollon.

Maia : aînée des Pléiades, fille d'Atlas et de Pléioné. De Zeus, elle eut Hermès.

Mânes : chez les Romains, nom des âmes des morts qui sont aux Enfers.

Médée : magicienne, fille d'Æétès, roi de Colchide, qui aida Jason à s'emparer de la Toison d'Or et à regagner le trône de Iolcos, usurpé par Pélias. Quand Jason épousa Glaucè, Médée tua sa rivale, ainsi que ses propres enfants, puis s'enfuit d'Athènes sur le char d'Hélios tiré par des dragons.

Mélampous : mortel ayant le don de prophétie et comprenant le langage des animaux. Il réussit à guérir les filles de Prœtos, roi d'Argos, que Dionysos avait frappées de folie. En récompense, il épousa une des filles du roi.

Méléagre : fils d'Althée et d'Œnée, roi de Calydon. Avec des compagnons (dont les frères de sa mère et Atalante), il tua le sanglier de Calydon. Il remit la dépouille à Atalante, ce qui provoqua la colère de ses oncles. Méléagre les tua. Sa mère, Althée, pour venger ses frères, le fit mourir.

Phaéton

Galatée

Janus

Géants

Gorgone

Icare

Ménélas : roi de Mycènes, frère d'Agamemnon et époux d'Hélène. Quand Pâris enleva Hélène pour l'amener à Troie, Ménélas partit avec d'autres princes grecs pour venger l'offense. Après dix ans de siège et la destruction de Troie, il ramena Hélène en Grèce.

Métis : fille d'Océan et de Thétis, première épouse de Zeus.

Midas : roi de Phrygie, fils de Gordias et de Cybèle, il demanda à Dionysos le pouvoir de changer en or tout ce qu'il touchait. Il s'aperçut vite de son erreur. Il ne pouvait plus manger, la nourriture devenant de l'or; il ne pouvait plus caresser ses enfants sans les transformer en statues... Il implora Dionysos de lui retirer ce don, et, pour en être libéré, dut plonger dans l'eau du Pactole.

Minos : roi de Crète, fils de Zeus et d'Europe, mais élevé par le roi de Crète, Astérios. À cause d'une vengeance de Poséidon, son épouse Pasiphaé conçut une passion pour un taureau et, de leur union, naquit un monstre, le Minotaure, qui avait un corps d'homme et une tête de taureau. Minos, honteux, l'enferma dans le Labyrinthe. Après avoir soumis la ville d'Athènes, le roi exigea chaque année, en rançon, sept jeunes filles et sept jeunes hommes destinés à nourrir le Minotaure. Minos devint juge aux Enfers, avec son frère Rhadamanthe.

Minotaure : monstre à corps humain et à tête de taureau, qui se nourrissait de chair humaine. Thésée le tua, aidé par Ariane.

Mnémosyné : Titanide, fille d'Ouranos et de Gaïa, elle représente la mémoire. Elle s'unit à Zeus et enfanta les neuf Muses.

Moires (Parques) : filles de Zeus et de Thémis, elles étaient des fileuses divines. Clôtho tenait la quenouille et filait la destinée à la naissance, Lachésis tournait le fuseau, enroulait le fil de l'existence, et Atropos coupait le fil et déterminait la mort.

Morphée : un des mille fils d'Hypnos, le Sommeil. Il dispense le sommeil en touchant chacun d'une fleur de pavot, et suscite les rêves, dans lesquels il prend la forme de divers personnages.

Muses : filles de Zeus et de Mnémosyné (la Mémoire), elles dansaient et chantaient, guidées par le dieu Apollon. Clio était l'inspiratrice de l'histoire, Euterpe, de la musique, Thalie, de la comédie, Melpomène, de la tragédie, Erato, de la lyrique chorale, Terpsichore, de la danse, Uranie, de l'astronomie, Polhymnie, de la pantomime, Calliopé, de la poésie lyrique.

Narcisse : fils du Céphise, fleuve de Béotie, et de la nymphe Liriopé. Très beau jeune homme qui ne rendit pas la passion qu'avait pour lui la nymphe Écho, laquelle se laissa dévorer par la douleur; seule sa voix resta. Némésis condamna Narcisse à contempler et aimer sa propre image, reflétée par la source du mont Hélicon. Là où il mourut, de cet amour impossible, le narcisse surgit de terre.

Nausicaa : fille d'Alcinoos, roi des Phéaciens. Selon la volonté d'Athéna, Ulysse fit naufrage sur la plage où elle jouait. Nausicaa lui donna des vêtements, le conduisit au palais de son père où il reçut nourriture et gîte avant de poursuivre son voyage.

Némésis : déesse, fille de Nyx (la Nuit). Elle personnifie la vengeance des dieux, punit les crimes et les amants cruels. Aimée de Zeus, elle prit la forme d'une oie pour le fuir. Lui-même devint cygne et s'unit à elle. Némésis pondit alors un œuf, d'où sortit Hélène.

Nérée : vieux dieu marin, fils de Pontos et de Gaïa, époux de l'Océanide Doris et père des Néréides. Il possédait le pouvoir de changer de forme et le don de prophétie.

Nestor : le plus jeune fils de Nélée (roi de Pylos), et de Chloris dont les frères et sœurs avaient été tués par Artémis et Apollon. Ce dernier se repentit et permit à Nestor de vivre pendant trois générations.

Niké : fille du Titan Pallas et de Styx, personnification de la Victoire, représentée avec les ailes déployées. Elle faisait partie de la première descendance divine et escorta Héraclès vers l'Olympe.

Niobé : fille de Tantale, elle donna à Amphion, roi de Thèbes, sept garçons et sept filles. Elle se vantait d'être supérieure à Léto, qui n'avait donné à Zeus que deux enfants, Artémis et Apollon. Ceux-ci vengèrent l'offense faite à leur mère en tuant tous les enfants de Niobé, sauf deux, Chloris, future mère de Nestor, et un garçon, Amyclas. Niobé fut changée en un rocher d'où jaillissait une source semblable à ses pleurs.

Nymphes : jeunes femmes d'origine divine ou semi-divine, en général filles de Zeus. Les Dryades étaient les nymphes des arbres en général, les Néréides et les Océanides vivaient dans la mer, les Naïades, dans les sources et les fontaines, les Oréades, dans les montagnes, les Méliades étaient attachées aux frênes, les Hamadryades, à un arbre en particulier.

Océan : Titan, fils d'Ouranos et de Gaïa. Il représentait l'eau et était le père de tous les fleuves. Il épousa sa sœur Téthys et, ensemble, ils engendrèrent les dieux et nymphes des rivières, des lacs et des mers, y compris les 3 000 Océanides.

Iris

Ladon

Léto

Médée

Méléagre

Midas

Œdipe : fils de Laïos, roi de Thèbes, et de Jocaste, il fut éloigné du palais dès sa naissance, un oracle ayant prédit qu'une fois adulte, il tuerait son père et épouserait sa mère. Il grandit à Corinthe, se croyant le fils du roi de cette ville. Adulte, voulant échapper à la prophétie, il s'éloigna de Corinthe. Sur la route, il se querella avec un voyageur et le tua sans savoir que c'était Laïos, son père. Arrivé à Thèbes, il libéra la ville du Sphinx. En témoignage de sa gratitude, la veuve Jocaste devint son épouse, sans savoir qu'elle était sa mère. Lorsqu'il découvrit la vérité, Œdipe se creva les yeux et Jocaste se pendit.

Olympe : montagne de Grèce, sur les confins de la Thessalie et de la Macédoine, considérée comme la demeure des dieux.

Oreste : fils d'Agamemnon et de Clytemnestre. Il était encore enfant quand son père fut tué par Clytemnestre et son amant Égisthe. Adulte, il voulut venger la mort de son père et, conseillé par un oracle, tua sa mère et son amant. Il épousa Hermione et fut d'abord roi d'Argos, puis de Sparte, à la mort de Tyndare.

Orion : chasseur géant, fils de Poséidon et d'Euryalé, fille de Minos. Le roi Œnopion lui promit sa fille Méropé s'il débarrassait l'île de Chios des bêtes sauvages, mais il ne tint pas sa promesse. Orion viola alors Méropé; le roi le fit aveugler et jeter sur le rivage. Orion recouvra la vue en marchant vers l'Orient, face au Soleil, dont les rayons le guérirent. Selon une des versions de sa mort, Artémis le fit piquer au talon par un scorpion parce qu'il avait cherché à la violer. Le scorpion et Orion lui-même furent changés en constellations, et la constellation d'Orion fuit devant celle du Scorpion.

Orphée : fils du roi Œagre et de la muse Calliopé, poète habile, son chant charmait les dieux et les mortels, et apprivoisait les fauves. Il descendit jusqu'à la maison d'Hadès pour reprendre Eurydice, son épouse bien-aimée qui était morte, et charma de sa lyre les dieux des Enfers. Ceux-ci lui permirent de la guider vers le monde des vivants, à condition qu'il ne la regarde pas avant d'avoir atteint le monde supérieur. Ne pouvant résister, Orphée se retourna un peu avant de sortir à la lumière du soleil, et il la perdit à tout jamais.

Ouranos : personnification du ciel étoilé engendré par Gaïa. Il s'unit à sa mère et de cette union naquirent les Titans, les Titanides, les Cyclopes, les Hécatonchires, les Géants et les Érinyes. Il fut détrôné par son fils Cronos, qui perdit à son tour le pouvoir aux mains de son dernier né, Zeus.

Pan : dieu des troupeaux, des bergers et de la fécondité. Il jouait de la syrinx (flûte de Pan) et était le joyeux compagnon des nymphes. Il avait les membres inférieurs d'un bouc, le torse velu, la face barbue et deux petites cornes sur la tête.

Pandore : façonnée par Héphaïstos à l'image des déesses, elle fut envoyée par Zeus comme châtiment aux humains. Les dieux lui confièrent une jarre contenant tous les maux, qu'elle ne devait ouvrir en aucun cas. Pandore, curieuse, souleva le couvercle, et tous les maux que Zeus y avait enfermés (guerres, vices, maladies...) se répandirent sur la Terre. Seule l'Espérance resta au fond de la jarre, et demanda qu'on la fit sortir pour soulager les peines des mortels.

Pâris : très beau fils d'Hécube et de Priam, roi de Troie. Choisi par les dieux comme juge entre Héra, Athéna et Aphrodite, il donna la pomme d'or dédiée « à la plus belle » à la déesse Aphrodite, laquelle lui avait promis l'amour de la plus belle des mortelles, Hélène. Mais celle-ci était l'épouse de Ménélas. Pâris l'enleva, ce qui provoqua la guerre de Troie.

Patrocle : héros de la guerre de Troie et ami d'Achille. Il fut tué par Hector alors qu'il avait revêtu l'armure d'Achille. Sa mort détermina le retour d'Achille au combat.

Pégase : symbole de l'inspiration poétique, cheval ailé né du sang de Méduse quand Persée lui trancha la tête. Il fut dompté par Bellérophon et l'aida à tuer Chimère.

Pénélope : fille d'Icarios, roi de Sparte, et de la nymphe Péribœa; épouse d'Ulysse et reine d'Ithaque; mère de Télémaque. Fidèle, elle attendit le retour de son héros pendant plus de vingt ans, poursuivie par des prétendants qui voulaient l'épouser. Elle les tenait en échec en promettant de se marier dès qu'elle aurait fini de tisser le linceul de son beau-père Laërte, et défaisait la nuit, ce qu'elle avait tissé le jour.

Persée : fils de Zeus et de Danaé. Le père de Danaé, qui était roi d'Argos, fut averti par un oracle que son petit-fils allait le tuer. Il enferma donc Danaé et Persée dans un coffre et les livra aux flots. Persée fut élevé par un pêcheur de l'île de Sériphos, appartenant au roi Polydectès. Pour obéir au roi, il tua l'horrible Méduse, aidé par Hermès et Athéna. Pendant le voyage de retour, il libéra Andromède en tuant le monstre marin à qui elle allait être sacrifiée, et l'épousa. De retour à Sériphos, il transforma en pierre le méchant roi et ses courtisans, grâce à la tête de Méduse. Il offrit la tête du monstre à Athéna, qui en orna le centre de son bouclier.

Minotaure

Morphée

Narcisse

Némésis

Ulysse

Orphée

Perséphone (Proserpine) : fille de Zeus et de Déméter, elle épousa Hadès, le dieu des Enfers. Elle passait l'hiver dans le royaume souterrain et retournait sur terre avec le printemps.

Phaéton : fils de l'Océanide Clyméné et d'Hélios, le Soleil. Jeune homme, il voulut conduire le char de son père, mais perdit le contrôle et brûla les montagnes. Pour éviter la destruction de l'univers, Zeus le foudroya et le fit tomber dans le fleuve Eridan (le Pô). Ses sœurs, les Nymphes, le pleurèrent tellement que les dieux, pris de pitié, les changèrent en peupliers.

Phèdre : fille de Minos et de Pasiphaé, sœur d'Ariane. Elle épousa Thésée. Ayant essayé sans succès de séduire Hippolyte, fils d'un premier mariage de Thésée avec la reine des Amazones, elle se pendit.

Phœbé : Titanide, fille d'Ouranos et de Gaïa, elle épousa Coeos dont elle eut deux filles, Léto et Astéria.

Pléiades : les sept filles d'Atlas et de l'Océanide Pléioné. Pour les sauver d'Orion qui les poursuivait de ses ardeurs, Zeus les changea en colombes, puis les transforma en étoiles formant la constellation des Pléiades.

Pollux : fils de Zeus et de Léda; frère jumeau de Castor. Castor ayant été tué au combat, Pollux partage avec lui son immortalité.

Polyphème : fils de Poséidon; le plus terrible des Cyclopes (géants à l'œil unique au milieu du front). Il fut aveuglé par Ulysse qu'il gardait prisonnier avec ses compagnons.

Poséidon (Neptune) : dieu des Mers, fils de Cronos et de Rhéa, frère de Zeus et de Hadès. Il sortait des océans sur un char attelé à 2 chevaux à la crinière d'or, entouré de diverses créatures marines. Il épousa Amphitrite et eut plus de quatre-vingt amantes, dont Déméter et Méduse. Avec son trident, don des Cyclopes, il commandait aux flots.

Priam : fils de Laomédon, roi de Troie. Il eut cinquante fils et plusieurs filles, dont dix-neuf avec sa seconde femme Hécube. Il fut tué par le fils d'Achille.

Prométhée : Titan, fils du Titan Japet et de Clyméné, il créa l'homme avec de l'argile. Afin d'aider les humains, il vola le feu divin et fut condamné à un terrible supplice : un aigle lui rongeait le foie, qui repoussait sans cesse. Prométhée, libéré par Héraclès, obtint enfin le pardon des dieux.

Psyché : aimée par Éros, qui allait la voir la nuit et lui interdisait de regarder son visage. Psyché désobéit : une nuit, elle alluma une bougie pour observer le visage de son amoureux. Une goutte de cire chaude tomba sur le visage d'Éros qui s'enfuit aussitôt. Aphrodite, jalouse de la beauté de Psyché, la persécuta et en fit son esclave. Enlevée finalement par Éros, elle devint immortelle.

Rhéa : Titanide, fille d'Ouranos et de Gaïa, épouse de Cronos, avec lequel elle eut six enfants (les Olympiens). Le dernier, Zeus, obligea son père Cronos à vomir les enfants qu'il avait déjà dévorés : Hadès, Poséidon, Hestia, Héra et Déméter.

Rhéa Silvia : selon la tradition romaine, mère de Romulus et de Rémus.

Romulus et Rémus : nés du dieu Arès et de Rhéa Silvia, fille de Numitor, roi d'Albe. Les jumeaux furent jetés dans le Tibre par Amulius, qui avait détrôné Numitor et voulait éliminer ses descendants. Ils furent nourris par une louve, puis élevés par un des bergers du roi, Faustulus. Adultes, ils décidèrent de fonder une ville sur le mont Palatin, mais ne purent se mettre d'accord au sujet des murailles. Romulus tua Rémus et fonda Rome sur le col Palatin.

Satyres (faunes) : les vieux satyres s'appellent aussi Silènes. Ils avaient le haut du corps d'un homme barbu et cornu, le bas d'un cheval ou d'un bouc. Démons champêtres et forestiers, ils faisaient partie du cortège de Dionysos.

Sémélé : fille de Cadmos et d'Harmonie. Aimée de Zeus, elle obligea son amant à lui apparaître dans toute sa gloire et mourut, foudroyée. Zeus arracha alors Dionysos de son sein.

Sibylle : prêtresse qui interprétait les oracles. La plus connue était la Sibylle de Cumes, en Campanie, aimée d'Apollon. Les recueils d'oracles, ou « livres sibyllins », étaient consultés et interprétés par les magistrats dans les circonstances critiques.

Sirènes : aux temps d'Homère, mi-femmes, mi-oiseaux, elles habitaient une île de la Méditerranée. Par leurs chants mélodieux, elles attiraient les marins sur les récifs, puis engloutissaient les naufragés.

Sphinx : fille d'Echidna et de Typhon, monstre pourvu d'une tête de femme, d'un corps de lion et d'ailes d'oiseau. Elle posait une énigme aux passants près de Thèbes, et dévorait tous ceux qui ne pouvaient la résoudre. L'énigme était : « Quel est l'animal qui, à l'aube, marche sur quatre pattes, à midi sur deux et le soir sur trois ? » Œdipe trouva la réponse : l'homme. Enfant, il marche à quatre pattes, adulte, il reste sur ses deux pieds et plus âgé, il s'appuie sur un bâton.

Orion

Pan

Perséphone

Persée

Poséidon

Priam

Tantale : fils de Zeus et de la Titanide Ploutô, époux de Dioné, fille d'Atlas. Puissant roi de Lydie, il révéla aux mortels certains secrets des dieux et vola de l'ambroisie et du nectar à leur table. Il fut condamné à souffrir éternellement de la faim et de la soif, tout en ayant, sous ses yeux, de l'eau et de la nourriture. Dès qu'il tendait la main pour manger ou boire, l'eau et la nourriture s'éloignaient de lui.

Tartare : monde souterrain, au-dessous des Enfers, entouré de murailles et protégé par des portes de bronze. Les dieux y détenaient leurs ennemis, comme les Titans ou les Géants.

Télémaque : fils d'Ulysse et de Pénélope, il ne connut son père qu'à son retour de Troie. Pendant l'absence de celui-ci, il essaya de s'opposer aux prétendants de sa mère qui voulaient s'emparer du trône d'Ithaque.

Thanatos : vieillard barbu et ailé, fils de Nyx (la Nuit), frère d'Hypnos (le Sommeil), il personnifiait la Mort.

Théia : fille d'Ouranos et de Gaïa. Elle eut trois enfants du Titan Hypérion : Hélios (le Soleil), Eos (l'Aurore) et Séléné (la Lune).

Thésée : fils d'Égée et d'Aethra, il passa son enfance à Trézène, sans connaître l'identité de son père, qui lui fut révélée par sa mère quand il eut seize ans. Il se rendit alors à Athènes et se fit reconnaître par son père. Lorsque les Athéniens durent envoyer en Crète sept garçons et sept filles pour calmer la faim du Minotaure, Thésée se porta volontaire. Aidé par Ariane, il tua le monstre, libéra ses compagnons et les fit sortir du Labyrinthe. Après la mort de son père, devenu roi, il gagna le combat entre les Amazones et les Athéniens, mais son épouse, l'amazone Antiope (dont il avait un fils, Hyppolite), fut tuée. Il fut assassiné par Lycomède, roi de Scyros.

Thétis : très belle Néréide. Zeus et Poséidon voulurent s'unir à elle. Ils en furent dissuadés par un oracle qui avait prédit que le fils de Thétis serait plus puissant que son père. Elle épousa un mortel, Pélée, roi de Phtie, et lui donna un fils, Achille, le plus fort des guerriers grecs. Achille participa à la guerre de Troie à la tête de son armée de Myrmidons. Il y fut mortellement touché par une flèche décochée par Pâris et guidée par Apollon.

Tirésias : devin aveugle de Thèbes. Héra le frappa de cécité parce qu'elle était mécontente de son arbitrage lors d'un conflit entre elle et Zeus. Le dieu le consola en lui donnant le don de prophétie, celui de comprendre le langage des oiseaux et le privilège de vivre sept générations.

Titans : fils d'Ouranos et de Gaïa, ils dominaient le monde avant d'être défaits par Zeus et les Olympiens, au cours d'une lutte qui fut appelée Titanomachie.

Tithon : prince de Troie et frère de Priam, il fut aimé par la déesse Eos (Aurore). Eos obtint pour lui l'immortalité, mais oublia de demander l'éternelle jeunesse. En vieillissant, Tithon rapetissa et se dessécha, jusqu'à ce qu'Aurore le change en cigale.

Triton : fils de Poséidon et d'Amphitrite, il avait la tête et le buste d'un homme, la queue d'un poisson. Il soufflait dans les conques marines pour apaiser les flots.

Troie : ville d'Asie Mineure célébrée par Homère dans l'*Iliade*. L'archéologue allemand Schliemann travailla sur la colline de Troie entre 1871 et 1890, et y mit à jour neuf villes successives.

Typhon : fils monstrueux de Gaïa et de Tartare. Plus grand que les montagnes, il avait un corps ailé couvert d'écailles, cent têtes de dragons, des yeux qui lançaient des flammes. Il fut envoyé par Cronos contre Zeus afin de le détrôner. Alors que les dieux terrorisés fuyaient, Zeus et Athéna lui firent face et réussirent à le vaincre. Il engendra des monstres : l'Hydre de Lerne, Chimère, Cerbère, le lion de Némée, le Sphinx, etc.

Ulysse : fils de Laerte (roi d'Ithaque), et d'Anticlée; un des héros du siège de Troie, efficace, habile, sachant allier la ruse et l'ingéniosité à la vaillance. Sur la route d'Ithaque, il vécut mille aventures, encourut la haine de Poséidon, dieu de la mer, dont il avait aveuglé le fils, le Cyclope Polyphème. Rentré chez lui après vingt ans, son chien Argos le reconnut, bien qu'il se fut déguisé en mendiant pour surprendre les prétendants de Pénélope.

Virgile : poète latin qui célébra, dans l'*Énéide*, les aventures d'Énée après sa fuite de Troie.

Zeus (Jupiter) : dieu suprême de l'Olympe, dieu de la lumière céleste qui commande les éléments physiques : foudre, tonnerre, pluie, saisons, etc. Fils de Cronos et de Rhéa, il fait partie, comme tous les Olympiens, de la deuxième génération divine. Cronos avalant tous ses nouveau-nés, Rhéa dissimula Zeus. Il fut nourri par la chèvre Amalthée dans une grotte du mont Dicté. Adulte, aidé par Métis (la Prudence), il détrôna son père et épousa Héra. De ses multiples unions il eut plusieurs enfants, parmi lesquels Athéna, Artémis, Apollon, Héphaïstos, les Muses, les Charités, Hermès, Arès, Tantale, Persée, Minos, Dionysos, Héraclès et Perséphone.

Romulus et Rémus

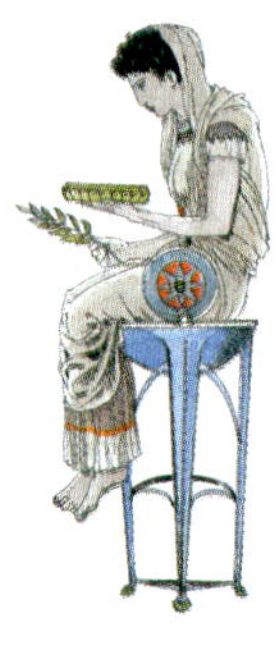

Sibylle

Sirènes

Triton

Ouranos

Zeus

Index

Index

Voici un index alphabétique facile à consulter.
Les mots en **caractère gras** correspondent
aux différents sujets traités dans l'encyclopédie.

A

D

E

F

M

N

Q

R

Direction éditoriale : Elisabetta Dami
Rédaction – révision : Adriana Sirena
Mise en page : Laura Zuccotti
Conception graphique : Valentina Ziliani

Textes originaux
Luisa Cesana, Paul Cloche, Tuvia Fogel, Nuccia Fuga, Cristiana Giraudi, Angelo Mantovani, Laura Ori, Francesca Pierangeli, Alessandra Pugassi, Patrizia Puricelli, Giuseppe Recalcati, Alessandro Rusconi, Laura Sanchioni, Remo Turati, Miriam Valdameri, Giovanna Zanotti, Giuseppe Zuccotti

Consultants et recherchistes
Franco Angelini, Luca Astori, Alessandra Bialetti, Luca Budicin, Cosimo Finzi, Chaja Fogel, Cesare Gelli, Emilia Parisi, Gianni Zampieri

Illustrations
Susanna Addario, Art Studium, Simonetta Baldini, Severino Baraldi, Gaia Bellettini, G. B. Bertelli, Sandro Biffignandi, Cecilia Bozzoli, Giovanni Bruzzo, Piero Cattaneo, Sergio Cavina, Alessandra Cimatoribus, Beatrice Corradi, Daniela Daledo, Arturo Del Castillo, Chris Foss, Luana Freno, Flavio Ghiringhelli, Amedeo Gigli, Ezio Giglioli, Carlo Jacono, Massimiliano Longo, Elena Mandich, Manuela Mascherini, Claudia Melotti, Pier Angelo Montanini, Rosalba Moriggia, Maddalena Motteran, Nemo, Salvatore Palazzolo, Umberta Pezzoli, Maria Piatto, Achille Picco, Mattia Pirro, Alberto Ponno, Laura Rigo, Sergio Rizzato, G. B. Ronco, Rudolf Sablic, Alberto José Salinas, Paolo Salvaggio, Studio Rosso, Rocco Tedesco, Marina Vecchi, Robert Weickmann, Matthew Wolf, Tony Wolf

Page 1 : champ de coquelicots (M. Wolf);
pages 2 et 3 : marécage de l'Amérique du Nord (G. B. Bertelli);
page 4 : abeilles dans la ruche (M. Wolf);
page 383 : Hector et Achille combattant au pied des murs de Troie (P. Cattaneo);
page 384 : les caravelles de Colomb (S. Biffignandi).

Titre original : *Enciclopedia Dami prima enciclopedia illustrata per ragazzi*

Traduction de l'italien : Flavia Coticoni
Adaptation des textes, recherche et rédaction : Annie Dupin
Révision : Marie-Claude Favreau

Publié en 1997 par :
Les Éditions Tormont inc.
338, rue Saint-Antoine Est
Montréal, Canada H2Y 1A3
Tél. (514) 954-1441
Fax (514) 954-5086

ISBN 2-7641-0327-1

Imprimé aux États-Unis